A Odisseia

Filipe Moreau

TRÊS ESTUDOS SOBRE A ANTIGUIDADE

02

A ODISSEIA

1ª edição: São Paulo, 2024
1ª reimpressão, 2025

LARANJA ORIGINAL

Notas explicativas

01. Apresenta-se aqui uma versão modificada e ao mesmo tempo fiel à *Odisseia* de Homero. Ela foi desenvolvida pela leitura de duas traduções feitas diretamente do grego para o português, sendo elas:

> **HOMERO.** *Odisseia.* Tradução de Jaime Bruna. 9. ed. São Paulo: Editora Cultrix, 1993. (Algumas notas deste livro foram incorporadas ao texto principal.)
>
> **HOMERO.** *Odisseia.* Tradução de Frederico Lourenço. São Paulo: Companhia das Letras, 2023.

Para nomes próprios e alguns termos específicos também foi consultado o livro *Ruth Rocha conta a Odisseia* (2. ed. São Paulo: Companhia das Letrinhas, 2000).

02. Fez-se intenso uso do itálico para assinalar expressões, frases e trechos inteiros que se repetem ao longo do épico. Não há segredo sobre esse recurso: o texto atravessou séculos (inúmeras gerações) como literatura oral, e era preciso facilitar sua memorização por meio de redundâncias. Ao longo do épico há muitas situações análogas (viagens de barco, "churrascos", epítetos e atributos, anoiteceres e amanheceres – a repetição mais famosa é a de anunciação da linda Aurora *dos dedos rosados,* ou *róseos,* ou *cor-de-rosa,* como aqui foi adotado). Os exemplos de longas cenas que se repetem (sobre a selvageria de Polifemo são três, de narração praticamente idêntica) e de expressões características da obra (*barco curvo, sonho doce, vinho saboroso*) são muitos. O uso do itálico (exclusivo desta adaptação) quase sempre quer dizer: "sim, você já leu este mesmo trecho em um contexto análogo".

03. A indicação dada a cada trecho sobre a sua localização na obra original (de 24 cantos, com cerca de 500 versos cada) é autoexplicativa. Esta adaptação, seguindo o modelo do estudo anterior, teve como método básico:

> * Ligeiro resumo e recuperação da ordem cronológica.
>
> * Abolição dos diálogos (fundamento de toda literatura antiga, de difícil separação entre narrador e personagem).
>
> * Títulos facilitando a compreensão das partes.

Sumário

Hipótese sobre os lugares visitados por Odisseu e por Telêmaco

01. Deuses apaixonados

ARES, AFRODITE E A ARMADILHA DE HEFESTO

Canto VIII – versos 266-366

Dedilhando a lira, o músico começa o seu canto pela bela história de amores secretos entre o deus Ares e a Afrodite *da linda coroa*. Nela é narrado o primeiro encontro que tiveram na casa de Hefesto, às escondidas. São citados os muitos presentes dados à deusa por Ares e dito como foi desonrado o quarto e a cama do príncipe ferreiro.

Hefesto foi informado pelo Sol, Hélio, que vira os dois unidos em um abraço de Amor. Ao receber a triste notícia, o deus ferreiro foi até a oficina com projetos bastante malignos em seu coração. Pôs uma grande bigorna na bancada e preparou uma corrente de elos indestrutíveis que fixaria em algum lugar.

Depois de preparar a armadilha, e odiando Ares, Hefesto foi até o quarto, estendeu as correntes de ferro à volta dos pés da cama e pendurou malhas nas vigas do teto. Essas, finas como teias de aranha, ninguém poderia ver – nem mesmo os deuses afortunados –, de tão perfeita era a sua arte.

Uma vez preparada a cama, ele fingiu partir para sua terra predileta, onde ficava a bem-construída cidadela de Lemnos. Ares *das rédeas douradas*, que a tudo observava, mal viu o artista partir para longe e se dirigiu ao seu palácio, ansioso pelo amor da Citereia (Afrodite, deusa de Citera) *da linda coroa.*

Ela estava sentada, recém-chegada da casa o pai, o poderoso Zeus *filho do Tempo*. Ares entrou no quarto, tomou-a nos braços e chamou-a de amada, pedindo que fossem para a cama e ficassem deitados. Explicou que Hefesto saíra do país e parecia ir a Lemnos, visitar os Síntias *da fala selvagem*.

Afrodite

Ela gostou da ideia, e os dois foram para o leito. Mal se deitaram e caíram sobre eles as providenciais correntes, preparadas pelo prevenido Hefesto, de maneira que não podiam sequer movimentar o corpo ou se levantar. E perceberam, em seguida, que não tinham como fugir.

O famoso deus *dos braços fortes* voltou antes de chegar à terra do Lemnos, pois o Sol, que a tudo via, avisara-o do ocorrido. Então ele se aproximou da própria casa com o coração inquieto. Parou na entrada, sentiu uma fúria selvagem e deu um grito horrível, de clamor a todos os deuses.

Dirigindo-se a Zeus pai e a todos os outros deuses para sempre afortunados, pediu que presenciassem uma coisa ridícula e inaceitável, que mostraria como Afrodite *filha de Zeus* o humilhara sem parar. E era pelo fato de ele ser coxo, e por ela amar Ares *destruidor*, que era bonito e tinha as pernas formosas, enquanto ele era um deformado. Disse que os culpados eram seus pais e que o melhor era ele nem ter nascido.

Mostrou que os dois subiam em sua cama para os enlaces do amor, fazendo aquela cena que o deixava louco. Mas achava que agora eles não se deitariam assim tão cedo, por mais que se amassem. Talvez até deixassem de dormir juntos, pois sua armadilha com as correntes os prenderia até o pai dela lhe restituir todos os presentes dados pela mão de sua despudorada filha, que era bonita, sim, mas ordinária.

Os deuses então se juntaram em frente à casa *do piso de bronze*. Vieram Posêidon *dos tremores de terra*, Hermes *dos amparos* e Apolo *príncipe flecheiro*. Mas as mulheres deusas não vieram, por sentirem vergonha. Os deuses *provedores das graças* pararam no portão, e de repente, uma enorme gargalhada irrompeu entre eles, percebendo a artimanha do manhoso Hefesto.

Alguns dos afortunados disseram aos que estavam ao lado que as ações ruins acabavam mesmo trazendo má sorte. O que era lento alcançava o rápido. E assim Hefesto, mesmo devagar, pegou Ares, o deus mais veloz do Olimpo. Sendo coxo, ele o fez com sua arte, e agora Ares precisaria pagar por provocar adultério.

Enquanto comentavam, o príncipe Apolo *filho de Zeus* perguntou a Hermes *mensageiro* e *provedor das graças* se por acaso estaria disposto a dormir numa cama com a Afrodite *da linda coroa,* mesmo que esmagado por aquelas malhas fortes. O mensageiro Argeifonte respondeu ao *príncipe flecheiro* que quisera sim que isso ocorresse e que elos até três vezes mais numerosos o enlaçassem para que eles, deuses, e todas as deusas, o estivessem contemplando adormecido ao lado da Afrodite *dourada.*

Novamente os imortais soltaram uma gargalhada, e só Posêidon, deus dos mares e oceanos, não se entregou ao riso, pedindo apenas que o famoso deus da metalurgia, Hefesto, soltasse Ares. E com palavra leves, disse que se comprometia, diante dos outros deuses, a fazê-lo pagar pelo que fez.

O famoso deus *dos braços fortes* respondeu a Posêidon *dos tremores de terra* que não devia lhe pedir isso. Lembrou que quem se tornava um fiador de malandros acabava se dando mal. E perguntou a que se obrigaria diante dos deuses no caso de ele soltá-lo e Ares fugir para se libertar tanto das correntes quanto da dívida.

Posêidon *dos tremores de terra* respondeu a Hefesto que se Ares, depois de solto, deixasse de pagar a dívida ele mesmo a pagaria. Então o famoso deus *dos braços fortes* disse que não poderia, nem achava decente, recusar um pedido dele.

Assim o bravo Hefesto desatou os ferros e os dois, livres enfim das correntes que eram fortes, saltaram da cama. Ares se mandou para a Trácia, enquanto a risonha Afrodite foi se abrigar em Pafos, no Chipre, onde tinha um templo e um altar com incensos acesos. Lá, as Graças a banharam, ungiram-na com o azeite imortal que reluz na pele dos deuses e vestiram-na com roupas encantadoras: uma maravilha!

DESABAFO DE CALIPSO

Canto V – versos 118-127

Para a ninfa *das belas tranças,* os deuses são sempre os mais cruéis e ciumentos, invejando principalmente as deusas que se deitam abertamente com homens, quando escolhem algum para ser seu parceiro querido.

Foi assim quando Aurora *dos dedos cor-de-rosa* pegou Órion, e os afortunados deuses se encheram de ciúmes dela, até que a casta Artêmis *do trono de ouro* o atacou e matou em Ortígia com suas setas indolores (causadoras de morte repentina, como as de Apolo e Hélio).

Também foi assim quando Deméter *das belas tranças*, cedendo ao coração, juntou-se a Iásion em um leito de terra arada três vezes: logo Zeus foi informado e matou-o com um raio brilhante.

AS FILHAS DE PANDÁREO

Canto XX – versos 67-78

Um dia os deuses eliminaram Pandáreo e a rainha. Suas filhas, órfãs, continuaram no palácio, alimentadas pela divina Afrodite com queijo, *mel doce* e vinho suave.

Hera deu a elas mais beleza e inteligência do que a todas as outras mulheres. Artêmis, a casta, proveu-as de tudo enquanto cresciam, e Atena ensinou-as a fazer os trabalhos mais belos e necessários.

Quando a divina Afrodite subiu às alturas do Olimpo e procurou Zeus *lançador de raios*, que a tudo conhecia a fundo – toda a boa e a má sorte dos mortais –, querendo dar um casamento feliz às meninas, as águias as arrancaram e levaram as moças, dando-as às odiosas Erínias como criadas.

COMO O VINHO EXAGERADO ALTERA AS PESSOAS E ATÉ OS CENTAUROS

Canto XXI – versos 295-304

Até um centauro foi enlouquecido pelo vinho: o glorioso Eurítion, no palácio do grande Pirito, quando visitou os Lápitas.

Depois de comprometer o juízo com o vinho, delirando, ele se comportou mal naquele palácio, e os heróis, ressentidos, levantaram-se num salto, o arrastaram para o lado de fora e com o bronze das armas arrancaram-lhe as orelhas e o nariz.

Eurítion saiu andando com o juízo ainda abalado, exaltando-se no coração e querendo vingança. Desde então houve guerra entre os Centauros e os homens, e isso porque, pela embriaguez, ele chegara à própria desgraça.

02. Homens valentes

AQUILES, FILHO DE UMA NEREIDA

Canto XXIV – versos 36-94

Aquiles *do aspecto divino* foi morto em Troia, longe da Grécia. À sua volta morreram outros bravos filhos de Aqueus e de Troianos, disputando o seu corpo que na nuvem de poeira se via estendido e ocupando o espaço em sua grandeza – porém esquecido dos seus dons de cavaleiro e condutor de carros.

Depois da morte dele, os Gregos ainda combateram o dia todo e não teriam cessado a luta se Zeus não a interrompesse com uma tempestade. Então carregaram o corpo dele do campo de batalha até o barco, pondo-o no leito e purificando sua beleza com água morna e unguentos. Assim, os Gregos derramaram lágrimas pesadas e quentes sobre ele, e cortaram seus cabelos.

Quando sua mãe soube, saiu de dentro do mar com as imortais Nereidas. Um grande clamor se levantou das águas e um tremor se apossou dos Aqueus, que teriam saltado para os barcos se um homem de imenso e antigo saber – Nestor, que sempre lhes dera o melhor conselho – não tivesse dito de maneira serena para não fugirem, pois aquela era a mãe que surgia do mar com as imortais Nereidas, para ver o filho morto.

Os grandiosos Aqueus então pararam de fugir, e as filhas do *velho do mar* ficaram à volta de Aquiles, chorando a ponto de a tudo comover, e vestiram-no com roupas divinas. Todas as nove Musas choravam por ele, alternando suas belas vozes. E não se via nenhum Grego sem lágrimas, de tão comovidos pela adorável Musa.

Deuses e homens choraram por 17 noites e dias seguidos. No 18°, os Gregos o colocaram na pira e sacrificaram à volta muitos carneiros gordos e bois *de chifres curvos*. Ele foi cremado em roupa de deuses, com bastante unguento e *mel doce*. À volta da pira dançaram muitos heróis Aqueus, peões e cavaleiros em suas armaduras, com muito estardalhaço.

Depois que a chama de Hefesto o consumiu, de manhã puseram os seus ossos brancos em óleo e vinho puro. Sua mãe lhes deu um jarro de ouro que segundo ela era presente de Dioniso e obra do famoso Hefesto. E lá descansam os ossos brancos do glorioso Aquiles, misturados aos de Pátroclo *filho de Meneceu,* mas separados dos de Antíloco, a quem Aquiles honrava acima dos outros companheiros depois da morte de Pátroclo.

Em seguida, o exército sagrado dos lanceiros Aqueus ergueu para eles um grande e impecável túmulo, em um monte elevado do lago Helesponto, que pode ser avistado de longe no mar pelos homens de hoje e pelos que ainda virão.

Sua mãe pediu prêmios magníficos aos deuses e deu-os para serem disputados entre os chefes Aqueus – como nos ritos fúnebres dos bravos, quando, após a morte de um príncipe, os moços se preparam para disputar prêmios (mesmo assim, para quem tivesse visto aquele espetáculo, o coração se maravilharia ainda mais de tão magníficos os prêmios dados pela deusa Tétis *dos pés prateados,* porque os deuses amavam Aquiles, que mesmo morto, manteve o nome e terá sempre uma fama grandiosa na humanidade).

DESAVENÇA ENTRE AQUILES E ODISSEU

Canto VIII – versos 76-82

Uma vez os dois se desentenderam em um jantar luxuoso oferecido aos deuses, usando palavras assustadoras. Agamêmnon, rei dos valorosos, alegrou-se no espírito ao presenciar uma briga entre os mais bravos dos Aqueus, o que já lhe anunciara Febo Apolo na sagrada Pito, quando atravessou a entrada de pedra para consultar seu oráculo. Era na época em que começavam as calamidades para Gregos e Troianos, pela vontade do grande Zeus.

NEOPTÓLEMO, FILHO DE AQUILES

Canto XI – versos 508-537

Foi Odisseu mesmo quem o levou de Ciro para perto dos Aqueus *das belas vestes de guerra* a bordo de seu *barco curvo* e *bem-equilibrado*.

Quando, perto Troia, precisavam decidir sobre algo, Neoptólemo era sempre o primeiro a falar, e nunca eram opiniões descabidas. Só as de Odisseu e do divino Nestor eram melhores do que as dele. E também nos combates com armas de bronze na planície de Troia, ele nunca ficava no meio da tropa: corria bem à frente dos outros e não era superado por ninguém em bravura, derrubando inúmeros guerreiros no calor da luta.

Odisseu não seria capaz de dar nomes nem enumerar o tanto de soldados que ele abateu em defesa dos Gregos. O próprio herói Erípilo *filho de Télefo*, muito valoroso, ele abateu com sua arma. E à volta dele, muitos dos colegas Ceteus morreram em razão dos presentes dados a uma mulher (a de Príamo, para subornar Astíoque, mãe de Erípilo, rei dos Ceteus, para que ele apoiasse os Troianos).

Depois do divino Mêmnon, foi o homem mais belo que Odisseu pôde conhecer. Quando os melhores Gregos estavam dentro do cavalo construído por Epeu, e tudo dependia de Odisseu – fosse abrir ou fechar o esconderijo hermeticamente lacrado –, outros chefes e conselheiros Gregos seguravam o choro e seus membros tremiam sob as armas. Mas ele, absolutamente, não: ninguém o via perder as belas cores ou enxugar lágrimas da face.

Pedia insistentemente para sair do cavalo, acariciava com a mão o punho da espada e a lança de bronze pesado, ansioso por atacar Troia. Depois de saquearem a cidadela de Príamo, ele subiu a bordo incólume, trazendo sua parte. Estava são e salvo. Não fora atingido por nenhum bronze afiado ou ferido em luta corporal, como normalmente acontece na guerra, quando Ares impõe a raiva em uma briga.

ÁJAX

Canto XI – versos 544-552

Ájax *filho de Télamon* tinha rancor da vitória de Odisseu quando os dois competiram perto dos barcos pelas armas de Aquiles, oferecidas por sua venerável mãe a quem vencesse.

Os árbitros foram as filhas dos Troianos e Palas Atena. Odisseu talvez preferisse não ganhar aquele prêmio se entendesse que levaria a terra a cobrir uma cabeça tão nobre como a de Ájax (que, em vingança, quis chacinar outros cabos de guerra Aqueus e, num acesso de loucura, atacou o gado do exército por sentir-se ameaçado; voltando à razão, sentiu vergonha e matou-se).

A Ájax foram dados feitos e uma beleza que nenhum Grego superaria, depois do irrepreensível Aquiles, filho de Peleu.

HÉRACLES

Canto XI – versos 620-626

Era filho de Zeus *filho do Tempo*. Apesar disso, passou por inúmeras tribulações, vendo-se submetido a Eristeu, homem muito inferior a ele, mas que lhe impôs os famosos 12 trabalhos. Héracles foi obrigado a cumprir tarefas árduas, sendo a mais terrível delas buscar na porta do inferno o fabuloso cão de guarda Cérbero.

Então ele pegou o cão do palácio de Hades e o levou, guiado por Hermes e pela Atena *dos olhos verde-mar*.

03. MULHERES ICÔNICAS

TIRO

Canto XI – versos 235-259

Era de ascendência nobre. Dizia-se descendente do impecável Salmoneu, e sido casada com Creteu *filho de Éolo*. Apaixonara-se pelo divino rio Enipeu, o mais belo dos que correm sobre a terra, frequentando sua bela correnteza.

Poseidon *dos tremores de terra* disfarçou-se de Enipeu e deitou-se com ela nas águas agitadas da foz. Uma onda vermelha se levantou como montanha e os envolveu, escondendo, como numa casa, o deus e a mortal. Ele então abriu seu cinto de castidade e derramou sono sobre ela.

Findo o ato de amor, o deus tomou-lhe a mão e disse para ela se alegrar com o encontro deles. Dali a um ano ela teria filhos gloriosos – pois o abraço de um imortal nunca seria infecundo – e os criaria e educaria. Ela agora podia ir para casa e guardar isso em silêncio, sem revelar a ninguém, pois, como sabia, ele era Poseidon *dos tremores de terra*.

Ele então mergulhou no mar revolto, e ela veio a conceber Pélias e Neleu, que viriam a ser criados do grande Zeus. Pélias teve muito rebanhos e morreu na imensa Iolco. Neleu morou na Pilos arenosa. Os demais filhos, ela *rainha entre as mulheres* deu a Creteu. Eram Éson, Feres e Amitaon, que lutava de cima de um carro.

ANTÍOPE, ALCMENA, MÉGARA E EPICASTA

Canto XI – versos 260-280

Antíope, filha de Asopo, orgulhava-se de ter dormido abraçada a Zeus. Com ele teve dois filhos, Anfíon e Zeto, que fundaram Tebas, a cidade das sete portas. E construíram também as muralhas, pois sem elas não poderiam morar na imensa Tebas, por mais poderosos que fossem.

Alcmena, mulher de Anfitrião, também foi possuída pelo grande Zeus, e gerou em seus braços o corajoso Héracles *de coração leonino.*

Mégara, a filha do ousado Creonte, foi casada com o filho de Anfitrião, de gênio persistente.

A formosa Epicasta, mãe de Édipo, cometeu o crime monstruoso de se casar, sem saber, com o próprio filho. Ele a desposou depois de ter matado o pai em uma luta, até que os deuses revelaram a verdade ao mundo. E mesmo torturado pela vontade dos deuses, ele reinou sobre os Cadmeus (nobres tebanos – Cadmos fundara a Cadmeia, fortaleza de Tebas) naquela amável cidade, enquanto ela desceu ao palácio de Hades *das portas muito bem guardadas,* vencida pelo sofrimento ao pendurar-se em uma corda presa ao forro alto. Mas deixou para ele uma herança de inúmeros tormentos, por tudo quanto foi infringido às Erínias, vingadoras das mães (e de assassinatos e atentados aos direitos das famílias).

CLÓRIS E LEDA

Canto XI – versos 281-304

Foi com a linda Clóris que Neleu se casou, por causa de sua beleza, depois de levar aos milhares os seus presentes de núpcias. Ela era a filha mais nova de Anfíon, filho de Iaso, que reinou antigamente em Orcômeno, terra dos Mínias.

Ela foi rainha de Pilos e deu a Neleu os gloriosos filhos Nestor, Crômio e o famoso Periclímeno. Também deu à luz a bela Pero *maravilha dos homens.* Todos os vizinhos a cortejavam, mas Neleu quis dá-la apenas a quem pudesse tanger desde Filace os bois de chifres curvos e testa larga do poderoso Íficles, que eram animais selvagens.

Só o impecável vidente Melampo, que queria a mão da princesa para seu irmão Bias, se propôs a tangê-lo, mas foi impedido por uma fatalidade divina – as prisões sofridas e os pastores do campo.

Passaram-se dias, meses, até completar um ano e o ciclo das estações. Então o poderoso Íficles o soltou, depois de ouvir dele todas as previsões, cumprindo-se a vontade de Zeus.

Leda, a esposa de Tíndaro (e também mãe de Clitemnestra, esposa de Agamêmnon, a irmã da Helena de Esparta), deu-lhe dois filhos corajosos, Castor, domador de cavalos, e Pólux, exímio pugilista. Mesmo vivos, tinham suas almas cobertas pela terra, pois até no mundo subterrâneo, Zeus protege os vivos e mortos em dias alternados, fazendo-os receber as mesmas honras que os deuses.

IFIMEDEIA, FEDRA, PRÓCRIS, ARIADNE, MERA, CLÍMENE E ERÍFILE

Canto XI – versos 305-327

Ifimedeia foi a esposa de Aloeu e disse a ele ter se entregado a Posêidon, gerando dois filhos que viveram pouco, o divino Oto e o famoso Efialtes. Eram de longe os mais altos e belos que a terra *provedora do trigo* criou, abaixo apenas do glorioso Órion.

Aos nove anos mediam nove antebraços de largura e chegavam a nove braços de altura. Eles ameaçaram os deuses do Olimpo com uma guerra violenta: quiseram pôr o monte Ossa em cima do Olimpo, e sobre ele o Pélio *das matas agitadas* para chegar ao céu. E teriam conseguido, se chegassem à estatura do fim da juventude. Mas o filho de Zeus gerado por Leto *dos belos cabelos* (o arqueiro Apolo) matou os dois antes que começassem a nascer os seus pelos no rosto.

Também havia Fedra, Prócris e a bela Ariadne, filha do perigoso Minos. Teseu um dia a levara de Creta para o monte da sagrada Atenas, mas não chegou a desfrutar o seu amor, porque Artêmis a matou antes, em Naxos *rodeada pelo mar*, após denúncia de Dioniso.

E também Mera, Clímene e a detestável Erífile, que aceitou o valioso ouro em troca da vida de seu marido (o vidente Anfiarau, que se recusava a combater Etéocles, em Tebas, em favor de Polinice).

04. HISTÓRIAS DE GREGOS E PREVISÕES ACERTADAS

ORIGEM DOS FEÁCIOS

Canto VI – versos 3-11

Antigamente esse povo habitava a generosa Hipereia, terra vizinha à dos Ciclopes, um povo bastante arrogante que promovia destruições nos outros por ser mais forte. De lá, liderados por Nausito *do aspecto divino*, saíram para se estabelecer em Esquéria, longe de povos invasores.

Nausito cercou a cidade com muralhas, construiu casas, ergueu templos aos deuses e distribuiu terras aráveis. Mas, traído pelo destino, precisou partir para o palácio de Hades.

GENEALOGIA FEÁCIA

Canto VII – versos 56-74(b)

Poseidon, deus *dos tremores de terra*, primeiro gerou Nausito, nascido de Peribeia, mulher de rara beleza, a caçula do corajoso Eurimedonte, que antigamente era rei dos insolentes Gigantes, mas acabou destruindo o seu povo arrogante e também morreu.

Poseidon uniu-se a Peribeia e tiveram juntos o esplendoroso Nausito, rei dos Feácios. Dele vieram Rexenor e Alcino. Rexenor não teve filhos homens: Apolo, deus *do arco de prata*, acertou-o em seu palácio ainda recém-casado, deixando-lhe apenas uma filha, Areta. Alcino se casou com ela e honrou-a como nenhuma outra mulher casada na terra fora honrada.

Assim, ela foi e continuaria sendo honrada por seus filhos queridos, pelo marido e pelo povo, que a veria como a uma deusa e a saudaria quando caminhasse pela cidade. Teria tudo da mais fina inteligência e resolveria as disputas das pessoas que se quisessem bem, mesmo entre homens.

SÍSIFO

Canto XI – versos 593-600

O filho de Éolo queria levantar uma pedra imensa com os próprios braços. Fazendo força, ele a empurrava com as mãos e os pés até o alto de um monte, mas, quase transpondo o topo, uma força o desviava e a pedra desaforada rolava de novo até a planície. Mas ele a carregava de novo, com o corpo esticado, derramando suor, e tendo uma nuvem de pó à volta de sua cabeça.

HISTÓRIA DE EUMEU, GUARDADOR DOS PORCOS (DE LAERTES E ODISSEU)

Canto XV – versos 403-484

Alguns já ouviram falar de uma ilha chamada Síria, ao norte da Ogígia, pro lado onde o sol se esconde. Não é tão populosa, mas a terra é boa, rica em rebanhos, com muitos vinhedos e campos de trigo. Lá não há fome nem qualquer mal que atormente os míseros mortais. Quando os grupos humanos envelhecem na cidade, Apolo *do arco de prata* e Artêmis, juntos, os alvejam e abatem com seus disparos brandos.

As cidades são duas, e todo o território é dividido em dois. O rei das duas era o pai de Eumeu, Ctésio, filho de Órmeno *do aspecto divino.*

Apareceram lá uns fenícios, famosos navegadores, mas de má índole, trazendo inúmeras bugigangas em seu *barco negro.* Na casa de Ctésio havia uma mulher fenícia, bela, alta, habilidosa em trabalhos finos. Os fenícios, malandros, a enganaram. Quando ela lavava roupa perto do *barco curvo,* um deles se deitou primeiro com ela, nos laços do amor, coisa que ilude o sentimento das mulheres, mesmo as que são honestas.

Depois lhe perguntou *quem era, de onde vinha,* e ela prontamente apontou-lhe a casa do pai de Eumeu. Disse orgulhar-se de ser de Sídon, cidade rica em bronze, e filha de Aribante, dono de muito dinheiro. Mas quando voltava do campo fora raptada pelos piratas Táfios, que a levaram para lá e a deixaram na casa daquele homem, que pagou um bom dinheiro por ela.

Então o homem que a possuíra em segredo perguntou se gostaria de voltar com eles para casa e reencontrar os pais em seu palácio alto. A mulher lhe respondeu que concordaria, mas eles, marinheiros, precisariam demonstrar que cumpririam suas palavras pelo juramento de levá-la sã e salva à própria casa.

Eles fizeram como ela pediu, cumprindo primeiro as solenidades e depois o juramento. Então ela pediu que fizessem silêncio: ninguém da tripulação deveria falar com ela se a encontrassem na rua, ou na fonte, pois alguém poderia contar ao velho do palácio, e ele, desconfiado, a prenderia numa cela dura e mataria os fenícios.

Pediu que lembrassem bem do que ela dizia e corressem com as mercadorias. Quando o barco estivesse enfim carregado de víveres, era para avisá-la no palácio. Ela traria o ouro que estivesse à mão e ainda pagaria pela passagem.

Sim, porque no palácio era a babá de um filho do nobre, menino muito vivo que sempre corria atrás dela quando saía. Ela o levaria a bordo e eles conseguiriam um bom preço por ele, onde quer que o levassem entre os diferentes povos.

E ela então se retirou para o palácio. Eles ficaram um ano todo ali perto, juntando no *barco curvo* uma grande quantidade de víveres. Quando enfim a nau estava carregada para a volta, mandaram um mensageiro avisar a mulher. Um homem esperto chegou à casa do pai de Eumeu trazendo um colar de ouro com contas de âmbar.

Enquanto, na sala, as criadas e mãe de Eumeu tocavam o colar com as mãos, e nele fixavam os olhos, ele fez um aceno silencioso com a cabeça. E depois de dar o sinal, voltou para o barco, enquanto ela, pegando Eumeu pela mão, o levou para fora da casa.

Ela viu na varanda as taças e mesas de um jantar para convidados – que tinham ido à assembleia onde se debatem as questões públicas – próximos ao pai dele, e então, apressada, ela escondeu nas dobras do manto três taças lavradas, e as levou. Eumeu, em sua ingenuidade, ia ao lado dela.

O sol se punha e todos os caminhos escureciam. Indo rápido, chegaram ao famoso porto onde estava o barco veloz dos fenícios. Então os embarcaram e logo navegaram pelos *caminhos d'água.*

Zeus *mandou-lhes um vento favorável,* e eles viajaram por seis dias e noites contínuos, até que Zeus *filho do Tempo* trouxe-lhes o sétimo dia, e Artêmis *flecheira* alvejou a mulher, que caiu de repente no convés, fazendo estrondo, como um mergulhão marinho. E eles a jogaram no mar para ser comida por focas e peixes.

Eumeu ficou só e com o coração apertado. O vento e as ondas os levaram a Ítaca, onde foi vendido para Laertes. Foi assim que conheceu aquelas terras.

HISTÓRIA DE MENTES, AMIGO DE ODISSEU

Canto I – versos 180-188

Mentes era filho do vigoroso Anquíalo e rei dos Táfios, *povo de bons remadores.* Ele chegara em um barco tripulado, navegando em um mar *cor de vinho* à procura de povos de línguas diferentes.

Ia para Têmese, à procura de bronze e levando ferro brilhante. Ancorara seu barco em Ítaca longe da cidade, no campo, na baía de Rítron, ao pé da Níon *selvagem.* Ele e Odisseu haviam herdado de seus pais uma hospitalidade mútua de longa data, como um dia Telêmaco, filho de Odisseu, poderia confirmar com seu avô Laertes, o *velho guerreiro.*

HISTÓRIA DE MELAMPO, BISAVÔ DE TEOCLÍMENO

Canto XV – versos 226-255

Antigamente, na Pilos *dos muitos rebanhos* morou Melampo, que era rico e habitava um palácio magnífico. Mas precisou deixar a pátria e viver no estrangeiro, fugindo do poderoso Neleu, o mais nobre entre os vivos, que tomou todas as suas riquezas à força durante um ano.

Por esse tempo, Melampo esteve preso nas cadeias cruéis do palácio de Fílaco, sendo torturado por causa da filha de Neleu – na grave loucura colocada em sua mente pela maldosa deusa Erínia. Mas ele escapou da morte e tangeu seus bois de Filace a

Pilos, e se vingou do comportamento ignorante do divino Neleu levando a moça para casa, como esposa de seu irmão.

Depois partiu para o estrangeiro, pela Grécia *das ricas pastagens*, pois era seu destino morar e reinar sobre muitos Aqueus. E lá se casou, construiu um palácio alto e gerou Antífates e Mâncio, dois filhos fortes. Antífates gerou o glorioso Oicleu, que gerou o Anfiarau *encorajador de guerreiros*, que amou Zeus *dono da Égide* e Apolo, de todo o coração e tipo de amor.

Mesmo assim não chegou ao começo da velhice, morrendo em Tebas por causa de um presente dado à sua mulher (ele se recusara, em Tebas, a combater Etéocles em favor de Polinice, que mimou sua esposa com um colar de ouro para que o induzisse a segui-lo, mesmo certo de que ia morrer). Dele nasceram os filhos Alcmeon e Anfíloco.

Já Mâncio, gerou Polifides e Clito. Clito, por causa de sua beleza, foi arrebatado pela Aurora *do trono de ouro* para que vivesse entre os deuses, enquanto do valoroso Polifides Apolo fez um vidente, de longe o melhor entre os mortais, depois da morte de Anfiarau. Mas, brigado com o pai, ele mudou-se para Hiperésia, e lá fazia suas previsões para todos os homens. Ele foi o pai de Teoclímeno.

PREVISÃO SOBRE POLIFEMO

Canto IX – versos 507-512

Na ilha dos Ciclopes morava um vidente nobre e alto, Telemo *filho de Êurimo*, que era o melhor nas previsões e envelheceu fazendo isso em meio àquele povo de gigantes.

Ele previu o modo com que tudo se daria e que um dia Polifemo perderia a vista pelas mãos de Odisseu.

PREVISÃO DE HERMES FEITA A CIRCE

Canto X – versos 330-332

O Argeifonte *da vara de ouro* costumava fazer previsões e disse a Circe que um dia Odisseu, voltando de Troia, chegaria à sua ilha em um *barco negro* e entraria em seu palácio.

PREVISÃO DE NAUSITO, REI DOS FEÁCIOS

Canto VIII – versos 565-569

Nausito, pai de Alcino, disse-lhe que Posêidon tinha antipatia por eles, que a todos repatriavam a são e salvo, e previu que um dia ele despedaçaria um navio bem-construído de marinheiros Feácios ao voltarem de uma escolta no *mar em névoas*. E cercaria a cidade deles com montanhas enormes.

NOVAMENTE A PREVISÃO DE NAUSITO

Canto XIII – versos 172-177

De fato, em um país de nome Esquéria, onde viviam os Feácios, o antigo rei preveniu seu filho Alcino, futuro líder do povo, dizendo que Posêidon se irritava com eles porque escoltavam todos a são e salvo pelo mar.

Disse que um dia, em meio à névoa do mar, o deus daria fim a um belíssimo barco dos marinheiros Feácios na volta de uma escolta e cercaria a cidade deles com uma serra bem alta, que a esconderia.

05. EPISÓDIOS MAIS ANTIGOS NA VIDA DE ODISSEU

INFÂNCIA – ORIGEM DO NOME E CICATRIZ DEIXADA POR UM JAVALI

Canto XIX – versos 393-466

Da infância, Odisseu guardou como marca a cicatriz deixada por um javali de presas brancas – da época de sua visita, no Parnaso, à família de Autólico, seu nobre avô materno que a todos superava em saques e juramentos (dom que lhe fora dado pelo próprio Hermes, ao aceitar de bom grado o sacrifício das partes ofertadas de cabritos e carneiros, e por isso o ajudava).

Indo às terras férteis de Ítaca, Autólico encontrara a filha com um filho recém-nascido. Terminado o jantar, Euricleia o pôs em seu colo e disse para escolher o nome a dar ao querido filho de sua filha, há tanto esperado.

Autólico respondeu ao genro e à filha que pusessem nele o nome que diria. Havia chegado lá com *ódio* de muitos homens e mulheres daquela terra fértil. Portanto, deveriam chamá-lo de *Odisseu*. Quando fosse maior e pudesse visitar o grande palácio familiar de sua mãe, no Parnaso, onde guardava suas riquezas, lhe daria uma parte dela, e assim ele voltaria contente.

Ainda na infância, Odisseu foi até lá para receber os seus belos presentes, sendo acolhido por Autólico e seus filhos com abraços e palavras de afeto. Anfiteia, sua avó materna, também o abraçou e beijou-lhe a testa e as duas faces.

O avô Autólico pediu a seus gloriosos filhos que fizessem o jantar, e eles foram buscar um touro de cinco anos. Tiraram-lhe o couro e o separaram em postas, que picaram com jeito e enfiaram nos espetos. E assim assaram-no da maneira correta e distribuíram as porções.

Naquele evento, eles ficaram comendo o dia todo, até o pôr do sol, e em seus corações não havia nada de errado durante o jantar, nem diferenças. *Quando o sol se pôs e veio a noite*, deitaram-se, e por fim tiveram a dádiva do sono.

Mal raiou a filha da manhã, Aurora dos dedos cor-de-rosa, saíram todos para caçar – os cães e os próprios filhos de Autólico –, e com eles o filho de Laertes. Subiram as escarpas cobertas de mata do Parnaso e logo chegaram às ondulações batidas dos ventos.

Quando o sol começava a atingir as lavouras, os caçadores se afastaram do calmo e profundo rio Oceano para chegar a um vale inóspito, tendo à frente os cães farejando e os filhos seguindo Autólico. Odisseu ia na cola dos cães, com sua lança fazendo uma grande sombra.

Ali, numa mata densa, deitava-se um enorme javali, onde não passava a fúria úmida dos ventos nem o sol brilhava com seus raios, nem a chuva atravessaria de um lado a outro, de tão fechado era, com as folhas caídas formando uma camada grossa.

Quanto mais se aproximavam, ouvia-se de lá o som dos passos de homens e cães, até que a fera saiu da toca em direção a eles, com os pelos das costas arrepiados e olhos como faíscas, parando bem ali. Odisseu, à frente de todos, levantou a lança querendo acertá-lo, mas o javali, rápido, dando um bote pela tangente, atingiu-o acima do joelho, fazendo com a presa um grande corte que chegou quase até o osso.

Odisseu, porém, acertara-lhe a lança no tronco, acima da pata dianteira direita, e a ponta do bronze brilhante perfurou o javali, que deu um grunhido e tombou no pó, deixando esvair o seu sopro de vida.

Os queridos filhos de Autólico se encarregaram de levá-lo. Tiveram habilidade em decidir como tratar o ferimento do divino e irrepreensível Odisseu, estancando o *sangue negro* com uma fórmula de encantamento. Em seguida, correram à casa de seu amado pai.

Depois de curarem-no de todo, Autólico e os filhos deram a Odisseu presentes especiais e logo o mandaram de volta, feliz, à sua amada Ítaca. O pai e a venerável mãe dele se alegraram com a volta e lhe perguntaram tudo sobre o ferimento. Odisseu contou-lhes em detalhes como, na caçada, ferira um javali de presa branca ao subir o Parnaso com os filhos de Autólico.

ENCONTRO COM ÍFITO – ORIGEM DO ARCO

Canto XXI – versos 14-41

Odisseu e Ífito *filho de Êurito* encontraram-se em Messena, no palácio do bravo Ortíloco. Odisseu, na verdade, fora cobrar uma dívida de todo aquele povo, pois alguns homens de Messena haviam roubado em Ítaca 300 carneiros e seus pastores, levando-os nos barcos *de muitos bancos*. E por isso Odisseu fez uma longa viagem, ainda moço, como embaixador enviado de seu pai, acompanhado de anciãos.

Ífito, por seu lado, procurava as 12 éguas paridas que perdera com seus potrinhos bons de trabalho (o que depois acabou levando-o à morte, ao encontrar-se com o bravo Héracles, obstinado filho de Zeus e autor de grandes trabalhos; foi Héracles que, mesmo hospedando-o, matou-o na casa de maneira cruel, desrespeitando a ira dos deuses e a mesa que pusera já com o intuito de matar Ífito, para depois ficar com as éguas *de bons cascos* em seu palácio).

Quando as procurava, Ífito viu Odisseu e deu-lhe o arco que fora do grande Êurito, herdado por ele quando o pai morrera em seu palácio alto. Em troca, Odisseu deu-lhe uma espada afiada e uma lança forte, como símbolo de *afetuosos laços de hospitalidade*, mesmo não tendo se conhecido à mesa, porque antes disso o filho de Zeus matara Ífito, filho de Êurito *do aspecto divino*, que dera o arco a Odisseu.

O divino Odisseu nunca o levava quando ia à guerra a bordo dos *barcos negros*. Guardava-o na sala como lembrança do amigo querido e portava-o apenas em Ítaca.

PRESENTE DE MÁRON – SACO DOS VENTOS

Canto IX – versos 196-215

Odisseu ganhou de Máron *filho de Evanteu* – sacerdote de Apolo, deus que guardava Ismaro – um saco de couro de cabra com vinho tinto, suave, depois de poupá-lo em consideração à esposa e ao filho.

Máron morava num sítio coberto de arvoredo consagrado a Apolo. Odisseu recebeu dele presentes magníficos, além de uma boa quantidade de ouro bem-trabalhado, uma taça toda de prata e muito vinho, dando para encher 12 jarros. Era suave e puro, como uma bebida divina.

Nenhum dos criados da casa sabia disso a não ser ele, sua esposa querida e a governanta. Quando bebiam desse vinho vermelho e *doce como mel*, despejando uma taça cheia em 20 medidas de água, exalava do jarro um aroma agradável e divino, tornando-se um sacrifício deixar de beber.

Odisseu levou com ele um grande saco desse vinho e provisões numa bolsa ainda maior, pois desde lá seu coração previra o encontro com um homem robusto e selvagem, sem noção de justiça nem de leis.

06. Guerra de Troia

PARTIDA DOS GUERREIROS

Canto XI – versos 447-448

Quando Odisseu e Agamêmnon partissem para a guerra, deixariam Penélope sozinha, recém-casada, ainda moça e com uma criança nos seios.

DESPEDIDA DE ODISSEU

Canto XVIII – versos 257-270

Assim, ao deixar Ítaca, Odisseu segurou a mão da esposa até o punho, fazendo-a entender que nem todos os Aqueus *das belas vestes de guerra* voltariam daquela guerra saudáveis e ilesos. Pelo que sabiam, os Troianos eram aguerridos, tanto os lanceiros quanto os flecheiros e os cavaleiros montados em seus animais velozes, que normalmente decidiam uma batalha que se estendesse, grande e equilibrada.

E por isso não sabia se um deus o traria de volta, ou se morreria em Troia. Pediu que ela tomasse conta de tudo por lá, e que tratasse ainda melhor sua mãe e seu pai no palácio, enquanto ele estivesse longe.

E que quando começasse a crescer a barba no filho deles, era para ela se casar com quem quisesse e deixar o palácio.

PROXIMIDADE DE NESTOR

Canto III – versos 104-113, 118-121, 126-185 e 188-192

Os filhos dos Aqueus, indomáveis na raiva, suportaram naquela guerra tanto o que padeceram nos barcos – vagando pelo *mar em névoas* à procura de saques, onde quer que Aquiles, rei dos Mirmídones os levasse – quanto todas as lutas à volta da grande cidade do rei Príamo.

Grego e Troiano

Morreram ali os seus mais valentes guerreiros: o intrépido Ájax, Aquiles, Pátroclo (de sabedoria comparável à dos deuses) e Antíloco (o forte e impecável, exímio na corrida e no combate, filho querido de Nestor). E muitos outros sofreram grandes desgraças, ao passar nove anos tentando eliminar os rivais com todos os ardis possíveis. Só com muito custo o *filho do Tempo* pôs fim àquilo.

Lá, ninguém podia competir em inteligência com o divino Odisseu, e muito menos superá-lo. Quando Nestor e ele estavam lá, não tiveram qualquer divergência, fosse na assembleia ou no conselho. No conselho, concordaram ao dizer aos Gregos, com toda a prudência, qual a melhor estratégia.

Mas depois de saquearem a montanhosa cidadela de Príamo, entraram nos barcos e um deus dispersou os Aqueus. Zeus então decretou em sua alma que haveria uma volta sofrida para os Gregos, porque nem todos haviam sido sensatos e justos o tempo todo.

Muitos tiveram um destino terrível por causa da ira da *deusa dos olhos verde-mar,* filha de um pai poderoso, ao ter provocado uma disputa entre os dois filhos de Atreu, Menelau (marido de Helena) e Agamêmnon (chefe-comandante dos Aqueus em Troia).

Os dois, por conta própria, e de modo arriscado, chamaram todos os Aqueus para uma assembleia ao pôr do sol, e os que chegaram vinham pesados de vinho. Eles então discursaram explicando a convocação das tropas. Menelau sugeriu que todos pensassem na volta sobre a vasta superfície do mar, contrariando Agamêmnon, que queria segurá-los e fazer sacrifícios sagrados para acalmar a terrível ira de Atena (e por tolice, não via que ela não cederia, pois *a mente dos deuses eternos não se altera de uma hora para outra*).

Assim, de pé, os dois, trocavam palavras duras, enquanto os Aqueus *das boas vestes de guerra* começaram a ter uma exaltação espantosa, divididos nas opiniões. Passaram a noite tumultuando o espírito uns dos outros, enquanto Zeus lhes aprontava a desgraça de uma provação.

De manhã, alguns se lançaram em seus barcos ao divino mar, carregando tesouros e mulheres de cintura fina, mas enquanto metade embarcava e zarpava, a outra metade da tropa ficava para trás, parada, com Agamêmnon. Os barcos velejavam velozes, pois um deus mantinha liso o mar (que é habitado por monstros enormes).

Chegando a Tênedo, ofereceram vítimas aos deuses querendo chegar logo às suas casas. Mas Zeus, deus rigoroso, ainda não se decidira sobre essa volta e provocou uma segunda discórdia. Uns embarcam e deram a volta em seus barcos, como o virtuoso e manhoso príncipe Odisseu, com seus homens novamente tomando partido de Agamêmnon *filho de Atreu*.

Mas Nestor juntou os barcos que o seguiam e fugiu, percebendo que o deus preparava desgraças. Também fugiu o filho ousado de Tideu, apressando os companheiros.

Mais tarde Menelau os seguiu, alcançando-os em Lesbos, quando discutiam sobre o longo percurso: se velejariam à volta da montanhosa Quios em direção à ilha de Psíria, mantendo Quios à esquerda, ou entre Quios e terra firme, costeando a Mimas *dos muitos ventos*.

Pediram ao deus que lhes desse um sinal e ele o fez, mandando que cortassem pelo meio do mar em direção à Eubeia, escapando logo da má sorte. Uma brisa começou a soprar, assobiando, e os barcos velejaram velozmente os caminhos *cheios de peixes* e à noite aportaram em Geresto. Lá ofertaram a Posêidon uma boa quantidade de coxas de touros por já terem atravessado aquela extensão de mar.

No quarto dia, os companheiros de Diomedes *filho de Tideu domador de cavalos* ancoraram os barcos bem-equilibrados no continente. Mas, como o vento não parava desde que o deus o fizera soprar, Nestor *da Gerênia* recolheu-se em Pilos.

E assim ele ficou sem notícias dos outros Aqueus, sobre os que se salvaram e os que morreram. Mas soube que também chegaram bem os Mirmídones, excelentes lanceiros chefiados pelo bravo filho do grandioso Aquiles. E sobre Filocteto, o glorioso *filho de*

Peante, soube que Idomeneu levou seus companheiros sobreviventes à guerra para Creta, sem que nenhum se perdesse no mar.

UM CASO CURIOSO, DE FICÇÃO, COMO EXEMPLO DE ESPERTEZA

Canto XIV – versos 470-502

Odisseu e Menelau *filho de Atreu* eram os comandantes. O terceiro no comando, por decisão deles, era o estrangeiro *filho de Hílax*. Quando enfim se aproximaram das muralhas altas de Troia, deitaram ali perto numa moita espessa entre as gramíneas de um brejo, agachados debaixo das armas. Veio uma noite ruim quando o vento Bóreas, gelado, soprou sobre eles.

Caía neve do alto numa geada fria, formando camadas de gelo nos escudos. Todos os outros tinham seus mantos, além das túnicas, e dormiam em paz com os ombros cobertos pelo escudo. Mas o estrangeiro, ao sair sem saber, deixara o manto com os companheiros sem pensar que passaria frio. Levara só o escudo e a armadura brilhante.

Nas últimas horas da noite, quando as estrelas haviam virado, ele chamou Odisseu, que estava próximo, provocando-o. Referindo-se a ele como *engenhoso filho de Laertes* e *criatura de Zeus*, disse que não sobreviveria àquilo. O frio iria matá-lo e ele não tinha manto: um deus o enganara pela ideia de ficar só de túnica e agora não tinha como voltar atrás.

Odisseu teve um plano em seu íntimo (de tanto que era capaz de imaginar cada luta). Pediu ao estrangeiro, em voz baixa, que se calasse para que nenhum outro Aqueu os ouvisse. Então apoiou a cabeça no braço e se dirigiu aos outros dizendo que teve um sonho inspirado enquanto dormia. Lamentou que estivessem muito longe dos barcos, pois precisava que alguém levasse recado a Agamêmnon *filho de Atreu e chefe das tropas*, para que ele enviasse mais soldados de lá.

E assim Toas, filho de Andrêmon, levantou-se prontamente, deixando cair o manto vermelho para correr até os barcos. O estrangeiro deitou-se contente na roupa dele até raiar Aurora *do trono de ouro*.

OUSADIA DE ODISSEU

Canto IV – versos 242-264

O feito mais ousado foi aquele impetrado pelo poderoso guerreiro em Troia, onde os Aqueus passaram por terríveis provações: depois de ferir a si mesmo, gravemente, e colocar nos ombros um manto rasgado, dando-se a aparência de um escravo, ele penetrou nas ruas largas da cidade inimiga fingindo-se de um mendigo – ele que estava longe de sê-lo e que em nada lembraria a frota dos Aqueus.

Disfarçado, ele entrou em Troia sem ser notado. Só Helena o reconheceu naqueles trajes e quis interrogá-lo, mas ele, inteligente, a evitava. Quando ela enfim o banhava, ungindo de óleo e o cobrindo com um manto, ele a fez jurar gravemente não revelar aos Troianos que era Odisseu antes que chegasse aos barcos velozes e às barracas.

Então lhe contou todo o plano dos Aqueus e, depois de matar inúmeros Troianos com sua espada comprida, voltou para junto dos Gregos levando as informações.

As mulheres Troianas começaram uma grande gritaria, mas Helena alegrou-se na alma: seu coração já se inclinava pela volta ao lar e passou a deplorar a loucura que Afrodite lhe lançara, tirando-a de sua querida pátria para levá-la até lá separada da filha, de seu quarto nupcial e de seu marido, homem de todas as qualidades espirituais e físicas.

O CAVALO DE MADEIRA

Canto IV – versos 271-289

Foi um feito que exigiu muita coragem, o do poderoso homem que esteve dentro do cavalo de madeira junto aos mais valentes guerreiros Gregos – o que levaria a consumar a morte brutal dos Troianos.

Deífobo *do aspecto divino* seguia os passos de Helena, que contornou três vezes o esconderijo oco, apalpando-o e chamando os reis pelos nomes, imitando a voz das esposas dos Gregos.

Menelau, Diomedes *filho de Tideu* e o divino Odisseu, sentados no meio, ouviam os gritos dela e ardiam querendo levantar, ou sair e responder prontamente de dentro, mas Odisseu os conteve e segurou seus desejos.

Então, todos os outros filhos dos Aqueus ficaram quietos. Apenas Ânticlo quis responder, mas Odisseu usou as mãos para tapar firmemente a boca dele, salvando assim todos os Aqueus. E impediu-o até Palas Atena afastar Helena dali.

SAÍDA DE DENTRO CAVALO

Canto VIII – versos 500-520

Os Gregos puseram fogo nas tendas e em seguida subiram a bordo dos barcos *de muitos bancos* e zarparam, enquanto Odisseu e seus homens ainda estavam na praça de Troia, escondidos no cavalo que os próprios Troianos levaram para dentro da cidadela. Essa era a engenhosidade do plano.

Sentados à volta dele, os Troianos estavam indecisos. Iriam abri-lo pela barriga com um machado afiado, arrastá-lo até o alto e jogá-lo nos rochedos, ou guardá-lo como grande oferenda a dar aos deuses – exatamente o que haveria de se cumprir, pois afinal era a sina daquela cidade: ser destruída quando estivesse dentro dela o grande cavalo de madeira, que em seu interior abrigava, sentados, os Gregos mais valentes, que levariam os Troianos à morte e ao fim.

Os filhos dos Aqueus, esparramados no oco do cavalo, saíram de seu esconderijo e assaltaram a cidade. Em inúmeras ações eles devastaram a cidadela íngreme. Odisseu, como um Ares, chegou à casa de Deífobo ao lado do divino Menelau e enfrentou-o em sua luta mais terrível, que enfim venceu graças à excelsa Palas Atena.

07. Volta dos Gregos – Assassinato de Agamêmnon

MALFEITO DE EGISTO

Canto III – versos 262-275

Enquanto todos estavam em Troia, envolvidos em inúmeros trabalhos, Egisto, calmamente, de dentro da Grécia *criadora de cavalos* seduzia com suas conversas a esposa de Agamêmnon.

Acredita-se que, a princípio, Clitemnestra teria rejeitado o escândalo. Ela era honesta e tinha ao seu lado um músico a quem Agamêmnon recomendara vigiar a esposa quando partiu para Troia.

Mas as intenções divinas acabaram por coagi-la a ceder. Então, Egisto levou o músico para uma ilha deserta onde o deixou como presa para as aves de rapina e, juntando seus desejos aos dela, levou Clitemnestra para casa. Queimou muitas peças de bois nos seus altares sagrados e fez inúmeras oferendas de pano e de ouro por ter conseguido um feito importante, acima das esperanças em seu coração.

VOLTA DE MENELAU

Canto III – versos 276-302

Nestor e Menelau *filho de Atreu* voltavam de Troia navegando juntos, ligados pela amizade. Quando chegaram ao Súnion sagrado, o cabo rochoso de Atenas, Febo Apolo alvejou e matou, com suas setas indolores, o timoneiro de Menelau quando manejava o leme do barco em movimento.

Frôntis *filho de Onetor* superava a todos na condução do barco em meio a vendavais furiosos. Por isso, mesmo ansioso por chegar de viagem, Menelau aportou ali para sepultar o amigo e lhe render as últimas homenagens.

E quando, voltando a cortar o mar *cor de vinho* em seu barco de casco curvo, ele se aproximou dos penhascos de Maleia, Zeus *da voz ouvida ao longe* reservou para ele uma viagem complicada.

Provocando ventos uivantes, ele tornou as ondas enormes como montanhas. Então, separando os barcos, arrastou uma parte até onde moravam os Cidônios, em Creta, próximos às correntezas do Jardano. Lá havia uma pedra lisa erguendo-se verticalmente das águas, na ponta de Gortina, sobre o *mar em névoas,* onde Noto empurrava as ondas enormes para Festo e uma pequena pedra obstruía as ondas maiores.

Ali os barcos chegaram, e a muito custo os homens se salvaram da morte, mas as ondas destroçaram os barcos nas pedras. Os outros cinco barcos de proa negra, a força do vento e a das águas levaram para o Egito.

Assim, por esse tempo, ele vagou com seus barcos entre povos de diferentes línguas e costumes, tratando de juntar víveres e ouro.

VOLTA DE AGAMÊMNON

Canto IV – versos 512-537

O irmão de Menelau, sim, escapou da fatalidade fugindo em seus barcos curvos, salvo por Hera *deusa rainha.* Mas quando finalmente atingia a escarpa íngreme de Maleia, um furacão o desviou e fez penar bem distante no mar *cheio de peixes,* na divisa do país em que antigamente Tiestes reinava do palácio. Mas quem ali morava era Egisto, seu filho.

Quando também se deliberou que dali ele voltaria sem danos, os deuses mudaram os ventos, e assim eles chegaram à pátria. Então, alegremente, Agamêmnon pisou em seu país, apoiou as mãos e beijou solo. Um volumoso e quente choro jorrou de seus olhos ao tocar sua terra acolhedora.

Foi quando um vigia o avistou de sua torre, lá colocado pelo traidor Egisto em troca de uma boa quantia de ouro – estava lá há um ano, para que Agamêmnon não aparecesse de surpresa. Então mandou avisar o *chefe de tropa,* e Egisto pôs logo em ação sua armadilha: escolheu os 20 guerreiros mais valentes para uma emboscada e mandou que do outro lado se preparasse uma festa.

Ele logo partiu com carros e cavalos para convidar Agamêmnon *chefe dos guerreiros,* tendo ideias malignas em sua mente. Sem que Agamêmnon suspeitasse, levou-o para casa e, após servir-lhe o jantar, assassinou-o *como quem mata um boi na manjedoura.* Nenhum dos amigos do *filho de Atreu* que estavam com ele sobreviveu, e também nenhum dos desordeiros de Egisto. Morreram todos no palácio.

ASSASSINATO

Canto XI – versos 405-434

Agamêmnon não foi vencido nem por Posêidon, submetido nos barcos pelo *sopro furioso de ventos cruéis,* nem em terra, dominado pelos inimigos. Foi morto por Egisto, em conluio com sua esposa malvada. Egisto preparou a morte do filho de Atreu convidando-o para uma festa em sua casa, *como quem mata um boi na manjedoura.* Assim, sua morte não podia ser mais triste.

Seus companheiros foram assassinados brutalmente à sua volta, como porcos de presas brancas, em meio à farta festa de casamento na casa de um homem rico e poderoso.

Mesmo quem já presenciou a chacina de muitos homens, vencidos sozinhos ou na paixão de uma luta, se comoveria no coração ao ver aquelas mortes: os corpos estendidos no salão entre taças e mesas fartas, e todo o chão inundado de sangue.

O grito mais sofrido que Agamêmnon pôde ouvir foi o de Cassandra *filha de Príamo* (sua concubina, já presa: ela recebeu de Apolo o dom da vidência, mas se recusou a pagar o preço combinado e, como castigo, ninguém acreditava em suas previsões), que a traidora Clitemnestra (esposa que, em sua longa ausência, arrastara a asa para Egisto) matou quando estava ao seu lado.

Mesmo desfalecido em terra, atravessado por um punhal, Agamêmnon levantou os braços tentando lutar, mas a cachorra retirou-se sem se mexer, embora ele estivesse indo para o palácio de Hades, preferindo não fechar as pálpebras e a boca dele com a mão.

Foi tão vil o que ela fez que nada há de ser mais vergonhoso do que a mulher lançando em seu espírito esses pecados. Vê-se a monstruosidade dela por preparar o assassinato de seu marido legítimo, ele que esperava, ao chegar à casa, ser festejado pelos filhos e criados. Mas ela, com suas inclinações terríveis, levou vergonha a si e a mulheres que existirão no futuro, até mesmo as virtuosas.

VINGANÇA DE ORESTES

Canto III - versos 303-312

Egisto tramou em casa aqueles crimes mortais. Depois de matar Agamêmnon *filho de Atreu,* impôs-se como tirano e durante sete anos governou o povo de Micenas, cidade rica em ouro.

No oitavo ano, ele se arruinou pelas mãos do divino Orestes, que voltava de Atenas. Orestes matou o desprezível Egisto, assassino de seu glorioso pai Agamêmnon. Depois de matá-lo, foi oferecido aos Gregos um jantar ritualístico, como funeral de sua detestável mãe e do covarde Egisto.

No mesmo dia ele foi ter com Menelau, guerreiro de boa fala e *voz firme,* que chegara trazendo inúmeras riquezas, todas as que cabiam em seu barco.

08. Primeiras aventuras – Saque em Ismaro, Cícones, Lotófagos e Ciclopes

PARADA EM ISMARO PARA ATAQUE AOS CÍCONES

Canto IX – versos 37-75

Na sua volta de Troia, Odisseu enfrentou muitas dificuldades que eram lançadas por Zeus. Os ventos o aproximaram de Ismaro, terra dos Cícones. Lá, eles saquearam a cidade e mataram os homens, guardando as esposas e as abundantes riquezas daquela povoação. Então as repartiram para que nenhum dos companheiros fosse prejudicado na proporção de sua parte.

Odisseu deu ordens para fugirem logo, mas seus homens, estúpidos, não lhe obedeceram. Eles preferiram tomar vinho e matar as muitas ovelhas e bois de chifres curvos junto à praia.

Então os Cícones apelaram a outros Cícones da vizinhança, que eram mais numerosos e valentes, pois moravam no interior e sabiam combater a cavalo e também a pé. Eles chegaram pela manhã e eram numerosos *como as folhas e flores na primavera.* A má sorte de Zeus os atingiu (pobres Aqueus!) e era para que sofressem dores sem fim.

Firmes, e próximos aos barcos velozes, travaram uma luta com golpes de lanças de ponta de bronze nos dois lados. Por toda a manhã e transcorrer do dia sagrado, não arredaram pé, resistindo e fazendo-os recuar, embora fossem mais numerosos.

Mas bastou o sol se inclinar, vindo o horário de soltar os bois dos arreios, para os Cícones obrigarem os Aqueus, vencidos, a fugir. De cada barco morreram seis homens *das boas vestes de guerra,* mas os outros escaparam. Antes de zarparem, bradaram três vezes os nomes dos tristes companheiros mortos pelos Cícones.

Então Zeus *ajuntador de nuvens* jogou contra os barcos o vento Bóreas, formando enorme tempestade e cobrindo a terra e o mar de névoas, enquanto o céu escurecia pela chegada da noite. Os barcos eram arrastados com rapidez, e a fúria do vento rasgava as velas em três ou quatro farrapos. Então eles as baixaram sobre os conveses, já temendo o fim, e remaram rapidamente para terra, com toda a força. Ficaram ali por duas noites e dois dias, consumindo seus corações com o cansaço e a tristeza.

LOTÓFAGOS

Canto IX – versos 76-104

Quando a Aurora *das belas tranças* trouxe à luz o terceiro dia, colocaram os mastros, içaram as velas brancas e se sentaram, deixando o vento e os pilotos tocarem os barcos adiante. Odisseu teria chegado são e salvo a Ítaca se, contornando a Maleia, as ondas, a correnteza e Bóreas não os afastassem e desviassem além de Citera.

E dali, por nove dias, ventos ruins os levaram pelo mar *cheio de peixes*, até que no décimo ancoraram na terra nos Lotófagos *comedores de flores*. Ali desceram à terra e se abasteceram de água. Depois, fizeram a refeição perto dos barcos velozes.

Depois de saciados de comida e bebida, Odisseu pediu a alguns companheiros que investigassem o tipo de homem que comia pão naquelas terras. Escolheu dois deles e ainda um terceiro como mensageiro. Eles penetraram o lugar e se infiltraram entre os Lotófagos.

Os Lotófagos preferiram não matar seus homens. Deram-lhe lótus, e os que comiam seu fruto *doce como mel* já não queriam voltar e dar notícias, mas continuar entre os Lotófagos, alimentando-se de lótus sem sair dali. Odisseu os trouxe para bordo à força, desfigurados de tanto que choravam.

Amarrou-os debaixo dos bancos, nos barcos, e mandou os outros leais companheiros embarcarem às pressas em seus barcos velozes para que nenhum comesse o lótus e viesse a esquecer a viagem de volta. Eles logo embarcaram, sentaram-se nos bancos em linha e *enfiaram seus remos no mar cinzento*.

CICLOPES

Canto IX – versos 105-141

Dali eles seguiram viagem com o coração apertado até chegar à terra dos perversos e arrogantes Ciclopes. Por confiarem nos deuses, os Ciclopes não plantavam nada com as mãos, nem aravam (tudo nascia sem plantio ou aragem – trigo, cevada, uvas que da polpa grossa se faz vinho – e das chuvas de Zeus que tudo faz brotar). Não tinham praças para assembleias, *nem leis.* Moravam no topo das montanhas altas, em grutas, e cada um impunha aos filhos e esposas as suas leis, sem se preocuparem uns com os outros.

Ora, próxima ao porto havia uma ilha estreita, coberta de matas, nem perto nem longe da terra dos Ciclopes. Viviam lá inúmeras cabras selvagens, que não se incomodavam com a presença de pessoas, pois não havia caçadores, dado o desconforto de se percorrer os topos das montanhas. Não existiam rebanhos nem plantações, e tudo se mantinha sem haver gente, semeadura ou aragem, criando-se por si as cabras berrantes.

Os Ciclopes não tinham barcos de esporões vermelhos, nem carpinteiros navais (que poderiam construir barcos *de muitos bancos* e transportar coisas úteis, aportando em cidades de outros povos como ocorre com os homens, que cruzam o mar em navios e se visitam uns aos outros).

Eles poderiam transformar a ilha num belo povoado, pois ela de fato não era ruim, e sim capaz de produzir tudo. Ao longo de sua costa no mar cinzento havia campinas verdes e férteis. As videiras ali seriam duradouras, o solo arado estaria plano e nas safras haveria colheitas abundantes, de tão favoráveis as terras.

Havia bom ancoradouro na praia, onde não era preciso de amarras, ganchos ou âncora. Os marinheiros podiam aportar e permanecer o quanto seus corações quisessem, ou até voltarem os ventos. Num dos lados da praia havia água límpida, vinda de uma fonte próxima a uma gruta com álamos à volta.

RECONHECIMENTO DA ILHA E CAÇA DE CABRAS

Canto IX – versos 142-169

Na noite escura, eles entraram ali guiados por algum deus, sem ver nada. Havia um denso nevoeiro cobrindo os barcos, e a lua estava coberta pelas nuvens. E por isso ninguém viu a ilha, nem as ondas imensas rolando sobre a costa, antes de ancorarem seus barcos *de muitos bancos*. Com eles encalhados, recolheram as velas e desembarcaram na praia. E ali dormiram à espera da divina Aurora.

Mal raiou a filha da manhã, dos dedos cor-de-rosa, eles deram um giro pela ilha, maravilhados. As Ninfas, filhas de Zeus *dono da Égide*, fizeram surgir as cabras montanhesas para a tripulação se saciar. Eles foram logo até os barcos para trazer os arcos curvos e as lanças longas e pontiagudas. Dividiram-se em três grupos, começaram a atirar, e logo algum deus lhes deu muito boa caça.

Odisseu era seguido por 12 navios, e em cada um couberam nove cabras. Dez, eles selecionaram só para Odisseu. Assim, durante o dia, até o pôr do sol, eles ficaram sentados, saciando-se com muita carne e vinho suave.

Ainda havia vinho tinto em seus barcos porque, ao tomarem a fortaleza sagrada dos Cícones, cada um encheu seu jarro até a boca. Eles olhavam para a ilha dos Ciclopes, que era próxima, e viam a fumaça, ouvindo as vozes deles, os balidos de ovelhas e cabras.

Quando o sol se pôs e veio a escuridão, eles enfim se deitaram próximos ao mar de ondas.

09. Disputa com Polifemo

EXCURSÃO PELA ILHA

Canto IX – versos 170-195

Mal raiou a filha da manhã, Aurora dos dedos cor-de-rosa, Odisseu reuniu seus homens e pediu que ficassem ali, enquanto iria ver de perto, com seu barco e tripulação, como eram aqueles homens. Seriam cruéis, selvagens, injustos? Ou de índole hospitaleira e tementes aos deuses?

E assim ele embarcou, pedindo a seus companheiros que também subissem e soltassem as amarras. Eles logo se enfileiraram nos bancos e *enfiaram seus remos no mar cinzento.*

Quando enfim chegaram próximos ao local, em um dos lados havia uma gruta ao pé do mar. Era alta e com uma abóbada de louros. Dormiam ali muitos carneiros, ovelhas e cabras, e à volta fora construída uma casa alta, com pedras grandes fincadas no chão e cercada por filas de pinheiros e carvalhos de belas folhagens.

Era o lar de um homem monstruoso, que pastoreava os seus rebanhos sozinho e distante, sem trocar com os outros. Vivia afastado, *sem lei nem rei*, e tinha o aspecto de um monstro enorme. Não era o de um homem que come pão, mas o de um pico de montanha, selvagem, dos que se avista separado dos outros.

Odisseu mandou seus leais companheiros ficarem lá de guarda, no barco, enquanto ele e os 12 mais valentes iam a caminho. Levava com ele o saco com vinho que ganhara de Máron *filho de Evanteu,* sacerdote de Apolo.

ENTRADA NA GRUTA E CHEGADA DO CICLOPE

Canto IX – versos 216-257

A passos rápidos, eles chegaram à gruta. O monstro não estava nela, e sim seus carneiros gordos, pastando na relva.

Os companheiros foram entrando e observando tudo, muito admirados. Os cestos repletos de queijo e os currais cheios de cordeiros e cabritos divididos por idades: de um lado as crias mais velhas, de outro as recém-nascidas, e no meio as adultas. De todas as vasilhas – bem-feitas, assim como os baldes da ordenha – escorria o coalho.

Assim, a primeira coisa que os companheiros pediram foi para roubar o queijo e voltarem ao barco tangendo os cabritos e cordeiros dos currais, para logo remarem de volta ao mar.

Mas Odisseu não os atendeu (mesmo que depois achasse que era melhor), pois queria ver aquele ser de frente e conferir se lhe daria presentes de hospitalidade. E, ai..., ele não tardaria a chegar, para desespero de seus companheiros!

Eles acenderam fogo, fizeram um sacrifício e, avançando nos queijos, comeram-nos. E ficaram ali sentados até que o monstro chegou, tangendo seu rebanho. Trazia nas mãos uma grande quantidade de lenha seca para cozinhar o jantar e atirou-a para dentro, fazendo um grande barulho. Os amigos de Odisseu se assustaram e foram se esconder no fundo da gruta.

Então o Ciclope foi tocando para dentro daquele espaço enorme as ovelhas gordas que ordenharia, deixando os machos, carneiros e bodes, do lado de fora em um curral. Depois ergueu bem alto uma pedra enorme e colocou-a na entrada. Era muito pesada, e nem 22 carroças fortes, de quatro rodas, a tirariam do lugar.

Sentou-se e começou a ordenhar as ovelhas e as cabras berrantes, uma por vez, pondo embaixo de cada uma sua cria. Então coalhou a metade do leite branco, que separou, guardando em cestos trançados, e metade em vasilhas, para ter o que beber no jantar. Depois de cumprir essas tarefas, acendeu o fogo e viu os homens.

Perguntou *quem eram e de onde vinham atravessando os caminhos d'água*. Se iam a um trabalho específico ou erravam à toa pelo mar, como os piratas que arriscavam suas vidas levando flagelos a terras alheias.

E de novo os homens ficaram apavorados com o vozeirão e a estatura daquele monstro.

ODISSEU CONVERSA COM POLIFEMO

Canto IX – 258-306

Odisseu respondeu que eram Aqueus voltando de Troia, vagando à vontade de todos os tipos de vento *sobre o grande abismo do mar*. Queriam ir para casa, mas pegaram uma rota diferente e saíram do caminho, como parecia ser a intenção de Zeus.

Disse quem se orgulhavam de defender Agamêmnon *filho de Atreu*, então o homem mais famoso sob o céu, por destruir uma cidade e um povo tão grande. E que assim chegavam à presença do Ciclope e suplicavam-lhe de joelhos, esperando que os acolhesse ou desse os presentes que cabiam aos hóspedes, segundo o costume.

Pediam ao amigo que mostrasse assim o seu respeito aos deuses, pois eram suplicantes, que como hóspedes estariam amparados por Zeus *hospitaleiro*, defensor dos estrangeiros ilustres.

Mas o monstro lhe replicou sem pena, dizendo que, para mandá-lo temer ou honrar os deuses, o estrangeiro devia vir de longe ou era ingênuo. Disse que os Ciclopes não ligavam para Zeus *dono da Égide*, nem para os afortunados deuses, porque – falando sério! – eles eram mais fortes.

Por temer o ódio de Zeus ele não pouparia Odisseu e seus companheiros, mas sim se seu coração o quisesse. E pediu que lhe dissesse onde ancorara o seu barco *bem-construído*, se numa das pontas da ilha ou ali perto – para que ele soubesse.

Testava assim a ingenuidade de Odisseu, mas não o enganou, pois Odisseu sabia muito. Esperto em sua resposta, disse que Posêidon *dos tremores de terra* havia destruído o seu barco atirando-o nos rochedos da costa naquela ilha. Disse que, depois de arrastá-lo até o cabo, o vento o tirara do mar, mas ele e seus amigos puderam escapar ao *abismo do fim*.

O monstro nada respondeu, como quem não se importa. Deu um salto, ficou de pé, estendeu as mãos sobre os homens e agarrou dois deles como se fossem cachorrinhos, esmagando-os no solo e fazendo correr sangue de suas cabeças, até molhar a terra. E então pisou neles e triturou seus membros. Depois preparou-os como refeição e comeu-os (como se fosse um leão da montanha, aproveitando as vísceras, as carnes e os ossos medulosos, sem deixar nada).

Odisseu e os outros, chorando, ergueram suas mãos a Zeus, desesperados no coração ao perceber a crueldade dele. O Ciclope, depois de saciar de carne humana o seu enorme estômago e de beber leite para completar a refeição, deitou-se de comprido na gruta, entre os carneiros.

Em seu coração corajoso, Odisseu imaginou aproximar-se, puxar da coxa a sua espada afiada e cravá-la no peito dele, onde as membranas seguram o fígado (iriam antes tateá-las com a mão). Mas logo desistiu da ideia, pois acabariam passando pelo *abismo do fim* ali mesmo, não tendo como mover com as mãos a pedra pesada colocada na porta.

E assim eles aguardaram, suspirando, a divina Aurora.

DIA SEGUINTE

Canto IX – versos 307-335

Mal raiou a filha da manhã, Aurora dos dedos cor-de-rosa, o gigante reacendeu o fogo e ordenhou as ovelhas, *colocando sob cada uma a sua cria. Depois de concluir atentamente sua tarefa, pegou dois dos homens e preparou a refeição.*

Depois de comer, tangeu para fora da gruta o seu rebanho gordo removendo a pedra com facilidade. Em seguida recolocou-a, como quem tampa uma aljava. E assobiando alto, o Ciclope guiou seu belo rebanho até a montanha, enquanto Odisseu traçava no coração um plano, imaginando que se vingaria, caso Atena o ajudasse nessa glória.

Em seu coração, o melhor plano lhe pareceu o seguinte: próximo ao curral havia uma vara verde, de oliveira, que o Ciclope cortara para usar quando secasse. Quando a viram pela primeira vez, compararam o seu tamanho ao do mastro de um barco de 20 remos – longo, dos que atravessam o *grande abismo*, de tão grande e forte.

Odisseu foi até ela, cortou um pedaço menor e o entregou aos companheiros, pedindo que o afiassem. Depois de o desbastarem, Odisseu se aproximou e afinou a ponta, levando-o em seguida à chama de um fogo ardente para endurecê-lo. Guardou-o bem escondido, sob a espessa camada de esterco que cobria todo o chão da gruta.

Ele ordenou aos companheiros que tirassem a sorte para ver quem se arriscaria a levantar a tora com ele e enfiá-la no olho do Ciclope quando estivesse dormindo. Pela sorte deu de serem os mesmos que Odisseu queria escolher: ele e mais quatro.

DE VOLTA À GRUTA, POLIFEMO ACEITA O VINHO OFERECIDO POR ODISSEU

Canto IX – versos 336-374

O Ciclope chegou no pôr do sol, tangendo as ovelhas de lã magnífica e logo tocando as mais gordas para dentro da gruta, prendendo todas no curral. Ou ele desconfiava de algo, ou algum deus decidira isso por ele.

Depois levantou bem alto a grande pedra e colocou-a na entrada. Sentou-se e começou a ordenhar as ovelhas e as cabras berrantes, uma seguida à outra, *colocando sob cada uma a sua cria. Depois de concluir atentamente sua tarefa*, novamente *pegou dois dos homens e preparou a refeição.*

Então, Odisseu se aproximou do Ciclope, segurando nas mãos uma tigela com desenhos de hera, cheia de vinho tinto e lhe ofereceu. Recomendou que o tomasse depois de comer a carne humana para saber que tipo de bebida eles tinham no barco.

Disse que o trouxera para fazer uma oferenda ao Ciclope, caso se comovesse e o enviasse à sua terra. Mas perguntou quem poderia enfrentá-lo em sua fúria e chamou-o de infeliz: como alguém da vasta humanidade voltaria a visitá-lo se não se comportava como se deve?

Polifemo e companheiros de Odisseu

Polifemo tomou e bebeu. Gostou muito de sorver o vinho doce e pediu mais. Quis que Odisseu fosse generoso, desse mais e depois lhe dissesse seu nome, para poder receber um presente de hospitalidade que o alegrasse. Disse que a terra *provedora de trigo* dava aos Ciclopes o vinho em grandes cachos, que a chuva de Zeus fazia crescer, mas que aquele era igual a ambrosia e néctar misturados.

Odisseu lhe serviu de novo o *vinho saboroso*. Deu-lhe três vezes, e nas três ele bebeu como um louco. Quando o vinho subiu à mente do Ciclope, Odisseu usou palavras gentis, lembrando que ele perguntara o seu nome. Disse que revelaria, mas também queria que lhe desse o presente prometido.

Disse que seu nome era "Ninguém", e que assim seu pai e sua mãe o chamavam, e também seus companheiros. E o gigante respondeu sem dó, chamando-o de "Ninguém", que primeiro comeria os outros e que ele seria o último: esse seria o seu presente de hospitalidade.

Ao dizer isso, inclinou-se para trás, caiu de costas e assim ficou, com o enorme pescoço de lado, tomado pelo sono que a todos domina. Babava vinho e uns pedaços de carne humana, enquanto ainda arrotava, bêbado.

PLANO BEM-EXECUTADO: O GIGANTE PERDE SEU ÚNICO OLHO

Canto IX – versos 375-412

Odisseu então colocou a tora em meio às brasas para aquecê-la, dizendo palavras de incentivo a cada um dos companheiros para que nenhum se acovardasse. Quando a tora de oliveira estava no ponto de queimar, brilhando terrivelmente, apesar de verde, Odisseu tirou-a do fogo e a trouxe para perto. Os amigos o rodearam e algum deus lhes dava grande coragem.

Levantaram a tora de oliveira de ponta afiada e penetraram com ela no olho do Ciclope, enquanto Odisseu a rodava, fazendo força de cima para baixo. Era como alguém furando uma tábua de navio com uma broca, enquanto outros, por baixo, a faziam girar numa correia, segurando as pontas, e a broca sempre rodando, firme, no lugar.

E assim seguraram a tora afiada em brasa e a giraram no olho dele, fazendo escorrer sangue à volta da tora ardente. As pálpebras e as sobrancelhas se queimaram com o vapor saído da pupila em chamas, de raízes que cozinhavam no fogo.

> (Quando um ferreiro mergulha um grande machado ou picareta na água fria para melhorar o ferro e sai um chiado, assim era como o olho dele queimava com a tora de oliveira.)

O Ciclope deu um grito horrível, e a rocha ecoou à volta. Os homens, assustados, recuaram, enquanto ele arrancava o olho da tora cheia de sangue. Balançou os braços, jogou-o longe e em seguida gritou, chamando os Ciclopes moradores das grutas próximas. Eles ouviram e saíram cada um de um lugar, parando à volta da gruta e perguntando o que havia acontecido.

Perguntaram a Polifemo quem o havia atacado e por que gritara no meio da noite divina e lhes tirara o sono. Perguntaram se algum mortal levara embora o seu rebanho por azar, ou se alguém o estava matando *por trapaça, e não pela força.*

Do fundo da gruta, o monstruoso Polifemo disse aos amigos que "Ninguém" estava o matando *por trapaça, e não pela força*. Então, com *palavras leves*, eles responderam que se ninguém o estava maltratando, e se estava sozinho, não tinha como escapar da dor que o grande Zeus lhe enviara. E disseram para que rezasse ao pai deles, o rei Posêidon.

E então eles saíram de lá.

10. FUGA DA GRUTA

AMARRANDO-SE AOS CARNEIROS

Canto IX – versos 413-436

Por dentro, no coração, Odisseu sorria, pois enganara o Ciclope com aquele nome, em sua insuperável esperteza. Polifemo, gemendo e torturado por dores horríveis, foi tateando até retirar a pedra da entrada e sentou-se na passagem com os braços estendidos, tentando agarrar algum que se arriscasse a passar pela porta junto com as ovelhas.

Ele talvez imaginasse, no coração, que Odisseu seria ingênuo a esse ponto. Odisseu pensava era no melhor modo de salvar da morte a si e aos companheiros. Imaginava todas as trapaças e armadilhas possíveis de quem tem a vida em perigo (pois estavam ameaçados por uma grande desgraça).

E sentiu no coração qual seria o melhor plano: alguns carneiros eram bem-alimentados, de lã grossa, violeta, belos e grandes. Em silêncio, ele usou a palha em que o monstruoso Ciclope se deitava para amarrar uns nos outros, juntando-os de três em três, sendo que o do meio levaria um de seus homens e os dos lados o protegeriam.

E assim, cada três reses levariam um homem. Para Odisseu, restava apenas um carneiro, que era de longe o melhor do rebanho. Ele abraçaria os seus lados e se encolheria na barriga felpuda, ficando corajosamente agarrado com as mãos nos grandes tufos.

E assim, entre gemidos, eles esperaram pela divina Aurora.

DIA SEGUINTE: SAÍDA ESTRATÉGICA

Canto IX – versos 437-472

Mal raiou a filha da manhã, Aurora dos dedos cor-de-rosa, os machos se moveram até a saída, enquanto as fêmeas não ordenhadas ficaram berrando pelo curral, com suas mamas cheias.

O dono, padecendo de dores horríveis, parava cada animal e lhe apalpava as costas. O tolo não via que os homens estavam amarrados nos peitos das reses de muita lã. O último a se dirigir à saída foi o carneiro grande, que levava, além o peso de sua lã, a pessoa engenhosa de Odisseu.

Ao apalpá-lo, o enorme Polifemo chamou-o de carneiro manso e perguntou por que era o derradeiro a andar pela gruta, já que até então nunca fora o último a sair (fora sempre o primeiro a pastar a tenra flor da grama, com os seus passos largos, o primeiro a chegar à correnteza do rio e a querer voltar ao curral de tarde). Agora era o último, talvez sentindo a falta do olho de seu dono, que um homem mau e seus companheiros miseráveis cegaram depois de fazê-lo perder os sentidos de tanto beber. Esse "Ninguém", Polifemo jurava, ainda não se livrara da destruição.

Ainda conversando com o carneiro, disse se pensassem igual, e ele pudesse falar, lhe diria onde aquele homem se escondia de sua fúria. Assim o Ciclope o esmagaria no chão e espalharia seus miolos pela gruta, conformando o coração das maldades que o inútil "Ninguém" lhe fizera.

Então tocou o carneiro para a saída. Já um pouco afastado da gruta e do curral, primeiro Odisseu se soltou do carneiro e depois desamarrou seus companheiros. E às pressas eles tangeram as reses gordas até o barco.

Os que estavam lá se alegraram ao ver os companheiros voltando e choraram ao saber da morte de alguns. Mas Odisseu não quis que se entregassem à dor e, acenando com as sobrancelhas, mandou cada um tocar logo as inúmeras reses de bela lã para dentro do barco, e fossem cruzar a água salgada. Eles embarcaram correndo: sentaram-se em linha nos bancos e *enfiaram seus remos no mar cinzento.*

DEPOIS DE EMBARCAREM, ODISSEU FAZ PROVOCAÇÕES ARRISCADAS

Canto IX – versos 473-506 e 513-516

Quando já estavam distantes, Odisseu deu um grito para o Ciclope, provocando-o. Disse-lhe que agora aprendera a não devorar com violência os companheiros de um desamparado dentro de sua gruta, pois acabou sendo atingido pela própria maldade. Como podia um infeliz devorar hóspedes em sua casa?

Polifemo ficou ainda mais nervoso no coração, arrancou o pico de uma montanha e arremessou-o, acertando na água, à frente do barco. O mar recuou, e a onda, indo rapidamente à praia, levou o barco para terra como se fosse a maré. Ia encalhar quando Odisseu, usando uma vara bem comprida, o fez deslizar para fora, ordenando aos companheiros, com acenos de cabeça, que se debruçassem sobre os remos para escaparem do desastre. E eles, se abaixando, remaram.

Quando enfim ganharam o mar e já estavam duas vezes mais distantes que antes, Odisseu ia gritar de novo para o Ciclope, e todos os companheiros o tentaram dissuadir, usando *palavras leves*. Disseram que era loucura e não havia por que enfurecer um ser selvagem que há pouco lançara um rochedo no mar, quase encalhando o barco. Eles podiam ter morrido ali. Se o monstro escutasse as vozes deles, jogaria outra pedra, esmagando suas cabeças e as tábuas do barco com a força do arremesso.

Mesmo assim, eles não convenceram o coração glorioso de Odisseu, que ainda se dirigiu enraivecido ao Ciclope, dizendo que, se algum mortal lhe perguntasse sobre a humilhante cegueira de seu olho, era para dizer que quem o fez foi Odisseu *saqueador de cidades, filho de Laertes, morador de Ítaca.*

Com um gemido, Polifemo se dirigiu aos deuses sagrados para dizer que jurava, e era sério, que aquilo há muito fora profetizado. E então contou sobre a previsão que ouvira de um certo Telemo *filho de Êurimo.* Imaginou que chegaria lá um homem alto e belo, grande e robusto. Mas quem o cegou foi um homem baixo e insignificante, depois de dominá-lo pelo vinho.

POLIFEMO PEDE A POSÊIDON QUE IMPEÇA ODISSEU DE VOLTAR

Canto IX – versos 517-559

Então ele se dirigiu a Odisseu dizendo que poderiam esquecer isso: ele poderia voltar, receber os presentes de hospitalidade, e Polifemo incitaria o glorioso deus *dos tremores de terra* a lhe permitir boa viagem. Disse-se filho dele, que se orgulhava de ser seu pai. Apenas ele, se quisesse, poderia curá-lo, e mais ninguém entre os mortais e os deuses afortunados.

Odisseu respondeu que se pudesse tiraria a alma e a vida do Ciclope, mandando-o ao palácio de Hades, e nem mesmo aquele *dos tremores de terra* curaria o seu olho. Ao ouvi-lo, Polifemo ergueu as mãos para o céu das estrelas e rezou a seu pai.

Dirigindo-se ao deus *dos tremores de terra*, Posêidon *dos cabelos negros*, disse que, se era mesmo seu filho e se o deus se orgulhava de ser seu pai, fizesse com que Odisseu *saqueador de cidades, filho de Laertes* e *morador de Ítaca* não voltasse mais ao lar.

Mas que se ele estivesse determinado a ver a família em seu bem-construído palácio da terra pátria, que chegasse muito *tarde e humilhado*, em um barco estrangeiro, depois de perder todos os companheiros, e encontrasse graves problemas em sua casa.

Ele rezou, e o deus *dos cabelos negros* o ouviu. Polifemo arrancou mais um enorme pedaço de rochedo, rodou e arremessou-o com uma força imensa, acertando pouco atrás do barco, quase raspando no leme.

Com o impacto, o mar recuou, e a onda jogou o barco para a frente, a ponto de chegarem à costa. Alcançaram, por fim, a ilha onde os outros os barcos os esperavam reunidos. Os companheiros estavam ali sentados, chorando, em uma constante espera deles. E assim, aportaram, empurraram o barco sobre a areia e desembarcaram na praia.

Então tiraram do *barco curvo* as reses do Ciclope e as distribuíram para que nenhum de seus homens deixasse de ter uma quantia igual. Apenas a Odisseu e aos companheiros *das boas vestes de guerra* deram um carneiro a mais. E esse, Odisseu imolou na praia, a Zeus *filho do Tempo, deus das nuvens negras* e *rei do Universo,* queimando as coxas.

O deus, porém, não aceitou seu sacrifício, pois já pensava em como destroçar os seus barcos *de muitos bancos* e acabar com seus companheiros.

Assim, eles ficaram ali sentados o dia todo, até o pôr do sol, em uma comilança de muita carne assada e vinho suave. *Quando o sol se pôs e veio a escuridão,* eles por fim se deitaram na praia.

11. Eólia e Lestrígones

SEGUINDO VIAGEM

Canto IX – versos 560-566(b)

Mal raiou a filha da manhã, Aurora dos dedos cor-de-rosa, e Odisseu acordou os companheiros, mandando que recolhessem a âncora e subissem a bordo. Eles logo embarcaram e se sentaram nos bancos, em linhas, *enfiando seus remos no mar cinzento*. Dali eles seguiram viagem, *com o coração apertado mas felizes por terem sobrevivido, mesmo com a perda de companheiros queridos*.

VISITA À FAMÍLIA DE ÉOLO E TENTATIVA DE VOLTAR A ÍTACA

Canto X – versos 1-55

Chegaram então à ilha Eólia, onde morava Éolo *filho de Hipotas*, querido dos deuses. Era uma ilha flutuante, circundada por muros de bronze indestrutíveis, além da encosta vertical e lisa. No palácio viviam seus 12 filhos: seis mulheres e seis homens em plena flor da idade. Lá ele casou as filhas com os filhos.

Os filhos sempre faziam festas com seu pai querido e sua dedicada mãe, servindo inúmeros pratos. De dia, os aromas e a algazarra da mesa chegavam ao pátio, e de noite, dormiam com suas castas esposas em tapetes e camas entalhadas.

Foi então que Odisseu e seus homens chegaram à cidade deles e ao belo palácio. Éolo o acolheu durante um mês e perguntava-lhe tudo sobre Troia, sobre a frota dos Gregos e a volta dos Aqueus. Odisseu contava tudo a ele em detalhes, na ordem dos fatos, e por fim avisou de sua partida, pedindo que o repatriasse. Éolo não negou nada e preparou a saída.

Deu-lhe um saco descortiçado por ele mesmo – o couro era de um boi de nove anos –, onde prendera os caminhos dos ventos uivantes, já que o filho de Tempo o fizera *guardião dos sopros*, tanto para acalmar quanto para mover (como bem entendesse).

Amarrou-o no *barco curvo* de Odisseu usando um barbante de prata brilhante para que nenhuma brisa soprasse pelos lados. E enviou a brisa de Zéfiro como sopro para levá-lo com seus barcos e homens. Essa intenção, no entanto, não haveria de se cumprir, pois a própria loucura dos companheiros impediu.

Navegaram por nove dias e noites, e no décimo avistaram Ítaca, que de tão perto chegaram a perceber pessoas acendendo fogueiras. Então, um *sono doce* tomou Odisseu. Estava muito cansado porque vinha manejando o leme sozinho, sem confiar nos companheiros, para chegar o mais rápido possível à pátria.

Seus companheiros confabulavam, achando que ele levava ouro e prata, dados pelo glorioso Éolo *filho de Hipotas*. Mais de um comentava, olhando de viés e aludindo aos deuses sagrados, como os povos das cidades e países que visitaram podiam admirar e honrar aquele homem. Vinha trazendo imensos e valiosos tesouros de seu saque a Troia.

Mas os marinheiros, ao término da mesma viagem, voltariam para casa de mãos vazias. Estavam ali os presentes que Éolo lhe dera em demonstração de amizade. E deviam ver o que era, e quanto ouro e quanta prata havia naquele saco.

E por fim os companheiros não resistiram à tentação e desamarraram o saco, com os ventos saltando todos para fora. Rapidamente um tufão os arrastou para o alto mar, e eles choraram ao se verem afastados da pátria.

Odisseu acordou e em seu nobre coração dividia-se entre se jogar do barco e morrer no mar ou sofrer em silêncio e continuar vivo. Então suportou e ficou. Cobriu-se e deitou a bordo, enquanto um tufão contrário empurrava os barcos de volta à ilha Eólia, e seus companheiros suspiravam.

RETORNO À EÓLIA

Canto X – versos 56-77

Lá, eles saltaram em terra e se abasteceram de água. Em seguida os companheiros comeram ao lado de seus barcos velozes. *Saciados da fome e sede,* Odisseu, acompanhado do emissário e de um de seus homens, foi até o glorioso palácio de Éolo, que estava jantando com sua esposa e os filhos. Sentaram-se na entrada, junto às portas, e eles, surpresos no coração, perguntaram o que se passara, e que deus malvado havia atacado Odisseu. Afinal, afirmaram, eles o enviaram com cuidado para voltar à casa ou aonde quisesse.

Odisseu, amargo em seu coração, contou-lhes o ocorrido, e que o azar foram os seus maus companheiros – e também o seu sono indevido. Tratou de contar tudo com palavras calmas, mas eles continuaram mudos.

A resposta veio de Éolo, que o intimou dizendo para sair fora daquela ilha, pois era um mau exemplo entre os seres vivos! Não era lícito acolher ou dar condução a um homem que os deuses afortunados pareciam ter aversão e pediu que fosse embora, pois se ele havia voltado até lá era porque os deuses o detestavam.

E assim Odisseu foi expulso do palácio, sem piedade de seus profundos lamentos. E todos seguiram dali com o coração magoado.

LESTRÍGONES

Canto X – versos 78-134

O espírito dos homens se cansava de tanto remar. A culpada era a loucura deles, e já não havia vento de popa. Navegaram por seis dias e noites, e no sétimo chegaram ao pé da cidadela íngreme de Lamo, em Telépilo, dos Lestrígones, onde um pastor quando se recolhe cumprimenta o outro que está de saída. Lá, quem não dormisse poderia ganhar uma jornada dupla, uma pastoreando os bois e outra as ovelhas brancas. É onde os caminhos da noite e do dia estão próximos.

Ancoraram ali no famoso porto protegido por rochas íngremes de lado a lado, com as pontas projetadas uma em direção à outra, afunilando a entrada da barra. A frota se aproximou e todos atracaram os seus *barcos curvos*, amarrando-os um ao outro no porto estreito. Lá dentro, a onda não se avolumava nem muito nem pouco, e havia uma calma luminosa. Só Odisseu ancorou seu barco fora dali, bem no canto do ancoradouro.

Ele prendeu as amarras no rochedo e subiu pela escarpa até um mirante. De lá não se via qualquer trabalho de boi ou gente, apenas uma fumaça que saía do chão. Odisseu enviou alguns homens para investigar o tipo de gente que comia pão naquela terra. Escolheu dois, e um terceiro como emissário. Eles saíram do barco e seguiram por uma estrada lisa em que as carroças traziam lenha das montanhas altas para a cidade.

Em frente à cidade havia uma moça com um vaso. Ela era forte e encorpada, filha do lestrígone Antífates, e descera à bela fonte Artácia, de onde se levava água à cidade. Pararam ao seu lado, cumprimentaram-na e perguntaram sobre o rei do país e dos povos que eram reinados. Ela logo lhes apontou o palácio alto de seu pai.

Ao entrarem naquele palácio esplendoroso, eles se depararam com uma mulher alta como uma montanha e se aterrorizaram. Ela logo chamou o marido que estava na praça, o glorioso Antífates, e ele, ao vê-los, pensou em dar-lhes um triste fim. Pegou logo um dos companheiros e preparou-o para o jantar. Os outros dois fugiram e conseguiram chegar ao barco.

Mas fora dado o alarme na cidade, e de todos os lados os encorpados Lestrígones acorreram aos milhares. Não pareciam homens, mas gigantes. Passaram a atirar de cima inúmeras pedras que um homem comum mal conseguiria levantar. Logo ouviu-se uma gritaria vinda dos barcos, com alguns já despedaçados, e alguns homens também sendo atingidos. Outros foram fisgados como peixes, com os Lestrígones levando-os para o seu macabro jantar.

Enquanto matavam os que estavam na parte funda do porto, Odisseu tirou *de junto à coxa a faca afiada* e cortou as amarras de seu barco, mandando os companheiros se debruçarem nos remos para escaparem do desastre. E eles juntos revolveram a água, temendo a morte. O barco deles fugiu, alegre, do meio dos rochedos para o alto mar, enquanto os outros eram todos destruídos.

Dali eles seguiram viagem *com o coração apertado mas felizes por terem sobrevivido, mesmo com a perda de companheiros queridos.*

12. Ilha de Eeia

RECONHECENDO O LUGAR E AVISTANDO UM PALÁCIO

Canto X – versos 135-186

Chegaram então à ilha Eeia, onde vivia a Circe *das lindas tranças*: uma deusa de fala humana, terrível, irmã de Aetes *dos pensamentos malignos*. Os dois eram filhos do Sol, Hélio, *farol dos mortais*. A mãe deles, Perse, era filha de Oceano.

Em silêncio, Odisseu e os companheiros se aproximaram da praia para aportar em local acolhedor, guiados por uma divindade. Lá, desembarcaram e ficaram por dois dias e noites, consumindo o coração de cansaço e tristeza.

Quando a Aurora *das belas tranças* trouxe à luz o terceiro dia, Odisseu apanhou sua lança e a espada afiada e subiu rápido de perto do barco a um mirante, de onde talvez avistasse atividades ou ouvisse vozes de pessoas. Subindo mais, chegou a outro mirante da escarpa, de onde notou a fumaça saindo de um lugar de caminhos bem definidos, o palácio de Circe, *atrás da mata densa e de uma floresta de carvalhos.*

Passou a refletir, no fundo do coração, se deveria ele mesmo investigar aquela fumaça e achou melhor primeiro voltar ao barco e dar de comer aos companheiros, para então mandá-los investigar.

Quando se aproximava do barco, um deus, comovido com a solidão de Odisseu, pôs em seu caminho um veado alto, de muita galhada. Sufocado pelo calor, ele vinha de um pasto na floresta para beber água do rio, e ao sair de lá Odisseu atingiu-o na espinha, bem na lombar. A lança de bronze atravessou o veado que tombou no pó, mugindo até expirar.

Odisseu apoiou o pé nele e arrancou a lança, deixando-a no chão enquanto catava alguns galhos e cipós. Trançou uma corda medindo um braço, torcida de ponta a ponta, e amarrou as patas do grande animal. Caminhou até o *barco negro* com ele atravessado nas costas e apoiado na lança. Não dava para segurá-lo no ombro com a mão esquerda, pois era dos maiores. À frente do barco ele colocou-o no solo e, falando a cada um, animou os companheiros com *palavras leves*.

Disse que, por mais que tivessem sofrido, não desceriam ao palácio de Hades enquanto não viesse o dia. Pediu coragem e que, enquanto houvesse comida e bebida a bordo, tratassem de comer e de não se deixarem enfraquecer pela fome.

Eles logo o atenderam, descobrindo o rosto e contemplando aquele veado na praia, vendo como era grande. Depois de admirá-lo, lavaram as mãos e preparam uma boa festa. *Até o pôr do sol eles passaram o dia sentados, numa comilança de muita carne regada a vinho suave*. Quando *veio a escuridão*, eles por fim se deitaram na praia para descansar.

UMA PRIMEIRA EXCURSÃO, LIDERADA POR EURÍLOCO

Canto X – versos 187-219

Mal raiou a filha da manhã, Aurora, dos dedos cor-de-rosa, Odisseu reuniu seus homens pedindo que o escutassem, a despeito das dificuldades que enfrentavam. Disse não saberem os lados da noite e da aurora, nem em qual deles o sol que ilumina os mortais descia para baixo da terra ou ressurgia. Mas que deviam se apressar em ver se havia alguma saída.

(Achava que não, pois subira a escarpa até o mirante e olhara, destacada do mar infinito, a ilha toda que se estendia, rasa. Seus olhos enxergaram no centro dela uma fumaça subindo *atrás da mata densa e de uma floresta de carvalhos*.)

Ouvindo aquilo, seus corações se partiram ao lembrar do que fizera o lestrígone Antífates e da violência do imponente Ciclope canibal. Caídos no choro, eles deixaram correr lágrimas grossas, mas que eram lamentos inúteis. Então Odisseu chamou os amigos *das boas vestes de guerra* e dividiu-os, escolhendo um chefe para cada grupo.

Ele chefiava um, e o divino Euríloco o outro. E logo tiraram a sorte em um capacete de bronze, escolhendo-se o glorioso Euríloco. Ele foi à frente de 22 homens que choravam, deixando para trás Odisseu e os outros, que também gemiam.

Numa clareira do bosque eles encontraram o palácio de Circe, feito de pedras polidas. Era guardado por lobos monteses e leões, enfeitiçados por ela com drogas venenosas. Em vez de atacarem os homens de Odisseu, eles se levantaram abanando suas longas caudas.

> (Como cachorros pulando no dono que volta de uma festa, pois costuma lhes trazer petiscos, assim os leões e os lobos de garras poderosas os cercavam. E eles se assustaram muito ao ver aquelas feras monstruosas.)

PALÁCIO DE CIRCE

Canto X – versos 220-260

Parados à porta da deusa *das belas tranças,* ouviram a doce voz de Circe que cantarolava lá dentro, enquanto tecia uma grande e perene trama, como são as tecelagens das deusas: finas, graciosas e brilhantes.

O primeiro deles a falar foi Polites *chefe de guerreiros* e mais importante companheiro de Odisseu. Explicou que lá dentro havia alguém cantando docemente e tecendo com idas e vindas a sua grande trama, enquanto o assoalho a tudo ressoava. Fosse deusa ou mulher, deveriam chamá-la logo.

Então eles a chamaram, gritando. Ela logo saiu, abriu as portas iluminadas e os convidou a entrar. E todo o grupo, ingenuamente, a seguiu. Só Euríloco, *suspeitando de armação, ficou para trás.*

Eles entraram, e ela lhes ofereceu bancos e cadeiras para sentar. Preparou-lhes uma papa de queijo, cevada e mel claro, com vinho de Pramno. E misturou nessa comida algumas ervas danosas, que lhes tirariam a memória da pátria.

Assim que lhes serviu e eles comeram, tocou-os com uma vara de condão e os fechou em chiqueiros. Eles passaram a ter cabeça, voz, pelo e corpo de porcos, embora mantivessem a consciência.

E assim ficaram chorando em um curral, enquanto Circe lhes dava tripas, ração e frutas - alimento de porcos que se deitam na lama - para comer.

Euríloco voltou rápido ao *barco negro* para contar da má sorte de seus companheiros. Mas, por mais que quisesse, não podia dizer nenhuma palavra, tamanha era a dor em seu coração. Soltava lágrimas, e seu coração apenas gemia. Odisseu e os outros, assustados, perguntavam, e por fim ele falou sobre o ocorrido com os companheiros.

Contou ao nobre Odisseu que, como havia mandado, eles atravessaram a floresta de carvalhos.

EURÍLOCO RELATA O TRISTE FATO

Na baixada, viram o belo palácio de pedras polidas erguido em uma clareira. Lá, uma deusa ou mulher cantava com doçura, indo e vindo em seu tear, tecendo uma grande trama. *Então eles a chamaram, gritando. Ela logo saiu, abriu as portas iluminadas e os convidou a entrar. E todo o grupo, ingenuamente, a seguiu.* Apenas ele, *suspeitando de uma armação, ficou para trás.* Depois todos sumiram e nenhum voltou, enquanto ele esperava ali sentado, por um bom tempo.

ODISSEU RESOLVE INVESTIGAR E É VISITADO POR HERMES

Canto X - versos 261-306

Odisseu pendurou no ombro a sua grande espada de bronze ornada de prata, pegou o arco e pediu que fosse guiado pelo mesmo caminho. Mas Euríloco suplicou-lhe, abraçando-o nos joelhos e dizendo *palavras leves* entre lamentos. Chamando-o de *criatura de Zeus,* pediu que não o obrigasse a ir com ele. E que o deixasse ficar ali, pois sabia que ele não voltaria, nem traria nenhum dos companheiros. Deveriam era fugir rápido com os que estavam lá e talvez ainda escapassem ao *abismo do fim.*

Em resposta, Odisseu autorizou Euríloco a ficar bebendo e comendo à volta do barco. Mas ele sim iria, pois o dever o obrigava! E assim adentrou a ilha, deixando a praia e o barco. Mas quando seguia pelo arvoredo sagrado, chegando ao grande palácio da feiticeira Circe, o deus Hermes *da vara de ouro* apareceu-lhe, cortando o caminho.

Disfarçado de um moço em que começava a crescer barba – na mais encantadora juventude –, ele segurou na mão de Odisseu perguntando-lhe aonde ia, de novo, sozinho e infeliz por aquelas terras em lugar desconhecido. O deus contou que os primeiros companheiros estavam todos em um chiqueiro da casa de Circe, espremidos no curral como porcos. E que se estava indo lá para soltá-los, era certo que não voltaria, e sim ficaria preso junto a eles.

Mas Hermes estava lá porque queria salvá-lo do perigo. Deu-lhe uma droga benéfica e mandou que a levasse até casa de Circe. Ela a livraria do *abismo do fim*. E então revelou a ele os planos malignos de Circe.

> ***INSTRUÇÕES DE HERMES***
>
> A Ninfa prepararia para ele uma papa e colocaria ervas nela. Mas não poderia enfeitiçá-lo por causa da droga benéfica que recebera do deus.
>
> Quando Circe fosse encostar nela a longa vara, deveria tirar *de junto à coxa a sua espada afiada* e apontar para ela, como se fosse matá-la. Circe, com medo, iria convidá-lo a deitar-se com ela. E, dali em diante, ele não deveria recusar o leito da deusa, para que ela libertasse seus companheiros e os hospedasse. Mas deveria exigir dela o grande juramento dos afortunados, de que não planejaria contra ele nenhuma outra maldade – o que ela poderia fazer ao vê-lo sem as armas, tornando-o medroso e covarde.

Então Argeifonte lhe deu uma erva tirada do chão, explicando sua natureza: tinha a raiz negra, mas a flor parecia de leite. Os deuses a chamavam de *môli*. Para os mortais, era difícil arrancá-la, mas os deuses tudo podiam.

13. Encontro com Circe

VISITA AO PALÁCIO

Canto X – versos 307-329 e 333-347

Hermes então caminhou pela ilha selvagem para depois subir ao Olimpo, enquanto Odisseu ia ao palácio de Circe. No caminho, seu coração entregou-se a inúmeras reflexões. Parou à porta da deusa *das belas tranças* e ali a chamou, sendo ouvido por ela. Ela logo saiu, abriu as luminosas portas e convidou-o a entrar.

Odisseu a seguiu, sentindo um peso no coração. Dentro, ela lhe ofereceu *uma cadeira belamente trabalhada em prata, tendo embaixo um descanso para os pés.*

Circe então preparou-lhe a papa numa taça de ouro e derramou nela uma droga, tendo más intenções no coração. Depois de Odisseu tomá-la e não se enfeitiçar, ela bateu nele com a vara, mandando que fosse para o chiqueiro se juntar aos companheiros.

Mas Odisseu sacou *de junto à coxa a sua espada afiada* e a apontou como se fosse matá-la. Ela, com um forte grito, curvou-se e abraçou os joelhos dele, dizendo, entre lamentos e *palavras leves,* perguntando-lhe *quem ele era, de que lugar do mundo, de que cidade e país.*

Ficou surpresa ao ver que depois de ingerir a droga ele não sofrera nenhum feitiço: ninguém jamais resistira aos efeitos depois de ela *atravessar a arcada dos dentes*. Mas ele tinha no coração uma inteligência que não se deixava enfeitiçar. Então deveria ser Odisseu, *o engenhoso.*

Circe

Pediu que ele guardasse a espada e subissem logo ao leito, para que, unidos no amor, tivessem confiança um no outro. Odisseu lhe perguntou como ela podia esperar alguma ternura dele, se nos seus salões transformara seus amigos em porcos, e também a ele recebera com más intenções.

Disse que ela o convidava a ir para o quarto conhecer seu leito, mas que pretendia fazer dele um medroso e covarde, quando estivesse desarmado. Chamou-a de deusa e disse que não subiria ao seu leito, a menos que ela fizesse um grande juramento, o de não planejar mais nada contra ele. Ela prontamente aceitou, e depois de feito o juramento solene, ele subiu, enfim, à magnífica cama de Circe.

AS CRIADAS BANHAM ODISSEU

Canto X – versos 348-381

Nos quartos, quatro criadas faziam os trabalhos de casa para Circe. Eram filhas das fontes, dos bosques e dos rios sagrados que correm para o mar. Uma delas pôs lindas cobertas sobre os forros de linho das cadeiras. Outra trouxe mesas de prata com cestos de ouro para pôr em frente às cadeiras. A terceira, uma tigela de prata, e preparou o vinho *doce como mel*, servindo-o em taças de ouro. A quarta trouxe água e pôs fogo sob o grande vaso de três pés.

A água começou a esquentar, e quando ferveu, na vasilha vermelha de bronze, ela levou Odisseu a uma banheira e com a água do vaso grande, temperada a seu gosto, banhou-o da cabeça aos ombros, até tirar de seus membros o *cansaço inibidor.*

Depois de lavá-lo e ungi-lo com azeite, envolveu-o *num manto e numa túnica* e o fez sentar-se *numa cadeira belamente trabalhada em prata, tendo embaixo um descanso para os pés.*

Uma criada trouxe água límpida em um belo jarro de ouro e derramou-a sobre uma bacia de prata para que lavasse as mãos, aproximando dele uma mesa polida. A governanta, atenciosa, serviu o pão e depois inúmeros pratos, aproveitando de tudo o que havia.

Convidou-o a comer, mas nada lhe apetecia, permanecendo ali sentado, absorto em outros pensamentos, e no coração prevendo desgraças. Quando Circe o viu sentado demonstrando profunda tristeza, e sem avançar sobre a comida, perguntou por que estava assim (sentado e mudo, com o coração apertado e sem tocar no alimento e na bebida). Perguntou se desconfiava de outra má intenção dela e pediu que não temesse, pois afinal ela pronunciara o poderoso juramento.

ODISSEU EXIGE QUE ELA DESENFEITICE OS AMIGOS E VAI ATÉ O BARCO

Canto X – versos 382- 417

Odisseu perguntou a Circe que homem honrado iria comer e beber antes de libertar seus amigos e poder olhar em seus olhos. Se era de coração que ela lhe oferecia comida e bebida, devia primeiro libertar os seus leais companheiros, pois ele queria poder vê-los.

Ao ouvi-lo, Circe atravessou o salão levando a vara. Abriu a porta do chiqueiro e tangeu-os para fora, no aspecto de porcos de nove anos. Estavam todos ali, de pé, à frente de Odisseu, e Circe andou entre eles ungindo um a um com outra droga.

Então caíram de seus corpos os pelos criados pela erva macabra de Circe, e eles voltaram à forma humana, até mais moços do que antes. Estavam mais belos, pareciam mais altos, e, vendo Odisseu, cada um foi apertar-lhe a mão, em meio a soluços de alegria no coração, e a casa toda ressoou aquele som, comovendo a própria deusa.

Circe, dirigindo-se a Odisseu como *engenhoso filho de Laertes* e *criatura de Zeus,* pediu que voltasse rápido à beira-mar para que *primeiro pusessem o barco a seco e guardassem nas grutas todos os tesouros e a equipagem* e depois voltasse até lá com seus leais companheiros.

Odisseu, com o coração orgulhoso, atendeu-a e saiu rumo ao barco veloz que estava à beira-mar. Chegando lá, encontrou os seus leais companheiros lamentando-se e derramando lágrimas pesadas.

> (Em uma fazenda, quando se saciam do pasto, as vacas do rebanho voltam ao estábulo e os bezerros correm juntos ao encontro delas. Os currais não podem contê-los, e eles não param de mugir, correndo à volta das mães. Foi assim com seus companheiros quando o viram e se juntaram ao seu redor, chorando. No coração, era como se tivessem voltado à pátria, à própria cidade da Ítaca escarpada, onde nasceram e cresceram.)

EURÍLOCO SE OPÕE À VOLTA AO PALÁCIO

Canto X – versos 418-445

Entre soluços, eles saudaram Odisseu com *palavras leves*. Chamando-o de *criatura de Zeus*, disseram que o seu retorno lhes dava tanta alegria quanto seria a da volta a Ítaca, terra de todos eles. Então pediram que ele contasse sobre o que acontecera aos companheiros.

Odisseu também respondeu com *palavras leves*, ordenando que *primeiro pusessem o barco a seco e guardassem nas grutas todos os tesouros e a equipagem*. E que depois o seguissem, rápido, se quisessem ver seus companheiros no palácio sagrado de Circe, bebendo e comendo, pois lá o alimento era inesgotável.

Eles logo o atenderam. Mas Euríloco, sozinho, tentou segurá-los, chamando-os de desgraçados, perguntando aonde estavam indo e o que queriam daquelas misérias. Disse que se entrassem no palácio de Circe, ela transformaria todos em porcos, leões ou lobos e os obrigaria a guardar o seu grande palácio. Lembrou o que fez o Ciclope quando seus amigos visitavam a gruta com o corajoso Odisseu, e que a loucura deles os levara à morte.

Odisseu, refletindo no coração, pensou em sacar *de junto à coxa sua espada afiada*, cortar a cabeça dele e vê-la cair, apesar do parentesco próximo. Mas os companheiros o acalmaram, apelando de todos os lados com *palavras leves*, chamando-o de *criatura de Zeus* e dizendo que, se preferisse, Euríloco ficaria junto ao barco para defendê-lo, mas todos os outros iriam ao palácio sagrado de Circe.

TODA A TRIPULAÇÃO É HOSPEDADA

Canto X – versos 446-466

Então eles se afastaram do barco e do mar. Nem mesmo Eurí-loco quis ficar ali, próximo ao *barco veloz*, e seguiu-os por medo da terrível ira de Odisseu.

No palácio, Circe, gentilmente, banhara, ungira com azeite e vestira de mantos grossos e túnicas os companheiros que estavam lá. Odisseu e os outros os encontraram reunidos em uma festa no salão. Quando todos se viram, reconhecendo-se, caíram em choros e lamentos, e a casa ressoava os soluços.

A venerável deusa se aproximou de Odisseu e pediu que paras-sem com aquela ruidosa lamentação. Ela sabia dos sofrimentos que passaram no mar *cheio de peixes* e do mal que homens injustos fizeram a eles em terra. Mas agora deviam comer de tudo e beber o vinho, até recuperarem no peito a paixão de quando saíram da Ítaca *rochosa*, sua pátria amada.

Sabia que estavam cansados e desanimados pelas constantes lembranças de horrores vividos e que já não sentiam alegria no coração, depois de tudo o que passaram. E ao ouvi-la, os orgu-lhosos corações deles se deixaram persuadir.

14. INSTRUÇÕES E DESPEDIDA

DEPOIS DE UM ANO, ODISSEU COMUNICA SUA PARTIDA

Canto X – versos 467-507

Eles ficaram por lá um ano, com festas todos os dias, *de muita carne e vinho suave*. Mas ao fazer um ano, com a volta da primavera, menos meses e os dias mais longos, os seus leais companheiros se dirigiram a Odisseu chamando-o de desvairado. Disseram que era tempo de lembrar de seus pais e de seu país, se quisesse ver-se salvo pelo destino e chegar ao palácio de sua terra.

Ouvindo isso, o coração orgulhoso de Odisseu se deixou persuadir. E por todo aquele dia, até o pôr do sol, eles ficaram à mesa na festa *de muita carne e vinho suave*.

Quando o sol se pôs e veio a escuridão, eles dormiram em seus quartos escuros, enquanto Odisseu subia até o luxuoso leito de Circe. Suplicando em seus joelhos, ele disse *palavras leves* (e a deusa o ouviu) pedindo que Circe cumprisse a promessa de enviá-lo para casa. Disse que ele e seus companheiros já estavam ansiosos na alma e que bastava ela se afastar um pouco para eles o cercarem, comovendo-lhe o coração com seus lamentos.

A venerável deusa respondeu, chamando-o de *engenhoso filho de Laertes, criatura de Zeus*, que se preferisse assim, poderia não ficar mais na casa dela. Mas antes deveria fazer outra viagem: precisaria ir ao palácio de Hades e da terrível Perséfone para consultar a alma do tebano Tirésias, o vidente cego que tinha a mente ainda viva. Perséfone havia lhe dado inteligência também depois da vida, para que só ele fosse inspirado, e os outros vagassem como sombras.

Odisseu teve o coração partido e sentou-se na cama para chorar. Sua alma já não queria viver ou ver a luz do sol. Quando se cansou de chorar e de gemer, perguntou a Circe quem o guiaria nessa viagem. Afinal, ninguém nunca fora até o palácio de Hades em um *barco negro*.

A venerável deusa logo respondeu. Chamando-o de *engenhoso filho de Laertes, criatura de Zeus,* disse para não se preocupar em ter quem guiasse o barco. Era sim para levantar o mastro, desdobrar as velas brancas e sentar-se. O sopro de Bóreas o levaria.

ODISSEU EXPLICA AOS COMPANHEIROS

Canto X – versos 541-574

Depois de Circe explicar como tudo se daria, veio a Aurora *do trono de ouro*. A Ninfa envolveu Odisseu *em um manto e numa túnica* e ao seu lado vestiu um grande manto branco, bonito e delicado. Contornou seus quadris com um lindo cinto de ouro e cobriu a cabeça com um véu.

Odisseu então percorreu o palácio chamando seus companheiros e lhes falou com *palavras leves,* dizendo para se levantarem e pararem de se deleitar com o sono. Disse que a rainha Circe lhe revelara algumas coisas.

Seus corações orgulhosos obedeceram. Mas nem nesse caso Odisseu pôde conduzir os companheiros sem baixas. Um moço chamado Elpenor, nem tão valente na guerra nem muito ajuizado, estava embriagado e fora se deitar longe dos outros no palácio de Circe, procurando lugar arejado. Ouvindo o barulho de movimento dos companheiros, levantou-se de repente e *não lembrou de voltar pela escada grande, caindo do telhado de cabeça. Quebrou o pescoço, as vértebras, e sua alma desceu ao palácio de Hades.*

Quando todos chegaram, Odisseu lhes disse que deviam estar pensando, naturalmente, que voltariam logo à pátria querida. Mas Circe lhes indicara outra viagem: ir à mansão de Hades e da terrível Perséfone para consultarem a alma do tebano Tirésias.

Ao ouvirem isso, tiveram o coração partido: sentaram-se ali mesmo gemendo e arrancando os cabelos, mas eram lamentos inúteis. E quando foram à praia pegar o barco veloz, tristes e deixando escorrer lágrimas pesadas, Circe havia chegado antes e amarrado ao lado do *barco negro* um carneiro e uma ovelha também negros. Havia passado facilmente por eles, pois quem perceberia as idas e vindas de um deus que não quisesse ser notado?

15. Palácio de Hades

PREVISÕES E INSTRUÇÕES DE CIRCE

Canto X – versos 508-540

Ao cruzar o rio Oceano *de profundos redemoinhos,* onde havia uma praia pequena e os bosques de Perséfone (de álamos altos e salgueiros sem fruto), Odisseu deveria embicar o barco na margem e procurar o grande palácio de Hades. Circe explicou que para o Aqueronte fluíam o Puriflegetonte e o Cocito, afluente da Água Estígia. E que ali havia um rochedo aonde confluíam os dois estrondosos rios.

Chamando-o de bravo, disse para aproximar-se desse lugar – devia ouvir com atenção! – e cavar um buraco na largura exata de um braço, derramando oferendas a todos os mortos à volta: *primeiro leite e mel, depois vinho suave e depois água.* E em seguida cobrir com farinha branca. Era para invocar *com fervor as cabeças ocas dos mortos, prometendo que, ao chegar a Ítaca, sacrificaria no palácio uma novilha – a melhor delas – e poria oferendas nobres na pira.*

E apenas para Tirésias *sacrificaria um carneiro todo negro – o mais perfeito dos rebanhos. E depois de invocar com rezas as gloriosas nações dos mortos,* ele sacrificaria um carneiro e uma ovelha negra de frente para o Érebo (Inferno), mas ele mesmo se voltaria para trás, em direção à correnteza do rio. Nesse momento surgiriam inúmeras almas de pessoas mortas. Então ele deveria chamar seus companheiros e mandá-los *esfolar e tostar as reses* que estarão ali mortas, *degoladas pelo bronze atroz,* e rezassem *aos deuses, ao poderoso Hades e à terrível Perséfone.*

Em seguida devia tirar *de junto à coxa a sua espada afiada,* sentar-se e não deixar *as cabeças ocas dos mortos se aproximarem do sangue antes de consultar Tirésias.* O vidente *chefe dos guerreiros* iria então ao seu encontro e falaria da viagem, das distâncias a percorrer, da volta, e de como cruzar o *mar cheio de peixes.*

COMO SE DEU

Canto XI – versos 1-50

Depois de chegarem ao barco, na praia, a primeira coisa foi arrastá-lo até o mar divino. Levantaram o mastro e as velas do *barco negro,* puseram a bordo as reses e também subiram, lamentando e derramando lágrimas pesadas.

Circe, a terrível deusa de fala humana, enviou no rastro da *nave escura* um vento favorável – ótimo companheiro de viagem – que lhe encheu as velas

Depois de cuidarem da equipagem a bordo, sentaram-se, enquanto o vento e o piloto guiavam a nau. Ela singrou o mar alto de velas abertas, o dia todo.

O sol se punha e todos os caminhos escureciam quando chegaram aos extremos do rio Oceano *das correntezas profundas,* onde estavam o país e a cidade dos Cimérios, cobertos por névoas e nuvens. O sol brilhante jamais os atingia com seus raios, nem indo até o céu estrelado, nem ao voltar dele para a terra: uma noite terrível se estendia sobre esses mortais infelizes.

Lá chegando, encalharam o barco, desceram as reses e andaram na margem da correnteza do Oceano até o lugar indicado por Circe. Ali, Perimedes e Euríloco seguraram as vítimas enquanto Odisseu sacava *de junto à coxa a espada afiada* e fazia um buraco de um braço de largura.

À volta dele derramaram oferendas a todos os mortos: *primeiro leite e mel, depois vinho suave e depois água.* E por fim ele entornou cevada branca.

Odisseu invocou *com fervor as cabeças ocas dos mortos, prometendo que, ao chegar a Ítaca, sacrificaria no palácio uma novilha – a melhor delas – e poria oferendas nobres na pira.* E que a Tirésias, em especial, *sacrificaria um carneiro todo negro – o mais perfeito dos rebanhos. E depois de invocar com rezas as gloriosas nações dos mortos,* ele pegou as reses, degolou-as sobre o buraco e fez correr o *sangue negro* em vapores.

SUBIDA DAS ALMAS

Então as almas subidas do Érebo se juntaram: donzelas, rapazes solteiros, velhos sofridos, virgens puras com o primeiro luto no coração. Havia muitos feridos por espadas de bronze, mortos em combate com suas vestes de guerra sujas de sangue. Eles chegavam de todas as partes, apinhando-se à volta do buraco e gritando aflitivamente, até que um terror pálido se apossou de Odisseu.

Ele em seguida chamou os companheiros e mandou-os *esfolar e tostar as reses* que já estavam mortas – *degoladas pelo bronze atroz* – e também rezar *aos deuses, ao poderoso Hades e à terrível Perséfone.* Odisseu sacou *de junto à coxa a espada afiada,* sentou-se e não deixou *as cabeças ocas dos mortos se aproximarem do sangue antes de consultar Tirésias.*

ELPENOR, MORTO POR ACIDENTE NO PALÁCIO DE CIRCE

Canto XI – versos 51-83

Primeiro veio a alma de seu companheiro Elpenor, que não fora enterrado porque deixaram seu corpo no palácio de Circe, sem choro nem sepultamento, pressionados por outra urgência. Ao vê-lo, Odisseu chorou com o coração pesaroso e disse *palavras leves.*

Perguntou a Elpenor como chegara àquelas trevas nebulosas mais rápido a pé do que ele em seu barco veloz. Elpenor gemeu e respondeu ao *engenhoso filho de Laertes, criatura de Zeus.*

Contou ser vítima da má intenção de uma divindade e do exagero no vinho. Deitado no palácio de Circe, *não lembrou de voltar pela escada grande, caindo do telhado de cabeça. Quebrou o pescoço, as vértebras, e sua alma desceu ao palácio de Hades.*

Suplicava agora pelos que ficaram para trás e não estavam com eles: pela esposa de Odisseu e pelo pai que o criara na infância. E também por Telêmaco, que ele deixara sozinho no palácio.

Sabia que ao sair do palácio de Hades, Odisseu pararia seu barco *bem-construído* na ilha de Eeia. Então pediu que lá ele fosse lembrado: que ao partir, Odisseu não o abandonasse sem choro nem sepultamento, para que ele não despertasse a ira divina.

Pediu que fosse cremado com todas as suas armas, e erguido a ele um túmulo à beira do mar cinzento, para os que viessem saberem daquele homem de pouca sorte. Pedia, assim, esse favor e que ele fixasse no túmulo o remo que Elpenor manejava em vida com seus companheiros.

Odisseu respondeu que faria o que ele pedia. Então os dois continuaram sentados, trocando palavras sofridas, enquanto Odisseu segurava sua espada por cima do sangue, e o vulto de seu companheiro falava.

16. Conversas com Anticleia e Tirésias

TIRÉSIAS E ANTICLEIA, MÃE DE ODISSEU

Canto XI – versos 84-137

Veio depois a alma de sua mãe Anticleia, filha do glorioso Autólico. Odisseu a deixara viva quando partiu para a sagrada Troia. Ao vê-la, chorou e sentiu peso no coração. Mas, apesar da dor profunda, não deixou que se aproximasse do sangue antes de consultar Tirésias.

E por fim veio o Tirésias *de Tebas* com um cetro de ouro. Reconheceu Odisseu e chamou-o de *engenhoso filho de Laertes, criatura de Zeus,* perguntando por que fora até lá – chamando-o de infeliz – e por que deixara a luz do dia para ver os mortos e aquele lugar tenebroso.

Então pediu a Odisseu para sair do buraco e guardar sua espada afiada para que ele pudesse beber aquele sangue a revelar a verdade. Odisseu recuou, embainhando sua espada ornada de prata.

O vidente certeiro, depois de sorver o sangue escuro, disse que ele queria uma volta *doce como mel.* Mas havia um deus que o faria sofrer: o deus *dos tremores de terra* na certa não se esquecera dele. Guardava um grande rancor no coração, pois Odisseu cegara o seu filho querido.

Mas mesmo sofrendo desgraças, Odisseu poderia chegar lá, se estivesse disposto a segurar sua ansiedade e a dos companheiros, ao aproximarem o *barco bem-construído* da ilha Trinácia, sobrevivendo ao mar *cor de vinho* e encontrando no pasto as vacas e ovelhas gordas de Hélio, o Sol *que tudo vê e escuta do alto.*

Disse que se não as tocasse, e cuidasse apenas de sua volta, ainda chegaria a Ítaca, mesmo com muitas dificuldades. Mas se ele as saqueasse, Tirésias previa o fim do barco e da tripulação.

E se ele mesmo escapasse, iria chegar *tarde e humilhado*, pois perderia os companheiros para um barco estrangeiro.

Disse também que encontraria problemas em casa: homens folgados consumindo o seu sustento e querendo a mão de sua divina esposa, a quem ofereciam presentes. E, claro, ele se vingaria da violência deles quando chegasse.

Depois de matar os cortejadores em seu palácio, usando o bronze afiado com esperteza ou em luta aberta, Odisseu deveria partir, levando um remo leve até chegar a um povo que não conhecia o mar, não comia alimentos temperados com sal, nem nunca vira naus de ponta vermelha, nem *remos bem-feitos* – que são como asas para mover os barcos.

Disse que lhe daria um sinal claro, de que ele não esqueceria: que quando outro andarilho o encontrasse e elogiasse a bela ferramenta que levaria no seu ombro, era para fixar no chão o remo bem-feito, *sacrificar as melhores vítimas ao rei Posêidon – um carneiro, um touro e um javali acasalado com porcas*. Então voltaria ao palácio e faria sacrifícios sagrados aos deuses *moradores do vasto céu*. A todos: um depois do outro.

Odisseu faleceria longe do mar, de uma morte tão suave que só se daria depois de ele se debilitar em uma velhice farta, no meio de seu povo, levando uma vida próspera. Era essa a verdade da visão que trazia.

CONVERSA COM A MÃE

Canto XI – versos 138-203(b)

Odisseu respondeu a Tirésias que lhe parecia que os próprios deuses fiaram para ele aquele futuro. Então pediu que lhe dissesse *sem rodeios*: Odisseu via ali a alma de sua mãe sentada em silêncio, junto ao sangue. Não teve ânimo de encará-lo e conversar com ele. Perguntou ao príncipe como ela poderia reconhecê-lo.

Tirésias respondeu prontamente e disse falar de um jeito que ele entenderia: qualquer das almas que deixasse chegar junto ao sangue iria fazer previsões verdadeiras; mas se ele recusasse alguma, ela se retiraria.

Depois de dizer isso, a alma do príncipe Tirésias voltou ao palácio de Hades, deixando de fazer previsões. Odisseu se manteve firme até chegar sua mãe e sorver o sangue turvo. Em seguida ela o reconheceu e, lamentando-se, disse *palavras leves*.

Chamou-o de filho e perguntou como chegara vivo àquelas *trevas em névoas*? Ver aquele lugar deveria ser muito sofrido para os vivos. Por lá passavam rios grandes, de correntezas terríveis. Primeiro, o Oceano, que ninguém atravessa a pé, mas só em *barco bem-construído*. Perguntou se por acaso ele chegara com seu barco e seus companheiros há muito perdidos na volta de Troia, e se ainda não chegara a Ítaca nem reencontrara sua esposa no palácio.

Odisseu chamou-a de Mãe e respondeu que precisou ir ao palácio de Hades para consultar a alma de Tirésias, príncipe de Tebas, pois ainda não se aproximara da Aqueia, nem retornara à pátria.

Contou que, ao contrário, vinha vagando com suas tristezas desde que partira com o divino Agamêmnon à Troia *rica em cavalos* para combater seus guerreiros.

E logo pediu que ela contasse uma coisa *sem rodeios*: que Moira (deusa fiadeira) a levara à morte doída? Uma longa doença? Ártemis a atacara e matara com suas setas suaves?

E pediu que ela contasse de seu pai e do filho que ele deixou para trás. Queria saber se eles ainda usufruíam de suas posses, ou se algum homem as tomou, acreditando que ele não voltaria.

Pediu que lhe contasse sobre as intenções e planos da sua esposa legítima, se ficou junto ao filho para preservar seus bens, ou se casou com um dos Aqueus – o mais nobre deles.

E prontamente sua venerável mãe respondeu que sim, ela continuava em seu palácio, de coração firme, mas sofrendo noites e dias, não parando de chorar. Ninguém ainda se apoderara de seus bens. Telêmaco administrava em paz suas fazendas e participava das festas, como convém a um homem que faz justiça, pois todos o convidavam.

Contou de Laertes, pai de Odisseu, que continuava na fazenda, sem ir à cidade. Não tinha cama, mantas ou cobertas limpas para dormir. No inverno, ia para a casa dos criados, ficava junto às brasas do fogo e usava roupas grossas. Mas no verão e nas estações de abundância, quando nos terrenos altos das plantações de uva o chão ficava todo coberto de folhas caídas, ele se deitava ali mesmo, triste, sofrendo na alma e desejando a volta de Odisseu.

Ele lidava com uma velhice difícil, e ela também vivera assim até vir o destino, que não a matou no palácio pelas setas brandas da *arqueira de tiro infalível*, nem com uma doença das que assolam e tiram a vida dos membros numa destruição sofrida. Mas foi pela saudade dele, seu glorioso Odisseu. As preocupações e o carinho por ele foi que lhe tiraram a doce vida.

ODISSEU TENTA ABRAÇAR A MÃE, MAS ELA SE ESVAI

Canto XI – versos 204-234

Odisseu, comovido até nas vísceras, quis abraçar a alma de sua falecida mãe. Lançou-se três vezes a ela, levado pelo coração a abraçá-la. Nas três vezes ela se esvaiu de seus braços *como uma sombra ou um sonho*. A dor em seu peito ficou ainda mais forte, e ele disse *palavras leves* a ela, chamando-a de Mãe e perguntando por que ela não permanecia ali quando ele tentava abraçá-la, para que mesmo no palácio de Hades eles suportassem, abraçados, os seus gemidos aflitos. Ou seria ela apenas um fantasma a mando da afortunada Perséfone para que ele lamentasse e sofresse ainda mais?

Sua venerável mãe prontamente respondeu, chamando-o de filho e *homem mais sofrido do mundo*. Disse que não era Perséfone *filha de Zeus* que o enganava. Era o que acontecia, de fato, aos que perdiam a vida: os nervos já não seguravam as carnes e os ossos. A poderosa força do fogo destruía essas partes, e assim a vida saía dos ossos brancos, enquanto a alma se esvaía como um sonho. E disse para ele voltar à luz o quanto antes, e guardasse isso tudo na memória para depois contar à sua esposa.

MULHERES

Canto XI – versos 235, 260, 266, 271, 281, 298, 305, 321 e 326

Ainda conversavam quando chegaram as mulheres a mando da altiva Perséfone, todas que tinham sido esposas ou filhas de chefes importantes. E elas se juntaram à volta do sangue turvo.

Odisseu pensava no que perguntar a cada uma, até concluir: *tirou a longa espada de junto à coxa forte* e não deixou que elas sorvessem juntas o sangue.

Então vieram uma por vez, declarando sua ascendência, e Odisseu pôde fazer perguntas a todas. Vieram nessa ordem: Tiro, Antíope, Alcmena, Mégara, Epicasta, Clóris, Leda, Ifimedeia, Fedra, Prócris, Ariadne, Mera, Clímene e a terrível Erífile.

E assim ele pôde ouvir suas histórias.

17. Ainda em Hades, encontros com Agamêmnon, Aquiles, Héracles e outros

ODISSEU CONVERSA COM A ALMA DE AGAMÊMNON

Canto XI – versos 385-403, 435-446 e 449-466

Depois que a venerável Perséfone dispersou as almas daquelas mulheres para os lados, veio a alma de Agamêmnon *filho de Atreu*. Estava triste, e à volta dela se juntavam outras, as de todos os que morreram com ele na casa de Egisto.

Mal sorveu o *sangue negro* e a alma dele pôde reconhecer Odisseu, demonstrando lamentos alucinantes e derramando lágrimas pesadas. Abriu os braços e quis abraçá-lo. Mas já não tinha a força e a energia de antigamente em seus braços maleáveis.

Ao vê-lo, Odisseu teve o coração apertado e chorou, dizendo-lhe *palavras leves*. Chamou-o de *glorioso filho de Atreu, rei valoroso* que a fiadeira Moira levou à morte dolorosa, perguntando se acaso Posêidon vencera seus barcos com *um sopro furioso de ventos cruéis*, ou se fora abatido em terra por inimigos ao lhes roubar os bois e belos rebanhos de ovelhas, ou quando os combatia em disputa pela cidade e suas mulheres.

Então a alma de Agamêmnon contou em detalhes sobre como ele fora covardemente assassinado por Egisto. Depois de ouvi-lo, Odisseu respondeu invocando todos os deuses sagrados e disse que Zeus *ouvido de longe* com certeza exercia imenso ódio contra a família de Atreu por causa das intrigas femininas. Muitos Aqueus morreram por causa de Helena. E enquanto Agamêmnon estava longe, Clitemnestra montava uma armadilha contra ele.

A alma do chefe guerreiro logo respondeu que por isso também ele não deveria ser bondoso com a esposa, contando tudo o que lhe viesse à mente. Era melhor que contasse uma parte e guardasse a outra em segredo. Mas no caso dele, Odisseu, não seria por causa de sua mulher que encontraria a morte. A sensata

Penélope *filha de Icário* era prudente e nutria bons sentimentos no coração.

Lembrou que quando foram à guerra, ela, ainda recém-casada e moça, amamentava Telêmaco, que agora certamente era próspero e sentava-se na assembleia entre os homens. Um filho feliz! E Odisseu o veria quando voltasse e o abraçaria, naturalmente.

Já a esposa de Agamêmnon nem ao menos deixou que ele saciasse os olhos contemplando o filho: matou-o antes! Então pediu que Odisseu se lembrasse também do que ia dizer agora: que não aportasse o barco em terra pátria às claras, mas às escondidas, pois não se pode mais confiar nas mulheres!

Em seguida o *filho de Atreu* pediu que Odisseu lhe contasse, *sem rodeios,* se ouvira falar se seu filho estava vivo e se morava em Orcômeno, na Pilos arenosa, ou na ampla Esparta, com Menelau – afinal, o divino Orestes deveria estar vivo.

Odisseu quis saber do *filho de Atreu* por que lhe perguntava aquilo e disse não saber se Orestes estava vivo ou morto, sendo ruim usar palavras ocas.

E assim, tristes, derramando lágrimas pesadas, os dois trocaram suas palavras penosas.

AQUILES, PÁTROCLO, ANTÍLOCO

Canto XI – versos 467-507 e 538-543

Vieram depois as almas de Aquiles *filho de Peleu,* de Pátroclo, do impecável Antíloco e de Ájax (que, depois do irrepreensível filho de Peleu, superava todos os Gregos no aspecto e na feição). A alma do veloz Aquiles *neto de Éaco* reconheceu Odisseu e, chorando, disse *palavras leves.*

Chamando-o por *engenhoso filho de Laertes* e *criatura de Zeus,* comentou que façanha mais ousada era aquela, perguntando o que ainda faria em seu coração sofrido. Como se aventurara a descer ao palácio de Hades, onde moravam os mortos insensíveis e os fantasmas de finados exaustos?

Chamando-o de Aquiles *filho de Peleu*, de longe *o mais bravo dos Aqueus*, Odisseu respondeu que viera pedir previsões a Tirésias, que talvez lhe mostrassem como chegar à Ítaca *rochosa*. Disse ainda não ter se aproximado da Aqueia nem pisado em sua terra, passando por sucessivas tribulações.

E disse a Aquiles que no passado ninguém fora mais feliz do que ele, e nem o seria no futuro. Antigamente, quando ele era vivo, os Gregos o honravam tanto quanto aos deuses. E agora que estava lá, teria muita autoridade sobre os mortos. E por isso não deveria se ressentir de haver falecido.

Aquiles, chamando-o de *glorioso Odisseu*, pediu que não tentasse consolá-lo da morte. Preferiria arar a terra como servo de alguém, de um senhor pobre, de vida simples, a reinar sobre as sombras dos mortos.

Então pediu notícias de seu nobre filho, querendo saber se fora à guerra para ser chefe ou não. Pediu que falasse sobre o irrepreensível Peleu, caso tivesse notícia, dizendo se ainda era respeitado pelas multidões de Mirmídones, ou se na Hélade e na Ftia era desrespeitado em razão da velhice que lhe travaria as mãos e os pés.

Aquiles não estava lá sob o sol para ajudá-lo com a força que tinha antes na imensa Troia, quando, defendendo os Gregos, dizimava as grandes tropas inimigas. Se pudesse voltar ao palácio de seu pai como era, mesmo que por pouco tempo, dirigiria sua ira e os braços potentes contra quem o violentasse ou desonrasse.

Odisseu disse que de fato não teve notícias do impecável Peleu. Mas falaria toda a verdade sobre Neoptólemo, o filho querido de Aquiles, como era pedido.

Então Odisseu contou toda a história dele, e a alma do *neto veloz de Éaco* partiu rapidamente pelo *campo de asfódelos* (planta de flor branca), contente por ouvir do amigo o quanto seu filho era exímio. E outras almas das pessoas mortas paravam ali, tristes, cada uma perguntando pelos seus. Apenas a de Ájax *filho de Télamon* manteve-se afastada.

ÁJAX

Canto XI – versos 552-567

Odisseu disse palavras encorajadoras à alma dele. Chamando-o de *impecável filho de Télamon,* perguntou se nem depois de morto esqueceria dos rancores que tinha contra o amigo, por causa das malditas armas. Disse que elas seriam a punição dos deuses contra os Gregos, por causarem a destruição de uma fortaleza como Ájax.

Contou que eles, Aqueus, choraram sua morte sem parar, tanto quanto a do querido Aquiles *filho de Peleu.* A culpa era toda de Zeus: pelo ódio declarado aos lanceiros Gregos, decidira pelo seu fim. Mas, chamando-o de príncipe, pediu que fosse ali para ouvi-lo e conversar. E que desse paz ao seu coração orgulhoso.

Ájax não respondeu e seguiu para o Érebo, atrás das outras almas de pessoas mortas. Talvez ainda falasse algo, apesar do rancor, e Odisseu a ele, se o coração do *filho de Laertes* não preferisse ver a alma de outros desaparecidos.

MINOS, ÓRION, TÍTIO, TÂNTALO E SÍSIFO

Canto XI – versos 568-593

Em seguida Odisseu viu Minos (rei de Creta) *glorioso filho de Zeus,* segurando o cetro de ouro, entronado como juiz dos mortos – que à volta do rei decidiam sentenças, uns sentados, outros de pé, no palácio de Hades com suas portas enormes.

Depois ele viu Órion, gigante, tangendo no *campo de asfódelos,* juntas, as feras que ele mesmo matara nas montanhas inóspitas. Levava nas mãos a sua clava inteiriça de bronze.

Também viu Títio *filho da gloriosa Terra* deitado no chão, cobrindo uma enorme extensão. Dois abutres, pousados um de cada lado, comiam o seu fígado, enfiando o bico nas vísceras, e ele não conseguia enxotá-los com os braços. Era a punição pelas afrontas que fez a Leto *gloriosa esposa de Zeus,* quando, indo para Pito, passava pela Panopeu *das belas cirandas.*

Ah... e também viu Tântalo, de pé, numa lagoa, suportando aflições. A água chegava ao seu queixo e via-se que estava com sede, mas não podia tomar nenhum líquido. Sempre que o velho se inclinava, tentando beber, a água era absorvida e sumia, e ele lhe mostrava a terra negra aos seus pés, secada por um deus.

Árvores altas e frondosas, pereiras, romãzeiras, macieiras de frutas enormes, figueiras doces e oliveiras aos montes baixavam as frutas à altura de sua cabeça, e sempre que o velho esticava as mãos para pegá-las, o vento as tocava para as nuvens sombrias.

Ah... e Odisseu também viu Sísifo, aguentando suas terríveis dores.

HÉRACLES

Canto XI – versos 601-619 e 627

Depois ele viu o fortíssimo Héracles, ou seja, o seu fantasma, porque ele mesmo se divertia nas festas com os deuses imortais, casado com a Hebe *dos lindos tornozelos*, filha do poderoso Zeus e da Hera *das sandálias de ouro*.

À sua volta, os mortos apavorados gritavam de todos os lados como aves, enquanto ele, temível como as trevas da noite, com o arco desencapado e uma seta na corda, apontava olhares medonhos, como se fosse disparar a qualquer momento.

Pendurava uma correia em seu peito para segurar a espada feita de ouro, com ornamentos maravilhosos gravados, mostrando ursos, porcos selvagens, leões de olhos brilhantes, lutas, batalhas, matanças e mortes. O hábil artista daquele estojo nunca faria outro igual.

Ao vê-lo, Héracles reconheceu Odisseu e em meio ao choro lhe disse *palavras leves*. Chamou-o de *engenhoso filho de Laertes, descendente de Zeus* e de infeliz por também arrastar uma triste sina, como era a dele quando estava sob os raios do sol.

VOZERIO

Canto XI – versos 627-635

Depois de dizer isso, Héracles voltou à mansão de Hades, e Odisseu ficou ali, firme, esperando que ainda viesse algum dos homens corajosos do passado, agora mortos. Teria visto os antigos que desejava, como Teseu e Pirito *gloriosos filhos de deuses* se antes não se juntassem aos milhares as nações de mortos em um clamor medonho.

Odisseu empalideceu, temendo que a nobre Perséfone lhe enviasse do palácio de Hades a cabeça do terrível monstro Górgona (a Medusa, que transformava quem a via em pedra).

18. Volta à ilha de Circe

HORA DE ZARPAR

Canto XI – versos 636-640 e Canto XII – versos 1-7

Então, apressado, ele procurou o barco e mandou os companheiros subirem a bordo e soltarem as amarras. Eles logo embarcaram e sentaram-se nos bancos.

As ondas da correnteza do Oceano levaram a nave rio abaixo. Primeiro eles remaram; depois, um *vento favorável* passou a soprar.

Saindo da correnteza do rio Oceano, o barco chegou às ondas do mar *dos amplos caminhos* e à ilha de Eeia, onde ficam a casa de Aurora *filha da manhã*, os lugares onde ela dança e o nascer do Sol.

Embicaram o barco ali na areia, desceram pela água rasa e depois dormiram à espera da divina Aurora.

REVISITANDO O PALÁCIO

Canto XII – versos 8-30

Mal raiou a filha da manhã, Aurora dos dedos cor-de-rosa, Odisseu mandou homens à casa de Circe para trazer o corpo do falecido Elpenor. Em seguida, rachando lenha, tristes, derramando lágrimas pesadas, eles fizeram seus funerais bem na ponta do cabo.

Após cremarem o corpo com as armas do morto, ergueram o túmulo, puseram lápide e, no alto, prenderam um *remo leve*.

As cerimônias foram observadas por Circe, que notara a volta deles do palácio de Hades. Ela aprontou-se, apressada, e chegou com as criadas trazendo pão, muita carne e *vinho tinto saboroso*.

A venerável deusa se colocou entre eles dizendo que foram formidáveis por descerem vivos ao palácio de Hades. E que por isso teriam duas mortes, enquanto os outros só morriam uma vez.

E ordenou que comessem o pão, bebessem o vinho e ficassem ali o dia todo, podendo zarpar assim que viesse a Aurora. Iria agora indicar-lhes a rota em todos os detalhes, para que nenhuma trama mortal, no mar ou em terra, causasse novas dificuldades a eles.

Quando parou de falar, os corações orgulhosos deles consentiram com as instruções dela. E assim passaram o dia todo, até o pôr do sol, sentados e saciando-se daquela carne abundante e do vinho suave.

ZARPANDO NOVAMENTE

Canto XII – versos 142-159

Logo depois veio a Aurora *do trono de ouro*. Então a venerável deusa foi para o meio da ilha enquanto Odisseu se dirigiu ao barco e acordou seus companheiros para embarcarem e soltarem as amarras. Eles prontamente o fizeram e sentaram-se nos bancos, em linha, *enfiando seus remos no mar cinzento*.

Circe *das belas tranças*, terrível deusa *da fala humana*, enviou-lhes, no rastro do barco *da proa escura*, um *vento favorável de encher as velas, ótimo companheiro de viagem*.

Depois de cuidarem de cada peça a bordo, sentaram-se logo enquanto *o vento e o piloto dirigiam o barco*. Por fim, Odisseu disse a seus companheiros, com o coração apertado, que não era justo que só um ou dois soubessem das previsões que a venerável deusa Circe lhe fez.

Iria contá-las para que estivessem cientes dos perigos – morreriam ou se protegeriam da morte, escapando àquela sina. Disse que ela lhes recomendava que primeiro se defendessem do canto das maravilhosas sereias e de seu pomar florido.

19. SEREIAS

COMO FORAM A PREVISÃO E AS INSTRUÇÕES DE CIRCE
Canto XII – versos 31-54

Quando o sol se pôs e veio a escuridão, enquanto os outros se deitavam próximos às amarras do barco, ela havia levado Odisseu pela mão até longe de seus amigos, fazendo-o sentar-se. Então deitou-se ao lado e perguntou como fora em Hades.

Odisseu lhe narrou os fatos em sequência, e então a venerável Circe lhe disse que aquilo havia passado. E o que lhe diria agora um deus também o faria lembrar. Primeiro ele veria as duas Sereias. Elas fascinavam os homens que se aproximavam. Se alguém, ingenuamente, chegasse perto e escutasse a voz delas, não teria como voltar. E não mais veria a esposa e os filhos inocentes sentados alegres ao seu lado, porque, com o canto melodioso, elas o fascinavam, sentadas na campina em meio a montanhas de ossos de corpos em decomposição, cobertos de peles amassadas.

Ele deveria seguir adiante, usando cera de *mel doce* para tapar os ouvidos dos marinheiros, e assim ninguém mais as ouviria. Se ele mesmo quisesse ouvir, deveria pedir que eles amarrassem seus pés e suas mãos no mastro do barco veloz, deixando as ponta das cordas *fora do alcance,* para que se deliciasse com o canto delas. E se insistisse para que os companheiros o soltassem, eles deveriam amarrá-lo *com nós ainda mais apertados.*

SEREIAS – COMO SE DEU

Canto XII – versos 160-200

Circe aconselhou que só ele ouvisse a voz delas, e então pediu aos companheiros que o amarrassem no convés de pé junto ao mastro com nós bem fortes para que não pudessem soltar, e deixassem as pontas das cordas fora de seu alcance. Se ele insistisse para que o soltassem, era para apertar e reforçar os nós.

Odisseu, companheiros e Sereias

Enquanto explicava a eles todos esses detalhes, o *barco bem-construído* avançava velozmente para a ilha das Sereias, empurrado por um *vento favorável.* De repente o vento parou. Seguiu-se a calmaria em que um deus adormecia as ondas. Os tripulantes se levantaram, baixaram as velas e as puseram no porão. Dos bancos, eles embranqueceram as ondas com seus remos de pau de pinheiro polido.

Então Odisseu pegou um grande amontoado de cera e com seu bronze afiado cortou-o em pequenos pedaços. Depois amassou-os com suas fortes mãos e amoleceu a cera pela pressão no calor de Hélio *soberano, filho de Hipérion.*

Um por um, eles vedaram os ouvidos de todos. Os companheiros ataram as mãos e os pés de Odisseu no convés, deixando *fora do alcance* dele as pontas das cordas. E, sentados, eles *enfiaram seus remos no mar cinzento.*

Avançaram rápido e estavam à distância de um grito quando elas notaram o *barco veloz* passando ali perto e entonaram um canto afetuoso. Chamando Odisseu de *glorioso entre os Aqueus,* pediram que fosse até elas, e parasse o seu barco para ouvi-las cantar.

Disseram que até hoje ninguém passara daquele ponto sem antes ouvir a *voz doce* de seus lábios e que quem as ouvira saiu satisfeito e mais sábio. Pois elas sabiam o quanto Gregos e Troianos sofreram na imensa Troia por vontade dos deuses e de tudo o que se daria na terra fértil.

Diziam isso em seus belos cantos, e o coração de Odisseu queria escutá-las, pedindo aos companheiros para soltá-lo, acenando-lhes com as sobrancelhas. Mas eles se mantinham curvados e remavam.

De repente, Perimedes e Euríloco levantaram e o prenderam *com nós ainda mais apertados.* Quando enfim eles ultrapassaram a ilha das Sereias, e já não se ouviam suas vozes e cantos, rapidamente os companheiros retiraram a cera que lhes tapava os ouvidos e soltaram Odisseu das cordas.

20. Cila e Caríbdis

PREVISÃO E INSTRUÇÕES DE CIRCE

Canto XII – versos 55-100 (Cila) e 101-126 (Caríbdis)

Pelas instruções de Circe, quando o barco já estivesse longe das Sereias haveria dois caminhos a tomar, e Odisseu mesmo era quem iria escolher.

De um lado havia rochedos que podiam surgir de repente. Neles ressoava o estrondo das grandes ondas da Anfitrite *dos olhos azuis*. Os deuses os chamavam de Planctas, os rochedos errantes. Por ali não passavam nem pássaros, nem mesmo as tímidas pombas que levavam a ambrosia a Zeus *pai*, pois o rochedo estava sempre liso e arrebatava cada uma, e o *pai* mandava outra para substituí-la.

Pelo outro, ninguém jamais passara. As ondas do mar e as tempestades de fogo letal levavam junto as tábuas do barco e os corpos dos tripulantes. A única nau viajante a ultrapassá-lo foi a célebre *Argo* (dos Argonautas, que saíra a procura do tosão de ouro), cantada por todos os músicos ao chegar da terra de Aetes (essa nave teria sido lançada contra os rochedos pela enorme onda não fosse o amor de Hera por Jasão a protegê-la na passagem).

No lado dos dois rochedos, um deles alcançava o *vasto céu*, com seu pico pontudo coberto por uma nuvem negra que nunca se dissipava – nem no verão ou no outono havia céu limpo sobre ele. Nenhum homem poderia escalá-lo e atingir o topo, nem que tivesse 20 mãos e 20 pés. Era uma rocha tão lisa que parecia polida. E no meio dele havia uma gruta escura voltada para o poente, na direção do Érebo. E era para lá que o *grandioso* Odisseu deveria apontar seu *barco curvo*.

Nem que um homem grande e forte disparasse do barco, com seu arco, atingiria aquela caverna profunda. Lá morava Cila, que latia terrivelmente. Eram latidos estridentes como o de uma cadelinha recém-nascida, mas era um monstro cruel. Ninguém gostaria de vê-lo, nem mesmo um deus. Tinha 12 patas, todas atrofiadas, seis longos pescoços e em cada um uma cabeça horrível. Em cada cabeça, três fileiras de dente grossos e fechados que levavam à morte.

Metade de seu corpo ficava mergulhada na gruta, mas ele punha as cabeças pra fora desse terrível antro e dali mesmo explorava as rochas para pegar golfinhos, lobos marinhos e até baleias, entre as milhares de criaturas marítimas da Anfitrite *ruidosa*. Nenhum marinheiro se gabava de ter escapado são e salvo dele em seu barco, pois com cada focinho ele arrancava um homem na proa negra de sua nave.

O outro rochedo, vizinho ao primeiro a um tiro de arco de distância, Odisseu veria que era mais baixo. Nele havia uma figueira brava de folhagem exuberante, e debaixo dela, a divina Caríbdis sugava a água escura. Ela a atravessava três vezes ao dia, e nas três a aspirava estrondosamente.

Circe disse que ele não poderia estar lá quando ela sugasse. Nem o deus *dos tremores de terra* o salvaria do *abismo do fim*. Antes disso, Odisseu deveria aproximar-se da rocha de Cila e tocar o barco rapidamente adiante. Era melhor se lamentar pela perda de seis tripulantes do que chorar pela tripulação inteira.

Odisseu respondeu, chamando-a de *deusa*, pedindo que lhe dissesse abertamente se teria como escapar da letal Caríbdis e evitar que Cila matasse seus companheiros. Chamando-o de homem duro, a Ninfa sagrada disse que de novo ele só estava pensando em feitos de guerra e cansaços. Não iria recuar nem mesmo diante dos deuses? Queria saber? E disse que ela não morria, pois era uma desgraça selvagem e invencível. Não haveria defesa contra ela. Escapar já era muito.

Se ele demorasse, armando-se perto do rochedo, talvez ela escolhesse atacá-lo de novo com todas aquelas cabeças e agarrasse outros homens. Não! Era para ir em frente com toda a força, pedindo socorro a Crateis *mãe de Cila*, que a deu à luz para a desgraça dos mortais. Ela a impediria de atacar de novo.

CILA E CARÍBDIS – COMO SE DEU

Canto XII – versos 201-259

Mal deixavam a ilha das Sereias para trás e Odisseu viu um nevoeiro e uma onda enorme, podendo ouvir seus estrondos. Os companheiros, assustados, soltaram os remos e deixaram a nau se levar apenas pela correnteza.

Mas Odisseu, percorrendo o barco, animou-os com *palavras leves*, dizendo a cada um que aquela não era a primeira dificuldade deles. E de fato não era uma situação pior que a do Ciclope, quando os prendia naquela gruta com sua força descomunal.

Eles escaparam de lá graças à sua coragem, iniciativa e inteligência, e achava que ainda teriam saudade daquelas façanhas. Mas pediu que agora apenas obedecessem ao seu plano. Os que estavam nos bancos deveriam agredir o barulho das ondas a meio mar com seus remos, e talvez Zeus lhes permitisse escapar e evitar o *abismo do fim*.

Deu ordens ao piloto – e devia guardá-las bem no coração, pois era quem movia o leme do *barco curvo* de todos – para manter a nave fora daquele nevoeiro e das grandes ondas, bordejando à volta do rochedo e evitando que, sem ele notar, o barco se precipitasse para o outro lado e os levasse a um desastre.

Eles logo obedeceram às suas ordens. Mas Odisseu ainda não falara de Cila, a tragédia inevitável. Teve medo que os amigos, apavorados, abandonassem os remos e corressem para o porão.

Nesse momento, sem querer, ele esqueceu as graves instruções de Circe de não portar armas e pôs sua gloriosa *veste de guerra*. Pegou duas lanças longas e subiu na estrutura da proa, de onde achou que primeiro se veria Cila no penhasco – ela que daria fim a alguns de seus companheiros. Mas não conseguia vê-la em nenhum lugar, cansando os olhos de tanto mirar para os pontos do rochedo em névoas.

Eles entraram naquele estreito gemendo. De um lado estava Cila, e de outro a divina Caríbdis sugando a água salgada medonhamente. Quando a vomitava, o mar jorrava em redemoinhos, como um caldeirão fervilhando, com a espuma subindo e molhando as pontas dos dois rochedos. A cada vez que ela sugava a água salgada, via-se o turbilhão dentro dela. O rochedo à volta emitia um ruído terrível, e embaixo aparecia a terra negra misturada à areia.

Um grande terror se apoderou deles, e, enquanto temiam o fim olhando para Caríbdis, Cila arrancou de cima do barco seis dos companheiros – os de braços mais fortes. Procurando os amigos pelo convés, Odisseu viu alguns no ar, de pernas e braços caídos, clamando por ele e dizendo o seu nome, pela última vez, com o coração apertado.

(Era como, numa ponta de praia, um pescador com sua grande vara dando aos peixes pequenos a ilusão de uma isca, mergulhando um chifre de boi e fisgando um e o tirando para fora a se debater – assim eles se estrebuchavam sendo levados para o penhasco.

Ela os devorava ali mesmo na entrada, enquanto gritavam e estendiam os braços para Odisseu, numa renitência atroz. De tudo o que ele sofrera pelos caminhos do mar, aquela foi a pior cena que seus olhos viram.)

21. Rebanhos do Sol

AS INSTRUÇÕES DE CIRCE
Canto XII – versos 127-141

Disse a Ninfa que ele então chegaria à ilha Trinácia, onde pastavam inúmeras vacas e ovelhas gordas de Hélio, o Sol. Eram sete manadas de vaca e sete belos rebanhos de ovelhas, cada um com 50 cabeças. Eles não davam crias nem morriam. Suas pastoras eram deusas, Ninfas de *belas tranças,* Faetusa e Lampécia, filhas que a divina Neera dera a Hélio Hipérion, o Sol.

A venerável mãe, depois de gerá-las e criá-las, mandou-as morar na longínqua ilha Trinácia para guardarem os carneiros e bois de chifres curvos do pai. Disse a Odisseu que se as deixasse intactas e cuidasse só de sua volta, ela, Circe, garantia que chegaria a Ítaca, mesmo sofrendo novas tribulações. Mas se as saqueassem, então seria o fim do barco e de sua tripulação. Se ele mesmo escapasse, chegaria *tarde e humilhado,* por perder todos os companheiros.

REBANHOS – COMO SE DEU
Canto XII – versos 260-311

Por fim eles escaparam dos rochedos e das terríveis Caríbdis e Cila e logo chegaram à magnífica ilha do deus, com suas belas vacas de testa larga e as muitas ovelhas gordas do Sol, Hélio Hipérion.

Ainda no mar, sobre o *barco negro,* Odisseu ouviu os mugidos de vacas à solta e os balidos das ovelhas. De repente tomaram seu coração as palavras do vidente tebano, o cego Tirésias, e as de Circe de Eeia, mandando evitar a ilha de Hélio *alegria dos homens.*

Então ele falou aos companheiros, sentindo peso no coração, pedindo que o escutassem. Por mais que estivessem sofrendo, era preciso repassar a eles as previsões feitas por Tirésias e Circe, que tanto recomendou evitarem a ilha de Hélio *alegria dos homens,* pois ali, segundo ela, estaria a maior ameaça para ele. E por isso deveriam passar longe dela com o *barco negro.*

Ao ouvirem, eles tiveram o coração partido, e Euríloco logo lhe respondeu com *palavras pesadas*, dizer ser muita a crueldade de Odisseu. Ele teria força incomum, e seus membros não se cansavam, parecendo ser de aço. Mas em vez de permitir aos colegas, mortos de cansaço e de sono, botar o pé em terra, onde podiam preparar o jantar saboroso numa ilha em meio às ondas, pedia para seguirem errando pela noite veloz, no *mar em névoas*, longe da ilha.

Disse que era da noite que nasciam os ventos ruins – perdição das naus. E como escapar do *abismo do fim* se viesse de surpresa uma intempérie de Noto, ou do Zéfiro *violento*, ventos que despedaçavam os barcos até mesmo sem a decisão dos deuses? Não! Deviam aceitar o convite da noite negra, fazendo um jantar sem se afastarem do barco veloz. E ao amanhecer embarcariam e navegariam pelo vasto mar.

Os outros tripulantes apoiaram Euríloco. Então, Odisseu, percebendo que algum deus preparava a desgraça deles, disse a Euríloco, com *palavras leves*, que ele o desafiava por sentir que o chefe estava só. E pediu a todos um juramento poderoso de que, se vissem uma manada de vacas, ou um grande rebanho de ovelhas, ninguém desajuizado mataria um desses animais, mas se satisfaria com a comida que a deusa Circe lhes dera.

Eles juraram e, depois de solenizarem o juramento, aportaram o *barco bem-construído* numa praia ampla ao lado de uma fonte de água doce. Os colegas desceram e logo prepararam o jantar com capricho.

Depois de saciarem em si o desejo de comer e de beber, puseram-se a chorar, lembrando dos companheiros arrancados do *barco curvo* e devorados por Cila. E em meio ao choro, foram tomados por um *sono doce*.

DIA SEGUINTE

Canto XII – versos 312-338

Na terceira parte da noite, quando as estrelas já diminuíam a luz, Zeus *ajuntador das nuvens* mandou um vento forte formando tempestade que cobria a terra e o mar de nuvens ao mesmo tempo, vindo do céu a escuridão.

Mal raiou a filha da manhã, Aurora dos dedos cor-de-rosa, e eles arrastaram o barco para amarrá-lo em uma gruta vazia, onde as Ninfas praticavam suas belas danças celebrando os encontros.

Então Odisseu chamou os amigos dizendo que dentro do *barco veloz* eles tinham o que comer e beber. Assim, não deviam tocar nas vacas para que nada de ruim acontecesse. Essas vacas e ovelhas gordas eram de Hélio, um deus terrível, que tudo ouvia e via lá do alto. Então eles ouviram, e seus corações orgulhosos consentiram.

Noto soprou por um mês sem parar, e não se levantou outro vento senão ele e Euro. Enquanto havia pão e vinho tinto, os amigos não tocavam nas vacas quando precisavam comer. Mas quando se esgotaram todas as provisões de bordo, foram obrigados a vagar com anzóis atrás de caça, peixes e aves, tudo o que estivesse ao alcance, porque a fome corroía suas entranhas.

Odisseu então partiu só para dentro da ilha, para rezar aos deuses: talvez um deles lhe indicasse o caminho de volta. Ao cruzar a ilha, quando se via longe dos amigos, lavou as mãos em um lugar protegido dos ventos e rezou a todos os deuses *moradores do Olimpo*. E eles então lhe derramaram um *sono doce* nas pálpebras.

REVOLTA DE EURÍLOCO E LOUCURA DOS COMPANHEIROS

Canto XII – versos 339-396

Enquanto isso, Euríloco quis dar maus conselhos aos companheiros, pedindo que o ouvissem, já que estavam sofrendo. Disse que todas as mortes eram ruins aos homens, mas nenhuma era pior do que chegar ao *abismo do fim* pela fome.

Sugeriu pegarem as melhores vacas de Hélio e fazerem um sacrifício aos deuses *moradores do vasto céu*. Se chegassem a Ítaca, construiriam logo um templo magnífico para Hélio Hipérion e juntariam lá oferendas esplêndidas. Mas se ele, irritado por suas vacas de chifres retos, quisesse destruir o barco com consentimento dos outros deuses, era preferível perder a vida de uma vez engolindo água do mar a morrer lentamente naquela ilha deserta.

Os companheiros concordaram com Euríloco e foram logo tanger as melhores reses de Hélio. Algumas vacas de testa larga e passos curvos estavam próximas ao barco e eles as cercaram. Rezaram aos deuses e, na falta de cevada branca – que não tinha no barco –, pegaram folhas macias e um carvalho frondoso.

Depois de rezar, *sacrificá-las e esfolá-las,* cortaram as partes e puseram as postas sangrentas em cima de uma dupla camada de gordura. Não tinham vinho para derramar e arder sobre as vítimas, então fizeram as oferendas com água e assaram todas as entranhas. Quando as partes se consumiram no fogo, experimentaram as vísceras e picaram e enfiaram as outras partes no espeto.

Nesse momento, o *sono doc*e soltou-se das pálpebras de Odisseu, que se dirigiu ao barco à beira-mar. Aproximava-se de lá andando, quando notou o cheiro agradável de gordura. Então ele gemeu e clamou em voz alta a *Zeus pai e a todos os demais afortunados e eternos deuses,* dizendo que fora mesmo por azar que o adormeceram com o sono cruel, enquanto seus companheiros planejavam um crime monstruoso.

Rápida, Lampécia *dos longos véus* foi até Hipérion, o Sol, e avisou-o sobre a matança das vacas. Ele, imediatamente, com o coração irado, pediu a *Zeus pai* e a *todos os demais afortunados e eternos deuses* que castigassem os companheiros de Odisseu *filho de Laertes,* que ousaram abater as vacas que o alegravam na subida ao céu estrelado e no seu caminho de volta à terra. Se não lhe pagassem a justa recompensa por essas vacas, ele desceria ao reino de Hades e brilharia para os mortos.

Zeus *ajuntador de nuvens* respondeu ao Sol que não, que ele continuasse brilhando entre os deuses e os mortais da terra *que dá o trigo*. Em breve ele acertaria aquele *barco veloz* com um raio brilhante e faria dele estilhaços em meio ao mar *cor de vinho* (o que Odisseu saberia pela Ninfa Calipso *das belas tranças,* que dirá ter ouvido de Hermes Mensageiro).

Quando o *filho de Laertes* desceu até o barco à beira-mar, tratou de repreender um a um os amigos, mas já não havia o que fazer: as vacas estavam mortas. E em seguida os deuses se manifestaram por meio de assombros: os couros das reses se arrastavam sozinhos, e as postas berravam nos espetos, assadas ou cruas, parecendo as vacas mugindo.

22. Naufrágio e volta a Caríbdis

O TRÁGICO FIM DOS COMPANHEIROS

Canto XII – versos 397-425

Durante seis dias os leais amigos de Odisseu se fartaram trazendo as melhores vacas de Hélio. Quando Zeus *filho do Tempo* lhes mandou o sétimo dia, o vento parou de soprar com fúria e eles logo embarcaram, levantando o mastro e içando as velas brancas.

Depois de deixarem a ilha *e não se ver nenhuma terra – só céu e mar –,* o *filho do Tempo reteve uma nuvem negra acima do* barco curvo *e o mar escureceu por debaixo.* A nave parou de velejar em seguida, pois logo veio um uivo de Zéfiro, rápido, trazendo uma grande tormenta.

A fúria do vento rompeu as duas cordas do mastro, que caiu para trás, e todo a equipagem caiu no porão. O mastro bateu na cabeça e esmagou o crânio do piloto, que estava na popa.

> (Como um mergulhador, ele caiu da parte coberta, enquanto a vida saía de seu corpo.)

Em seguida, Zeus lançou um raio sobre o barco e o fez trovejar. No impacto, a nave deu uma volta completa e soltou uma fumaça cheirando a enxofre. Os homens foram projetados para fora e pareciam corvos marinhos boiando nas ondas à volta do barco negro. *Assim, o deus impedia que voltassem a bordo.*

Já Odisseu ia e vinha pelo tombadilho até que as ondas agitadas começaram a desprender a quilha. A torrente o pegou de surpresa e levou o mastro, empurrando-o para perto da quilha. Também tombara o cabo da ré, feito de couro de boi, e com ele Odisseu amarrou as duas partes (a quilha e o mastro), sentando-se nelas e se deixando levar pelos ventos ameaçadores.

VOLTA A CARÍBDIS

Canto XII – versos 426-446

Então Zéfiro se tornou menos violento e veio o rápido Noto, angustiando seu coração, porque precisaria passar de novo pela mortal Caríbdis. E passou a noite toda vagando.

Quando o sol nascia, ele chegou aos penhascos de Cila e da terrível Caríbdis. Caríbdis aspirou a água do mar, mas Odisseu saltou em direção à figueira alta, agarrando-se nela e pendurando-se como um morcego.

Não tinha como firmar os pés nem subir mais: as raízes estavam longe e os galhos, no alto, fora do alcance. Eram compridos e sombreavam Caríbdis. Ele segurou-se firme até ela vomitar de volta o mastro e a quilha: para alegria de Odisseu, eles ressurgiram, embora já fosse tarde quando as madeiras saíram de dentro de Caríbdis.

> (Era o horário em que os homens saíam da assembleia – depois de julgarem os muitos litígios de moços que querem justiça – para poderem jantar.)

Odisseu largou as mãos e os pés da árvore e mergulhou na onda junto às grandes madeiras. Sentou-se nelas e saiu remando com as mãos. O pai dos homens e dos deuses impediu que Cila o visse (não fosse isso ele teria sucumbido ao *abismo do fim*).

23. Na Ogígia, de Calipso

ILHA DA DEUSA

Canto XII – 447-450

Dali ele vagou *por nove dias. Na décima noite* os deuses o aproximaram da ilha de Ogígia, onde mora a Calipso *das belas tranças* – deusa também terrível e de fala humana –, que o acolheu e amou.

ODISSEU PRESO PELA NINFA

Canto I – versos 11-15

Todos os líderes Aqueus que lutaram em Troia já estavam em suas terras a salvo do *abismo do fim*, fosse na guerra ou no mar. Só Odisseu, com saudades da pátria e da esposa, estava preso em uma gruta pela deusa Calipso, Ninfa majestosa que o queria como marido.

OGÍGIA, ILHA DE CALIPSO

Canto V – versos 13-17

Estava agora numa ilha sob duras penas no palácio da Ninfa Calipso, que o obrigava a ficar. Não podia voltar à pátria por falta de barcos com remos e de tripulação que o levasse pelo grande mar ondulado.

SALVAMENTO DE ODISSEU

Canto V – versos 130-136

Calipso o salvara quando vinha solitário agarrado à quilha, depois de Zeus atingir e despedaçar seu barco com um raio brilhante em meio ao mar *cor de vinho*. A Ninfa o abrigou, deu comida e prometeu fazer dele um imortal, que nunca envelheceria.

RELATO EXPLICATIVO

Canto VII – versos 244-260

Naquela ilha distante, Ogígia, morava, portanto, uma filha de Atlas, a manhosa Calipso *das belas tranças,* que para muitos era uma deusa magnífica. Nenhum deus ou homem a visitava, mas Odisseu, com sua má sorte, fora levado pelo destino à sua casa.

Ele estava sozinho, porque Zeus destruíra com um raio brilhante o seu barco veloz, no meio do mar *cor de vinho.* Ali morreram todos os seus leais companheiros, enquanto ele, abraçado à quilha de seu barco, ficara à deriva por nove dias.

No escuro da décima noite, os deuses o fizeram chegar à ilha de Ogígia, onde mora a Calipso *das belas tranças,* deusa *formidável* que o acolheu. Ela o tratou com carinho, alimentou-o e prometeu torná-lo um deus que não envelhece. Mas seu coração nunca se deixou aceitar.

Ele esteve lá por sete anos, molhando de lágrimas, sem parar, as roupas imperecíveis que Calipso lhe dera.

SAUDADE DE CASA

Canto XVII – versos 142-146

Odisseu se via entregue à profunda tristeza em uma ilha, no palácio da Ninfa Calipso, que o obrigava a ficar. Não tinha como voltar ao seu país por falta de barcos providos de remos e de tripulação que o levasse pela imensa superfície nos *caminhos do mar.*

INTERLÚDIO

Canto I – versos 1-9

Muitos pedirão à Musa *filha de Zeus* que, assim como outros poetas, possam contar a verdadeira história (começando-a por onde quiser) do que se deu com o herói *engenhoso* que depois de saquear a fortaleza sagrada de Troia foi parar em inúmeros lugares, conhecendo cidades de diferentes povos e culturas.

No mar ele passou por angústias no coração, querendo preservar sua vida e trazer a salvo os companheiros, mas isso não foi possível pelo erro deles mesmos, que caíram na tolice de comer as vacas do rebanho do Sol (Hélio *filho de Hipérion*), sendo assim impedidos de voltar.

SOBRE ODISSEU

Canto V – versos 105-111

Foi o guerreiro mais digno de piedade entre todos os que lutaram por nove anos à volta da cidadela de Troia e que no décimo, depois de destruírem a cidade, pegaram o caminho de casa. Mas nessa volta, eles pecaram contra Atena, o que causou contra eles um *vento contrário,* de ondas imensas. Todos os seus valentes companheiros morreram, mas Odisseu chegou à ilha de Ogígia levado pelas ondas e pelo vento.

24. Espera de Penélope e notícias (inverídicas) de Odisseu

INFELICIDADE DA ESPOSA

Canto XVIII – versos 251-256 e Canto XIX – versos 123-129

Para a sensata *Penélope, toda sua grandeza, formosura e feitio foram destruídos pelos deuses quando os Gregos embarcaram para Troia, estando entre eles Odisseu, seu marido. O melhor seria se ele voltasse e tomasse conta da sua vida, e assim sua reputação voltaria a ser boa. Mas, ao contrário, vivia amargurada, de tantas as dificuldades que um deus lançara sobre ela.*

PENÉLOPE E O TEAR

Canto XIX – versos 130-161

A essas alturas, todos os poderosos nobres das ilhas, *em Dulíquio, em Same e na selvagem Zacinto,* e todos os que moravam à volta da própria da Ítaca *avistada à distância* iriam cortejá-la e consumir os bens da casa contra a sua vontade.

E por isso não lhe incomodavam os estrangeiros e os pedintes (às vezes como emissários de deuses) que, com eventuais notícias, deixavam seu coração derreter de saudades de Odisseu.

Os cortejadores a pressionavam para que se casasse, e ela vinha os enganando. Primeiro, um deus lhe dera a ideia de pôr no quarto *um grande tear para tecer um pano longo e delicado. Então ela disse aos moços que pediam sua mão que, como o divino Odisseu parecia estar morto, deveriam ter paciência em desejá-la como esposa até terminar aquela peça sem desperdiçar o tecido.*

Era uma mortalha para o bravo Laertes, que quando viesse a falecer nenhuma Aqueia poderia se indignar com ela por ele não ter um bom sudário, já que fora dono de muitas posses. Os moços a ouviram e se deixaram enganar em seus corações arrogantes.

Então a cada dia ela tecia uma trama imensa, mas de noite pedia para lhe trazerem tochas e a desfazia. E por três anos enganou os Aqueus sem eles perceberem. Com o passar das estações, chegando ao quarto ano, e com o passar dos meses, passaram-se muitos dias, e então, por erro de algumas criadas que eram como cadelas tontas, eles a surpreenderam e a questionaram aos gritos.

E assim precisou concluir o trabalho, constrangida e contra sua vontade. Agora já não tinha outro recurso e não podia evitar o casamento. Seus pais insistiam para que se casasse e seu filho também se incomodava, percebendo que eles consumiam seus bens quando ele já era homem e capaz de cuidar de uma casa glorificada por Zeus.

NOTÍCIA FALSA DE ODISSEU

Canto XIII – versos 380-385

Na casa de Eumeu, na ilha de Ítaca, um dia apareceu um homem da Etólia que, depois de matar outro homem, passara a vagar por muitos lugares. Foi acolhido com gentileza e então contou a Eumeu ter visto Odisseu em Creta, na casa de Idomeneu, onde estaria consertando os barcos despedaçados pelas tormentas.

E veio dizer que Odisseu voltaria ainda naquele verão ou no outono, trazendo inúmeras riquezas, junto a seus divinos companheiros.

MAIS UMA HISTÓRIA INVENTADA

Canto XIII – versos 256-286

Outro estrangeiro que apareceu em Ítaca disse ter ouvido falar daquela pequena ilha até na enorme e distante Creta, ilha do mar alto. E que chegara lá com tesouros (aqueles que estavam ao lado) e deixado outros com seus filhos, quando se exilara por matar o filho querido de Idomeneu, Orsíloco *dos pés rápidos,* que na grande Creta vencia os melhores corredores alimentados a cevada.

Orsíloco queria roubar-lhe as riquezas saqueadas em Troia, quando ele, por amor a elas, havia suportado tantas angústias no coração e passado por *guerras de povos e ondas cruéis,* porque, em vez de servir a seu pai como guerreiro em Troia, passara a comandar os seus próprios combatentes.

Quando Orsíloco voltou do campo, ele o golpeara com sua lança de bronze. Ficara à espreita com um amigo perto da estrada enquanto o céu se cobria das trevas da noite. Ninguém os viu ou soube que fora ele quem o matara.

Depois de matá-lo com a lança, procurou um barco de fenícios nobres e suplicou a eles, dando-lhes bastante do saque, para que o deixassem em Pilos ou na divina Élide, onde governam os Epeus. Mas acabou que a violência do vento os afastou dali, não porque queriam enganá-lo, mas contra a vontade deles.

E, vagando desde lá, chegaram ali à noite, remando às pressas para o porto. Sequer pararam para comer, que era do que mais precisavam. Mal desembarcaram, todos deitaram, e ele, de tão cansado, fora tomado por um *sono doce*. Eles tiraram seus pertences do barco curvo e o deixaram na areia onde dormia. Então embarcaram para a Sídon *bem-populosa*, e ele ficou ali, com o coração apertado.

LONGA HISTÓRIA FICTÍCIA (COM MENÇÃO A ODISSEU)

Canto XIV – versos 199-243

Outro estrangeiro apareceu na casa de Eumeu e disse orgulhar-se de fazer parte de uma família da grande Creta, onde era filho de um homem rico. Fora criado no palácio com outros tantos que nasceram da esposa legítima, mas ele era filho de uma concubina – criada comprada.

Castor *filho de Hílax*, de quem se orgulhava descender, honrava-o tanto quanto aos filhos legítimos. E naquele tempo ele era venerado pelos cretenses com um deus, por sua boa ventura, riqueza e filhos gloriosos que tinha.

Mas as deusas da morte desceram com ele ao palácio de Hades. Seus filhos, orgulhosos, dividiram a riqueza em partes e tiraram a sorte. A ele coube uma ninharia, além de uma casa. Mesmo assim, pelo seu valor pessoal, casou-me numa família rica, pois nunca fora tolo ou covarde.

Já não tinha mais nada, mas *pela espiga ainda se percebe o grão*. E jurava serem inúmeros os sofrimentos por que passou. Sim, Ares e Atena lhe deram coragem e a capacidade de vencer nas frentes de guerra.

Quando escolhia homens de elite para uma emboscada, pondo a semente da desgraça nos inimigos, seu coração arrogante não temia a morte. Era sempre o primeiro a saltar e derrubar com a lança o inimigo que corresse menos do que ele. Era assim na guerra, e não gostava da lavoura nem do trabalho caseiro, que proporcionavam a bela descendência.

Sempre gostou dos barcos movidos a remo, das lutas, das lanças brilhantes e das flechas, coisas mortais que causam horror aos outros. Gostava do que os deuses lhe incutiram no coração; afinal, os gostos são diferentes. E aliás, antes de os filhos dos Aqueus chegarem a Troia, ele comandara nove vezes os seus homens em *barcos velozes* contra nações estrangeiras, e boa parte daqueles saques lhe cabiam: além de escolher o que lhe agradava o coração, tinha uma boa recompensa. E assim sua casa enriquecera rápido, e tornara-se temido e respeitado entre os cretenses.

Quando enfim Zeus *ouvido ao longe* decidiu-se por aquela terrível expedição (que fez vários guerreiros tremerem suas pernas), convidaram a ele e ao famoso Idomeneu para comandarem a frota que ia a Troia. Pressionados pela voz do povo, eles não tinham como recusar. Lá, eles, filhos dos Aqueus, combateram por nove anos. No décimo, depois de saquearem Troia, embarcaram em sua frota de volta. Mas um deus dispersou os Aqueus: Zeus preparava para ele, infeliz que era, inúmeras desventuras.

VIAGEM AO EGITO

Canto XIV – versos 244-284

Ficou apenas um mês desfrutando a companhia dos filhos, da esposa legítima e da riqueza. Depois, seu coração pediu que fosse ao Egito com seus divinos companheiros em uma frota bem equipada.

Preparou nove barcos e logo se apresentaram os tripulantes. Então, por seis dias os seus leais companheiros fizeram suas comilanças, pois oferecera a eles muitas vítimas para a festa e também para serem sacrificadas aos deuses.

No sétimo dia eles embarcaram, saindo da imensa Creta levados pelo *sopro forte e favorável* de Bóreas, que os levava a deslizar sem fazer força, ao sabor das correntes. Nenhum dos barcos teve avaria, e seguiram seguros, sentados, conduzidos pelo vento e pelos pilotos.

No quinto dia chegaram ao caudaloso e abundante Nilo, no Egito, e *ancoraram nele os* barcos curvos. *Ele jurava ter instruído seus leais companheiros a não saírem de lá, mas a olharem os barcos, e enviou observadores para postos de vigia.*

Porém os tripulantes, levando-se pela índole violenta e cedendo aos instintos, passaram a devastar as lindas lavouras dos egípcios e a arrastar suas mulheres e crianças indefesas, além de matar os homens. Logo a gritaria chegou à cidade, e ao amanhecer todo o campo estava tomado por pedestres, carros de combate e espadas de bronze brilhante.

Zeus lançador dos trovões *pôs em seus homens um susto covarde, e nenhum pôde reagir, prevendo-se logo uma desgraça. Então muitos deles foram derrubados pelo bronze afiado, e outros levados como escravos.*

O próprio Zeus deu uma ideia ao seu coração (e talvez fosse melhor encontrar o destino de morrer ali mesmo, no Egito, pois novas tribulações o aguardavam). Sem nada impedir, tirou o capacete de couro bem-costurado da cabeça e o escudo dos ombros. Soltou a lança da mão e se dirigiu ao carro do rei. Então abraçou e beijou os joelhos do rei, que, comovido, salvou-o, fez subir em seu carro e levou-o, aos prantos, até sua casa.

Muitos o ameaçavam com a lança em riste, querendo matá-lo: a raiva era imensa, mas o rei o defendera em respeito à ira de *Zeus dos estrangeiros,* que pune as más ações.

VOLTA A CRETA E NAUFRÁGIO EM BARCO FENÍCIO

Canto XIV – versos 285-313

Ele ficou sete anos por lá e acumulou muitas riquezas entre os egípcios, pois recebia *inúmeros presentes.* E no passar dos anos, quando, chegou o oitavo, veio um fenício ambicioso, bom de lábia e causador de desgraças nos outros, e enganou-o a ponto de levá-lo à Fenícia para mostrar sua casa e seu trabalho.

Ficou ali um ano com ele. Mas *quando os meses e dias se passaram, completando-se um ano e a volta das estações,* o fenício o pôs num barco de percursos longos que ia para a Líbia. Mentiu, dizendo que era para ajudar com a carga, mas a ideia era vendê-lo a um bom preço assim que chegasse.

Mesmo desconfiado, ele seguiu a bordo com o fenício, em alto-mar. O barco ia *ao vento forte e favorável de Bóreas,* acima de Creta, quando Zeus decidiu destruí-lo.

Depois de deixarem Creta *e não se ver nenhuma terra – só céu e mar –, o filho do Tempo reteve uma nuvem negra acima do* barco largo *e o mar escureceu por debaixo.*

Em seguida, Zeus lançou um raio sobre o barco e o fez trovejar. No impacto, a nave deu uma volta completa e soltou uma fumaça cheirando a enxofre. Os homens foram projetados para fora e pareciam corvos-marinhos boiando nas ondas à volta do barco negro. *Assim, o deus impedia que voltassem a bordo.*

Enquanto se angustiava no coração, o próprio Zeus lhe trouxe às mãos o mastro do *barco negro* para que mais uma vez ele escapasse da tragédia. Então agarrou-se a ele e deixou-se levar pelos ventos mais terríveis.

PASSAGEM PELA TESPRÓCIA (ONDE TEVE NOTÍCIAS DE ODISSEU) E CHEGADA A ÍTACA

Canto XIV – versos 314-359

Ele boiou por nove dias, e na décima noite negra, uma grande onda veio rolando e o levou à Tesprócia. Ali ele foi socorrido pelo rei dos Tesprócios, o herói Fídon, que o acolheu de graça porque seu filho querido o vira entregue ao frio da manhã e ao cansaço e o levara para casa, segurando-o pelo braço até chegar ao palácio do pai, *vestindo-o com um manto e uma túnica.*

Fídon deu a ele notícias de Odisseu: disse que o acolhera cordialmente quando voltava para Ítaca. E também mostrou ao estrangeiro *toda a riqueza acumulada por Odisseu, em bronze, ouro e ferro trabalhado. Daria para sustentar até a décima geração de seus herdeiros,* tamanho era o tesouro guardado *nos depósitos do rei.*

Disse que ele ia *para Dodona ouvir o carvalho divino das altas folhagens (os sacerdotes interpretavam oráculos pelo balanço de seus ramos) e conhecer as intenções de Zeus sobre sua volta* à terra fértil de Ítaca, *depois de tanta ausência.* Ia perguntar se devia expor-se logo na chegada ou ir disfarçado.

E Fídon jurou ao estrangeiro, derramando oferendas no palácio, que já haviam posto um barco no mar com a tripulação pronta para reconduzir Odisseu à pátria amada. Mas foi o estrangeiro que embarcou primeiro: calhou de aportar ali um navio de Tesprócios indo para a Dulíquio rica de trigo, e ele pediu que gentilmente o levassem ao rei Acasto.

Mas no coração deles despertou uma má ideia sobre o estrangeiro, para que fossem ainda maiores as suas dores e sofrimentos. Logo que o grande barco se distanciou o suficiente da terra, eles quiseram escravizá-lo. Tiraram seu manto e sua túnica, deram outras ruins no lugar - os mesmos farrapos com que Eumeu o veria - e à noite aportaram nas terras lavradas da Ítaca *vista de longe.*

Então eles o amarraram com força no barco *bem-construído* usando uma corda torcida e, ao desembarcarem, fizeram um jantar rápido à beira-mar. Mas os próprios deuses desataram aqueles nós, facilmente. E com a cabeça escondida na manta, pôde descer pela prancha lisa do leme, encostar o peito na água, nadar, e logo estava longe deles, saindo do mar.

E dali arrastou-se para uma moita florida e se deitou encolhido. Eles andaram pra cima e pra baixo aos gritos e, quando acharam que não adiantava mais procurar, subiram de novo no *barco curvo.* Assim, os próprios deuses o esconderam com facilidade, levando-o ao curral de um homem de boa índole, pois era o seu destino continuar vivo.

25. Outras supostas notícias

UMA MESMA NARRATIVA, AGORA RESUMIDA

Canto XVII – versos 419-444

Aquele mendigo também teve *a sua terra em um povoado*: era *rico e tinha a casa farta. Muitas vezes doava aos caminhantes*, não importando quem fossem ou do que precisassem.

Tinha milhares de criados e outras muitas riquezas que garantiam o bem-estar e a fama de rico. Mas Zeus filho do Tempo *lhe tirara tudo* e reduzira a nada. Imaginava que era o que o deus queria, pois levou-o a ir para o Egito com piratas errantes numa longa viagem – para sua perdição.

Eles aportaram seus *barcos curvos* no rio do Egito. *Ele jurava ter instruído seus leais companheiros a não saírem de lá, mas olharem os barcos, e enviou observadores para postos de vigia. Mas os tripulantes, levando-se pela índole violenta e cedendo aos instintos, passaram a devastar as lindas lavouras dos egípcios e a arrastar suas mulheres e crianças indefesas, além de matar os homens.*

Logo a gritaria chegou à cidade, e ao amanhecer todo o campo estava tomado por pedestres, carros de guerra e espadas de bronze brilhante. Zeus lançador dos trovões *pôs em seus homens um susto covarde, e nenhum pôde reagir, prevendo-se logo uma desgraça.*

Então muitos deles foram derrubados pelo bronze afiado, e outros levados como escravos. E o deram a um estrangeiro que souberam que ia para Chipre. Era Dmetor, filho de Iaso, o poderoso rei de Chipre. Era de lá que ele vinha, passando por dificuldades.

CARACTERÍSTICAS DOS MENDIGOS

Canto XIX – versos 74-80

Os mendigos e andarilhos são assim: no passado tiveram *a sua casa em um povoado*. Aquele *era rico e tinha a casa farta. Muitas vezes doava aos caminhantes* tudo o que eles precisavam. *Tinha milhares de criados e outras muitas riquezas que garantiam o bem-estar e a fama de rico. Mas Zeus* filho do Tempo *lhe tirara tudo,* pois, pelo que acreditava, era essa a sua vontade.

ELOGIO A PENÉLOPE

Canto XIX – versos 107-122

Para o estrangeiro em visita ao palácio, nenhum mortal desta terra sem fim poderia criticar Penélope. Sua fama na verdade chegava ao céu, como a de um rei impecável, temente aos deuses, que governa os seus cidadãos valentes para manter a justiça.

(A terra escura produz trigo e cevada, as árvores se enfeitam de frutos, as ovelhas dão crias sem parar, o mar dá o peixe; tudo graças ao bom governo. E quando há um rei assim, o povo prospera.)

Por isso ele a deixa livre para perguntar o que quiser, mas não sobre *seu povo e sua pátria,* para não provocar lembranças ainda mais dolorosas em seu coração.

Sim, ele tem muitas razões para sofrer, mas não é certo ir sentar-se em casa alheia para apenas chorar e gemer – é até feio quem se lamenta o tempo todo. Assim, prefere não ouvir de alguma criada, ou da própria rainha, que ele apenas nada em lágrimas, por ter a cabeça cheia de vinho.

ODISSEU TERIA SIDO ACOLHIDO EM CRETA POR ÉTON, IRMÃO DE IDOMENEU

Canto XIX – versos 172-202

Segundo aquele estrangeiro, Creta era um país que ficava no meio do mar *cor de vinho,* belo e fértil, todo cercado de água. Sua população era imensa e havia 90 cidades, misturando-se diversas línguas. Lá moravam Aqueus – os cretenses de origem – sempre imponentes: Cidônios, Dórios das três tribos e também Pelasgos, os divinos.

Entre as cidades estava a grande Cnossos, onde por nove anos reinou Minos, que falava diretamente com Zeus. Ele era pai de seu pai, o grandioso Deucalião. Além do estrangeiro, Deucalião gerara o rei Idomeneu, que acabou indo para Troia com o *filho de Atreu* levando os seus *barcos curvos.*

O nome famoso do estrangeiro era Éton, e era mais moço e menos forte que o rei. Em Creta ele teria visto Odisseu e lhe dado presentes. Soube que a força do vento o levara até lá indo para Troia, ao desviar-se para fora da Maleia. Ele teria atracado em Amniso, onde ficava a gruta Ilitia, um porto perigoso, e teve dificuldades para escapar de uma intempérie.

Indo direto à cidade, teria perguntado por Idomeneu, dizendo-se um hóspede querido e honrado por ele. Mas fazia dez ou onze manhãs que Idomeneu partira para Troia com seus *barcos curvos*.

Éton o levara para casa e o acolhera com generosidade: ofereceu-lhe de tudo que tinha em abundância. Com ajuda do povo, deu a seus companheiros cevada e *vinho saboroso*, além de bois para sacrificarem e saciarem seus apetites.

Os divinos Aqueus teriam ficado ali doze dias, presos pela vontade de algum deus contrário a eles, que enviara o sopro forte de Bóreas. Nem em terra dava para estar de pé, até que no décimo terceiro dia o vento diminuiu e eles partiram.

O SUPOSTO ÉTON DESCREVE AS ROUPAS, PROVANDO QUE ESTIVERA COM ODISSEU

Canto XIX – versos 225-248

O divino Odisseu trajava um manto duplo de lã vermelha preso por um cordão de ouro de dois ganchos. Na frente estava bordado um cão que uivava, segurando com as patas da frente um veado que se debatia. E todos se admiravam que, sendo de ouro, o cão uivasse sufocando o veado que esperneava, tentando escapar.

Éton reparou na túnica que ele usava: tinha o brilho da casca seca da cebola. Era tão delicada quanto e brilhava como o sol. Inúmeras mulheres a admiravam. E disse em segredo não saber se, em casa, Odisseu já usava aquelas vestes ou se a ganhara de alguém ao embarcar com seu *barco veloz*, ou se depois, de um estrangeiro, pois ele tinha inúmeros amigos. E disse que poucos dos Aqueus eram como ele.

Contou também ter dado a ele uma espada de bronze, e que então foi se despedir, respeitosamente, a bordo do *barco de muitos bancos*. Estava acompanhado de um emissário pouco mais velho do que ele, que Éton fez questão de descrever: tinha os ombros arredondados, a pele escura, os cabelos crespos e chamava-se Euríbates. Odisseu o tratava com mais atenção do que aos outros, porque os seus gênios combinavam.

NOTÍCIA (QUASE VERDADEIRA) DE QUE ODISSEU CHEGARIA LOGO

Canto XIX – versos 269-275

O estrangeiro disse falar *com sinceridade e sem rodeios* que teve notícias da volta de Odisseu para ali perto – estaria nas terras férteis dos Tesprócios. Sim, estaria vivo! E trazia *inúmeros* e valiosos *presentes* acumulados pelo país.

NOTÍCIA VERDADEIRA DA GRANDE TRIBULAÇÃO, MAS QUE ESTARIA ENTRE OS FEÁCIOS

Canto XIX – versos 275-282

Mas, ao sair da ilha Trinácia, teria perdido o seu *barco curvo* no mar *cor de vinho* e todos os seus leais companheiros. Eles teriam abatido as vacas do deus Hélio, que, junto com Zeus, irritou-se com Odisseu. Todos os seus homens teriam morrido no *mar agitado*, menos ele, que se agarrara à quilha do barco até as ondas o lançarem à terra firme no país dos Feácios *do aspecto divino*.

Os Feácios o honravam no coração *como a um deus* e iriam dar-lhe *inúmeros presentes*, oferecendo-se eles mesmos de levá-lo a são e salvo ao seu palácio.

MAIS UMA FICÇÃO – ODISSEU ESTARIA PREPARANDO SUA CHEGADA

Canto XIX – versos 287-299

Todas essas notícias teriam sido dadas a Éton pelo rei dos Tesprócios, Fídon. *Ele jurou à sua frente, ao derramar oferendas em seu palácio, que um barco fora lançado ao mar com a tripulação pronta a reconduzi-lo à sua querida pátria.*

Mas primeiro ele deu condução a Éton, pois ia para a Dulíquio dos ricos trigais *um barco de Tesprócios.*

Então ele lhe mostrou *toda a riqueza acumulada por Odisseu,* que *daria para manter seus herdeiros até a décima geração de tanto que havia nos depósitos do rei.* Disse que ele fora *para ouvir o carvalho divino das altas folhagens e conhecer* os decretos *de Zeus sobre a volta* à sua querida pátria, *depois de tanta ausência.* Devia chegar se expondo ou disfarçado?

NOTÍCIA (FALSA) DADA A LAERTES, PAI DE ODISSEU

Canto XXIV – versos 304-314

Certo andarilho se identificou a Laertes como sendo de Alibante, onde morava em um palácio famoso. Era filho do rei Afidante e neto de Polipêmon. Chamava-se Epérito e um deus o fizera vagar da Sicânia até lá contra sua vontade.

Seu barco estaria ancorado ali adiante, próximo ao campo, longe da cidade. Sobre Odisseu, contou que estivera em seu país havia cinco anos e que saíra de lá. Chamou-o de infeliz, mas disse que ele partira sob bons presságios, com aves voando à direita. Por isso, ao se despedir dele, estavam os dois muito contentes. Seus corações esperavam que ainda se hospedassem mutuamente e trocassem lindos presentes.

26. Por onde andava Odisseu – uma notícia verdadeira

MENELAU E O VELHO DO MAR

Canto IV – versos 347-397

Quando preciso, Menelau não esconderá ou disfarçará alguma palavra do que lhe contou o infalível Proteu *velho do mar,* deus marinho e pastor das focas.

Embora o *filho de Atreu* quisesse voltar para casa, os deuses o retiveram no Egito porque não lhes ofertara vítimas, e eles exigem que isso se cumpra sempre.

Em frente ao Egito, em meio ao mar revolto, havia a ilha de Faros, que ficava à distância de um dia em um *barco veloz* que estivesse a favor do vento. Lá, havia uma praia de boa atracação, de onde os barcos costumavam sair para o mar depois de um bom abastecimento de água.

Os deuses retiveram Menelau lá por 20 dias, em razão da falta de ventos favoráveis à navegação no *vasto mar.* Todos os víveres e as forças dos homens já teriam acabado se um deus piedoso não os tivesse salvado.

Foi Idoteia, filha de Proteu *velho do mar,* a quem Menelau comoveu profundamente o coração. Quando ela veio encontrá-lo, o *filho de Atreu* andava só, longe dos companheiros, que certamente vagavam pela ilha tentando pescar com anzóis, pois a fome era grande.

Ela se aproximou e perguntou ao estrangeiro se ele era mesmo assim, ingênuo e rude, ou era displicente e gostava de sofrer. Afinal, estava há muito tempo parado na ilha e sem solução para isso, vendo o coração de seus homens fraquejar.

Menelau respondeu – quem quer que ela fosse entre as deusas – afirmando que não se retinha ali de propósito. Possivelmente havia ofendido os deuses *moradores do vasto céu*. Então pediu que ela lhe dissesse (pois os deuses sabem de tudo) que deus o prendia e impedia sua viagem e que o ensinasse como voltar e transpor o mar *cheio de peixes*.

A venerável deusa respondeu ao estrangeiro que lhe falaria *a pura verdade*. Disse que o lugar era frequentado por um tal Proteu *velho do mar*, do Egito, deus infalível que conhecia todas as profundezas do oceano e obedecia a Posêidon.

Diziam que era ele o pai que a havia gerado. Se Menelau conseguisse preparar uma armadilha e agarrá-lo, talvez ele explicasse o caminho de volta, o trajeto e cada distância a transpor pelo mar *cheio de peixes*. E que talvez revelasse a ele, *criatura de Zeus*, o que de bom e de ruim acontecia em seu palácio enquanto estava ausente em razão de sua longa e difícil viagem.

Menelau pediu então que ela mesma criasse uma armadilha para o velho divino, para que ele não o notasse ou estivesse de sobreaviso. Pois seria difícil para um mortal enganar um deus.

INSTRUÇÕES DE IDOTEIA

Canto IV – versos 398-430

A venerável deusa explicou-lhe que falaria *a pura verdade*. Disse que quando o sol estava a meio céu, o infalível *velho do mar* saía das águas, ao sopro de Zéfiro, coberto de algas negras.

Então ele se deitava nas grutas, e à volta dele dormiam, juntas, as focas que emergiram de águas cinzas, exalando um cheiro forte de maresia (elas formavam o rebanho de Anfitrite, esposa de Posêidon e a mais bela das Nereidas *filhas de Nereu*, Ninfas do mar).

Idoteia conduziria Menelau a esse lugar ao amanhecer e faria com que deitassem em fila ele e três companheiros escolhidos entre os melhores da frota. E iria agora revelar todas as espertezas daquele velho.

Primeiro ele passaria contando todas as focas, de cinco em cinco, e então se deitaria no meio delas como se fosse um pastor de ovelhas. Assim que ele adormecesse, era para eles agirem com atenção e força para rapidamente segurá-lo, por mais que se debatesse e tentasse escapar.

Ele tentaria de tudo, transformando-se em todo tipo de ser rastejante da terra, da água e do fogo em chamas. Deviam segurá-lo firmemente e apertarem mais ainda. Quando, por fim, ele mesmo começasse a falar e a fazer perguntas, voltando à forma de quando dormia, então – ela disse ao bravo Menelau – era para parar a violência e soltar o velho, perguntando-lhe que deus se irara contra o *filho de Atreu* e como deveria fazer para voltar, transpondo o mar *cheio peixes.*

Depois de dizer isso, ela mergulhou no mar bravio, e Menelau se dirigiu à praia onde seus barcos estavam encalhados. No caminho, seu coração provocava inúmeros pensamentos.

Depois de haver chegado aos barcos e preparado a refeição, veio a noite prazerosa, e eles se deitaram próximos ao barulho das ondas.

DIA SEGUINTE

Canto IV – versos 431-511

Mal raiou a filha da manhã, Aurora dos dedos cor-de-rosa, ele andou ao longo de toda a beira-mar com súplicas insistentes aos deuses. Levava três companheiros, aqueles em quem mais confiava para qualquer situação.

Enquanto isso, Idoteia, submergia no fundo do mar trazendo de lá quatro peles de foca, todas recém-arrancadas, e preparava para enganar o pai. Havia cavado leitos na areia e esperou por eles ali sentada.

Menelau e os três se aproximaram, e ela pediu que deitassem em linha, cobrindo cada um com uma pele. Essa armadilha se mostrou um horror para eles, que se viram sufocados com o cheiro horrível das focas alimentadas pelo mar, quando ninguém aguentaria se deitar com um monstro marinho.

Mas ela os ajudou pensando numa saída: trouxe ambrosia (alimento que dá a imortalidade dos deuses) e passou-a sob o nariz de cada um. A ambrosia sempre espalha um perfume delicioso, e assim tirou o mau cheiro daqueles animais.

Eles esperaram a manhã toda, pacientemente, até que enfim as focas saíram do mar, em bando, para se deitaram em linha na areia, perto das ondas.

Perto do meio-dia o *velho do mar* saiu e viu as focas brilhantes, percorrendo-as e contando-as. A contagem começou por eles, sem ele desconfiar da trapaça. Em seguida também se deitou.

Aos gritos, Menelau e seus homens saltaram sobre ele e seguraram seus braços. O velho aproveitou de suas manhas, transformando-se primeiro num leão de bela juba, depois numa cobra, num leopardo e num javali enorme. Virou água corrente, árvore frondosa, e eles continuavam a segurá-lo firme e pacientemente.

Quando por fim o velho esperto se cansou, chamou Menelau de *filho de Atreu* e perguntou que divindade lhe dera a ideia e incentivara a pegá-lo, numa cilada, contra a vontade dele. E, afinal, o que ele queria?

Menelau chamou-o de *velho* e disse saber que ele queria distraí-lo com suas perguntas. Contou que há tempos estava preso naquela ilha sem ter como sair, e que seu coração só se retraía. Então pedia que dissesse, já que os deuses sabiam de tudo: qual deles impedia sua viagem? E que explicasse como voltar transpondo aquele mar *cheio de peixes.*

O *velho* respondeu que, como Menelau bem sabia, o principal era ter feito grandes sacrifícios a Zeus e a outros deuses antes de voltar, se queria chegar o quanto antes a seu país atravessando o mar *cor de vinho.* Não estava determinado que veria seus amigos e chegaria ao palácio *bem-construído* em seu país sem antes voltar às águas do Nilo, rio que provinha do espaço, para oferecer sacrifícios sagrados aos deuses imortais, moradores do mais *vasto céu.* E então os deuses lhe permitiriam fazer a viagem desejada.

Ao ouvir isso, o coração de Menelau se partiu, porque ele o mandava retornar ao Egito pelo *mar em névoas,* numa longa e difícil viagem. E então respondeu que faria aquilo, como o *velho* mandava. Mas pediu que dissesse, *sem rodeios,* se todos os Aqueus que ele e Nestor deixaram ao sair de Troia voltariam sãos e salvos em seus barcos, ou se algum sofreria a triste morte, fosse em seu barco ou nos braços de amigos, depois de tanto empenho na guerra.

Ele logo perguntou por que queria saber sobre aquilo. Disse que era melhor que não soubesse, garantindo que choraria ao receber essas notícias: se muitos sobreviveram, outros tantos se foram.

Dos chefes dos Aqueus com vestes de bronze, só dois morreram na volta. E nas batalhas, disse que ele mesmo presenciara. Um terceiro talvez ainda vivesse, mas estava preso no imenso mar.

Disse que Ájax morrera com seus barcos *de remos longos*. Primeiro, Posêidon o jogara contra os enormes rochedos de Giras, mas salvou-o do mar. Ele teria sobrevivido, apesar do ódio de Atena, se não fizesse a loucura de praguejar e gabar-se por ter escapado ao *abismo do mar* contra a vontade dos deuses. Posêidon ouviu sua bravata e, em seguida, segurando o tridente em suas mãos vigorosas, quebrou em um golpe o rochedo de Giras. Uma das partes ficou no lugar, mas a outra caiu nas águas bem onde estava Ájax, que acabara de cometer a loucura. Essa lasca o levou ao fundo do mar onduloso e sem fim. Assim ele se afogou e morreu ali mesmo.

E depois de falar da morte de Ájax, contou-lhe sobre a de Agamêmnon.

PREPARO DA VOLTA E NOTÍCIAS DE ODISSEU

Canto IV – versos 538-575

Ao ouvir sobre o irmão, o coração de Menelau se partiu, e ele chorou sentado na areia. Sua alma já não queria viver ou ver a luz do sol. E depois de se saciar do pranto, e de rolar, o infalível *velho do mar*, chamando-o de *filho de Atreu* disse que ele já podia parar de chorar tanto, pois com isso não se resolvia nada.

Disse que devia tratar de voltar o quanto antes à sua pátria, pois ou iria encontrar Egisto vivo, ou Orestes iria se adiantar e matá-lo, e Menelau não chegaria a tempo de ver os funerais.

Assim disse ele, e a alma e o coração animado de Menelau voltaram a dar sinal de vida em seu peito, apesar da mágoa. Com *palavras leves* ele respondeu ao *velho*, dizendo que agora que já sabia sobre o destino deles, pedia que dissesse quem era o terceiro que estava preso, vivo ou morto, no imenso mar. Por mais que lhe doesse, queria ouvir sobre isso.

Ao ouvi-lo, o *velho* lhe respondeu ser o *filho de Laertes*, que morava em Ítaca. Ele o vira numa ilha derramando o seu choro pesado no palácio da ninfa Calipso, que o obrigava a ficar. Ele não tinha como voltar à pátria por falta de barcos com remos e tripulação que o levassem pela imensa superfície do mar.

Mas sobre ele, Menelau *criatura de Zeus*, não fora determinado que morreria na Grécia *das ricas pastagens*. Os deuses o conduziriam ao paraíso *dos campos elísios*: as lindas terras onde vivia Radamanto e onde a vida dos homens corria tranquila. Lá nunca nevava ou caía tempestade, sequer chovia, mas Oceano (o rio-divindade que envolvia a Terra) levantava sem parar para trazer frescor aos homens pela brisa sonora de Zéfiro. E seria assim porque, tendo Helena como esposa, ele seria considerado genro de Zeus.

Depois de dizer isso, ele mergulhou no *mar em movimento* e Menelau voltou aos barcos com seus divinos companheiros. No caminho, inúmeros pensamentos o agitavam no coração.

Depois de haver chegado aos barcos e preparado a refeição, veio a noite prazerosa e eles se deitaram próximos ao barulho das ondas.

PONDO O BARCO N'ÁGUA E ZARPANDO

Canto IV – versos 576-587

Mal raiou a filha da manhã, Aurora dos dedos cor-de-rosa, a primeira coisa que fizeram foi lançar os barcos ao *mar divino*. Levantaram os mastros com as velas em equilíbrio, e todos subiram a bordo para se sentar nos bancos.

Enfileirados, eles *feriram com seus remos o mar cinzento*, e ele então direcionou os barcos para o rio Nilo *que corre do céu*. Lá ele preparou os sacrifícios e ofereceu-o de maneira perfeita. E depois de acalmar a ira dos deuses, ergueu um túmulo a Agamêmnon, para que sua glória nunca fosse esquecida.

Cumpridos esses ritos eles zarparam, e os deuses concederam a Menelau um *vento favorável* que o conduziu à pátria querida.

27. Os deuses reunidos

COMEÇO DA ASSEMBLEIA

Canto I – versos 16-43(b)

Com o passar dos anos, chegava o tempo em que, por acordo dos deuses, Odisseu voltaria a Ítaca. Mas não se veria livre das provações, nem mesmo quando estivesse entre seus entes queridos.

A essas alturas, todos os deuses já se condoíam dele, exceto Posêidon que só deixaria de odiar Odisseu quando ele voltasse à pátria. Mas Posêidon estava distante, visitando os Etíopes (uma nação dos confins do mundo e dividida em duas: uma onde Hipérion, o Sol, nascia, e outra onde ele se punha) para receber um sacrifício de touros e carneiros. Enquanto se deleitava no jantar, os outros deuses se reuniam no palácio de Zeus *Olímpio*.

Primeiro falou o pai dos homens e dos deuses, ao lembrar-se no coração do impecável Egisto, assassinado pelo renomado Orestes *filho de Agamêmnon*. Pedia aos deuses sagrados que reparassem como os mortais reclamavam deles, e os culpavam pelas desgraças que eles próprios criavam, com suas loucuras, causando sofrimentos acima da sina que lhes era imposta.

Era o caso recente de Egisto, que, além de sua sina, casou-se com a mulher legítima do *filho de Atreu*, e mesmo advertido sobre o *abismo do fim*, matou-o em sua volta.

Eles enviaram Hermes – o clarividente Argeifonte – para avisá-lo de que não deveria matá-lo nem cobiçar sua mulher, porque o *filho de Atreu* se vingaria pelas mãos de Orestes, que na juventude teria saudade da pátria. Hermes o avisara, mas nem suas boas intenções demoveram Egisto, que agora acabava de pagar por todos os seus crimes de uma só vez.

Zeus

INTERVENÇÃO DE ATENA

Canto I – versos 44-95

A deusa *dos olhos verde-mar,* chamando Zeus de *pai nosso, filho do Tempo* e *supremo rei,* respondeu-lhe que assim Egisto encontrou o fim que precisava, pois os que cometem tais crimes encontram a morte merecida.

Mas, feria seu coração – disse a deusa –, saber que o justo Odisseu, de má sorte, estava há tempos longe de casa, sofrendo numa ilha *cercada por ondas,* onde era o umbigo do mar.

Tratava-se de uma ilha selvagem, habitada por uma deusa, filha do malicioso Atlas, conhecedor das profundezas de todos os mares, e que segurava as longas colunas que separavam a Terra e o Céu.

Sua filha mantinha Odisseu preso, apesar das súplicas dele, e procurava fasciná-lo com palavras delicadas e manhosas, para que se esquecesse de Ítaca. E ele, ansioso por ao menos avistar uma fumaça vinda de sua terra, já preferia morrer.

Perguntou ao *Olímpio* se em seu coração aquilo sequer o comovia: afinal Odisseu agira a seu favor sacrificando vítimas nos barcos dos Gregos e pelos vastos domínios de Troia. Então por que Zeus odiava Odisseu?

Zeus *ajuntador das nuvens* perguntou à filha que palavras eram as que lhe *escapavam à barreira dos dentes.* Como ele esqueceria o divino Odisseu, o mais inteligente dos mortais e que mais vítimas ofertara aos deuses *moradores do vasto céu?*

Era Posêidon *envolvedor das terras* quem tinha rancor permanente por Odisseu, que cegara o único olho de um Ciclope, justamente o divino Polifemo, que reinava sobre todos os outros. Polifemo era filho da ninfa Toosa, a filha de Fórcis, rei do *mar inesgotável,* depois de ela se entregar a Posêidon numa gruta.

A partir daí, Posêidon *dos tremores de terra* não matava Odisseu, mas o mantinha distante de sua pátria. Então todos ali podiam defender essa volta, e Posêidon perderia o rancor para não brigar sozinho contra todos os imortais.

Atena respondeu, chamando-o de *pai nosso, filho do Tempo* e *supremo rei*, que, se agradava aos deuses afortunados que o justo Odisseu voltasse ao lar, deviam enviar Hermes – o mensageiro Argeifonte – à ilha de Ogígia para avisar logo à Ninfa *das belas tranças* que decidiram terminantemente pela volta do persistente Odisseu.

Atena mesma iria a Ítaca inspirar o filho dele, Telêmaco, incutindo em sua alma a coragem de convocar uma assembleia entre os Aqueus *das cabeleiras* para expulsarem o bando de interesseiros que não paravam de abater os carneiros e bois em sua casa.

Iria levá-lo a Esparta e à arenosa Pilos para perguntar sobre a volta de seu amado pai, pois talvez recebesse notícias que o fizessem merecer um renome nobre entre os mortais.

28. ATENA VAI A ÍTACA

CONVERSA COM TELÊMACO

Canto I – versos 96-135

Assim ela falou com Zeus e *atou nos pés as belas sandálias divinas, feitas de ouro, que a levavam sobre a água e a terra infinita na rapidez do vento.* E então pegou sua forte e enorme lança com ponta de bronze, pesada e imponente – capaz de dominar multidões de homens guerreiros que provocassem a filha de um pai poderoso.

Num salto ela desceu do topo do Olimpo para pousar nas terras de Ítaca, na casa de Odisseu, na entrada do pátio. Segurando a lança de bronze, disfarçou-se de um estrangeiro, Mentes *rei dos Táfios.*

Deparou-se com os arrogantes interessados em Penélope jogando gamão à frente das portas, sobre couros de bois que eles mesmos abatiam. Alguns emissários e criados hábeis preparavam o vinho misturando-o com a água de taças, enquanto outros limpavam as mesas com esponjas, e outros ainda preparavam a carne, que era abundante.

Telêmaco *do aspecto divino* foi o primeiro a vê-la. Sentado entre os candidatos, imaginava no coração que um dia seu pai chegaria para expulsá-los do palácio, impondo respeito e voltando a reinar na casa.

Pensava assim quando, entre os cortejadores, avistou Atena e se dirigiu à entrada, incomodado que um estrangeiro esperasse tanto tempo à porta. Aproximou-se, deu-lhe a mão direita, recebeu a lança de bronze e lhe disse *palavras leves.*

Cumprimentando o estrangeiro, disse que ele era bem-vindo à casa e que devia primeiro comer alguma coisa para depois dizer o que precisava. Ele indicou o caminho e Palas Atena o seguiu.

Dentro do palácio, Telêmaco encostou a lança dela na coluna alta de um canto bem-limpo onde se guardavam as muitas lanças do corajoso Odisseu e ofereceu a Atena uma cadeira forrada de linho – verdadeira obra de arte, em que debaixo havia um banco para descansar os pés. E pôs ao lado, para si mesmo, um *banco trabalhado em madeira*, distante dos interesseiros, para que o estrangeiro aproveitasse o que lhe era oferecido sem se incomodar com o jantar barulhento de uma companhia indevida.

Telêmaco queria saber, principalmente, se havia notícias de seu pai.

COM O ASPECTO DE MENTES, A DEUSA É CONVIDADA A JANTAR

Canto I – versos 136-177

Uma criada trouxe um belo jarro de ouro com água límpida e despejou-a numa bacia de prata para que lavassem as mãos. Aproximou deles uma mesa polida, e a governanta, atenciosa, serviu o pão e depois inúmeros pratos, aproveitando-se tudo o que havia.

Um criado serviu-lhes as fatias de carnes variadas, as uvas e trouxe as taças de ouro, enquanto outro ia e vinha servindo-lhes o vinho.

Os candidatos arrogantes foram entrando e sentando-se em filas de cadeiras e bancos. Os criados derramavam água em suas mãos, enquanto as criadas lhes traziam pães em cestas. Os criados moços enchiam as taças de bebida até a borda, e todos avançavam nos pratos que eram servidos.

Depois de atenderem a seus desejos de fome e sede, os candidatos buscaram novos atrativos: o canto e a dança que são o ponto alto de uma festa. O emissário trouxe a lira enfeitada às mãos de Fêmio, que se viu obrigado a cantar para os cortejadores. E então entoou a abertura de um belo canto.

Telêmaco voltou-se à Atena *dos olhos verde-mar* aproximando seu rosto para que outros não os ouvissem. Chamando-a de caro hóspede perguntou se iria se aborrecer com um comentário.

Disse que para aqueles interesseiros era cômodo gostar da lira e do canto, porque consumiam sem nenhuma culpa o sustento alheio – o de um homem que talvez tivesse os seus ossos apodrecendo na chuva, lançados ao continente ou rolando numa onda do mar.

Se vissem Odisseu voltando para Ítaca, eles rezariam mais por ter as pernas rápidas do que pelas riquezas em ouro e tecidos. Mas Telêmaco imaginava que seu pai tivera um triste fim e que não havia consolo, pois mesmo que alguém dissesse que ele ia voltar, isso já passara do tempo.

Então pediu que Mentes dissesse uma coisa *abertamente, sem rodeios: quem ele era? De onde vinha? Onde ficava sua cidade e seu país? Em que barco viera? Como os marinheiros o trouxeram a Ítaca? Quem eles diziam ser? E declarou que de modo algum acreditaria que ele tivesse chegado ali a pé.*

E pediu que lhe contasse a verdade para ele ter certeza, se era a primeira vez que os procurava ou se fora hóspede de seu pai. Eles recebiam inúmeras visitas, pois Odisseu tinha muitos contatos espalhados pelo mundo.

ATENA FINGE SER MENTES, DÁ NOTÍCIA DE ODISSEU E PERGUNTA SOBRE TELÊMACO

Canto I – versos 178-179 e 189-223

Então Atena respondeu a ele dizendo falar a verdade. Contou a história de Mentes e disse que ele e Odisseu haviam herdado de seus pais uma hospitalidade mútua de longa data, como ele poderia confirmar com seu avô Laertes, o velho guerreiro.

Pelo que soube, Laertes já não ia à cidade: havia se retirado para o campo onde sobrevivia às dificuldades sob os cuidados de uma criada idosa que o alimentava quando o cansaço das pernas já não lhe permitia subir o morro em sua plantação de uvas. Mas, enfim, fora assim que ele chegara até lá.

E declarou ter ouvido de alguém que o pai de Telêmaco estava vivo. Os deuses lhe teriam negado a volta, mas o divino Odisseu ainda vivia, preso em alguma parte do mar, numa ilha *cercada de ondas,* entre homens cruéis e selvagens que o retinham contra sua vontade.

Mentes falou como imaginava que agora se daria (pelo que os deuses inspiravam seu coração a acreditar, apesar de não ser ele um vidente ou bom conhecedor do voo das aves). Odisseu não ficaria tanto tempo longe de seu país amado, mesmo que o prendessem em celas de ferro, pois, *engenhoso* como era, saberia voltar.

Então pediu que Telêmaco lhe dissesse *uma coisa, falando a verdade*: se era mesmo filho de Odisseu. Sua cabeça e os olhos eram extremamente parecidos com os dele. Mentes esteve muito com ele antes de embarcar rumo a Troia, para onde os melhores Gregos partiram em seus barcos. Depois não o vira mais, nem ele o viu.

O *sereno* Telêmaco respondeu ao estrangeiro que diria *a verdade*: sua mãe dizia que era filho dele, mas não tinha certeza. Ninguém, aliás, podia estar seguro de sua ascendência. Gostaria sim de descender de um homem feliz, que chegasse à velhice em suas próprias terras. Mas, já que era essa a pergunta, diziam que descendia do mais infeliz dos homens.

Então Atena respondeu que não, que os deuses não reservaram para ele uma linhagem anônima na posteridade, pois Penélope o gerara como ele era.

29. INTERESSADOS INTERESSEIROS

CANDIDATOS À MÃO DE PENÉLOPE: COMO RESOLVER?

Canto I – versos 224-270

Atena continuou perguntando e pedindo que ele dissesse *a verdade*. Que festa, que tipo de reunião era aquela? O que ele ganhava com isso? Era pura festividade ou comemoração de casamento? Via-se que a despesa não era dividida, que eram mal-educados e folgados os que se divertiam naquele palácio. Era tanta arrogância que iria indignar a qualquer um que tivesse juízo e assistisse àquilo.

Telêmaco, chamando-a de estrangeiro, respondeu que, se queria saber, aquela era uma casa rica e idônea enquanto Odisseu morava nela. Mas os deuses, com planos desfavoráveis, deram sumiço a ele como não se fazia a ninguém no mundo.

Disse que sofreria menos se o pai tivesse morrido *em Troia junto a seus companheiros, ou entre os braços amigos, já no fim da guerra. Assim, os Aqueus lhe fariam um túmulo, e ele seria honrado na posteridade*, e também ele, Telêmaco.

Mas ao contrário, as harpias, deusas das intempéries (aves com rosto de mulher), o levaram sem qualquer glória: sumiu sem notícia alguma, deixando apenas as dores e os lamentos do filho. E não sofria só por causa dele, pois os deuses lhe trouxeram ainda mais dificuldades: todos os príncipes das ilhas, de *Dulíquio, Same e da frondosa Zacinto* e outros donos de terra na Ítaca *rochosa* queriam casar com sua mãe e iam consumindo as riquezas do palácio. E ela não conseguia repelir essas odiosas núpcias, nem pôr fim à situação. E assim, com todas aquelas festas, eles iam acabando com sua casa e logo iriam querer acabar com ele.

Palas Atena respondeu, revoltada, clamando aos deuses sagrado e dizendo que, se Odisseu não estivesse ausente, já teria posto a mão naqueles abusados candidatos. Ah... se ele chegasse agora e parasse à porta de entrada com seu elmo, escudo e duas lanças, como Mentes o vira pela primeira vez em sua casa, bebendo e se divertindo depois de uma visita a Ilo *filho de Mérmero* em Éfire! Ele fora até lá em seu *barco veloz* para obter um veneno mortífero de ungir as setas de ponta de bronze. Ilo não lhe dera por medo dos deuses eternos, mas o pai dele lhe deu em razão da grande estima que havia entre eles.

Para Mentes, que bom seria se Odisseu surgisse da maneira que o vira, surpreendendo os interesseiros! Seriam todos mortos em pouco tempo, numa celebração amarga. Mas era algo que *repousava nos joelhos dos deuses* saber se, voltando, ele iria ou não fazer vingança em sua casa. Quanto a Telêmaco, recomendou que pensasse em como expulsar os cortejadores do palácio.

PLANO E INSTRUÇÕES DE ATENA

Canto I – versos 271-324

Mentes (Atena) pediu que ele o ouvisse e convocasse para o dia seguinte uma assembleia dos guerreiros Aqueus e que falasse a todos, tendo os deuses como testemunhas. Devia exigir que os candidatos saíssem de lá e voltassem à suas casas.

Quanto à mãe dele, deveria dizer que, se o coração dela pendia para o casamento, então voltasse ao palácio de seu poderoso pai e lá preparasse a cerimônia, mostrando-se os inúmeros presentes de núpcias que uma filha amada merecia.

E tinha ainda um conselho sábio a dar a ele: que preparasse um barco de 20 remos – o melhor que conseguisse – e saísse a perguntar pelo pai, que há tanto estava sumido. Talvez alguém trouxesse notícia. Talvez ele ouvisse o oráculo de Zeus, principal informação para os mortais.

Primeiro deveria ir a Pilos e conversar com o divino Nestor. E depois a Esparta, à casa de Menelau, o último dos Aqueus com armas de bronze a chegar de volta.

Se ele acaso ouvisse sobre seu pai estar vivo, e que talvez voltasse, mesmo aflito era para esperar e aguentar mais um ano. Mas se ouvisse falar que morrera, então devia erguer um túmulo a ele em sua querida terra, fazendo-lhe inúmeras oferendas como ele merecia, e dar a Penélope um novo marido.

Depois de cumpridas essas difíceis obrigações, que ele visse em seu coração, e no espírito, um modo de matar aqueles interesseiros que estavam no palácio, fosse por artimanhas ou em luta aberta.

Telêmaco crescera e não devia mais agir como criança. Sabia da glória que Orestes conquistara no mundo ao matar o canalha Egisto, assassino de seu glorioso pai Agamêmnon. Telêmaco era valoroso e devia seguir esse exemplo, pois agora, crescido, estava belo e também merecia louvores na posteridade.

Mentes agora voltaria ao seu *barco veloz*, pois os companheiros estavam preocupados com sua demora. Pediu que Telêmaco aceitasse os seus conselhos e cuidasse de seus interesses.

O *sereno e cauteloso* Telêmaco respondeu ao estrangeiro que aqueles eram conselhos dados a ele por bem, como o de um pai a um filho. E que se lembraria deles para sempre. Mas mesmo que estivesse ansioso para partir, era para esperar mais um pouco: devia tomar um banho, alegrar o coração e embarcar de alma leve, levando um presente bonito e valioso como lembrança sua, como os anfitriões dão a seus hóspedes queridos.

A deusa *dos olhos verde-mar* pediu que ele não o segurasse mais, contra a sua vontade de ir. Na volta iria aceitar o presente que seu coração queria lhe dar e levá-lo para casa. Escolheria algo bem bonito e que merecesse uma retribuição.

E assim, Atena *dos olhos verde-mar* partiu voando como uma ave, até desaparecer. Deixou paixão e coragem no peito de Telêmaco, e uma memória ainda mais viva de seu pai. Com o coração maravilhado, ele pensou nela imaginando tratar-se de um deus. E quando depois se dirigiu aos cortejadores, mostrou-se um homem de aspecto divino.

PENÉLOPE DESCE DOS QUARTOS PARA SE QUEIXAR AO MÚSICO

Canto I – versos 325-382

O músico mais famoso cantava para eles, que ouviam em silêncio sobre a triste volta dos Aqueus, imposta por Palas Atena. Dos quartos, no andar de cima, a sensata Penélope *filha de Icário* sentiu no coração aquele canto inspirado e desceu pela escada trazendo duas de suas criadas.

Aproximou-se dos interessados e parou junto ao pilar do belo salão, mantendo sobre o seu rosto o bonito véu, tendo as criadas ao lado. Chorando, falou a Fêmio, o divino músico, que ele conhecia inúmeros outros cantos que agradariam a todos, sobre as façanhas de homens e deuses que ficaram famosas pelos cantos.

Pediu que cantasse para eles, ali sentado, algum desses cantos, enquanto bebiam em silêncio, mas que não aquele canto doloroso, que sempre lhe feria o peito, pois nela, como em ninguém, havia um pesar de que não se esquecia, de tão importante era a pessoa de quem sempre tinha saudade: o seu esposo famoso em toda a grande Hélade, na Grécia e nos mares à volta.

Telêmaco, *sereno*, perguntou à mãe por que reclamava do músico fiel que os agradava como lhe mandava o coração. Disse que a culpa não era dos músicos, mas de Zeus, que recompensava os que se esforçavam. E não havia mal em que ele cantasse o triste destino dos Gregos.

Explicou que as pessoas gostavam mais de ouvir os cantos novos e que seria bom se o coração e a alma dela aguentassem melhor aquela escuta. Odisseu não fora o único a perder o dia de deixar Troia, e outros homens também haviam morrido. Pediu que ela voltasse ao quarto, ao seu tear e à roca, e mandasse as criadas voltarem ao trabalho, pois cabia aos homens – principalmente a ele, maior autoridade – as decisões da casa.

Surpresa, ela voltou ao quarto, guardando no coração a ordem correta de seu filho. Subiu com as criadas e começou a chorar por Odisseu, seu esposo amado, até que a Atena *dos olhos verde-mar* pesou-lhe nas pálpebras um *sono doce*.

Então os cortejadores soltaram uma gargalhada vinda das *salas escuras*, todos desejando a graça de deitar-se com ela. Telêmaco disse aos que pretendiam a mão de sua mãe que eram uns grandes abusados e que podiam continuar o jantar mas sem gritarias, pois era bonito escutar um músico talentoso como aquele, que lembrava a voz dos deuses.

E disse que de manhã iriam todos à assembleia, quando iria convidá-los abertamente a deixar aquela casa. Pois se achavam graça em arruinar impunemente o sustento de um homem, podiam fazê-lo. Mas ele iria invocar os deuses eternos aos gritos, e quem sabe Zeus decidisse puni-los, e eles morressem à toa entre aquelas paredes!

Então eles morderam os lábios, admirados com a ousadia de Telêmaco.

PROVOCAÇÕES DE ANTINO E EURÍMACO

Canto I – versos 383-424

Antino *filho de Eupites* respondeu que certamente os próprios deuses lhe ensinaram a levantar a voz e a dizer palavras ousadas. E desejou que o *filho do Tempo* nunca o tornasse rei da ilha de Ítaca, como lhe caberia por herança do pai.

Telêmaco disse a Antino que talvez suas palavras não o agradassem, mas sua herança era aprovada por Zeus. E perguntou se para ele aquilo era ruim. Mas não, não havia mal em reinar. A casa de um rei logo enriquece e ele recebe respeito. Havia muitos outros reis Aqueus na Ítaca *rodeada pelo mar,* jovens e velhos. Um deles poderia conseguir o posto, se o divino Odisseu estivesse morto. Mas ele continuaria dono daquela casa e dos criados herdados com ela.

Eurímaco *filho de Polibo* interveio dizendo a Telêmaco que na verdade *repousava nos joelhos dos deuses*: quem reinaria a Ítaca *rodeada pelo mar*? E disse que ele podia ter os bens e mandar em sua casa sem que ninguém, de modo violento ou contra a sua vontade, lhe roubasse enquanto Ítaca fosse terra habitada.

Mas, chamando-o de bravo, Eurímaco perguntou do estrangeiro. *De onde ele vinha? Dizia ser de que pátria? Onde estava sua família e ficava o país?* Sabia algo da volta de Odisseu ou vinha apenas tratar de negócios? Disse que se levantou e partiu sem querer conhecê-los. E em seu aspecto não parecia humilde.

Telêmaco, *sereno,* respondeu a Eurímaco que já não se esperava mais a volta de seu pai, nem se acreditava em notícias, quando vinham algumas. Menos ainda, em previsões que sua mãe recebia de algum vidente no palácio. Disse que aquele senhor era hóspede da família deles e vinha de Tafo. Dizia ser Mentes *filho do vigoroso Anquíalo* e *rei dos Táfios, povo de bons remadores.*

Mesmo dizendo isso, Telêmaco sabia no coração que se tratava de uma deusa. Então os cortejadores voltaram à diversão, à dança e ao canto, esperando o anoitecer. E depois, dirigiram-se, sonolentos, às suas casas.

TELÊMACO PÔDE ENFIM REPOUSAR, SOB OS CUIDADOS DE EURICLEIA

Canto I – versos 425-444

Telêmaco foi para o seu quarto, que era acima do belo pátio, em um terreno elevado. Foi deitar-se levando muitas preocupações na alma. Era acompanhado da fiel Euricleia *filha de Ops, filho de Pisenor,* que levava as tochas acesas.

A criada Euricleia fora negociada ainda jovem por Laertes *pai de Odisseu* pelo valor de 20 bois, sendo respeitada como legítima moradora do palácio. Mas ele nunca a teve na cama, evitando a ira da esposa. Era ela quem levava as tochas acesas e, entre as servas, a que mais gostava de Telêmaco e cuidava dele quando ainda mamava.

Ele abriu as portas do quarto bem-construído, sentou-se na cama, tirou sua túnica macia e a deu nas mãos da sábia senhora, que a dobrou, alisou e pendurou num cabide próximo à cama talhada. Ela saiu do quarto, puxou a porta pelo fecho de prata e usou a correia para descer o ferrolho.

Coberto de lãs de ovelha, Telêmaco refletiu a noite toda sobre a viagem traçada por Atena.

30. Assembleia em Ítaca

TELÊMACO CONVOCA A REUNIÃO

Canto II – versos 1-34

Mas raiou *Aurora dos dedos cor-de-rosa,* o filho querido de Odisseu *saltou da cama, vestiu-se, pendurou no ombro a espada afiada, atou nos pés suas bonitas sandálias e saiu do quarto, tendo o aspecto de um deus.* Em seguida, pediu aos emissários de voz alta que convocassem os Aqueus para uma assembleia.

Ao chamado dos criados, logo todos se reuniram, e Telêmaco então se encaminhou à praça levando a lança de bronze, acompanhado de dois cães velozes. Atena derramara sobre ele uma graça divina, e, quando chegou, todos o olharam com espanto. Os anciãos deram-lhe espaço e ele se sentou no lugar de seu pai.

O primeiro a falar foi Egípcio, guerreiro de grande sabedoria, já curvado pela idade porque seu filho Antifo, lanceiro, partira com o divino Odisseu nos barcos que foram à Troia *rica em cavalos.* E fora um dos mortos pelo bruto Ciclope dentro da gruta, o último de sua refeição.

Egípcio tinha outros três filhos, e um deles, Eurínomo, juntara-se aos interesseiros. Os outros dois ficaram na roça do pai, dedicando-se ao cultivo. Mas ele não se esquecia do primeiro, por quem chorava e sofria.

Em lágrimas, ele se dirigiu aos Itacenses lembrando que não tiveram mais assembleias desde a partida em *barcos curvos* do divino Odisseu. E quem os convocava hoje? Quem, dentre os homens de todas as idades, tinha maior questão que aquela? Teria alguma notícia segura a lhes dar sobre a volta de seu exército, por ser o primeiro a saber? Ou teria outro interesse público a comunicar-lhes e explicar?

Egípcio sentiu tratar-se de um homem honrado, de boas intenções, desejando que Zeus realizasse o que era aspirado em seu coração.

PALÁCIO INVADIDO

Canto II - versos 35-83

Telêmaco se alegrou com a previsão de Egípcio e levantou-se no meio da assembleia querendo falar. O emissário Pisenor, de sábias intenções, pôs o cetro em suas mãos, e ele, virado para o idoso, passou a responder. Disse ao ancião que o homem que convocou o povo não estava longe, como ele mesmo saberia.

Não tinha notícia segura da volta do exército - não era o primeiro a saber -, nem interesse público a comunicar ou explicar. Tratava-se de uma necessidade sua. Sua casa fora assolada por um duplo flagelo: de um lado, a perda de seu nobre pai, e de outro, uma calamidade ainda maior, que deveria consumir todo o palácio e arruinar seu sustento.

Sua mãe, a contragosto, vinha sendo importunada por *interessados*, filhos queridos dos homens mais nobres do país. Eles tinham medo de ir à casa de seu avô Icário para que ele exigisse pessoalmente os presentes de núpcias da filha e a entregasse a quem bem entendesse.

Em vez disso, iam todos os dias à sua casa e abatiam bois, ovelhas gordas, cabras para comer e beber o bom vinho de graça, impunemente. E toda a riqueza ia sendo consumida, porque não havia lá um homem como Odisseu para defender sua casa da ruína.

Telêmaco não tinha forças suficientes para defendê-la, pois era franzino e não preparado para a luta. Se tivesse força, a defenderia. O que eles faziam já não dava para tolerar. Seu palácio fora dilapidado de maneira indecente, e ele gostaria que os Itacenses também se indignassem e tivessem vergonha de outros povos saberem o que estava acontecendo.

E era bom que temessem a ira dos deuses, que talvez se voltassem contra eles. Assim, suplicava por Zeus *Olímpio* e por Têmis (deusa da Justiça) *que convocava e dispersava as reuniões* para que os amigos se refreassem, deixando-o só e vivendo o luto difícil – a não ser que seu pai tivesse feito de propósito algum mal aos Aqueus *das boas vestes de guerra*, e eles, aborrecidos, estivessem se vingando e instigando essa gente a arruiná-lo.

Seria melhor que fossem eles, da assembleia, a devorar os seus bens e rebanhos, porque com o tempo talvez pudessem restituí-los. Assim Telêmaco rodaria toda a cidade, incansável, reclamando os tesouros até que tudo lhe fosse devolvido. Mas agora nada diminuía a angústia imposta ao seu coração.

Irritado, ele terminou o discurso em lágrimas, atirando o cetro ao solo e comovendo a todos.

RESPOSTA DE ANTINO

Canto II – versos 84-145

Todos se calaram e ninguém ousava contestar Telêmaco com rispidez. Mas Antino respondeu a Telêmaco chamando-o de atrevido na fala e solto em sua raiva. Disse que aquelas palavras os envergonhavam. Perguntou se estava preparado para lhe desonrar e disse que os culpados não eram os proponentes Aqueus, mas sua própria mãe ardilosa.

Fazia quase quatro anos que ela iludia o coração dos Aqueus. Dava esperança a todos fazendo-lhes promessas, mandando recados, mas em sua mente tinha outros planos. Entre outros ardis, planejou instalar no quarto *um grande tear e começou a tecer um pano delicado e longo, dizendo aos jovens que desejavam sua mão que, como Odisseu estava morto, eles deveriam segurar suas paixões até que terminasse a peça, para não desperdiçar seu tecido.*

Era uma mortalha que daria ao corajoso Laertes, para quando morresse nenhuma Aqueia se indignasse por ele – que possuía tantos bens – não ter um sudário, pondo a culpa nela.

Para Antino, ao dizer isso, ela persuadiu os corações convencidos deles. De dia ia tecendo a imensa trama, e de noite, à luz de tochas, a desfazia. E assim enganou os Aqueus por três anos. No quarto ano, uma das mulheres que sabia dessa fraude a revelou e a flagraram destecendo a magnífica trama. Então ela a completou a contragosto.

E assim era essa a resposta que lhe davam os interessados, para que ele a soubesse no coração, e também os outros Aqueus. Antino sugeriu que ele se despedisse da mãe, mandando-a casar-se com quem a agradasse e seu avô aconselhasse. Se ela continuasse instigando os filhos dos Aqueus por muito tempo, ciente, em seu coração, de ser bem-dotada por Atena na habilidade dos belíssimos trabalhos, e de um coração inteligente e manhoso – o que não havia nas Aqueias *das belas tranças* de antigamente: Tiro, Alcmena e Micenas *das belas guirlandas*, nenhuma era tão engenhosa quanto Penélope.

Só uma coisa ela não entendeu: que enquanto mantivesse essa intenção dada pelos deuses, eles continuariam consumindo seu sustento e sua riqueza. O que ela conseguia com isso era uma glória para si, e para Telêmaco, a saudade de uma vida farta. Eles não voltariam a suas roças nem a outros lugares enquanto ela não escolhesse um dos Aqueus como marido.

A Antino, Telêmaco respondeu que era impossível ele querer expulsar de casa quem o deu à luz e o criou. Não sabia se seu pai estava vivo, mas seria péssimo dever a seu avô Icário o preço de mandá-la embora por sua conta. Além dos males que sofreria dele, o destino lhe daria outros, porque ao sair da casa, sua mãe desencadearia terríveis Erínias (deusas que vingam também os direitos da família), além de pesar sobre ele a indignação dos homens. E, portanto, ele nunca faria isso.

Disse que se o coração deles estava triste, que saíssem de seu palácio e preparassem outras festas usando os próprios recursos, indo de casa em casa. Mas se achavam alegre e vantajoso consumir a riqueza de uma só pessoa, sem culpa, deviam roubá-la.

Quanto a ele, invocaria os deuses aos gritos, e quem sabe Zeus concederia suas ações punitivas, e eles morreriam no palácio sem poder fazer nada.

SINAL DE ZEUS E DISCURSO DE HALITERSES

Canto II – versos 146-176

Ao Telêmaco dizer isso, Zeus *da voz ouvida ao longe* enviou duas águias voando por cima de uma montanha. Planaram por algum tempo de lado a lado, com asas abertas, ao sabor do vento. Mas chegando ao meio do falatório na reunião, fizeram um redemoinho, bateram as asas velozes e fixaram a visão sobre as cabeças de todos, com um olhar de morte.

Então, feriram-se mutuamente na cara e no pescoço com as garras, e se lançaram à direita sobre o casario da cidade. Os Aqueus, assustados com o que viam, perguntavam-se, no coração, o que estaria por acontecer.

Discursou, então, o corajoso ancião Haliterses *filho de Mastor*, que superava seus contemporâneos na ciência das previsões e presságios. Ele queria bem a todos e pediu para ser ouvido pelo povo de Ítaca – e era principalmente aos candidatos ao amor de Penélope que dirigia sua interpretação, pois sobre eles já vinha se dando uma grande calamidade.

Disse que Odisseu não ficaria tanto tempo longe e já devia estar próximo, plantando a semente da morte de todos eles. E viriam tormentos a muitos outros habitantes da Ítaca *vista de longe*. Assim, deveriam pensar, mais do que tudo em acabar logo com aquela situação e que eles mesmos parassem: quanto antes, melhor.

Lembrou que não era inexperiente em previsões, mas entendedor. Assegurava que tudo o que se dera com ele fora como previa: quando os Gregos embarcaram para Troia, e com eles o manhoso Odisseu, previu que ele voltaria para casa no vigésimo ano, disfarçado, depois de sofrer grandes provações e de perder seus companheiros. E agora tudo estava se dando.

RESPOSTA DE EURÍMACO

Canto II – versos 177-223(b)

Eurímaco *filho de Polibo* respondeu ao ancião sugerindo que fosse para casa e prevenisse seus filhos para que não sofressem nenhum mal no futuro. Ele mesmo, Eurímaco, interpretaria os presságios melhor do que Haliterses. Disse que muitas aves esvoaçavam sob o sol e nem todas traziam agouro. E Odisseu teria sim morrido longe, e que seria bom se o ancião tivesse morrido com ele, deixando de proferir tantos oráculos e de alimentar a ira de Telêmaco, querendo receber alguns presentes dele.

E fez uma previsão dizendo que iria se realizar. Que se ele, mesmo sendo antigo e de grande saber, usasse seus conselhos para enervar Telêmaco, seria ainda mais triste para ele, porque não poderia fazer nada àqueles homens, que cobrariam do ancião um tributo. Isso lhe traria duro sofrimento e doeria na alma.

Eurímaco ainda deu um conselho a Telêmaco, diante de todos: que exigisse de sua mãe a volta à casa do pai. Lá se prepararia o casamento, e ele exporia os inúmeros presentes de núpcias que costumavam chegar a uma filha querida.

Antes disso, achava que os filhos dos Aqueus não desistiriam da incômoda corte, porque, de fato, não temiam ninguém, nem a Telêmaco, por mais que os ameaçasse. E também não ligavam para oráculos como esse, que não se realizariam e fariam Haliterses cair em descrédito.

Telêmaco continuaria a perder seus bens irrecuperáveis enquanto Penélope fizesse os Aqueus esperarem por seu casamento. E pelo lado deles, esperariam dia a dia, disputando pela sua virtude, e não desejariam outras, com quem cada um poderia honradamente se casar.

Telêmaco, *sereno,* respondeu a Eurímaco e aos demais ilustres interessados em Penélope que já nem suplicava ou falava disso, porque os deuses e os Aqueus já sabiam. Mas pediu que lhe dessem um *barco veloz.* com 20 tripulantes que o acompanhassem e trouxessem de volta. Iria a Esparta e à Pilos *arenosa* perguntar sobre a volta de seu pai, ausente há tanto tempo.

Talvez alguém pudesse lhe dizer onde ele estava. Ou ouvisse o oráculo de Zeus, maior fonte de informação para a humanidade. *Se soubesse que seu pai estava vivo e voltando, então, por maiores que fossem as mágoas, aguentaria mais um ano. Mas se soubesse que ele morreu, então, voltando à sua querida terra, ergueria um túmulo a ele e faria inúmeras oferendas, como merecia, e daria um marido à sua mãe.*

DISCURSO DE MENTOR

Canto II – versos 224-259

Ao terminar a fala ele sentou, e ergueu-se, entre eles, Mentor, grande companheiro de Odisseu, que ao partir lhe confiara a casa pedindo que obedecesse a Laertes e mantivesse tudo a salvo. Com bondade, ele discursou.

Depois de cumprimentar o povo de Ítaca, disse que *dali em diante, todo rei dono de cetro deveria deixar de ser bom, amável e verdadeiro e de ter no coração intenções pacíficas, mas se mostrar sempre ríspido e cometer injustiças, pois ninguém mais do povo que Odisseu reinava se lembrava dele, embora fosse honesto como um pai.*

De fato, ele não condenava os bravos interessados na rainha pelos atos de violência e planos maldosos, pois suas próprias consciências responderiam pelo abuso de consumirem toda a casa de Odisseu, que, pelo que eles diziam, não voltaria. Ficava indignado era com o povo em geral, pelos que silenciavam ali sentados, em vez de, sendo a maioria, e os candidatos uma minoria, não os reprimirem.

Liócrito *filho de Evenor* perguntou a Mentor se ele não estava louco. O que estava dizendo? Por que os encorajava a reprimi-los? Mesmo com mais homens, seria difícil coibir as festas.

Disse que, se o próprio Odisseu chegasse e quisesse no fundo da alma expulsar todos os nobres cortejadores que festejavam em suas salas, sua esposa, mesmo saudosa, não se alegraria com a volta dele. E ali mesmo ele teria um fim vergonhoso, lutando contra um número maior de pessoas.

Acusou Mentor de dizer aquilo à toa. E sugeriu que agora todos debandassem, cada um à sua roça. Mentor e Haliterses, que há muito eram amigos de Odisseu, cuidariam para que Telêmaco viajasse. Mas pelo que ele via, ainda ficaria muitos anos sentado lá em Ítaca sem fazer a viagem.

E ao terminar, ele dissolveu a assembleia às pressas. Todos se dispersaram, indo cada um à sua casa, enquanto os candidatos voltavam ao palácio do divino Odisseu.

31. Com ajuda da deusa, Telêmaco prepara a viagem

CONVERSA COM ATENA

Canto II – versos 260-298

Telêmaco separou-se deles e foi em direção à praia, onde lavou suas mãos na água cinzenta e rezou para Atena. Lembrou que um dia antes ela estivera em sua casa como um deus, aconselhando-o a partir pelo *mar em névoas* e perguntar pela volta de seu pai há muito ausente.

E disse a ela que os Aqueus queriam impedi-lo, principalmente os cortejadores de sua mãe, em sua arrogância perversa.

Atena se aproximou dele, no aspecto (corpo e voz) de Mentor, dizendo-lhe, com *palavras leves,* que estava nele, de fato, o espírito nobre de seu pai. Ele *no futuro não seria covarde nem tolo,* e sim como o pai, que sempre soube agir e falar. E assim sendo, sua viagem seria útil e em nada o decepcionaria.

Mas, se ele não fosse o filho dele e de Penélope, achava que não realizaria nenhum plano. Poucos filhos, de fato, saíam igual ao pai: a maioria era inferior, e muito poucos melhores que os pais.

Mas como *no futuro ele não seria covarde nem tolo,* nem lhe faltaria (ao menos não de todo) a sabedoria de seu pai, era de se esperar que levasse esse plano adiante. Por enquanto, devia deixar de lado a tentativa e a razão dos candidatos, que eram desmiolados, imprudentes e injustos. Eles não sabiam nada da morte e do *destino negro,* que certamente se aproximava para destruí-los num só dia.

Disse que a viagem não demoraria a se dar. Pela estima que Mentor tinha por Odisseu, conseguiria um *barco veloz* e ele mesmo o acompanharia. Mas agora era para voltar à casa e juntar-se aos arrogantes. Devia separar víveres e juntá-los em vasilhas – o vinho em jarros e a farinha de cevada (essencial aos homens) em sacos bem costurados.

Mentor andaria pela cidade e convocaria uma tripulação voluntária. No mar de Ítaca havia muitos barcos, novos e velhos. Escolheria o melhor e logo o teriam equipado e lançado ao *mar alto*.

Depois de ouvir Atena *filha de Zeus*, Telêmaco voltou logo para casa e teve o coração inquieto.

NA VOLTA AO PALÁCIO, UMA NOVA PROVOCAÇÃO DE ANTINO

Canto II – versos 299-336

No palácio, Telêmaco reparava nos interesseiros esfolando cabras e grelhando bodes no pátio, quando Antino, rindo, segurou sua mão e chamou-o de atrevido na fala. Disse que era capaz de expressar bem sua raiva, mas que não devia guardar em seu peito mais ações e palavras ruins, mas comer e beber como antes.

E disse que um barco, os melhores remadores, tudo isso os Aqueus conseguiriam para que ele pudesse ir logo à Pilos sagrada e procurasse notícias sobre seu nobre pai.

Telêmaco, *cauteloso*, respondeu que nunca comeria tranquilo e se sentiria bem na companhia de irresponsáveis como eles. E perguntou se não bastava a eles, interesseiros, terem devassado inúmeras riquezas no passado, quando ele ainda era criança.

Agora que estava adulto, e aprendera pela conversa de outras pessoas, percebera algo se animando dentro dele, e de algum modo tentaria se vingar e fazer mal a eles, indo a Pilos ou mesmo ficando por ali. Mas sim, iria, e não se decepcionaria com a viagem. Mesmo sendo só passageiro – já que não tinha barco próprio nem remadores –, o que, ao que parece, eles achavam melhor.

E ele assim soltou a mão de Antino sem fazer força. Os candidatos, festeiros, já se preparavam para um novo jantar no palácio, fazendo gozações e injuriando-o em suas conversas. Alguns diziam que, de fato, Telêmaco planejava matá-los. E traria da Pilos *arenosa*, ou de Esparta, quem pudesse ajudá-lo, de tão a sério que estava levando a decisão. Ou então iria à Éfire *da boa lavoura* para trazer venenos mortais e colocá-los nas taças para matá-los.

Outros arrogantes diziam que talvez, no barco, ele também iria morrer, longe dos amigos, como o pai. E assim lhes daria ainda mais trabalho: precisariam repartir todos os seus bens. E dariam a casa dele para a mãe morar, ou para quem se casasse com ela.

ORGANIZANDO A VIAGEM

Canto II – versos 337-381

Enquanto eles falavam, Telêmaco desceu ao grande porão de seu pai, onde eram guardados o ouro, o bronze e as roupas finas em baús, além de muito óleo cheiroso e jarros de vinho envelhecido e saboroso, enfileirados de pé na parede, guardados para o dia em que Odisseu chegasse à casa e pudesse, depois de tantas exaustões, desfrutar de sua bebida divina.

As folhas da porta bem ajustada eram duplamente trancadas, e dia e noite uma criada a vigiava de modo inteligente. Era Euricleia *filha de Ops*, o *filho de Pisenor*.

Telêmaco pediu que ela fosse até lá e, chamando-a de mãezinha, quis que lhe desse alguns jarros do vinho suave, o melhor que tivesse afora o que estava reservado na esperança de que Odisseu *criatura de Zeus* voltasse para casa.

Pediu 12, e que tampasse os outros e colocasse cevada em sacos bem costurados: 20 medidas de farinha moída. E juntasse tudo em segredo, que ele buscaria de tarde, quando sua mãe fosse aos quartos de cima para deitar. Contou que iria a Esparta e à *arenosa* Pilos perguntar sobre a volta de seu querido pai. E que talvez tivesse notícias.

Euricleia, sua querida babá, deu um grito, chorou e, chamando-o de filho, perguntou como teve aquela ideia. E questionou se devia mesmo vagar pelo mundo, sendo o filho único e querido dela.

Lembrou que Odisseu *criatura de Zeus* parecia estar longe, em um país desconhecido, e que aquela gente, logo que ele partisse, iria planejar sua ruína, para que morresse numa cilada e pudessem repartir toda a riqueza. Então pediu que ele ficasse e guardasse o que era dele, pois não precisava vagar pelo mar *inesgotável* e arriscar-se às tormentas.

Telêmaco, chamando-a de mãezinha, pediu coragem. Aquele seu plano tinha proteção divina. *E pediu que prometesse não dizer nada à sua querida mãe até o 11º ou 12º dia – ou até que ela sentisse saudades dele e soubesse da viagem – para que não chorasse e empalidecesse sua beleza.*

Então a querida anciã fez um juramento solene aos deuses e em seguida pegou os jarros de vinho para ele e encheu os bem-costurados sacos com farinha de cevada, enquanto Telêmaco se dirigia ao salão para estar com os cortejadores interesseiros.

ATENA SE PASSA POR TELÊMACO E DEPOIS VOLTA AO PALÁCIO

Canto II – versos 382-404

Então, Atena, deusa *dos olhos verde-mar,* teve uma nova ideia: disfarçando-se de Telêmaco, andou pela cidade e conversou com os homens, um a um, sugerindo que se reunissem à tarde ao lado de um barco veloz. E também pediu a Noêmon *filho brilhante de Frônio,* um *barco veloz,* e ele o prometeu, de boa vontade.

Depois que o sol se pôs e as ruas ficaram escuras, ela colocou o *barco veloz* no mar, com toda a equipagem de que precisam as naves *de muitos bancos,* e a ancorou na barra do porto. À volta já se reunia uma excelente tripulação e a deusa encorajava cada um.

Então Atena teve outra ideia: dirigiu-se ao palácio de Odisseu e derramou um *sono doce* sobre os interessados em Penélope, fazendo-os cambalear de bêbados e derrubar taças das mãos, preferindo ir dormir. Assim, eles se levantaram e saíram pela cidade com o sono pesando em suas pálpebras.

Em seguida, Atena *dos olhos verde-mar,* disfarçada de Mentor, chamou Telêmaco para fora do palácio *bem-construído* e disse que sua bem-preparada tripulação já estava sentada com os remos, esperando a partida. E que era para irem logo, não devendo adiar muito a viagem.

32. VIAGEM DE TELÊMACO

EMBARQUE PARA PILOS

Canto II – versos 405-430

Ela saiu à frente, com passos apressados, e ele a seguiu. Quando desceram até a praia, procurando o barco, depararam-se com a tripulação *bem-preparada*. Então o príncipe Telêmaco chamou-os de amigos e lhes disse para buscarem os mantimentos separados no palácio. Sua mãe nem as criadas sabiam. Só uma fora informada.

Então ele se pôs à frente e os outros o seguiram, trazendo tudo para o barco *de muitos bancos* e deixando onde o filho querido de Odisseu mandava. Telêmaco então embarcou, depois de Atena.

Ela se sentou na popa e ele ficou ao seu lado. Os homens soltaram as amarras e logo também subiram, sentando-se nos bancos. Atena *dos olhos verde-mar* enviou-lhes uma *brisa favorável,* o forte Zéfiro, que assobiava sobre o mar *cor de vinho.*

Telêmaco *incentivou sua tripulação chamando ao trabalho,* e eles o atenderam. Levantaram o mastro de pinheiro no local apropriado e o prenderam com cabos sobre a quilha. Depois *levantaram as velas brancas com correias de couro torcido.* O vento inflou o meio da vela, e as ondas, agitando à volta do leme, cantavam em voz alta o forte avanço da nau, que seguia sua rota sobre as águas.

Depois de o *barco negro* se colocar em movimento seguro, encheram as taças de vinho até as bordas e o provaram em homenagem aos deuses imortais e eternos, sobretudo a filha de Zeus, Atena *dos olhos verde-mar.* E a nau seguiu seu caminho noite adentro até a madrugada.

CHEGADA A NELEU: SACRIFÍCIO DE RESES E INSTRUÇÃO DE ATENA

Canto III – versos 1-30

Quando o sol se soltou das belezas do mar e andou sobre o céu de bronze para se apresentar aos deuses e aos mortais sobre a terra que dá o trigo, eles chegaram a Pilos, a bem-construída cidade de Neleu. Seus habitantes estavam à beira-mar, sacrificando touros negros a Posêidon, deus *dos cabelos negros, das profundezas marítimas e oceanos escuros,* e *dos tremores de terra.*

Eram nove grupos de 500 homens sentados, e cada grupo oferecia nove touros. Já haviam provado as entranhas e queimavam uma quarta parte para o deus quando os de Ítaca aportaram diretamente na praia, recolhendo nas madeiras as velas de seu barco *bem-equilibrado* para ancorar e desembarcar.

Telêmaco desceu depois de Atena, que foi a primeira a falar, dizendo que já não precisava disfarçar. O motivo de ter atravessado o mar era perguntar sobre seu pai: saber em que terra desaparecera e onde estaria. Assim, devia ir direto a Nestor *domador de cavalos,* e saberiam quais eram seus pensamentos. Sugeriu que pedisse ele mesmo que lhe dissesse a *pura verdade,* pois tinha juízo e não mentiria.

Telêmaco perguntou a Mentor como deveria ir até lá e saudá-lo, pois nunca praticara a oratória, e sendo moço se envergonharia ao falar com alguém mais velho. Atena respondeu a Telêmaco que algumas palavras ele mesmo escolheria em sua mente, e outras uma divindade o faria por ele, pois, pelo que sabia, ele não havia nascido nem crescido contra a vontade dos deuses. Depois de falar isso, Atena andou apressada e foi seguida por Telêmaco.

ENCONTRO COM NESTOR E PISÍSTRATO: OFERENDA E REZA DE ATENA PARA POSÊIDON

Canto III – versos 31-74

Ao se aproximarem dos grupos de homens de Pilos, viram Nestor acompanhado dos filhos. À volta, seus amigos preparavam uma festa com carnes, enfiando pedaços nos espetos. Ao ver os visitantes, vieram todos juntos apertar-lhes a mãos e convidá-los a sentar.

Pisístrato *filho de Nestor* foi o primeiro a se aproximar, dando--lhes as mãos e oferecendo lugar na festa em tapetes macios sobre a areia do mar, ao lado de seu pai e do irmão Trasimedes. Deu-lhes porções de vísceras, encheu uma taça de ouro de vinho e, saudando Palas Atena *filha de Zeus*, o *dono da Égide*, pediu ao estrangeiro que fizesse uma prece ao rei Posêidon, pois o ritual que faziam em sua chegada era dedicado a ele.

E disse que depois de beber e rezar, como era o costume, devia passar ao jovem aquela taça de vinho *doce como mel* para que ele também bebesse – imaginando que rezasse aos deuses, pois todos precisam da ajuda deles. Mas que sendo ele mais moço, como Pisístrato, daria primeiro a Mentor a taça de ouro.

Deu-lhe a taça de vinho suave, e Atena simpatizou com aquele moço justo e gentil, por ter oferecido primeiro a ela a taça de ouro, e logo rezou, fervorosamente, ao rei Posêidon *dos tremores de terra*, pedindo que não negasse a graça que pediam para seguir em seu intento. Que primeiro desse glória a Nestor e a seus filhos, e depois a todos de Pilos uma recompensa por aquele magnífico sacrifício. E que também permitisse que ela e Telêmaco voltassem depois de cumprir o propósito que os trouxe ali em seu *barco negro e veloz*.

Assim, ela rezava e assegurava por si mesma de que tudo se realizaria. Deu a Telêmaco a bela taça de asa dupla, e o filho querido de Odisseu repetiu a mesma reza.

Com a carne tostada por fora, tiraram-na do espeto e a dividiram em porções, com todos se divertindo numa festa grandiosa. E depois de *saciarem seus desejos de comer e beber*, o condutor de carros e *cavaleiro* Nestor *da Gerênia* passou a discursar.

Disse que agora os visitantes estavam satisfeitos com as iguarias, e já podiam perguntar e saber: *quem eram? De onde vieram pelo mar? Vinham a negócio ou erravam à toa, como os piratas que arriscavam suas vidas nas ondas e levavam terror às terras alheias?*

TELÊMACO FALA DE SUA VIAGEM

Canto III – versos 75-103, 114-117 e 122-125

Telêmaco, animado, pois a própria Atena lhe transmitia coragem no coração para que perguntasse sobre seu pai ausente, e assim conquistasse no mundo uma fama honrosa, respondeu a Nestor sobre o motivo de sua vinda. Chamando-o de filho de Neleu *glória dos Aqueus*, disse que iria responder.

Disse que vinham da Ítaca *ao pé do monte Níon*. Tinha um assunto em particular a tratar, que não era de seu povo. Seguia a trilha da grande fama de seu pai, na esperança de ter notícias. Tratava-se do *divino e corajoso* Odisseu, que, pelo que contavam, lutara ao lado de Nestor para arrasar a cidade de Troia.

Dos que combateram naquela guerra, sabiam onde cada um encontrou seu triste fim, mas sobre a possível morte de seu pai, o *filho do Tempo* mantinha ignorada. Ninguém sabia onde ela se dera, se morrera em terra firme, por inimigos, ou no mar *entre as ondas de Anfitrite*.

Por isso, ele curvava-se aos seus joelhos, esperando que lhe contasse sobre o fim de Odisseu, se por acaso vira algo, ou se ouvira contar por outro navegante errante que seu pai fora gerado para sofrer.

E pediu, como um favor, que não suavizasse a verdade: dissesse honestamente o que viram seus olhos. E suplicava: se alguma vez seu pai, o nobre Odisseu, cumprira em Troia (onde os Aqueus sofreram provações) as promessas que fez, em ações e palavras, em honra a isso deveria lhe dizer a pura verdade.

O condutor Nestor *da Gerênia* chamou-o de amigo e disse que sim, lhe responderia. Até porque aquilo o fez lembrar a dor e as desgraças que sofreram na guerra.

Nestor contou sobre a viagem de ida e citou os valentes homens que lutaram ao seu lado, sendo que alguns morreram lá mesmo. Mas quem poderia narrar tudo aquilo? Nem que ficassem cinco ou seis anos perguntando dos sofrimentos suportados pelos divinos Aqueus, Telêmaco e Pisístrato não saberiam, e antes de terminarem, voltariam cansados para casa.

Nestor perguntou se Telêmaco era de fato filho de Odisseu – que superava a todos nos ardis – pois reconhecia que o seu aspecto levava a admirá-lo. E que também sua fala lembrava a dele. Ninguém diria que um jovem pudesse falar tão bem.

NESTOR LEMBRA DE AGAMÊMNON

Canto III – versos 186-187 e 193-261(b)

O *cavaleiro* afirmou que tudo o que sabia, por ouvir em seu palácio, Telêmaco por justiça também conheceria, pois não tinha nada a esconder. Sobre o *filho de Atreu*, até o povo de Ítaca, mesmo distante, sabia como chegara e como Egisto lhe preparara um triste fim. Mas Egisto, sem dúvida, também pagou miseravelmente pelo seu crime, pois por bem sobrou um filho varão do assassinado que vingou a morte paterna cometida de modo traiçoeiro.

E disse a Telêmaco, chamando-o de amigo, que ele também – que reconhecia como grande e belo – deveria ser corajoso para que muitos no futuro o reconhecessem.

Sobre a vingança de Orestes, Telêmaco considerou ao *filho de Neleu, glorioso entre os Aqueus*, que exerceu sua legítima vingança e teria renome no futuro. E queria que os deuses o cobrissem de toda essa força para revidar a malvadeza dos cortejadores interesseiros que, em sua arrogância, tramavam contra ele. Mas os deuses não lhe deram toda essa sorte, nem para seu pai nem pra ele, e assim precisava aguentar aquilo.

O condutor Nestor *da Gerênia* lhe disse que aquela alusão o fizera lembrar: constava que eram inúmeros os candidatos à mão de Penélope, contra a vontade dela, e que cometiam desaforos no palácio. Perguntou se Telêmaco aceitava aquilo sem reagir, e se o povo de sua terra lhe queria mal, em razão de algum oráculo divino. Mas imaginou que Odisseu apareceria um dia para se vingar daqueles abusos, fosse sozinho ou com a ajuda de todos os Aqueus.

Se ao menos Palas Atena, deusa *dos olhos verde-mar*, se afetuasse a ele para agir tendo o mesmo zelo com que protegia Odisseu em Troia, quando os Aqueus sofriam algumas derrotas – e Nestor nunca vira deuses se afetuarem tão claramente a um mortal como ela a ele, pondo-se sempre ao seu lado – se ela se afetuasse e cuidasse bem de Telêmaco em seu coração, muitos desistiriam desse casamento.

Telêmaco respondeu que absolutamente não achava que isso iria acontecer. O que ele dizia era muito grandioso e o assustava. E não deveria acontecer (ou ao menos ele não esperava), mesmo que os deuses assim o quisessem.

Disfarçada de Mentor, Atena *dos olhos verde-mar* perguntou a Telêmaco *que palavras eram aquelas que deixava escapar entre os dentes.* Disse que, quando um deus quer, é fácil para ele salvar um homem, mesmo que à distância. Ele escolheria passar por inúmeras dificuldades até ver o dia de voltar à casa do que ser traiçoeiramente assassinado ao pé da lareira quando chegasse, como foi Agamêmnon por Egisto e por sua própria esposa.

Mas a morte levava igualmente a todos. Até um homem querido, nem mesmo os deuses podiam impedir, quando a morte dura e definitiva o abatia.

Telêmaco pediu a Mentor que não falassem mais naquilo, pois, por mais que pensassem, a volta de Odisseu já não era possível. Os deuses já haviam se decidido pelo seu *destino negro.*

Mas queria agora pedir outra informação a Nestor, que entendia ter justiça e sabedoria como ninguém – pois, pelo que diziam, já governava sobre uma terceira geração de homens, e ao contemplá-lo, sentia como se fosse a um deus.

Então pediu que Nestor *filho de Neleu* lhe contasse a *pura verdade* sobre como morreu o poderoso Agamêmnon *filho de Atreu* e onde estava Menelau. Quis saber como o traidor Egisto planejou a morte dele, para poder matar alguém que era muito mais valente. Por acaso Menelau não estava na Grécia Aqueia, mas vagando em outro lugar do mundo, e por isso Egisto criou coragem para executar seu plano?

O cavaleiro Nestor *da Gerênia*, chamando-o de filho, disse que falaria *toda a verdade* e que ele mesmo podia imaginar como as coisas teriam se dado se Menelau *filho de Atreu* tivesse se deparado com Egisto vivo no palácio ao chegar de Troia. Sequer ergueriam um túmulo de terra sobre ele, mas seria deixado no mato, fora da cidade, para ser devorado por cães e abutres, sem que nenhuma das Aqueias chorasse por ele, de tão monstruoso foi o crime que cometeu.

33. Conselhos de Nestor e partida com Pisístrato

NESTOR COVERSA COM TELÊMACO

Canto III – versos 313-355

Nestor recomendou ao amigo que não vagasse muito tempo longe de casa, deixando lá os tesouros à mão de homens irresponsáveis, pois eles acabariam devorando e dividindo sua riqueza, enquanto se lançava a uma viagem sem resultados.

Em vez disso, aconselhava-o a procurar Menelau, que acabara de chegar do exterior: de um país de onde ninguém no coração esperaria voltar se os furacões o levassem à força para dentro do *imenso mar*, e de onde nem mesmo as aves regressam em menos de um ano, de tão grande e terrível.

Disse a Telêmaco que agora ele deveria partir em seu barco com a tripulação. Se preferisse ir por terra, Nestor oferecia-lhe um carro e cavalos e a companhia de seus filhos, que o escoltariam até a divina Lacedemônia onde morava Menelau. Devia lhe pedir que contasse a *pura verdade*. E ele não mentiria, pois era suficientemente íntegro.

O sol se punha e vinha a escuridão. Então Atena tomou a palavra e falou que Nestor tinha razão em tudo o que dizia. Mas agora devia arrancar as línguas das vítimas e preparar o vinho para oferecerem a Posêidon e a aos outros deuses, e depois poderem dormir, pois se aproximava a hora. A escuridão já tomava conta, e em vez de se demorarem sentados nessa festa aos deuses, era melhor partirem.

Todos a escutaram com atenção. Os criados lhes derramaram água nas mãos, os moços encheram suas taças de vinho até a borda e serviram a todos, começando pelos deuses. Puseram as línguas no fogo e fizeram oferendas. Depois de ofertarem e beberem o vinho tanto quanto o coração ansiava, Atena e Telêmaco *do aspecto divino* declararam vontade de voltar ao barco, e Nestor insistiu para que ficassem.

Desejou que Zeus nem os outros deuses permitissem que eles deixassem sua casa para ir ao *barco veloz*, como se lá não houvesse nada, nem mantas e cobertas suficientes em uma arca para ele e seus hóspedes dormirem em conforto.

Não, não deviam ir, pois tinha mantas e cobertas finas, e o filho querido de Odisseu nunca se deitaria nos bancos de um barco enquanto ele estivesse vivo e com filhos em seu palácio para acolher os hóspedes, quem quer que os visitasse.

ELOGIO DE ATENA, QUE ALÇA VOO

Canto III – versos 356-403

Chamando-o de amigo ancião, Atena respondeu que ele fazia bem em dizer isso. E que Telêmaco faria bem em obedecê-lo, porque era melhor assim. Mas enquanto fossem ao palácio, ele, Mentor, voltaria ao *barco negro* para acalmar a tripulação e contar tudo a eles. Era o único idoso do grupo, em meio aos jovens que os acompanhavam espontaneamente, todos com a idade do valoroso Telêmaco.

Ia agora deitar-se a bordo do *barco negro* e quando amanhecesse iria procurar os grandiosos Caucônios, com quem tinha uma dívida antiga e vultuosa a cobrar. A Nestor, pedia que pusesse aquele jovem a caminho – pois era seu hóspede –, em um carro, com um de seus filhos. E devia lhe dar cavalos, os mais fortes e velozes que tivesse.

E assim, a Atena *dos olhos verde-mar* partiu na forma de um gavião, espantando os que a viram se transformar. O velho, admirado, segurou a mão de Telêmaco e disse ao amigo que ele nunca seria um ignorante ou covarde, pois naquela idade os deuses já o acompanhavam.

De fato, aquela não era outra moradora do Olimpo senão a própria Palas Atena, gloriosa *filha de Zeus* que costumava honrar seu nobre pai entre os Gregos. E dirigindo-se a ela, pediu que aproveitasse o ensejo para lhe dar um nome glorioso, e também a seus filhos e à sua esposa fiel. Consagraria a ela uma novilha de testa larga, de um ano, ainda virgem e não domesticada. E a sacrificaria com os chifres dourados.

Assim ele rezou, e Palas Atena ouviu. Então o *cavaleiro* Nestor *da Gerênia,* à frente dos filhos e genros, voltou ao seu luxuoso palácio, e quando lá chegaram, eles sentaram em cadeiras e bancos. Em honra a todos, o idoso preparou sua taça de vinho suave envelhecido em dez anos, que a criada tirara a tampa para servir. Desse, o ancião mandou preparar uma taça e ofertar a Atena *filha de Zeus,* o *dono da Égide,* com muitas rezas.

Mas depois de ofertarem e beberem à vontade, enquanto os outros se retiravam com sono às suas casas, o *cavaleiro* Nestor *da Gerênia* convidou Telêmaco, filho querido do divino Odisseu, a deitar-se ali mesmo em uma cama de cordas amarrada sob o *portal ressonante,* ao lado do Pisístrato *da lança de madeira forte, chefe de guerreiros,* que entre os filhos era o único solteiro da casa.

E Nestor também foi se deitar, no interior do palácio alto, onde sua esposa idosa fizera-lhe a cama.

SACRIFÍCIO DA OVELHA

Canto III – versos 404-463

Mal raiou Aurora dos dedos cor-de-rosa, a filha da manhã, o *cavaleiro* Nestor *da Gerênia* se levantou da cama para sentar-se nas pedras brancas, lisas e brilhantes, que ficavam à frente de suas portas altas. Antes, quem sentava ali era Neleu, de sabedoria comparável à dos deuses. Mas este, por força do destino, já fora a Hades, e então, Nestor costumava sentar-se nelas.

Os filhos também saíram dos quartos e vieram juntos até perto dele: Equefronte, Estrácio, Perseu, Areto e o divino Trasimedes. Depois veio o sexto deles, o herói Pisístrato, trazendo com eles Telêmaco, que se sentou ao lado.

Nestor chamou-os de filhos queridos e pediu que cumprissem logo o seu desejo de fazer oferendas aos deuses – e em primeiro lugar a Atena, que se fez visível a ele e compareceu à bela festa do deus deles.

Pedia que um deles fosse ao campo para trazer uma novilha, e que ela chegasse logo, conduzida pelo melhor vaqueiro. O outro iria ao *barco negro* do grandioso Telêmaco para trazer toda a tripulação exceto dois homens.

Um terceiro traria o ourives Laerces para que dourasse os chifres da novilha. Os outros ficariam por ali, juntos, e pediriam que, no palácio, as criadas preparassem um jantar nos gloriosos salões, trazendo cadeiras, lenha para o altar e água límpida.

Depois de assim encomendados os trabalhos, foram chegando a novilha e os companheiros do barco de Telêmaco. Veio o ourives com seus equipamentos – utensílios de arte, bronze, bigorna, martelo e tesouras *bem-feitas* com que trabalhava o ouro. E Atena veio receber o sacrifício!

O velho Nestor *condutor de cavalos* deu o ouro, e o ourives laminou-o e revestiu os chifres para que a deusa se alegrasse ao ver a oferenda. Estrácio e o divino Equefronte trouxeram a rês pelos chifres. Areto trouxe água límpida de seu quarto em uma bacia florida e na outra mão um cesto com grãos de cevada. Trasimedes *guerreiro virtuoso* os esperava com um machado nas mãos para abater a ovelha. Perseu segurava o jarro para recolher sangue.

O velho Nestor *condutor de cavalos* começou a cerimônia borrifando a cevada com muitas preces a Atena e queimando os pelos na cabeça da vítima. Depois de rezarem e espalharem os grãos de cevada, Trasimedes, filho valente de Nestor, aproximou-se e deu o golpe. A machadinha cortou os tendões da nuca, e a ovelha desfaleceu.

As mulheres, filhas e noras de Eurídice *filha mais velha de Clímeno* e venerada esposa de Nestor, fizeram o vozerio do ritual. Os homens levantaram do chão amplo a cabeça da vítima e a seguraram para que Pisístrato *chefe de guerreiros* a decepasse.

Depois de escorrer o *sangue negro* e de a vida abandonar os ossos da vítima, eles logo a esquartejaram, tirando as coxas – tudo conforme o ritual – e as cobrindo com duas camadas de gordura. O ancião as queimou sobre paus de lenha e derramou *vinho saboroso* sobre elas. Ao seu lado, os jovens seguravam os espetos de cinco pontas.

Depois de tostadas as coxas e provadas as vísceras, picaram as outras carnes e as puseram para assar nos espetos pontudos que seguravam.

NOVA PARTIDA DE TELÊMACO

Canto III – versos 464-497

Dentro do palácio, a formosa Policaste *filha mais nova de Nestor*, o *filho de Neleu*, banhava Telêmaco, e depois de lavá-lo e ungi-lo com um óleo fino, vestiu-o com *um belo manto e uma túnica*: quando ele saiu da banheira, seu corpo parecia o de um deus. Então ele aproximou-se de Nestor *chefe das tropas* e sentou-se.

Os convidados, *depois de tostar as carnes por fora e tirá-las dos espetos*, sentaram-se para comer. E foram servidos de vinho em taças de ouro, por homens dignos.

Depois de saciarem a fome a e sede, o *cavaleiro* Nestor *da Gerênia* pediu aos filhos que trouxessem cavalos de belas crinas e os atrelassem à carruagem, para que Telêmaco seguisse em sua jornada. Eles prontamente o obedeceram, atrelando cavalos velozes ao carro abastecido pela criada – de pão, vinho e carne, iguarias que alimentam os reis, *criaturas de Zeus*.

Então, Telêmaco adentrou a belíssima carruagem, e Pisístrato *filho de Nestor* e *chefe de guerreiros* subiu para a boleia ao seu lado, segurando as rédeas, movimentando-as para que os dois cavalos partissem. Eles lhe obedeceram e saíram rumo aos campos, deixando para trás a fortaleza alta de Pilos, sacudindo para os lados o dia inteiro as armações de madeira sobre seus pescoços.

O sol se pôs e a escuridão tomava conta dos caminhos quando chegaram a Feras, à casa de Diocles *filho de Ortíloco*, o *filho de Alfeu*. Ali eles foram acolhidos e pernoitaram.

Mal raiou a filha da manhã, Aurora dos dedos cor-de-rosa, eles atrelaram os cavalos e subiram no carro *bem-construído*, passando sob o portal imponente da casa de Diocles. Pisístrato incitou os cavalos a partirem, e a dupla obediente voava.

Chegaram aos campos de trigo e logo cumpriram o objetivo da viagem, tamanha a velocidade dos cavalos. Então, novamente, *o sol se pôs e a escuridão tomava conta dos caminhos.*

34. Chegada a Esparta

FESTA DE CASAMENTO

Canto IV – versos 1-43

Chegando à Lacedemônia *das grutas e vales profundos,* eles se dirigiram ao palácio do glorioso Menelau. Lá, ele dava uma festa em comemoração às núpcias de seu filho e de sua irrepreensível filha, sendo visitado por inúmeros parentes.

A menina ele havia enviado ao filho de Aquiles *rompedor das fileiras inimigas,* pois em Troia combinara que a daria em casamento, e os deuses o fizeram cumprir a promessa. Ele então a enviaria com cavalos e carros à famosa cidade dos Mirmídones, reinada pelo noivo.

E fez trazerem de Esparta a filha de Aléctor para se casar com Megapentes, o forte e querido filho que ele teve com uma criada, pois os deuses não consentiram que Helena ganhasse mais filhos – depois de dar à luz, na primeira vez, sua amável filha Hermione, que tinha a beleza da Afrodite *dourada.*

Assim, era uma festa alegre, no salão grande e alto, com todos os vizinhos e parentes de Menelau. Entre os convidados, cantava e dedilhava sua lira um músico inspirado, e dois acrobatas giravam no ritmo do canto.

O nobre Telêmaco e o filho ilustre de Nestor chegaram com os cavalos ao portal do palácio e foram vistos pelo nobre Eteoneu, criado zeloso de Menelau. Ele atravessou o salão para dar a notícia ao *chefe dos guerreiros* e, aproximando-se, usou *palavras leves.*

Disse a Menelau *criatura de Zeus* que acabavam de chegar dois estrangeiros e eles pareciam também descender do grande deus. Perguntou se devia desatrelar seus cavalos velozes, ou mandá-los procurar outra casa para se hospedarem.

Indignado, Menelau respondeu que ele, Eteoneu *filho de Boétoo,* antigamente era inteligente, mas agora dizia tolices como uma criança. Na verdade, se eles dois chegaram até lá, foi pelo tanto que comeram em mesas hospitaleiras, esperando que um dia Zeus terminasse com a má sorte deles. Então, ele devia desatrelar os cavalos e convidar os estrangeiros para a festa.

O criado, passando pelo salão, chamou outros serviçais para ajudá-lo. E então desatrelaram os cavalos, que estavam muito suados, e os amarraram nas manjedouras da estrebaria. Deram-lhes trigo misturado à cevada branca e encostaram o carro no muro ensolarado de dentro, levando os estrangeiros ao palácio divino.

ENCONTRO COM MENELAU

Canto IV – versos 44-82

Telêmaco e Pisístrato se maravilharam ao correr os olhos pelo palácio do rei *criatura de Zeus*. Um brilho como do sol ou da lua iluminava do teto a casa do glorioso Menelau. E depois de agradarem seus olhos contemplando tudo aquilo, entraram nas banheiras polidas para se lavarem e, depois de limpos, ungidos de azeite, as criadas lhes colocaram *mantos e túnicas*, e eles foram se sentar junto a Menelau *filho de Atreu*.

Uma criada trouxe água límpida num belo jarro de ouro, despejou-a numa bacia de prata para que lavassem as mãos e aproximou deles uma mesa limpa. A mesma serva atenciosa trouxe-lhes pão e depois numerosos pratos, oferecendo tudo o que havia. Trouxe uma fatia grossa, travessas com carnes variadas e também deixou taças de ouro à frente deles.

Menelau, com um gesto de saudação, disse-lhes para se servirem à vontade da comida e quando terminassem perguntaria quem eram. Então pegou um grande pedaço de lombo reservado a ele mesmo e serviu-os honrosamente.

Eles provaram todas as iguarias, e *depois de saciado todo o desejo de comer e beber*, Telêmaco falou ao ouvido do filho de Nestor. Chamando-o de querido amigo, pediu que reparasse nos reflexos de bronze espalhados pelo salão, assim como nos de ouro, âmbar, prata e marfim. Disse que a corte de Zeus *Olímpio* também devia ser assim, de tão indescritível aquela riqueza. Só de vê-la, o rei já lhe impunha respeito.

Menelau, percebendo, dirigiu-se para eles com *palavras doces*. Chamando-os de filhos queridos, lembrou que nenhum mortal pode competir com Zeus, pois seu palácio e riquezas eram eternos. Talvez alguns homens concorressem com ele em riquezas, e outros não. Na verdade, ele sofrera muito, e vagara a esmo ao longo de sete anos até chegar lá, podendo, no oitavo ano, trazê-las em seu barco.

ERRÂNCIA DO REI AO VOLTAR DE TROIA
Canto IV – versos 83-89

Havia passado por Chipre, pela Fenícia, pelo Egito, estado entre os Etíopes, entre os Sidônios, os Erembos, e na Líbia – onde os cordeiros já nasciam com chifres, pois as ovelhas davam três crias por ano. Lá, nem o dono, nem o pastor sentiam falta de queijo, de carne ou do leite delicioso, porque durante todo o ano havia leite das ordenhas.

INCONFORMISMO COM AS HISTÓRIAS DO IRMÃO E DE ODISSEU – TELÊMACO SE SENSIBILIZA AO OUVIR FALAR DO PAI

Canto IV – versos 90-119

Enquanto vagava por esses países, juntando sustentos, seu irmão fora morto de modo traiçoeiro, depois de traído pela esposa de má índole. Por isso, reinar em meio a toda aquela riqueza já não lhe trazia alegria.

Em seus países, quem quer que fossem, talvez tivessem ouvido falar nessa história, que o fez sofrer muito e deixar degradar uma casa bem-habitada e rica em tesouros. Por ele, viveria em seu palácio com apenas um terço do que tinham, mas que estivessem a salvo os homens que morreram em Troia, longe das terra férteis e *ricas pastagens* da Grécia.

Sentado naqueles salões, mesmo que chorasse e sentisse por todos eles (por quem às vezes soltava o pranto do coração, e em outras parava logo, quando a lágrima fria o saciava), por mais que lacrimejasse, não havia lamento maior do que saber – lembrança lhe tornava o sono e a comida repulsivos – que nenhum dos Aqueus sofrera tanto quanto Odisseu.

Mas se a sina dele eram as dificuldades, a de Menelau era um perpétuo lamento por ele, por estar ausente há tanto tempo sem ninguém saber se estava vivo ou morto. Certamente choravam por ele o velho Laertes, a constante Penélope e Telêmaco, que ele deixara em casa ainda bebê.

A fala de Menelau fez Telêmaco querer chorar pelo pai. Ouvindo o nome de Odisseu, *deixou correr uma lágrima do olho ao chão e usou as duas mãos para cobrir o rosto com o manto vermelho.*

Percebendo, Menelau hesitou – na alma e no coração – entre esperar que ele falasse do pai e fazer perguntas para testá-lo.

HELENA APARECE E SE IMPRESSIONA COM TELÊMACO

Canto IV – versos 120-154

Enquanto os pensamentos se agitavam em sua alma e coração, Helena saiu de seus quartos altos e perfumados tendo o aspecto de Artêmis *do tear de ouro.* Adraste trouxe-lhe uma boa poltrona, e Alcipe um tapete de lã macio. Filo trouxe um baú de prata, presente de Alcandre *esposa de Polibo,* morador de Tebas, no Egito, onde as casas ostentavam inúmeras riquezas. Polibo presenteara Menelau com duas banheiras de prata, dois vasos altos (de três pés) e muitos quilos de ouro.

Também a esposa dele dera a Helena presentes maravilhosos e a mimara com um tear de ouro e um baú de prata com rodas e bordas folheadas a ouro. Foi esse, de inúmeros fios trabalhados, que a criada Filo trouxe e deixou ao seu lado.

Sobre ele estava o tear, cheio de lã roxa. Helena sentou-se no trono usando um banco para os pés e passou a falar, tratando sempre de confirmar com o marido.

Ela perguntou a Menelau *criatura de Zeus* se sabiam quem eram aqueles moços que chegavam à casa deles. E se devia se calar ou dizer a *pura verdade.* Seu coração pedia para dizer: jurava que nunca vira – e maravilhava-se de ver – alguém se parecer tanto, homem ou mulher, como aquele jovem com o filho do grandioso Odisseu, Telêmaco, o menino deixado em casa ainda bebê, quando, em razão da imprudência dela, os Aqueus cercaram Troia desejando uma guerra desumana e cruel.

Chamando-a de mulher, Menelau respondeu que essa semelhança ele também notava. E de fato os pés, as mãos, os olhares lançados, a cabeça e a cabeleira ao alto eram como os dele. Aliás, quando há pouco mencionara Odisseu, que muito trabalhou por ele, o jovem deixou cair dos olhos uma triste lágrima e precisara cobrir seu rosto com o manto vermelho.

PISÍSTRATO FALA SOBRE TELÊMACO, MENELAU SOBRE ODISSEU, E TODOS SE SENSIBILIZAM

Canto IV – versos 155-188

Pisístrato *filho de Nestor*, chamando Menelau de *filho de Atreu, criatura de Zeus* e *chefe dos guerreiros*, disse a eles que, de fato, aquele era o filho de Odisseu. Mas, bem-educado que era, envergonhava-se no coração de mal ter chegado já sair falando coisas diante dele, dono de uma voz firme que deleitava os dois jovens como a de um deus.

Contou que Nestor *da Gerênia*, o *cavaleiro*, lhe enviara em sua companhia para escoltá-lo, pois ele queria ver Menelau, e ouvir conselhos sobre o que dizer e fazer. Na ausência do pai, o filho passava por muitas dificuldades no palácio e não tinha quem o ajudasse, como agora, não havendo quem o protegesse da degradação.

Menelau clamou aos deuses sagrados e disse que então era verdade: chegara à sua casa o filho de um grande amigo, que lutara bravamente por ele! Imaginava que, quando ele voltasse, poderia acolhê-lo com mais afeição do que a todos os Gregos – se Zeus *Olímpio da voz ouvida ao longe* lhes concedesse a graça de voltarem com seus *barcos velozes* sobre o mar.

Teria dado a ele uma cidade para morar na Grécia do continente e construído um palácio para trazê-lo de Ítaca com seus tesouros, seu filho e todo o seu povo. Para isso, esvaziaria uma das cidades próximas das que estavam submissas ao seu poder.

Com os dois estando lá, ficariam sempre próximos e nada interferiria na amizade e na satisfação recíproca deles, até serem levados ao *abismo do fim*. Mas talvez isso despertasse ciúmes no próprio Posêidon, que só a Odisseu, de pouca sorte, recusara a volta.

Com essa fala, Menelau provocou em todos uma vontade de gemer. Helena *Grega, filha de Zeus* chorou, e Telêmaco e Menelau *filho de Atreu* choraram. Até Pisístrato chorou, lembrando no coração do impecável Antíloco, assassinado por Mêmnon *rei dos Etíopes*, o glorioso *filho da clara Aurora*.

PISÍSTRATO LEMBRA DO IRMÃO

Canto IV – versos 189-215

E pensando nele, Pisístrato usou *palavras leves* para contar ao *filho de Atreu* que no palácio, ao citarem seu nome, ou indagarem uns aos outros, sempre o velho Nestor dizia ser ele de uma inteligência rara entre os homens. Então, se pudesse, que lhe respondesse.

Disse não ter prazer em chorar ao fim do jantar. Logo viria Aurora *filha da manhã*, e ele não condenava, jamais, que fosse chorado um mortal por ocasião de sua partida. Essa era a única homenagem que podiam render aos tristes mortais: cortar o cabelo e deixar as lágrimas cobrirem a face.

Ele também perdera um irmão e não era, absolutamente, o menos valente dos Gregos. Menelau talvez o tivesse conhecido. Pisístrato não o vira, mas pelo que diziam, Antíloco superava a todos na corrida e nas guerras.

Menelau, chamando-o de amigos, respondeu que suas palavras demostravam o juízo de um homem mais velho. E pela inteligência com que falava, havia se saído a seu pai. Era fácil ver nele o sangue de um homem para quem o *filho do Tempo* tecia um bom destino no nascimento e no casamento, como o que deu a

Nestor, que, no fim de seus dias, envelhecia com saúde e tinha filhos justos e excelentes lanceiros.

E propôs, então, que esquecessem aquele choro recente e voltassem ao jantar: que fossem lavadas suas mãos e de manhã conversariam, ele e Telêmaco, para saberem tudo um do outro.

POR SUGESTÃO DE HELENA, O JANTAR É SERVIDO

Canto IV – versos 216-241

Asfálion, criado zeloso do grandioso Menelau, despejou água em suas mãos e eles passaram a se alimentar dos pratos que foram trazidos. Então Helena *filha de Zeus* teve outra ideia: rapidamente pôs naquele vinho uma droga que expulsava o sofrimento e a indignação, fazendo esquecer toda a má sorte. Quem a ingeria, misturada na taça, passava um dia inteiro sem chorar, mesmo se perdesse a mãe e o pai, e se à sua frente assassinassem um irmão ou filho pela espada de bronze, e visse com os próprios olhos.

A *filha de Zeus* ganhara essas drogas eficazes, sabiamente inventadas, de Polidamna, esposa Egípcia de Ton, dono de terras férteis em trigo e também em inúmeras drogas. Muitas delas, quando misturadas, serviam à cura. E muitas à morte. Todos lá eram curandeiros e mais sábios do que outros homens, pois descendiam de Peéon *médico dos deuses.*

Depois de pôr a droga, ela mandou servir o vinho e começou a falar, pedindo ao marido *filho de Atreu* e *descendente de Zeus,* e aos jovens, filhos de homens nobres, que a escutassem.

Lembrou que Zeus dava a um e às vezes a outro o bem e o mal, pois tudo ele podia. Sendo assim, eles deviam aproveitar bem o jantar no salão e se distraírem com a conversa, pois iria falar de assuntos interessantes.

Disse que não poderia enumerar todas as lutas enfrentadas pelo corajoso Odisseu, mas passou a narrar algumas...

Menelau e Helena

35. Relatos de Helena e Menelau – Hospedagem

EPISÓDIOS EM TROIA E COMENTÁRIOS DE MENELAU E TELÊMACO

Canto IV – versos 265-270 e 290-305

Depois de narrar a parte em que Odisseu se vestira de mendigo para entrar em Troia sem ser reconhecido, Helena contou que estiveram juntos, e ele lhe contara (depois que ela jurou não revelar a identidade dele aos Troianos) sobre o plano dos Aqueus de destruir aquela cidade.

Menelau disse ser verdade e concordou com tudo o que era narrado. Contou que já conhecia os desafios e pensamentos de muitos bravos guerreiros, e visitara inúmeras regiões, mas nunca vira alguém que tivesse uma alma como a do corajoso e sofredor Odisseu *do coração amável.*

Em seguida Helena contou de quando vira o cavalo de madeira, e o contornara três vezes dentro da cidadela. O jovem Telêmaco, *sereno e cauteloso,* dirigiu-se a Menelau *filho de Atreu, criatura de Zeus, chefe dos guerreiros,* para dizer que o mais triste era ele não ter sido poupado de uma triste perdição, mesmo com o coração de ferro.

E pediu que agora os levassem logo ao lugar de dormir, para que fossem agraciados com um *sono doce.* Então Helena *da Grécia* mandou as criadas arrumarem as camas sob o portal de entrada, colocando nelas umas cobertas vermelhas, e também as mantas grossas para os cobrir. E assim elas saíram do salão com suas tochas acesas e arrumaram as camas.

Um criado conduziu os hóspedes, e logo o bravo Telêmaco e o glorioso filho de Nestor se acomodaram sob o portal, enquanto Menelau foi dormir dentro do palácio de teto alto. Helena *venerada entre as mulheres* deitou-se ao lado dele com seu vestido longo.

DIA SEGUINTE: TELÊMACO FALA DA PRESENÇA DE INTERESSEIROS NO PALÁCIO DE SEU PAI

Canto IV – versos 306-350

Aurora de róseos dedos, filha da manhã, mal raiou e Menelau *da voz firme saltou da cama, pôs a roupa, pendurou no ombro sua espada afiada, atou nos pés delicados suas bonitas sandálias* e *saiu do quarto. Tinha o aspecto de um deus.*

Então sentou-se ao lado de Telêmaco e, chamando-o de nobre amigo, perguntou o que o trazia à divina Lacedemônia beirando a costa do *vasto mar*. Perguntou se havia motivação pública ou particular e lhe pediu que dissesse a *pura verdade.*

Telêmaco, chamando-o de *filho de Atreu, criatura de Zeus* e *chefe das tropas,* respondeu que viera para saber se ele tinha alguma notícia de seu pai. Disse que seus bens estavam sendo devorados e suas ricas lavouras, arruinadas. A casa estava repleta de homens maus, que não paravam de abater inúmeros carneiros e bois. Eles queriam desposar sua mãe e se comportavam com total arrogância.

Por isso, Telêmaco se *dobrava aos joelhos dele, em súplica,* esperando saber sobre a triste morte de Odisseu, caso a tivesse presenciado, ou houvesse notícia por algum viajante errante como ele, gerado para ser o mais infeliz.

Não era preciso, por consideração ou dó, abrandar a verdade. Pediu que lhe dissesse *honestamente o que os seus olhos viram.* E suplicava: se seu pai, o nobre Odisseu, em Troia – onde os Aqueus sofreram provações –, cumprira com palavras e ações tudo o que prometera a ele, que dissesse a *pura verdade* em memória disso.

Menelau, profundamente indignado, clamou aos deuses sagrados para comentar que então aqueles, meros covardes, queriam se deitar na cama do homem *da alma valente...*

> *(Quando uma gazela deixa suas crias indefesas, ainda recém-nascidas, na toca de um leão bravo para sair e explorar o terreno selvagem – os vales à volta em busca de pastagens –, o leão aparece e paira sobre as crias o destino cruel. Assim Odisseu vibraria sobre eles uma morte crua.)*

E clamou a Zeus *pai*, a Atena e a Apolo para que eles fossem derrubados com a mesma força com que certa vez desafiado, na Lesbos *bem-construída*, Odisseu se levantou para lutar com Filomelides e assim o fez, para a alegria de todos os Aqueus.

Desejou que Odisseu aparecesse e se vingasse dos interesseiros para que fossem mortos em breve, em um ritual rápido e amargo. E sobre o que Telêmaco lhe perguntava e pedia, disse que não se dispersaria da verdade, nem faltaria com ela: não esconderia ou disfarçaria qualquer palavra do que lhe contara o infalível Proteu *velho do mar, deus marinho* e *pastor das focas*.

E passou a contar tudo que ouviu dele.

MENELAU OFERECE HOSPEDAGEM AOS PRÍNCIPES

Canto IV – versos 587-624

Então pediu que se hospedassem em seu palácio por mais 11 ou 12 dias, e depois se despediria deles com honras e daria presentes valiosos: três cavalos e um carro *bem-cuidado*. E também uma taça esculpida, para que se lembrasse todos os dias dele, quando fosse ofertar aos deuses.

O sereno Telêmaco, chamando-o de *filho de Atreu*, pediu que não lhe retivesse por muito tempo. Ficaria sentado ao seu lado por todo um ano sem ter saudades da pátria ou da família, pois sentia um prazer imenso ao ouvir suas palavras e conselhos. Mas os companheiros que o esperavam na Pilos sagrada já deviam estar aflitos por ele estar retido ali há alguns dias.

Teria como lembrança o presente que Menelau daria, mas, em vez de levar os cavalos a Ítaca, ia deixá-los lá para que pudessem aproveitá-los, já que o *filho de Atreu* era o dono de uma grande planície abundante em lótus, junco, trigo de diversos tipos de cevada branca de grande espiga, enquanto em Ítaca não havia boas estradas, sequer uma campina. Lá, as cabras davam mais certo do que os cavalos. Aliás, nenhuma das ilhas era própria para cavalos, nem tinha bons pastos. E Ítaca menos ainda.

Menelau *da voz firme* sorriu e lhe fez um carinho, dizendo que aquilo só mostrava que ele era de bom sangue, um filho querido.

E que então trocaria de presente, e sabia com o quê: de todos os tesouros guardados em casa, ia lhe dar o mais belo e precioso: um vaso lavrado, todo de prata, mas com bordas folheadas a ouro, obra de Hefesto (o deus ferreiro, coxo, esposo de Afrodite). Menelau o recebera do guerreiro Fêdimo, rei dos Sidônios, quando na volta fora hospedado em seu palácio. E queria dá-lo a Telêmaco.

Enquanto eles falavam, chegaram ao palácio os convidados do divino rei, pastoreando carneiros e trazendo o vinho revigorante. Suas mulheres, de lindos penteados e vestes transparentes, traziam o pão, e assim se preparava a festa.

36. Em Ítaca, a viagem de Telêmaco é noticiada

INTERESSEIROS SÃO INFORMADOS E DISCUTEM O QUE FAZER

Canto IV – versos 625-674

Enquanto a festa no salão era preparada, os interessados em Penélope se divertiam à frente do palácio de Odisseu jogando seus discos e dardos no pátio plano, dados aos abusos de sempre.

Antino e Eurímaco *do aspecto divino*, líderes dos proponentes – por serem mais qualificados que os outros – estavam ali sentados quando se aproximou deles Noêmon *filho de Frônio*, que perguntou a Antino se alguém sabia quando Telêmaco voltaria da Pilos *arenosa*. Contou que na viagem ele levara um barco seu, e que agora precisava dele para uma travessia à grande Élide: tinha 12 éguas paridas com potros bons de trabalho por lá, e precisava trazer um deles para adestrar.

Os dois se sentiram surpresos no coração: não pensavam que Telêmaco tivesse ido à Pilos *de Neleu*, e sim estivesse pelos campos com os rebanhos ou com o guardador de porcos. Antino *filho de Eupites* pediu que Noêmon lhe dissesse *a verdade* sobre para onde Telêmaco viajara e que jovens o acompanhavam. Eram da nata dos Itacenses, ou seus próprios criados? Sim, ele era capaz disso!

Também pediu que lhe dissesse *a verdade*, se Telêmaco lhe levara o *barco negro* à força, contra sua vontade, ou se o entregara por negócio, livre e pacificamente. Noêmon *filho de Frônio* respondeu que o entregara porque quis, como qualquer um faria a quem lhe implorasse como ele, com preocupações na alma. Seria difícil recusar.

Sobre os moços que o acompanhavam, eram, depois dos que estavam lá, os mais nobres do país. Reconhecera Mentor embarcando à frente deles, ou talvez um deus que se fazia parecido com ele, pois se surpreendera ao ver o divino Mentor em Ítaca algum tempo depois, mesmo tendo embarcado para Pilos naquele dia.

Então Noêmon saiu para visitar o pai, deixando aqueles dois, de coração arrogante, bastante preocupados. Eles chamaram os demais candidatos pedindo que parassem os jogos e se sentassem. Do meio deles, Antino *filho de Eupites* passou a falar com o coração irritado, obscurecido, tomado de uma raiva que lhe fazia os olhos soltarem faíscas.

Clamou aos deuses sagrados para dizer que com certeza aquela viagem não passava de uma façanha estabanada de Telêmaco. Não pensavam que ele fosse conseguir, mas, desafiando a todos eles, o rapaz saíra assim, pondo um barco no mar e recrutando alguns nobres do país. E ele queria a desgraça dos cortejadores, então Antino torcia para que Zeus o destruísse em seu vigor antes que chegasse à idade adulta.

E pediu que lhe dessem um *barco veloz* com 20 tripulantes. Queria preparar-lhe uma emboscada, esperando-o no estreito entre Ítaca e a Samos *escarpada*, para que aquela viagem em busca de notícias do pai tivesse um final bem triste. Antino foi muito aplaudido, e em seguida todos adentraram o palácio de Odisseu.

PENÉLOPE TAMBÉM RECEBE A NOTÍCIA

Canto IV – versos 675-715

Mas Penélope não demoraria a saber desses planos maldosos, armados no espírito dos interesseiros. O criado Mêdon, que estava no pátio, ouvira as decisões tomadas ali quando se armou a trama e atravessou o palácio para contar a ela.

Ao chegar à porta, Penélope já lhe perguntou sobre o recado dos interessados. Queriam que as criadas do divino Odisseu parassem suas tarefas para lhes prepararem a festa? Desejou que aquele fosse o último jantar deles – e sem nunca a terem cortejado ou sequer conhecido.

Instalados ali, eles consumiam o sustento e os bens do zeloso Telêmaco. Talvez o criado, quando criança, tivesse ouvido dos pais sobre quem era Odisseu, homem que nunca prejudicara ninguém no país com ações ou palavras más. Como era da justiça dos reis divinos, uns o odiavam e outros gostavam, mas, de fato, ele nunca fora injusto com ninguém. E via-se agora o ânimo e os gestos ignorantes daquelas pessoas: depois do benefício, acabava-se a gratidão.

Mêdon, sempre ponderado, e chamando-a de rainha, respondeu que, se o pior fosse aquilo, estariam até bem... Mas os interesseiros planejavam agora coisas ainda mais dolorosas, e ele desejava que o *filho do Tempo* não os deixasse conseguir. Queriam matar Telêmaco em sua viagem de volta, usando do bronze afiado. Ele tinha ido à Pilos *arenosa* e à divina Lacedemônia buscar notícias do pai.

Ao ouvi-lo, Penélope sentiu afrouxar seus joelhos e o coração, ficando um longo tempo sem poder falar, com os olhos cheios de lágrimas e sentindo a voz vigorosa ser sufocada. Depois de um grande silêncio, perguntou ao criado por que seu filho partira. Não precisava embarcar em *barcos velozes*, que os homens levam pelo mar como cavalos para cobrir distâncias longas sobre as águas. Seria para que não restasse sequer o nome dele no mundo?

Mêdon, sereno, respondeu não saber se um deus ou seu próprio coração o motivara a ir a Pilos, querendo ter notícias sobre a volta de seu pai ou de seu triste fim. E então ele deu a volta e atravessou o palácio.

A RAINHA FALA COM SEUS CORTEJADORES

Canto IV – versos 716-767

Penélope se viu tomada por uma nuvem de desânimo. Sem forças para se deslocar até uma das muitas cadeiras da casa, sentou-se sob a porta do quarto em que desenvolvia os seus muitos trabalhos manuais, e caiu em prantos. Ao seu lado, as criadas – todas as que estavam no palácio – jovens e velhas também choravam.

Em meio aos soluços, Penélope pediu às amigas que a ouvissem. Disse que o deus *Olímpio* lhe deu mais sofrimentos do que aos que nasceram e cresceram com ela. Primeiro perdera o seu nobre marido *de coração leonino* que brilhava entre os Gregos por sua maior excelência em todas as coisas. Agora, os furacões tristemente tiraram do palácio o seu filho amado, sem sequer ela saber que partiria.

Chamando as criadas de malvadas, disse que nenhuma delas lembrou de acordá-la quando ele embarcou em um *barco negro e curvo*, quando todas sabiam. Se ela estivesse informada da viagem, por mais que ele quisesse seguir, ou teria ficado ou a deixado morta no palácio.

Então pediu que chamasse o velho Dólio – criado que recebera de seu pai ao se mudar para a palácio e que cuidava das muitas plantas do jardim – para que fosse correndo ao encontro de Laertes contar-lhe tudo. Ele talvez soubesse como impedir e denunciar os que queriam destruir a estirpe que era sua e do divino Odisseu.

Euricleia, a babá querida, chamando-a de jovem amiga, respondeu que Penélope poderia matá-la com o bronze desumano, ou deixá-la no palácio, mas não esconderia dela a história. Ela sabia de tudo e dera a Telêmaco o que lhe pediu: comida e vinho suave. Mas ele a fez jurar que *não contaria nada a Penélope durante 12 dias, ou antes de que ela mesma percebesse a falta dele e visse que havia partido, para que não sujasse o seu belo rosto com lágrimas.*

E disse para ela tomar um banho e escolher roupas limpas para seu corpo. Devia subir até os quartos com as criadas e rezar para Atena *filha de Zeus, dono da Égide*, e ela então o defenderia da morte. E não devia preocupar um idoso já tão aflito. Euricleia não achava que os benditos deuses odiariam os descendentes de Arcésio e que muitos de seus herdeiros certamente ocupariam o palácio alto e seus campos a perder de vista.

Dizendo isso, ela acalmou a tristeza de sua rainha, fazendo parar as lágrimas de seus olhos. Então, Penélope banhou-se, escolheu roupas limpas e subiu até os quartos com as criadas. Em seguida pôs grãos de cevada num cesto e rezou para Atena.

Pediu à incansável *filha de Zeus*, o *dono da Égide*, que se alguma vez, naquele palácio, o virtuoso Odisseu tostara partes gordas de boi ou ovelha em sua honra, ela lembrasse dessas oferendas e salvasse o seu filho querido, afastando dele os cortejadores de arrogância insuportável.

Fez-se então um ruído, mostrando que a deusa ouvira a reza.

PLANO DE ASSASSINATO

Canto IV – versos 768-794

Embaixo, os candidatos interessados faziam um grande vozerio pelos salões escuros, e um dos jovens insolentes dizia que certamente a tão cortejada rainha estaria pensando em preparar o casamento e não sabia que planejavam a morte de seu filho. Mas falava isso sem saber do que estava havendo de fato.

Então Antino discursou, chamando-o de louco e mandando evitar aquelas conversas maldosas para que ninguém os denunciasse lá dentro. E sugeriu que, discretamente, eles começassem a pôr em prática o plano que agradou seus corações.

Então ele escolheu 20 homens dos mais valentes, e eles desceram até a praia em busca de um *barco veloz. Primeiro eles o empurraram até a água funda. Levantaram o mastro e as velas do* barco negro, *amarraram os remos nas correias de couro manobrando com perfeição e inflaram as velas brancas.* Com as armas levadas pelos escudeiros arrogantes, eles ancoraram longe da barra e desembarcaram. Então almoçaram e esperaram o entardecer.

A *sensata* Penélope continuava nos quartos de cima, em jejum e sem sequer beber água, pensando se o filho bem-educado escaparia da morte ou seria dominado pelos arrogantes. Tinha a mesma aflição de um leão acuado diante de caçadores barulhentos, que fechavam o círculo em torno dele, quando um *sono doce* a tomou. Ela adormeceu reclinada, e as suas juntas relaxaram.

ATENA ACALMA PENÉLOPE, FAZENDO-A SONHAR COM A IRMÃ

Canto IV – versos 795-841

Então Atena *dos olhos verde-mar* teve outra ideia: pela ilusão dos olhos, deu-se um corpo igual ao de certa Iftima, também filha do magnífico Icário, moradora de Feras e casada com Eumelo. Lançou essa visão ao palácio do divino Odisseu para ajudar Penélope, que se lamentava e gemia, a parar de chorar. A ilusão entrou no quarto pela abertura da tranca, *parou sobre a cabeça* de Penélope e, chamando-a de mulher, disse para ela dormir, mesmo com o coração inquieto: os deuses de vidas tranquilas não queriam que ela chorasse e se afligisse, pois seu filho voltaria, já que não cometera nenhum pecado contra eles.

Penélope, docemente adormecida, e no limite dos sonhos, lhe respondeu com sensatez, perguntando por que a irmã havia ido até lá. Ela nunca fora antes, pois morava em um palácio distante. E lhe pedia para parar de sofrer tanto com os eventos que a magoavam na mente e no coração, ela que, primeiro, perdera o nobre marido *de coração leonino*, melhor dos Gregos em todas as artes, e agora o seu filho querido resolvera tomar um barco, ele que era ingênuo e não participava dos trabalhos ou das assembleias.

Lamentava mais por ele do que pelo pai. Temia que lhe acontecesse algum mal, tanto no país pra onde fosse quanto no mar, porque havia muitos inimigos tramando contra ele, ansiosos por matá-lo antes que chegasse de volta à pátria.

A visão lhe respondeu pedindo que tivesse coragem e que nenhum medo excessivo tomasse seu coração. Telêmaco estava amparado por aquela poderosa deusa para a qual os homens costumavam pedir ajuda. Palas Atena era sensível às suas mágoas e pedira que ela desse aquele recado.

Penélope pediu que, se ela era mesmo uma deusa, e ouvira palavras de outra deusa, que lhe contasse, por favor, sobre aquele homem sofrido, se ainda vivia e via a luz do sol, ou se morrera e descera ao palácio de Hades.

A visão embaçada respondeu que não podia dizer nada sobre ele, estivesse vivo ou morto. Não se deviam dizer palavras que fossem vagas como o vento. E em seguida saiu pela abertura da tranca para o meio dos ventos. Penélope *filha de Icário* levantou-se num salto e teve o coração aliviado, pois fora visitada por um sonho bem vivo, na calada da noite.

PLANO MALIGNO EM ANDAMENTO

Canto IV – versos 842-847

Os candidatos, enquanto isso, já velejavam pelos *caminhos de água* planejando matar Telêmaco. Bem no meio, entre Ítaca e a Samos *rochosa,* erguia-se Astéride, uma ilha de grande penhasco. Era pequena, mas tinha duas praias de bom desembarque. Os Aqueus esperaram ali para executarem uma emboscada.

37. Os deuses novamente reunidos – envio de Hermes a Ogígia

NO OLIMPO, ATENA VOLTA A FALAR DE ODISSEU

Canto V – versos 1-12 e 18-42

Aurora levantou-se da cama que divide com o brilhante Titono para levar luz aos homens e aos deuses que estavam sentados e dar início à assembleia. Entre eles, Zeus *trovejante nas alturas,* detentor do máximo poder.

Atena relembrou a má sorte de Odisseu, incomodando-se por estar ainda na gruta da Ninfa. Dirigindo-se a Zeus *pai* e a todos os demais deuses afortunados, disse que *dali em diante, todo rei dono de cetro deveria deixar de ser bom, amável e verdadeiro e de ter no coração intenções pacíficas, mas se mostrar sempre ríspido e cometer injustiças, pois ninguém mais do povo que Odisseu reinava se lembrava dele, embora fosse honesto como um pai.*

E agora queriam matar seu filho querido na viagem de volta, ele que fora à *arenosa* Pilos e à *divina* Lacedemônia obter notícias do pai.

Zeus *ajuntador das nuvens* perguntou à filha *que palavras eram aquelas que lhe passavam pelos dentes.* Não fora ela mesma quem planejara que, na volta, Odisseu se vingaria daquela gente? Quanto a Telêmaco, que tratasse de guiá-lo com a habilidade que só ela era capaz, para que chegasse à sua terra sem qualquer dano, e os cortejadores precisassem voltar com seu barco.

E então ele pediu que Hermes, seu filho querido – ele que sempre fora o mensageiro dos deuses –, avisasse à Ninfa *das belas tranças* que haviam se decidido, inapelavelmente, pela volta do corajoso Odisseu. E que ele voltasse sem ajuda de deuses ou de homens, numa jangada de muitos encaixes, passando dificuldades para depois de 20 dias chegar à fecunda Esquéria, no país dos Feácios *parentes dos deuses.*

Lá eles iriam honrá-lo *como a um deus*, no fundo da alma, e levá-lo num barco a seu querido país, *depois de lhe darem muito bronze, ouro e roupa, muito mais do que traria de Troia se chegasse ileso com sua parte da pilhagem.*

VIAGEM DE HERMES

Canto V – versos 43-77

Argeifonte tratou de obedecer à ordem de Zeus e de imediato *amarrou nos pés suas lindas sandálias divinas. Feitas de ouro, elas o transportavam tanto sobre a água quanto sobre as terras sem fim, na velocidade do vento.*

Levou com ele a vara que adormecia ou despertava os olhos dos homens, conforme quisesse, e segurando-a, o poderoso Argeifonte alçou voo: desceu do éter na Piéria e dali chegou ao mar. Então ele flutuou sobre as ondas, na forma de uma ave marinha (a gaivota) que mergulha na densa espuma da água salgada para pegar peixes no meio de ondas perigosas.

Com esse aspecto, Hermes deslizou pelas infindáveis ondas até avistar a ilha longínqua e por fim saiu do *mar violeta* para caminhar em terra firme até a grande gruta onde morava a Ninfa *das belas tranças.*

Então ele adentrou aquele palácio natural onde estava Calipso. Do fogo de sua lareira saía um cheiro de lenha rachada – cedro e tuia – que se espalhava até longe da ilha. A Ninfa cantava com uma bela voz, enquanto empurrava e puxava o tear usando um cilindro de ouro para tecer.

À volta da gruta havia uma mata densa em arbustos e árvores altas, todas cheirosas, onde se abrigavam aves de asas grandes, como corujas, gaviões, corvos-marinhos estridentes e aves que são pescadoras. À volta da gruta também se via uma parreira exuberante, de inúmeros cachos.

De quatro fontes próximas, em linha, brotava água límpida em direções diferentes, e à volta se esparramava um capim macio de salsas e violetas. Até um deus pararia para contemplar aquilo e teria o seu coração em êxtase. E ali o mensageiro Argeifonte parou e permaneceu um pouco, mas depois de saciar seu coração com o cenário, adentrou a grande gruta.

CONVERSA COM CALIPSO

Canto V – 77-104, 112-117 e 137-148

Quando eles se olharam, a venerável Calipso o reconheceu: os deuses não são desconhecidos uns dos outros, nem mesmo os que moram distantes. E Hermes não se deparou com o grandioso Odisseu, que, como de costume, estava na praia, chorando, sentindo a alma se desfazer em dores, gemidos e sofrimentos.

A venerável deusa Calipso, depois de dar a Hermes *da vara de ouro* uma cadeira limpa e lustrada, perguntou-lhe a que devia a honra de sua visita amiga. Disse que ele não costumava ir até lá... então, o que queria? Era só responder, e se estivesse ao seu alcance, seu coração o atenderia. Mas pediu que antes a seguisse para que fizesse as gentilezas da casa.

Então acomodou-o numa mesa repleta de ambrosia e preparou o néctar vermelho. Argifontes comeu, bebeu e, *depois de ter jantado e estar satisfeito*, respondeu a ela. Disse que, sendo uma venerada deusa, e ele também um deus, diria *a verdade* sobre a que viera. E que não queria, mas estava a mando de Zeus.

Afinal, quem atravessaria à toa todo um mar salgado? Ali não havia cidade em que poderiam oferecer aos deuses o sacrifício de vítimas bem escolhidas. Mas nenhum deus poderia contrariar ou frustrar os planos de Zeus *dono da Égide*.

Zeus dizia que Calipso guardava um homem, e pedia que ela o deixasse partir o quanto antes, pois o destino dele não era morrer ali, longe dos amigos, e sim o de vê-los quando chegasse de volta à pátria, em seu palácio de teto alto.

Calipso, deusa venerável, estremeceu e usou *palavras leves* para responder. Lembrou os casos de Aurora e Órion, morto por Artêmis, e o de Deméter e Iásion, morto por Zeus, para acusar os deuses de serem todos cruéis e ciumentos. E disse que estavam agora enciumados dela por estar com um mortal.

Mas como nenhum outro deus podia contrariar ou frustrar os planos do *dono da Égide*, ela permitia que ele partisse para o *mar aberto*, se essa fosse uma ordem de Zeus. Mas não seria ela a dar-lhe meios: não tinha *barco de remos* nem tripulação que pudesse levá-lo sobre as ondas. Ao mesmo tempo, teria prazer em ensiná-lo a chegar são e salvo a seu país.

Argeifonte respondeu que sim, que ela devia despedir-se dele em respeito à ira de Zeus, para que não se zangasse ou viesse a hostilizá-la. E assim ele partiu.

38. Calipso se despede de Odisseu

CONVERSA ENTRE OS DOIS

Canto V – 149-191

Ouvidas as ordens de Zeus, a Ninfa majestosa foi falar com o grandioso Odisseu, que estava sentado na praia, sempre com lágrimas nos olhos. Deixava escorrer sua doce existência nas lágrimas choradas pela vontade de voltar, pois a Ninfa já não o encantava.

De fato, à noite ele deitava-se a contragosto ao lado dela, na gruta – por vontade dela mas não sua –, e de dia sentava-se em um alto dos rochedos da praia, com a alma desfeita em lágrimas, suspiros, gemidos de dor, de olhos voltados para o *alto mar*, caindo no choro.

Chegando ao seu lado, ela chamou-o de pobre homem e disse que era para libertar-se de suas tristezas e do peso de seus dias na ilha. A partir de agora, ela aceitaria com tranquilidade a partida dele. Disse que era para cortar com o bronze uns paus grandes e construir uma jangada.

Devia fazer sobre ela um estrado alto, para que ele aguentasse as névoas do mar. Depois, ela levaria a ele pão, água e um bom vinho tinto, para saciar suas necessidades. Poria roupas nele e mandaria um *vento favorável* para que chegasse à sua pátria totalmente *são e salvo*, se também o permitissem os deuses que moram no *vasto céu* e tinham poder de decisão acima do dela.

O divino Odisseu, emocionado, tremeu e, chamando-a de deusa, disse que talvez ela não planejasse sua partida, e sim estivesse com outra ideia. Ao mandá-lo atravessar numa jangada o grande *abismo do mar*, bravo e perigoso até para os barcos mais velozes e equilibrados que seguissem contentes pelos ventos de Zeus.

E de novo chamando-a de deusa, disse que, mesmo se isso a magoasse, ele não entraria numa jangada sem ela jurar, garantindo não planejar contra ele um novo desastre.

Calipso sorriu, fez-lhe um carinho com a mão e disse que ele de fato era manhoso e muito esperto para pensar numa exigência assim. A terra, o grande céu que a cobre e a água corrente do Estige eram testemunhas - sendo esse o juramento mais poderoso e terrível entre os afortunados deuses - de que não planejava nenhum novo desastre contra ele.

Disse que, ao contrário, o conselho que tinha ela daria a si mesma, se precisasse de algo parecido. Não havia falsidade, e ele sabia. A mente e o coração pulsando em seu peito não eram de ferro: tinham compaixão.

JANTAR NA GRUTA

Canto V - 192-227

Depois de dizer isso, a venerável deusa caminhou devagar, e ele seguiu suas pegadas até o meio da gruta, onde se sentou na cadeira em que Hermes havia estado. Calipso serviu-lhe todos os tipos de alimento e bebida que nutrem os mortais. Sentou-se ela mesma à frente do divino Odisseu, e suas criadas lhes serviram ambrosia e néctar. Então eles desfrutaram de toda a refeição que lhes deram.

Depois de saciarem toda a fome e sede, a venerável Calipso, chamando-o de *filho de Laertes, criatura de Zeus* e *espirituoso* Odisseu, perguntou-lhe se queria mesmo ir logo à sua querida pátria. Nesse caso, ela se despedia e desejava que fosse feliz. Mas, se soubesse no coração por quantas provações ainda precisaria passar antes de chegar, talvez se deixasse ficar com ela, guardando aquele palácio, e seria um deus, por mais que desejasse rever a esposa por quem suspirava a cada dia. Calipso, claro, se orgulhava de não ser inferior a ela nem na altura nem nas formas: sequer se admitia que os mortais pudessem competir com os deuses em estatura e beleza.

O manhoso Odisseu, chamando-a de venerável deusa, pediu que não se zangasse por isso. Ele mesmo sabia que a *sensata* Penélope não era tão bela no aspecto e na altura quanto ela. Era mortal, e ela, sendo imortal, podia estar sempre jovem. Mesmo assim, a cada dia ele desejava partir e ver como seria sua volta. E se algum deus o fizesse naufragar de novo no mar *cor de vinho*, seu coração, de tão endurecido pelo sofrimento, aguentaria isso. Já havia passado por muitas provações e cansaços no mar e na guerra. A eles, isso se somaria.

O sol se escondeu e veio a escuridão. Então eles foram para o meio da grande gruta e desfrutaram dos deleites do amor, um nos braços do outro.

CONSTRUÇÃO DA JANGADA E PARTIDA DE ODISSEU

Canto V – 228-281

Mal raiou a Aurora dos dedos rosados, *filha da manhã*, Odisseu vestiu *um manto e uma túnica*. A Ninfa pôs um véu branco mais longo, leve e gracioso, um lindo cinto de ouro na cintura, cobriu a cabeça com um manto e começou a cuidar da viagem do corajoso Odisseu.

Arrumou-lhe um machado de bronze grande e próprio para suas mãos. Era de dois gumes, afiado e tinha o cabo de oliveira, muito bonito e fortemente ajustado. Depois lhe deu um formão e guiou-o por uma trilha até o canto da ilha em que havia árvores altas e pinheiros de todos os tipos, que há muito estavam secos e queimados – e assim flutuariam facilmente. E depois de indicar-lhe as melhores árvores altas, a venerável Calipso voltou para casa.

Odisseu começou a cortar os troncos e avançou rápido em seu trabalho. Derrubou 20 árvores e as desbastou com o bronze. Aplainou-as da melhor forma e amarrou-as com cipós. Calipso trouxe-lhe uma ferramenta de fazer furos, e ele ajustou as madeiras umas nas outras com cavilhas e encaixes, até armar a jangada.

Ela ficou com a mesma largura de um cargueiro feito por um bom carpinteiro, e então ele fez um estrado preso a caibros, arrematando as bordas com beiradas altas. Fincou ainda um mastro e pôs nele uma verga para prender velas. E, claro, construiu um leme para guiar a jangada. Proveu-a de ponta a ponta com esteiras de vime para proteger-se das ondas e forrou-a com galhos verdes.

Calipso trouxe panos para fazer as velas, que ele também fabricou com maestria. Colocou cordas sob a vela, cabos, bolinas, e, usando alavancas, lançou a jangada ao *mar divino.*

Foram quatro dias até terminar o trabalho. No quinto, a divina Calipso o deixou partir, depois de banhá-lo e vesti-lo com roupas perfumadas. A deusa ainda pôs na jangada dois sacos de couro: um de vinho tinto, e outro, maior, com água, e ainda uma bolsa com provisões. Pôs aperitivos para mimá-lo e enviou-lhe *uma boa brisa morna* e constante.

Então o divino Odisseu, contente, abriu as velas ao vento, sentou-se e manejou o leme com habilidade. De noite ele manteve os olhos bem abertos e reconheceu as estrelas, guiando-se pelas constelações do Boieiro e da Ursa Maior, ou Carro, que gira em um mesmo lugar, observando a de Órion – única que nunca desce ao mar –, e Calipso havia recomendado que ele fizesse a travessia mantendo a Ursa à esquerda.

Navegou por 17 dias e no décimo oitavo viu as montanhas sombrias da terra dos Feácios mais próximas à sua rota. Pareciam um escudo no *mar em névoas.*

COMO SE DEU
Canto VII – versos 261-266

Assim foi: no oitavo ano, ela por fim o autorizou e encorajou a partir, em razão de uma mensagem de Zeus, ou talvez porque seus sentimentos já não fossem os mesmos. Deixou-o partir em uma jangada de madeira, abastecido por ela com coisas como pão e vinho suave. Deu-lhe roupas imperecíveis e mandou-lhe *uma boa brisa morna.*

39. Ira de Posêidon e proteção de Atena – Odisseu chega à ilha dos Feácios

POSÊIDON VOLTA DA ÁFRICA E ODISSEU SE VÊ EM NOVOS APUROS

Canto V – versos 282-326

Então Posêidon, o poderoso deus *dos tremores de terra*, voltou da Etiópia e pôde ver ao longe, das montanhas distantes de Sólimos, Odisseu atravessando o mar. Enfureceu-se do fundo da alma, sacudiu a cabeça e clamou às divindades sagradas, surpreso em ver que os deuses haviam mudado a sorte de Odisseu enquanto ele estava entre os Etíopes. E viu que estava próximo aos Feácios, onde deveria libertar-se da grande amarra de sua má sorte. Então Posêidon jurou que ainda faria dele um miserável!

Ele logo juntou nuvens, balançou o tridente e movimentou o mar, deslocando a força dos ventos em todas as direções, e de relance cobriu a água e a terra com nuvens, fazendo a noite descer do céu.

Juntos, precipitaram-se os ventos Euro e Noto, o violento Zéfiro, e também o filho do Éter, Bóreas, que fez rolar uma onda gigantesca. Então Odisseu sentiu tremerem os joelhos e o coração, abatendo-se e lamentando *à sua alma corajosa* a falta de sorte.

Perguntou-se o que ainda podia acontecer, vendo que a deusa lhe falara a verdade quando disse que receberia todo o tipo de sofrimento no mar antes de chegar à pátria. E assim todas as previsões se cumpriam, com Zeus cobrindo a imensidão dos céus com aquelas nuvens e pondo o mar revolto, enquanto a força do vento – em todas as direções – o atingia.

Sentiu estar próximo mesmo ao *abismo do fim*, e que foram três, quatro vezes mais sortudos os Gregos que sucumbiram na região de Troia em favor dos filhos de Atreu. Ele mesmo merecia morrer assim, com as tropas Troianas atirando-lhe seus dardos em disputa pelo corpo de Aquiles. Assim ele teria funerais e os Aqueus espalhariam sua fama. Mas o destino, em vez disso, quis que tivesse uma morte infame.

Enquanto falava, veio uma onda enorme e desabou com toda a sua violência sobre ele, fazendo a jangada girar. O leme lhe escapou às mãos e ele foi lançado à distância. O terrível vendaval de ventos diversos partiu seu mastro ao meio, e a vela com suas armações foi cair bem longe no mar. A grande onda fez com que Odisseu ficasse submerso por um bom tempo, não podendo ganhar impulso em razão da roupa pesada que a divina Calipso lhe dera.

Demorou, mas ele por fim emergiu, cuspindo a água salgada que também escorria de sua cabeça. Nem assim, exausto, esqueceu-se da jangada, e nadou entre as ondas até agarrá-la e sentar-se no meio para tentar não morrer.

COMO SE DEU A PERDA DA JANGADA
Canto VII – versos 267-279

Ele cruzou o mar por 17 dias, e no décimo-oitavo pôde avistar as montanhas escuras da Esquéria, para alegria de seu coração desfortunado. Sabia-se infeliz, porque ainda se depararia com muitos sofrimentos impostos por Posêidon *dos tremores de terra.*

O deus levantara ventos contra ele e lhe fechara o caminho, encrespando o mar de maneira radical, com as ondas não deixando a jangada o levar, e soltando gemidos incessantes. Então o temporal a destroçou, e ele atravessou aquele abismo a nado, até que o vento e as águas, empurrando-o, o aproximaram da Feácia.

Se ele tentasse dar pé ali, a onda o atiraria para a costa, jogando-o nos enormes rochedos e lugares nada aprazíveis.

SALVO POR INO (LEUCOTEIA)

Canto V – versos 327-364

A onda imensa, ao longo de seu curso, levava a jangada de um lado a outro.

(Como nos campos, quando chega o outono e Bóreas sopra em direções variadas carregando as plantas, assim os ventos a empurravam no alto mar, indo para um lado e para o outro: Noto a jogava para que Bóreas a levasse, e Euro a empurrava para Zéfiro.)

Mas Odisseu foi visto pela Ino *dos belos tornozelos* (agora Leucoteia), *filha de Cadmo*. Outrora ela fora mortal e de fala humana, mas depois, nas profundezas do mar, fora honrada pelos deuses. Ela teve piedade daquele homem aflito e sem rumo e emergiu das águas na forma de uma gaivota, vindo a pousar na jangada de muitas amarras para saber dele.

Chamando-o de desafortunado, perguntou por que Posêidon estava tão agressivo com ele, tremendo a terra a ponto de lhe causar tantos males, mesmo não podendo destruí-lo por maior que fosse a sua fúria.

Então, dizendo que ele não parecia ser tolo, instruiu-lhe a tirar aquelas roupas e entregar sua jangada ao vento. Devia nadar em direção à terra dos Feácios, onde o destino queria que ele fosse salvo. Deveria pegar aquele véu e estendê-lo sobre o peito. Era um véu imortal, e estando com ele, Odisseu não precisava temer a morte ou qualquer dano. Mas quando suas mãos tocassem a terra firme, era para tirá-lo, ficar de costas e jogá-lo para trás no mar *cor de vinho*, o mais longe que pudesse.

A deusa então lhe deu o véu e mergulhou de novo no mar crespo, no aspecto de uma gaivota, escondida pela onda escura. O *divino* Odisseu, *aflito*, parou para pensar e, abatido, lamentou-se *à sua alma corajosa*, dizendo temer que de novo um deus lhe armasse uma cilada ao sugerir que abandonasse a jangada. Não, era melhor não obedecer...

Ele podia avistar a terra ao longe, onde ela disse que seria salvo. Mas em vez disso, teve uma ideia que lhe pareceu melhor: ficaria ali enquanto as madeiras estivessem amarradas e teria força para suportar as dificuldades. Quando as ondas despedaçassem a jangada, começaria a nadar, porque não haveria mesmo o que fazer.

Atena, Odisseu e Posêidon

NOVA INVESTIDA DE POSÊIDON

Canto V – versos 365-381

Enquanto raciocinava em sua mente e coração, Posêidon *dos tremores de terra* levantou uma onda gigantesca, terrivelmente assustadora, e desabou-a sobre Odisseu.

> (Assim como um vento forte agita um monte de palha e a dispersa para todos os lados, a onda espalhou as madeiras da jangada.)

Odisseu agarrou-se a um dos troncos como se montasse em um cavalo de cela. Tirou as roupas recebidas da divina Calipso e em um só gesto abriu o véu sobre o peito, atirando-se de bruços na água, com os braços estendidos, pronto para nadar. O poderoso deus *dos tremores de terra*, ao vê-lo, balançou a cabeça e disse em seu coração que era mesmo para ele vagar pelo mar, depois de tantas tormentas, até chegar a um povo que fosse *criatura de Zeus*. Mas esperava que nem assim ele viesse a rir de seus males.

Então o deus tocou seus cavalos de belas crinas e partiu para Egas, na Samotrácia, para voltar ao seu glorioso palácio.

COM AJUDA DE ATENA, ODISSEU CHEGA À FEÁCIA

Canto V – versos 382-423

Atena *filha de Zeus* teve outra ideia: fechou a passagem de outros ventos, mandando-os pararem e descansarem, e levantou o veloz Bóreas para que quebrasse as ondas à frente dele, e assim Odisseu *criatura de Zeus*, depois de escapar da morte, poderia se ver entre os Feácios *bons de remo*.

Por duas noites e dois dias ele ficou à deriva entre grandes ondas e, muitas vezes, em seu coração, achou que morreria. Mas quando Aurora *das lindas tranças* trouxe o terceiro dia, o vento parou e foi seguido de uma calmaria. Ao levantar-se uma grande onda, Odisseu lançou à frente um olhar penetrante e avistou terra por perto.

> (Assim como os filhos comemoram a recuperação de um pai que estava doente – sofrendo dores horríveis por expor-se aos ataques de uma divindade maldosa, até que, para alegria deles, os deuses

o salvam do mal! –, Odisseu cumprimentou a terra e suas matas e nadou mais, ansioso por pisar em solo firme.)

Mas chegando à distância de um grito, ouviu o ruído sonoro do mar quebrando contra os rochedos: a enorme onda, ao atingir a costa, dava um berro de pavor e envolvia tudo à volta com sua espuma. Não havia praias para chegar em segurança, ou abrigar barcos. Era uma costa de pedras pontudas, rochedos e escarpas.

Então, mais uma vez Odisseu sentiu trêmulos os seus joelhos e o coração. Quase arrasado, e lamentando-se *à sua alma corajosa*, disse que quando enfim Zeus consentisse que ele, já destroçado, visse a terra, depois de nadar por aquele abismo, acontecia de não ter como sair do *mar cinzento*. Fora dele, só havia escarpas afiadas, e à sua volta o barulho forte das ondas. A rocha se estendia lisa e vertical, e o mar era profundo até a beira dela. Não tinha como *apoiar seus dois pés e fugir da desgraça*.

Também o preocupava a possibilidade de, ao sair, uma onda o levasse e atirasse contra as duras pedras do rochedo, fazendo com que seu esforço resultasse em nada. Se costeasse mais um pouco a nado, procurando algumas pontas de atravessado, ou pequenas praias, talvez enfrentasse um novo temporal que o levasse ao meio do mar *cheio de peixes*, a gemer sofregamente, até que algum deus atirasse um monstro marinho contra ele, desses que a gloriosa Anfitrite fazia nascer aos montes. O glorioso deus *dos tremores de terra*, ele sabia, estava enfurecido.

NOVA INTERVENÇÃO DA DEUSA

Canto V – versos 424-457

Enquanto pensava isso em sua mente e coração, uma grande onda o arrastou para a costa rochosa, e ele teria a pele esfolada e os ossos quebrados se a deusa Atena *dos olhos verde-mar* não lhe desse uma ideia: a de atirar-se a um penhasco e agarrar-se nele com as duas mãos, gemendo, até a grande onda passar. Assim, ele pôde escapar dela, mas na volta a onda atingiu-o de novo e levou Odisseu para o meio do mar.

(Quando um polvo é arrancado de sua toca, gruda uma grande quantidade de areia em seus tentáculos. Do mesmo modo, das mãos firmes de Odisseu foram esfolados pedaços de pele contra os rochedos, e uma grande onda o envolveu.)

E assim morreria o triste Odisseu, e essa seria sua sina, se Atena *dos olhos verde-mar* não lhe desse presença de espírito. Ao voltar à tona, quando a onda quebrava na costa, ele nadou para fora, de olhos fixos na terra, com esperança de encontrar alguma praia ou ponta horizontal.

E por fim, de tanto nadar, chegou à barra de um belo rio, e ali se mostrou excelente lugar para sair, sem pedras e protegido do vento. Foi pela correnteza que ele percebeu o rio, e então rezou, em seu coração, pedindo para ser ouvido pelo seu rei, ou por quem quer que fosse.

Disse ser ela uma divindade amplamente invocada, a quem recorria para escapar das ameaças de Posêidon no mar. Até para os deuses era sagrado o mortal que chegasse sem rumo, como ele, naquele momento, à sua correnteza, e aos seus joelhos, depois de cansaços infindáveis. E pediu ao rei que tivesse piedade dele, que se colocava sob sua proteção.

No mesmo instante, o rio parou, segurou as ondas e se estendeu à frente dele um lugar de descanso, trazendo-o são e salvo à sua foz. Então Odisseu se deixou ajoelhar e curvar os braços musculosos. Estava muito abatido e com o corpo todo inchado, deixando sair água salgada de sua boca e do nariz. E ele então se deitou, sem fôlego nem voz, entregue ao cansaço.

ENFIM SALVO

Canto V – versos 458-493

Quando finalmente recuperou a respiração e retomou a coragem no peito, Odisseu arrancou o véu da deusa e lançou-o para o meio da foz. Uma grande onda o levou pela corrente e logo Ino o recebeu nas mãos. Odisseu se afastou do rio, abaixou-se entre os juncos e beijou a terra. Exausto, lamentou-se e perguntou o que viria agora. Que mal ainda seria o último?

Pensou que se passasse a noite junto ao rio, em vigília, em meio à geada e ao orvalho frio – tão danosos à saúde, e ele já estava fraco –, poderia não resistir. E de madrugada o rio soprava uma brisa ainda mais gelada.

Por outro lado, se se arrastasse a algum monte pela mata sombria, e deitasse na mata espessa, quando o frio e o cansaço fossem superados e lhe viesse um *sono doce*, poderia se tornar presa das feras.

Pensando assim, ele achou mais segura a segunda opção. Caminhou até a mata e encontrou um lugar próximo à água. Então entrou embaixo de duas moitas de tamanho igual – uma ameixeira e uma oliveira, que barravam tanto a fúria do vento úmido quanto a luminosidade do sol, e nem mesmo a chuva poderia atravessá-las, de tão densamente se entrelaçavam.

Odisseu ficou embaixo delas e em seguida preparou uma cama larga com as mãos, aproveitando a boa camada de folhas caídas, que poderia acomodar até dois ou três homens em um inverno rigoroso. Ao vê-las, o *divino e aflito* Odisseu se alegrou e então deitou-se no meio, cobrindo-se com o máximo de folhas que pôde apanhar.

> (Como uma pessoa que vive no campo sem vizinhos e esconde uma brasa na cinza escura para preservar o fogo sem precisar reacendê-lo em outro lugar, assim Odisseu se cobriu. Então, Atena pôs o sono em seus olhos para que não demorasse a fechar as pálpebras, pondo fim ao seu cansaço.)

COMO SE DEU
Canto VII – versos 280-288

> Depois daquela onda, Odisseu voltou atrás e nadou até um rio, que lhe pareceu excelente lugar, limpo de pedras e protegido dos ventos. Mal reuniu forças para sair de lá e caiu a noite. Afastou-se do rio que desce do céu e se deitou nas moitas. Amontoou folhas à volta, e um deus lhe deu sono para dormir. Dormiu a noite toda entre as folhas, com o coração inquieto, até a aurora e até o meio-dia.

40. ATENA PREPARA UM ENCONTRO PARA ODISSEU

A DEUSA VAI A NAUSICA

Canto VI – versos 1-3 e 12-47

Enquanto ele dormia, aflito, vencido pelo sono e cansaço, Atena se dirigiu à cidade dos Feácios. O rei era Alcino, a quem os deuses deram sabedoria. A deusa *dos olhos verde-mar* dirigiu-se ao palácio dele já planejando um modo de o *corajoso* Odisseu ser repatriado.

Ela entrou em um quarto ricamente decorado onde dormia a jovem Nausica, filha do grandioso Alcino e comparável aos deuses em estatura e feições. Perto dela, dormiam duas criadas *de beleza dada pelas Graças*, uma em cada lado da cama.

As portas iluminadas estavam fechadas, mas a deusa voou com um sopro até a cama da jovem, *pairou sobre a cabeça dela* e lhe disse, assumindo o aspecto da filha de Dimas, um famoso armador, que tinha a mesma idade da princesa e era alguém de quem ela gostava.

Com esse aspecto, a *deusa de olhos verde-mar* chamou Nausica e perguntou como sua mãe pôde gerá-la de modo tão negligente. Estava perto de casar e suas roupas claras ainda estavam descuidadas. Ela precisaria de vestes bonitas para se apresentar às pessoas na cerimônia. Eram esses cuidados que criavam na sociedade uma boa reputação, para alegria do pai e da venerável mãe.

Assim, deviam lavá-las logo que viesse a aurora. Disse que iria com ela para ajudar, a fim de que se preparasse o quanto antes. Ela não ficaria solteira por muito tempo, pois os Feácios mais nobres do país já disputavam a sua mão.

Pediu que insistisse com seu nobre pai para, ao amanhecer, trazer burros arreados e um carro que transportasse os seus cintos, túnicas e vestidos brilhantes. Para ela era melhor ir assim do que a pé, porque as boas águas para lavagem estavam longe da cidade.

Então Atena *dos olhos verde-mar* foi para o Olimpo onde, dizem, os deuses tinham seu lar seguro e eterno, sem o abalo dos ventos nem a presença de chuva ou neve. Ao contrário, lá o céu era límpido e sem nuvens, pairando uma branca claridade. Assim, os deuses se deleitavam todos os dias, prósperos e felizes.

NAUSICA VAI ATÉ O RIO LAVAR SUAS ROUPAS

Canto VI – versos 48-109

Aurora *do belo trono* veio então despertar Nausica *das lindas túnicas*. Ela se impressionou com o sonho e percorreu os quartos para contá-lo a seus queridos pais. Eles estavam em casa: a mãe, próxima à lareira, com as criadas, enrolando novelos vermelhos, e o pai já de saída, indo para a assembleia dos reis gloriosos, a que fora convocado pelos nobres Feácios.

Nausica, chamando-o de pai querido, perguntou se teria como lhe arrumar uma carroça alta, de boas rodas, para levar toda aquela roupa fina até o rio e poder lavá-la. Estava toda suja, e ele também ficaria bem com os trajes mais limpos quando se reunisse com os líderes para decidir coisas. Além disso, tinha cinco filhos no palácio: dois eram casados e três solteiros exuberantes. E esses, quando iam dançar, preferiam usar roupas recém-lavadas, e era ela a encarregada disso.

Disse isso com envergonha de lembrar ao pai que estava na idade de casar, mas ele entendeu. Chamando-a de filha, respondeu que ela teria sim as suas mulas e tudo o mais. E já poderia ir: os criados apontariam a carroça alta, coberta e de boas rodas.

Em seguida ele chamou os servos, que lhe atenderam: armaram ali fora uma carroça de rodas velozes, trouxeram as mulas e as atrelaram. Uma criada trouxe as roupas claras do quarto e as colocou na carroça.

A mãe encheu para ela uma cesta de comidas variadas, todas saborosas, e também os molhos, além do vinho em um saco de couro de cabra. Quando a moça subiu na carroça, a mãe ainda lhe deu azeite em um vaso de ouro para que se ungisse com as criadas.

Nausica pegou o chicote e as rédeas brilhantes e tocou as mulas, fazendo-as andar. Elas relincharam e saíram, aos poucos pegando o passo para levar Nausica com as roupas, enquanto as criadas a acompanhavam.

Lá chegando, dirigiram-se à bela corrente de rio em que ficavam os lavadouros seguros, de onde emergia água límpida em abundância para lavar toda a roupa que houvesse. Então soltaram as mulas da carroça e as tocaram ao longo do rio de águas agitadas, para que aparassem aquela grama que era *doce como mel*.

Tiraram da carroça todas as braçadas de roupas e as puseram nas águas escuras, pisando-as nas poças, como se competissem em rapidez. Depois de lavarem e tirarem toda a sujeira, estenderam as peças lado a lado na praia, em local onde o mar, batendo na costa, deixava as pedras mais limpas.

Enquanto esperavam a roupa secar pelo calor do sol, elas se banharam, ungiram-se de azeite e almoçaram à beira do rio. Depois de satisfeitas, Nausica e as criadas tiraram os seus mantos finos e foram brincar com uma bola. E Nausica *dos braços claros* começou a cantar.

> (Como Artêmis, a caçadora que se deslocava nas montanhas altas do Taígeto ou no Erimanto, divertindo-se ao perseguir javalis ou gazelas velozes e levando com ela as Ninfas do campo – todas filhas de Zeus dono da Égide – e alegrando sua mãe, Leto – também mãe de Apolo – por sobressair-se sobre as outras na cabeça e na testa – embora todas fossem belas –, do mesmo modo Nausica, a virgem solteira, sobressaía-se sobre as criadas.)

AVISADO POR ATENA, ODISSEU ACORDA E VÊ AS MULHERES

Canto VI – versos 110-148

Quando enfim ela ia voltar para casa, com as mulas já atreladas e dobradas as lindas roupas, Atena *deusa dos olhos verde-mar* teve outra ideia: acordar Odisseu para ele ver a moça *dos belos olhos* para que ela o levasse à cidade dos Feácios.

Nessa hora, a princesa quis acertar em uma das criadas, e a bola foi parar em um redemoinho profundo. Elas deram gritos agudos que fizeram o divino Odisseu acordar. Sentado, ele meditou em sua alma e no coração, lamentando-se e perguntando de que mortais seria a terra em que estava agora. Seriam selvagens, injustos e cruéis? Ou tementes aos deuses e de índole hospitaleira?

Ele ouvira gritos em timbre feminino como vozes de donzelas, ou de Ninfas que moram no alto das montanhas, nas fontes dos rios e nos campos gramados. Estaria próximo a pessoas de linguagem humana? Bem, era preciso verificar pessoalmente.

Então ele saiu das moitas e com sua mão forte quebrou um galho de folhas da mata densa para cobrir as partes íntimas e foi até lá.

> (O leão das serras sabe sua força e avança em meio à chuva e ao vento, de olhos focados na procura de bois, ovelhas ou gazelas selvagens. Seu estômago pede para saquear os rebanhos e se preciso aproximar-se do casario. Assim, mesmo nu, por necessidade, Odisseu saiu ao encontro das jovens das belas tranças e apareceu à frente delas com um aspecto assustador, esquálido e sujo de lodo.)

Assustadas, elas fugiram uma para cada lado, escondendo-se nos montes de areia. Só ficou Nausica: Atena lhe dera coragem na alma, retirando o medo de seus membros. Ela o esperou de pé firme.

Já Odisseu, hesitou entre suplicar agarrando-se aos joelhos da jovem *dos belos olhos*, ou manter-se como estava, à distância, e implorar com palavras gentis que lhe desse roupa e ensinasse como chegar à cidade.

Refletindo, achou melhor implorar à distância, com educação, pois a moça podia aborrecer-se se ele a abraçasse nos joelhos. Assim, rapidamente dirigiu-se a ela e disse tudo de modo gentil, doce e eficaz.

> ***COMO SE DEU***
> **Canto VII – versos 289-296**
>
> Portanto, o sol já começava a descer quando ele acordou. Notara as criadas e a princesa brincando na praia, e ela, no

meio das outras, parecia uma deusa. Então fez uma súplica a ela, que demonstrou sentimentos nobres em todas as suas atitudes. Odisseu não esperava de uma jovem com quem se deparasse que agiria assim. Os jovens eram sempre imprudentes. Mas ela lhe daria muito pão e bom vinho, e depois o banharia no rio e entregaria vestes.

ODISSEU ELOGIA NAUSICA E CONTA COMO CHEGOU ATÉ LÁ

Canto VI – versos 149-185

Chamando-a de princesa, perguntou se ela era deusa ou mortal. Se fosse deusa, das que habitam o *vasto céu*, imaginava pelo rosto, pela estatura e feição, que devia ser a Artêmis *filha do grande Zeus*. Se fosse mortal, das que moram na terra, que seu pai e sua venerável mãe estivessem prósperos três vezes, e três vezes estivessem felizes seus irmãos. Os corações deles com certeza se aqueciam de alegria íntima por ser ela quem era, quando viam um broto tão florido entrar em um coro de danças. E ainda mais do que todos, estaria alegre em seu coração quem superasse os rivais no esplendor de seus dons casamenteiros e a levasse para casa.

Disse que seus olhos jamais viram um ser humano como ela, homem ou mulher. Ao contemplá-la, sentia-se subjugado à sua majestade. E sim, uma vez vira um pé de palmeira assim, ainda novo. Ele crescia ao pé do altar de Apolo, em Delos, onde ele também esteve, acompanhado de muita gente.

> (Na viagem em que se depararia com sofrimentos que lhe cabiam, ao ver a plantinha, seu coração se maravilhou por certo tempo, pois nunca vira saindo da terra um broto como aquele. Do mesmo modo, ela despertara nele uma admiração, uma maravilha e um medo profundo de tocar em seus joelhos.)

Contou que passara por muito sofrimento: no dia anterior, salvou-se do mar *cor de vinho* depois de 20 dias lidando com ondas e fortes furacões, sem descanso, desde que saíra da ilha de Ogígia. Agora o destino o trouxera àquela praia para também passar por tribulações. Não achava que iam acabar, mas que os deuses ainda lhe reservavam muitas delas para o futuro.

E novamente chamando-a de princesa, pediu que tivesse compaixão. Era a primeira pessoa que via depois de passar por tantos sacrifícios, e não conhecia ninguém naquele país. Pediu que o ensinasse como chegar à cidade e lhe doasse alguns farrapos, se por acaso, ao ir até lá, houvesse levado alguns trapos para atar as roupas.

Desejou que os deuses lhe concedessem tudo o que aspirasse no coração: um marido, um lar e a graça da harmonia. *Nada era mais valioso e feliz do que o entendimento entre um marido e uma mulher sob o mesmo teto.* Era o que dava ciúme aos inimigos e alegria aos amigos, mas *quem mais compreendia isso era o próprio casal.*

REAÇÃO DE NAUSICA E ORDENS DADAS ÀS CRIADAS

Canto VI – versos 186-226

Nausica *dos braços claros,* chamando-o de caro estrangeiro, respondeu que ele não lhe parecia ser um homem mau nem louco. O próprio Zeus *Olímpio* era quem dava sorte aos bons e aos de má índole no mundo, conforme sua vontade. Naturalmente fora ele quem decidira a sina de Odisseu, que, quisesse ou não, precisaria suportá-la.

Mas já que chegara ao país e à cidade deles, não faltariam roupas ou atenções a quem lhe aparecesse implorando pelo caminho. Iria lhe ensinar como chegar à cidade e diria o nome daquele povo. Os que moravam ali eram Feácios, e ela era filha do poderoso Alcino, o rei deles.

E então pediu às suas criadas *das belas tranças* que parassem. Para onde iam fugir e se esconder depois de ver aquele homem? Falou que ele não era um inimigo, e que não havia, nem haveria, mortal ruim que chegasse ao país deles com más intenções, porque os deuses os queriam muito bem.

Moravam muito adentro do mar ondulado e eram os mais afastados: nenhum outro povo fazia contato. Aquele pobre homem chegara vagando, e elas deviam socorrê-lo. Todos os estrangeiros e mendigos eram enviados por Zeus, e o pouco que se dava era bem aceito. Assim, as criadas deviam dar comida e bebida ao estranho e banhá-lo no rio onde houvesse proteção do vento.

As criadas chamaram umas às outras e levaram Odisseu a um lugar seguro, como mandara Nausica *filha do poderoso Alcino.* Deixaram roupas, *um manto e uma túnica* a seu alcance e deram também azeite em um frasco, recomendando que se lavasse na correnteza do rio.

Odisseu disse que elas podiam ficar à distância e ele mesmo lavaria o limo de seus ombros e se ungiria de azeite. De fato, há tempos sua pele precisava de unção, mas não conseguiria se banhar à frente delas, pois teria vergonha de estar nu entre moças *de belas tranças.*

Elas se afastaram e contaram isso à princesa, enquanto o *divino* Odisseu lavava sua pele com água do rio, tirando o lodo das costas e dos ombros largos e a espuma do mar *inesgotável* da cabeça.

ODISSEU SENDO PREPARADO PARA ACOMPANHAR AS MOÇAS ATÉ A CIDADE

Canto VI – versos 227-250

Depois de se lavar todo, de ungir-se com azeite e vestir as roupas recebidas da jovem, Atena *filha de Zeus* fez Odisseu *parecer mais alto e encorpado,* e com que seus cabelos descessem da cabeça em anéis, como a flor de jacinto.

> (Como um artificie hábil, discípulo de Hefesto e Palas Atena em sua arte múltipla, capaz de executar trabalhos graciosos ao ornar a prata com ouro, assim ela derramou graça na cabeça e nos ombros de Odisseu.)

Então foi à beira do mar e sentou-se, radiante em sua beleza e graça.

A jovem, depois de admirá-lo, dirigiu-se às criadas *das belas tranças.* Chamando-as de moças *dos braços claros,* pediu que a ouvissem, dizendo que o contato daquele homem com os divinos Feácios não era à revelia dos deuses do Olimpo. Se antes ele parecia repulsivo, agora se assemelhava aos deuses moradores do *vasto céu.*

E disse esperar que lhe dessem por marido um homem assim. Se ele morasse lá e preferisse ficar... Então pediu que elas dessem de comer e de beber ao estrangeiro. Elas prontamente lhe obedeceram, oferecendo comida e bebida a Odisseu. E o divino herói comeu e bebeu com muita vontade, pois há tempos não se alimentava.

41. Instruções da princesa Feácia

ORIENTAÇÕES DE NAUSICA

Canto VI – versos 251-315

Então Nausica *dos braços claros* teve outra ideia: dobrou a roupa, colocou-a na bela carroça, atrelou as mulas de cascos fortes e subiu. Então disse palavras de incentivo a Odisseu.

Chamando-o de estrangeiro, pediu que se levantasse. Iriam à cidade e o levariam à casa de seu sensato pai, onde – ela assegurava – Odisseu iria conhecer toda a nobreza do povo Feácio. Ele não lhe parecia tolo, então devia fazer assim: ao passarem pelos campos e plantações, devia manter os passos apressados junto às criadas, atrás das mulas e da carroça, enquanto ela ia abrindo caminho. Quando alcançassem a cidade cercada de altas muralhas, ele veria de cada lado um belo porto e uma passagem estreita pelo meio. Ao longo da rua haveria barcos fora da água, pois cada um tinha o seu galpão.

Lá ficava a praça dos Feácios, e nela o belo templo de Posêidon. Ela era protegida por pedras que foram transportadas e ali fincadas. Ali os homens trabalhavam aparelhando os *barcos negros* com seus cabos e velas e aparavam os remos. Os feácios não eram dados a flechas e aljavas, mas a embarcações equilibradas com mastros e remos, e se orgulhavam de atravessar o *mar cinzento.*

Nausica queria evitar os comentários maliciosos daquelas pessoas e que alguém viesse a caçoar dela depois. Havia muita arrogância no povo, e se algum mais maldoso os visse juntos, poderia se perguntar *quem era aquele estrangeiro bonito e alto ao lado de Nausica, e onde ela o encontrou.* E comentar que na certa iria *se casar com ele, ou quem sabe ela fora de barco resgatar o degredado de um povo distante, pois por perto não havia outro país. Ou talvez ele tivesse descido do céu e chegado a ela em razão de suas preces, como um deus insistentemente invocado, que ela teria por toda a vida. Melhor isso, mesmo que ela tivesse preferido escolher um marido de fora. Mas mostra que ela desprezava os Feácios, pois não eram poucos os nobres que pretendiam sua mão.*

Disse que se fizessem comentários assim, sentiria muita vergonha. Ela mesma se indignaria se outra mulher, de pai e mãe vivos, se comportasse assim, andando com homens antes de se casar às claras.

Então, chamando-o de estrangeiro, disse para não hesitar em seguir suas instruções, e assim o quanto antes seu pai lhe daria escolta para o repatriamento.

Perto da estrada ele ia encontrar um lindo bosque de álamos consagrado a Atena. Era rodeado por uma campina, e dentro dele brotava uma fonte. Seu pai tinha ali um jardim e uma vinha farta, à distância de um grito da cidade. Era para sentar-se lá e esperar o tempo de ela chegar à casa dele. Ao calcular que ela já havia chegado, Odisseu devia ir à cidade dos Feácios e perguntar onde ficava o palácio do grande Alcino. Era fácil reconhecê-lo, e mesmo uma criança o levaria até lá.

O palácio do herói Alcino era uma construção diferente de todas as casas dos Feácios. Ao entrar nele, e se ver entre os nobres, ele devia atravessar rapidamente o salão até onde estivesse sua mãe. Ela estava sempre ao lado da lareira, à luz do fogo, encostada a uma coluna enrolando os lindos fios pintados de vermelho. E atrás dela haveria criadas.

O trono de seu pai se apoiava na mesma coluna, e ele ficava ali sentado, tomando vinho, como um deus. Odisseu devia passar por ele e ir direto abraçar os joelhos de sua mãe, se quisesse ver o quanto antes o dia de sua volta, por mais longe que fosse o lugar de onde veio. Se ela sentisse simpatia por ele no coração, então se esperava que logo ele veria os amigos na volta à sua casa *bem-construída*, em seu país.

PRÓXIMO AO PALÁCIO, ODISSEU REZA PARA ATENA

Canto VI – versos 316-331

Em seguida ela tocou as mulas com o seu chicote brilhante. Elas rapidamente se afastaram da correnteza do rio e iniciaram uma boa marcha de passo cadenciado. Nausica maneirou nas rédeas e usou pouco o chicote, para que Odisseu e as criadas a acompanhassem a pé.

Quando o sol se punha, eles chegaram ao glorioso bosque consagrado a Atena, e ali o divino Odisseu se sentou para logo rezar à filha do grande Zeus. Odisseu pediu que a incansável filha de Zeus *dono da Égide* o ouvisse em sua prece, já que não podia ouvi-lo enquanto naufragava, atacado pelo glorioso deus *dos tremores de terra*. Pedia-lhe permissão para que fosse bem-vindo entre os Feácios e recebesse deles a compaixão.

Palas Atena escutou sua reza, mas preferiu ainda não se mostrar à frente dele, por respeito a seu tio por lado de pai, que, enquanto o divino Odisseu não chegasse à sua pátria, manteria uma ira intensa contra ele.

LEVADO POR ATENA, ODISSEU SE DIRIGE À CASA DE ALCINO

Canto VII – versos 1-45

Enquanto o *divino* Odisseu ali rezava, *aflito*, a jovem era levada à cidade por suas duas mulas fogosas. Chegando ao glorioso palácio de seu pai, ela parou na entrada. Os irmãos *de aspecto divino* a rodearam e soltaram as mulas da carroça, carregando a roupa para dentro. Nausica foi até seu quarto, de fogo aceso pela camareira Eurimedusa – uma senhora de Apire, que viera em um barco e destacara-se no saque como presente de honra a Alcino, que já reinava sobre os Feácios e eles o tinham como um deus. Eurimedusa criara Nausica *dos braços claros* no palácio e era quem acendia o fogo e preparava o seu jantar no quarto.

Odisseu então se levantou para ir à cidade. Atena, carinhosa com ele, pôs à sua volta uma névoa espessa para que nenhum dos nobres Feácios o visse e insultasse. Quando ia passar pelos muros da bela cidade, a deusa Atena *dos olhos verde-mar* veio a ele no aspecto de uma adolescente trazendo um vaso e parou à sua frente.

Chamando-a de filha, o divino Odisseu perguntou se ela poderia levá-lo à casa de Alcino, rei daquele povo. Contou ser um estrangeiro que, depois de muitas provações, chegara àquele país longínquo sem conhecer ninguém da cidade ou da terra.

Então Atena *dos olhos verde-mar*, chamando-o de estrangeiro, disse que lhe mostraria a casa, que ficava perto da de seu impecável pai. Pediu que ficasse calado, enquanto ela ensinava o caminho. E que não olhasse para nenhum homem ou fizesse perguntas: aquele povo não gostava de estrangeiros, nem recebia pacificamente quem era de fora: confiava apenas na rapidez de seus barcos, com que atravessavam o alto mar. Graças ao deus *dos tremores de terra*, seus barcos eram velozes como o pensamento e as asas.

Palas Atena marchou apressada à frente dele, que seguiu seus passos. Os Feácios, famosos pela navegação, não o viram. Atena *das belas tranças*, deusa habilíssima, foi quem impediu: colocou sobre eles uma bruma miraculosa, porque queria bem a Odisseu. Ele ia admirando os portos, os barcos equilibrados e também as praças e muralhas dos Feácios, altas e compridas, reforçadas com cercas de madeira – um prodígio!

CHEGADA AO PALÁCIO

Canto VII – versos 46-55 e 75-81

Chegando à imponente casa do rei, Atena *dos olhos verde-mar* chamou Odisseu de caro estrangeiro e disse ser aquele o lugar que lhe pedira para mostrar. Nele estavam os reis, *criaturas de Zeus*, em meio a uma festa. Disse para ele entrar e caminhar por lá sem medo, pois um homem ousado se dava melhor em todas as situações, mesmo sendo estrangeiro.

No salão, primeiro ele devia procurar a rainha, de nome Areta. Ela descendia da mesma família de Alcino, o rei. Se no coração ela sentisse simpatia por ele, esperava-se que logo ele veria seus amigos, voltando ao palácio *bem-construído* de sua terra.

Atena então partiu para o alto pelo mar *inesgotável*, saindo da amável Esquéria e chegando a Maratona, e à Atenas *das ruas largas*, adentrando o sólido palácio de Erecteu.

42. Palácio de Alcino

ODISSEU VISLUMBRA DA ENTRADA...

Canto VII – versos 81-102

Odisseu aproximou-se do glorioso palácio, observou muito e hesitou em seu coração, mantendo-se parado antes de transpor o portal de bronze, porque um esplendor reluzia como brilho de sol ou da lua iluminando o palácio alto do poderoso Alcino.

De um lado a outro, e da entrada ao fundo, corriam paredes de bronze com uma faixa de esmalte azul. O interior do sólido palácio era acessado por portas de ouro, e havia batentes de prata engastados no portal de bronze. As portas internas eram de prata e os trincos de ouro.

Cada lado se apoiava em dobradiças de ouro e prata fabricadas pela arte sublime de Hefesto para protegerem o palácio do grandioso Alcino. Eram indestrutíveis e não envelheciam com o tempo. Dos dois lados, os assentos internos ficavam encostados nas paredes, da entrada ao fundo, em toda sua extensão. E sobre eles eram estendidos mantos macios, bem tecidos pelas mulheres.

Costumava sentar-se ali a nobreza local para beber e comer, sempre com fartura. Pedestais muito bem-construídos sustentavam as estátuas em ouro, de rapazes segurando tochas acesas nas mãos para iluminar à noite o salão aos convidados.

... TODA UMA BELEZA

Canto VII – versos 103-132

Alcino tinha 50 criadas no palácio. Umas moíam os grãos amarelos no engenho, outras teciam panos ou sentavam-se para enrolar fios girando as rocas agitadas como folhas de um álamo alto, pingando azeite fluido dos fios de linho.

Assim como os Feácios superavam todos os povos na arte de dominar um *barco veloz*, suas mulheres eram excelentes tecedeiras. Atena deu mais habilidades a elas do que às outras em matéria de trabalhos finos e nobreza de coração.

Fora do pátio, em frente à entrada, um grande jardim fechado por uma cerca continha árvores altas e viçosas, pereiras, romãzeiras e macieiras de frutos brilhantes, figueiras de frutos doces e oliveiras exuberantes.

Nenhum fruto se perdia e não se sentia a falta deles nem no inverno nem no verão. Eram duráveis, porque o vento Zéfiro, do Oeste, soprava sem parar, amadurecendo uns e fazendo outros nascerem. Peras, maçãs, cachos de uvas, figos, todos amadureciam um após o outro.

Alcino tinha plantado ali um vinhedo abundante, e enquanto algumas uvas secavam ao sol, em um terreiro plano, outras eram colhidas e outras pisadas. Mais à frente, uvas verdes já perdiam suas flores e outras escureciam. Cresceram ali, ao longo da última fileira, canteiros abundantes que davam flores o ano todo.

Havia duas nascentes: uma irrigava o jardim todo, e a outra, jorrando em sentido oposto, passava na divisa do pátio em direção ao palácio alto, fornecendo água aos cidadãos. Eram esses os lindos dons dos deuses no palácio de Alcino.

PALAVRAS DIRIGIDAS A ARETA E AS BOAS-VINDAS DE EQUENEU

Canto VII – versos 133-166

O *divino* Odisseu ficou ali parado, *aflito,* olhando. Depois de contemplar tudo e maravilhar-se na alma, atravessou a porta a passos rápidos e entrou no palácio. Encontrou os príncipes e conselheiros Feácios brindando com suas taças ao clarividente e vigilante Argeifonte, o último a quem eles costumavam brindar antes de se recolherem.

O *corajoso* Odisseu atravessou o salão *aflito,* coberto por uma névoa densa que Atena derramara sobre ele, até chegar a Areta a ao rei Alcino. Quando abraçou os joelhos de Areta, a névoa miraculosa se dissipou de sua volta, e todos da sala emudeceram ao ver aquele homem, fixando o olhar nele.

Odisseu iniciou sua súplica chamando-a de Areta *filha do divino Rexenor*, e explicando que depois de passar por infindáveis desventuras, vinha suplicar aos seus joelhos, ao seu marido e aos convidados – a quem os deuses trariam sorte ao longo da vida para transmitirem aos filhos a riqueza em seus palácios e fossem honrados pelo povo. Pedia uma escolta para que pudesse chegar o quanto antes à sua pátria, porque há tempos vinha sofrendo longe dos seus.

Então ele sentou-se à lareira perto do fogo, em meio às cinzas, e todos o olhavam calados. Por fim o herói Equeneu, um dos mais velhos dos Feácios, versado nas tradições e hábil nos discursos, tomou a palavra. Simpatizando com Odisseu, ele disse a Alcino não ser adequado que um estrangeiro se sentasse no chão sobre as cinzas, junto à lareira, enquanto os outros silenciavam esperando uma ordem sua.

Não, ele devia fazer o hóspede levantar-se e ir para uma cadeira ornada de prata. E pedir aos criados que preparassem o vinho para brindarem a Zeus *lançador dos raios* que ampara os veneráveis suplicantes. E que a governanta oferecesse ao hóspede um almoço com tudo que tivesse lá dentro.

ALCINO O RECEBE GENTILMENTE

Canto VII – versos 167-206

Ao ouvi-lo, Alcino segurou a mão do *engenhoso* Odisseu e o fez levantar de perto da lareira para sentar-se numa cadeira limpa, de onde pediu que se levantasse o viril Laodamas, o filho amado que costumava sentar-se ao seu lado. *Uma criada trouxe a água límpida num belo jarro de ouro e derramou-a numa bacia de prata para que ele lavasse as mãos, e trouxe-lhe uma mesa limpa. A atenciosa moça da despensa também trouxe pão e o serviu, e depois inúmeros pratos, aproveitando tudo o que havia.*

Assim, o *divino* Odisseu, *aflito*, bebeu e comeu, e o rei Alcino pediu ao emissário Pontono que preparasse uma mistura no jarro e servisse a todos da sala, para brindarem a Zeus *lançador dos raios* que amparava os suplicantes.

Pontono acrescentou mel ao vinho já saboroso e serviu a todos, pondo nas taças as doses dos brindes. *Depois de brindarem e beberem tudo quanto queriam seus corações,* Alcino pediu que todos os príncipes e conselheiros dos Feácios escutassem o que seu coração queria dizer.

Agora, como era o fim da festa, eles deviam ir às suas casas para descansar. De manhã, chamariam um número maior de anciãos para receberem o hóspede no palácio e ofereceriam boas vítimas aos deuses. Depois cuidariam da viagem dele, e com a escolta deles não haveria cansaço ou sofrimento para que chegasse alegre e rapidamente ao seu país, mesmo tendo vindo de muito longe. E que nesse tempo ele não sofresse nenhum mal ou provação antes de pisar em sua terra.

Disse que dali em diante ele teria o destino que as poderosas Fiandeiras teceram com seu fio no momento em que veio ao mundo, quando sua mãe o deu à luz. Mas se ele fosse um deus descido do céu, então os imortais planejariam uma novidade. Até então eles sempre se manifestavam quando lhes ofereciam sacrifícios grandiosos, comemorando com eles, sentados onde eles sentavam. Quando um Feácio notava um deles andando só, eles não disfarçavam, porque eram seus parentes próximos, como os Ciclopes e as tribos selvagens dos gigantes.

RESPOSTA DE ODISSEU

Canto VII – versos 207-243

O *manhoso* Odisseu respondeu que Alcino não precisava desse receio. Ele não tinha o aspecto, a estatura ou a feição dos deuses *moradores do vasto céu,* mas os de um simples mortal. Se ele soubesse, entre os homens, quem resiste a uma carga maior de desgraças, a ele Odisseu poderia se comparar, e talvez ainda pudesse relacionar mais sofrimentos, do tanto que os deuses quiseram que aguentasse.

Mas ele iria primeiro terminar a refeição, pois apesar da tristeza, não havia desconforto maior que o de um estômago faminto, obrigando um homem a pensar só na comida por mais preocupado que estivesse, ou por mais tristezas que guardasse no peito. Guardava muitas tristezas, mas o *estômago* sempre lhe exigia que comesse e bebesse, fazendo esquecer tudo que sofrera e ordenando que se fartasse.

Pedia a eles que se apressassem, e logo ao raiar da aurora o levassem, infeliz que era, a pisar em sua pátria, depois de tudo que passou. Queria não perder a vida antes de rever seus bens, seus criados e seu grande palácio de teto alto.

Após ouvirem, todos aplaudiram e apoiaram Alcino em repatriar o estrangeiro. E assim, depois de brindarem e beberem à vontade, os outros foram saindo, cada um para sua casa, e ficou apenas o divino Odisseu no salão. Com ele se sentavam Areta e Alcino *do aspecto de deuses.*

As criadas retiravam os talheres do jantar quando Areta *dos braços claros,* ao reconhecer o manto e a túnica – roupas finas que ela mesma tecera com as criadas – disse ao estrangeiro que iria ela própria fazer as primeiras perguntas. *Quem ele era, e de que país? Quem lhe dera aquelas roupas? Ele não dissera que chegou lá como um navegante errante?*

O *engenhoso* Odisseu, chamando-a de rainha, disse que seria difícil narrar a quantidade de tribulações que os deuses do céu lhe reservaram. Mas disse que responderia e lhe contaria tudo.

COMENTÁRIO DE ALCINO E NOVA RESPOSTA DE ODISSEU

Canto VII – versos 297-347

Depois de se referir à sua trajetória desde a ilha de Calipso até o seu resgate feito por Nausica, Odisseu disse sobre o que acabara de contar, embora com desprazer, que era a *pura verdade*. E Alcino, chamando-o de estrangeiro, respondeu que sua filha deveria, de fato, tê-lo trazido à casa deles junto com as criadas, pois fora a ela que Odisseu suplicou.

O *manhoso* Odisseu, chamando-o de príncipe, pediu que não censurasse sua impecável filha. Ela instruiu-o a andar entre as criadas, mas ele não quis. Teve vergonha e medo de que, ao vê-lo, o rei sentisse raiva no coração, pois todos os mortais, sobre a terra, são dados à ira.

Alcino, chamando-o de estrangeiro, respondeu que seu coração não era desses que se inflamavam sem causa alguma, e que era melhor ser comedido em tudo. E desejava que – dirigindo-se a Zeus *pai*, Atena e Apolo –, bonito como era, e tendo sentimentos iguais aos dele, se ficasse por lá, ele viesse a se casar com sua filha e pudesse ser seu genro. Alcino daria casa e riquezas a ele, se ficasse. Mas se não quisesse isso, nenhum Feácio iria retê-lo para não desagradar a Zeus *pai*.

Iria então marcar uma data para ele partir. E para estar seguro, seria o dia seguinte. E assim ele se deitaria entregue ao sono, enquanto os tripulantes cruzariam o mar calmo para levá-lo de volta ao seu país, ao seu palácio, ou aonde quisesse, mesmo que além da Eubeia – a terra mais longe, pelo que diziam os Feácios que a visitaram ao levarem Radamanto para visitar Títio, filho da Terra (Gaia).

Disse que eles foram e voltaram de lá num só dia e que o estrangeiro veria pessoalmente que os barcos dos Feácios eram excelentes e como os seus moços eram hábeis nos remos.

Ao ouvir isso, o *aflito* Odisseu se alegrou e rezou a Zeus *pai*, desejando que tudo se desse como Alcino dizia: que sua glória se espalhasse sobre a Terra e nunca terminasse e que ele pudesse voltar à pátria.

Enquanto eles falavam, Areta *dos braços claros* chamou as criadas para montarem uma cama na entrada do salão, pondo nela *belos lençóis vermelhos e cobertas por cima*, deixando junto algumas vestimentas grossas. Elas saíram da sala com suas tochas nas mãos e, zelosas, arrumaram a cama dele. Depois, chamando-o de estrangeiro, disseram a Odisseu levantar-se e ir dormir, pois sua cama estava pronta – o que provocou nele uma sensação agradável.

Assim, o *divino e aflito* Odisseu dormiu ali, em uma cama ornada sob o portal ressonante. Alcino, por sua vez, deitou-se no interior do palácio alto ao lado de sua esposa, que lhe fizera a cama.

43. Assembleia dos Feácios

REUNIÃO NA PRAÇA

Canto VIII – versos 1-45

Quando raiou a manhã, Aurora dos dedos cor-de-rosa, o rei Alcino levantou-se da cama, assim como Odisseu *criatura de Zeus, saqueador de cidades.* O rei foi à frente, dirigindo-se à praça dos Feácios construída próxima aos barcos. Lá chegando todos, sentaram-se sobre as pedras limpas.

Enquanto isso, Palas Atena corria a cidade disfarçada como emissário do sensato Alcino, avisando sobre o repatriamento do glorioso Odisseu. A cada um ela dava o recado. Dirigindo-se aos príncipes e conselheiros dos Feácios, ela dizia para irem até a praça e saberem do estrangeiro há pouco chegado ao palácio do sensato Alcino, depois de muito errar pelo mar. No físico, ele se parecia com os deuses.

De cada um que a ouvia, ela atraía paixão e zelo. Logo a praça toda estava repleta de homens. Muitos se maravilhavam ao contemplar o *fogoso* filho de Laertes. Atena derramara sobre os ombros e a cabeça dele uma graça miraculosa, fazendo-o *parecer mais alto e encorpado* para que fosse admirado, temido e respeitado por todos os Feácios e capaz de vencer as competições que eles fariam para testá-lo.

Com todos reunidos na assembleia, Alcino pediu a atenção dos príncipes e conselheiros dos Feácios para dizer o que seu coração mandava. Ele não sabia quem era o estrangeiro. Chegara perdido à sua casa, vindo do Oriente ou do Ocidente. Ele lhes pedia meios e proteção para partir, como haviam feito tantas vezes, e assim estavam tratando de repatriá-lo. Nenhum homem que chegasse ao seu palácio precisaria esperar um tempo longo e sofrido pela condução. Então deviam lançar um barco ao divino mar, em sua primeira viagem.

Pediu que se apresentassem os melhores 52 jovens para acompanhá-lo. Primeiro deveriam prender os remos nas bancadas, depois desembarcarem e irem todos ao palácio preparar rapidamente uma festa. Alcino distribuiria de sua fartura a todos.

E era isso o que ordenava aos jovens. E aos príncipes, donos de cetro, também convidava a irem à sua casa para homenagear o hóspede nos salões. Pedia que ninguém se recusasse. E que chamassem o divino músico Demódoco, a quem como a ninguém o deus dera o dom de agradar com seu canto, em qualquer tema que seu coração quisesse entoar.

PLANO EM ANDAMENTO E COMEMORAÇÃO COM PRESENÇA DO MÚSICO

Canto VIII – versos 46-75

Depois de falar, Alcino marchou à frente, seguidos dos príncipes com cetro, enquanto o emissário ia procurar o divino músico. Foram escolhidos 52 jovens e eles seguiram para a beira do mar *inesgotável* e, quando escolheram o barco, lançaram-no às águas profundas. Então *levantaram o mastro, puseram as velas e ajustaram os remos nas correias de couro* – tudo como se deve. Depois desdobraram as velas brancas e o ancoraram ao longe, para poderem se dirigir ao palácio do grande Alcino.

Os convidados lotaram o portal, os pátios e as salas. Eram inúmeros, de todas as idades. Alcino mandou abater doze carneiros, oito porcos de dentes brancos e dois bois de passos curvos. Então eles tostaram as vítimas e prepararam uma boa festa.

Em seguida chegou o emissário trazendo o músico que a Musa amava, dando-lhe montantes do bem e do mal: se lhe tirara a vista, deu-lhe um cantar mais doce.

O emissário Pontono pôs para ele uma cadeira marchetada de prata, encostada a uma coluna alta, bem no meio dos convidados. Pendurou sua lira melodiosa em um cabide acima e explicou como alcançá-la com as mãos. E deixou ao seu lado um cesto e uma mesa bonita, e também uma taça de vinho para ele beber quando seu coração pedisse.

Todos avançaram nos aperitivos que eram preparados e servidos, e depois de *saciarem todo o desejo de comida e bebida,* a Musa fez o músico cantar os feitos gloriosos dos heróis. Era um episódio que ficou famoso até mesmo no *vasto céu*: uma discussão (quase desavença) entre Odisseu e Aquiles *filho de Peleu.*

O CANTO SENSIBILIZA ODISSEU E ALCINO PERCEBE

Canto VIII – versos 83-103

Eram esses os temas do famoso músico. Mas Odisseu, segurando com as mãos fortes o seu grande manto vermelho, colocou-o sobre a cabeça para esconder o belo rosto. Teve vergonha de chorar à frente dos Feácios, pois de fato, a cada pausa do músico divino, ele precisava enxugar as lágrimas, removendo o manto da cabeça e brindando aos deuses com sua taça de asa dupla.

Bastava que o músico – incentivado pelos nobres Feácios, deleitando-se com o relato – recomeçasse a cantar, que Odisseu voltava a cobrir a cabeça e a gemer, coberto pelo manto. E ninguém percebeu seu choro a não ser Alcino, que estava ao seu lado e ouvia bem os seus gemidos profundos.

Então Alcino se dirigiu aos súditos *bons de remo* e pediu atenção aos príncipes e conselheiros dos Feácios. Disse que já tinham os corações satisfeitos com os alimentos da festa e com a lira, companheira de jantares mais abundantes. Agora iriam para o lado de fora onde haveria uma exibição de jogos atléticos. Quando o estrangeiro voltasse à pátria, poderia contar à sua gente como os Feácios superavam os outros povos no pugilismo, na luta, no salto e na corrida.

DISPUTAS ATLÉTICAS

Canto VIII – versos 104-142

Então ele marchou à frente e os outros o seguiram. O emissário pendurou a lira melodiosa no cabide, pegou Demódoco pelo braço e levou-o do salão, seguindo o caminho dos outros nobres Feácios para assistirem aos jogos.

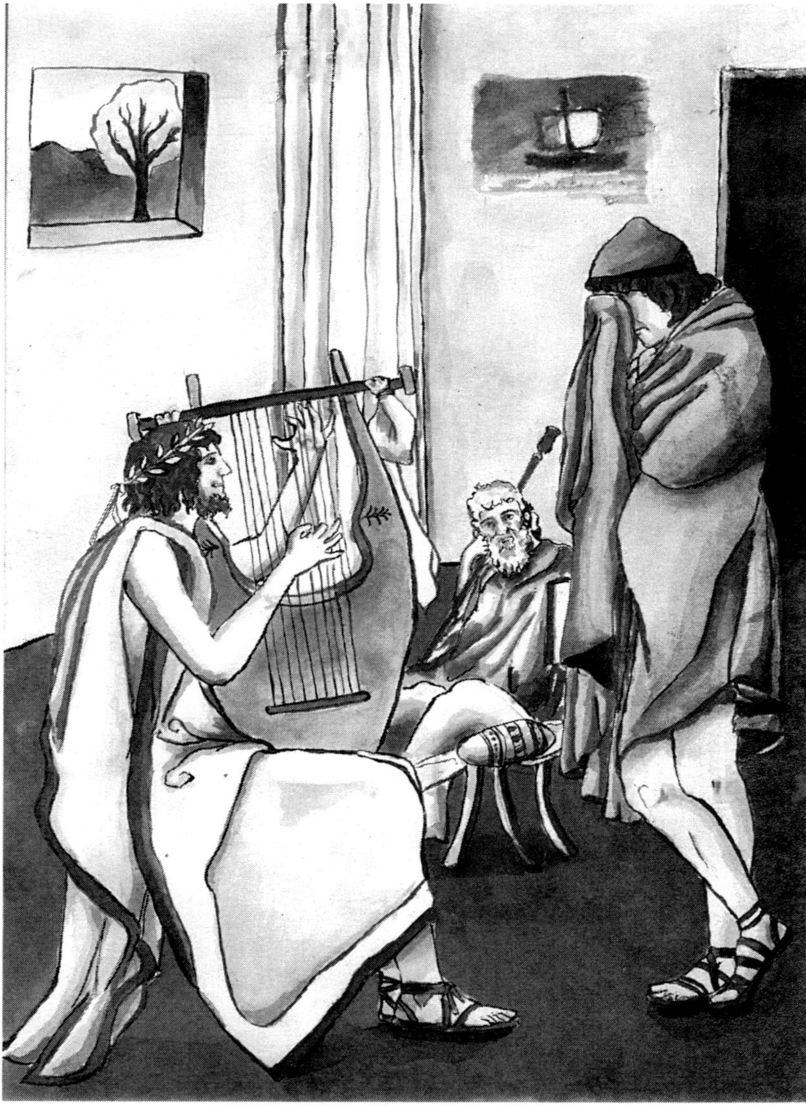

Demódoco, Alcino e Odisseu

Seguiram para a praça, e uma grande multidão – milhares de pessoas – os acompanhava. Muitos nobres jovens se exibiram, como Acroneu, Oquíalo, Elatreu, Nauteu, Primneu, Anquíalo, Eretmeu, Ponteu, Proreu, Tôon, Anabiseneu e Anfíalo *filho de Polineu, o filho de Técton*. Também se apresentou Euríalo, parecido com o *destruidor* Ares *filho de Náubclo*, que fora o mais belo dos Feácios, nos traços e na feição, depois do impecável Laodamas. Também se apresentaram os filhos do irrepreensível Alcino: Laodamas, Hálio e o divino Clitoneu.

Primeiro veio a corrida: traçou-se a meta e depois a pista. Todos voaram velozes, levantando pó do chão. Mas o melhor corredor deles, sem dúvida, era o impecável Clitoneu.

> (Quando, num terreno, vê-se o sulco deixado por uma parelha de mulas, foi o quanto ele se adiantou, deixando os outros para trás.)

Depois eles se exibiram numa luta árdua, e Euríalo venceu todos os nobres. No salto, ganhou Anfíalo. Já no arremesso de disco, Elatreu venceu com sobra, e no pugilismo o melhor foi Laodamas, o bravo filho de Alcino.

E Laodamas, depois de todos se contentarem no coração com o torneio, passou a discursar, conclamando os amigos a perguntarem ao estrangeiro se ele praticava algum tipo de atletismo. Ele tinha um bom físico: basta ver pelas coxas e panturrilhas, pelos dois antebraços e pelo pescoço duro o quanto era forte. Não lhe faltava juventude, mas vinha debilitado por tudo o que sofrera. Laodamas considerava que nada era tão ruim como o mar para extenuar um homem, por mais forte que fosse.

Euríalo elogiou sua fala e disse que ele mesmo devia fazer essa pergunta ao estrangeiro.

PROVOCAÇÃO DE LAODAMAS

Canto VIII – versos 143-185

Então o bravo filho de Alcino foi até o meio, chamou Odisseu de venerável estrangeiro e pediu que ele também fosse até ali e se mostrasse em algum esporte que aprendera. Devia conhecer algum, pois a grande glória na vida de um homem era o que podia fazer com os pés e as mãos. Pediu que fizesse uma demonstração e deixasse de lado sua prudência. Aquilo não lhe atrasaria a viagem, pois o barco já estava no mar e a tripulação preparada.

O *manhoso* Odisseu perguntou a Laodamas por que caçoava dele com aquele desafio. Havia mais tristezas do que questões atléticas no íntimo de quem, mal saído de tantos desalentos e cansaços, via-se na assembleia ansioso por voltar à pátria e suplicando ao rei e a todo o povo.

Euríalo encarou-o, chamou-o de estrangeiro e disse que ele não parecia um amante dos esportes (dos muitos que existem na humanidade). Parecia mais aqueles que viajam em um barco *de muitos remos* mandando em marujos, de olho no transporte e conferindo a mercadoria, os lucros, a ganância... Atleta ele não parecia.

Desviando o seu olhar irritado, Odisseu respondeu que aquelas palavras não eram nobres. E lhe pareceram arrogantes, uma vez que os deuses não davam os mesmos dons a todos os homens, fosse a força, a inteligência ou o uso da palavra. De fato, um homem podia ter um aspecto feio, mas se era coroado por um deus com a magia da boa fala, os outros o contemplavam com prazer: sua firmeza no discurso e a modéstia suave o distinguiam na multidão, e ao andar pela cidade era visto como um deus.

Já outro tinha na feição o aspecto dos deuses, mas não era coroado pela graça da boa fala. E era o caso dele: sua beleza brilhava tanto que mesmo um deus não poderia melhorá-la. Mas sua cabeça era oca. E assim ele o enraivecera, ao falar de modo deselegante.

E disse que não era avesso aos esportes, como fora dito. Ao contrário, acreditava ter sido dos melhores, quando confiava na juventude de seus braços. Agora, as dores e desgraças o tolhiam, pois sofrera muito em guerras com outros povos e em mares de ondas bravias. Mesmo assim, com tudo de pior que passara, faria uma prova esportiva, porque as palavras dele haviam tocado seu coração e ele se sentira provocado com o desafio.

DEMONSTRAÇÕES DE ODISSEU

Canto VIII – versos 186-233

Mesmo com o manto, ele levantou e pegou um disco maior e pouco mais pesado do que aquele usado pelos Feácios. Rodou e soltou-o de sua mão forte. A pedra zuniu, e os Feácios – navegadores competentes e *de bons remos* – caíram no chão com o vento provocado por ela, que saiu veloz da mão de Odisseu e voou bem além das marcas de todos.

Atena, no aspecto de um homem, foi até a marca e disse ao estrangeiro que mesmo um cego, tateando, distinguiria essa marca das outras. Ela era de longe a primeira. Naquele esporte, pelo menos, não havia dúvida de sua vitória. Nenhum Feácio alcançaria ou superaria aquela distância.

Ouvindo isso, o *divino e aflito* Odisseu se alegrou ao ver um companheiro de opinião honesta no torneio. Mais confiante, sugeriu aos Feácios que agora igualassem aquela marca. Podia ser que ainda lançasse outro disco, com marca igual ou até melhor.

E disse para aproximar-se quem quisesse, ou a quem o coração e a alma pedissem para medir forças com ele (pois o haviam irritado ao máximo), no pugilismo, na luta ou mesmo na corrida. Para ele, tanto fazia. Podia ser qualquer um deles, menos Laodamas, pois ele o hospedava, e não se lutava com quem o acolhia (desafiar nos esportes quem o hospedava em país estrangeiro seria falta de juízo, pois prejudicava os próprios interesses).

Disse não recusar ou desmerecer ninguém entre os outros: queria vê-los e medir forças no corpo a corpo, pois não era ruim em nenhum esporte. Segurava um arco com firmeza e seria o primeiro a disparar e alvejar o homem certo em meio à multidão de um exército inimigo, não importando quantos aliados estivessem ao seu lado para fazer o mesmo. E era sério!

Contou que em Troia, quando eles, Aqueus, disparavam o arco, só quem o vencia era Filocteto. Depois dele, era incomparavelmente o melhor dos mortais que viviam na terra e comiam de seu pão. Só não se comparava aos homens de outrora, com Héracles e com Êurito da Ecália, que rivalizavam até com os deuses no arco.

Foi por isso que o grande Êurito morrera jovem e não chegou à velhice em seu palácio: Apolo, enraivecido, matou-o por ousar competir com ele no arco.

E ninguém atirava uma flecha tão longe como ele a uma lança. Só na corrida podia ser que perdesse de algum Feácio. E isso porque se desgastara demais nas muitas ondas enormes e cruéis, enquanto o alimento do barco era limitado. E por isso seus músculos estavam afrouxados.

RESPOSTA DE ALCINO

Canto VIII – versos 234-269

Ao ouvirem, todos ficaram quietos. Só Alcino disse alguma coisa, entendendo que o estrangeiro não dizia aquilo por ingratidão, mas por estar preparado a demonstrar sua superioridade. Via-se magoado porque Euríalo o desafiara para o torneio falando com ignorância e, se soubesse falar do modo correto, não desprezaria o seu valor.

Mas agora deveria escutá-lo para, quando estivesse jantando em seu palácio com a esposa e os filhos, poder contar a outros heróis lembrando a habilidade dos Feácios e as façanhas que Zeus sempre lhes dera, desde a época de seus pais. No pugilismo e na luta podiam não ser imbatíveis, mas eram velozes na corrida, os melhores marinheiros e gostavam de jantares, música, dança, roupa limpa, banhos mornos e *amores*.

Então pedia que os melhores dançarinos da Feácia agora dançassem, para que ao voltar para casa o hóspede contasse a seus amigos sobre serem o melhor povo na navegação, na corrida, na dança e no canto. E que alguém trouxesse logo para Demódoco a lira melodiosa, que estava em algum lugar do palácio.

O emissário levantou-se para ir ao palácio e trazer a lira, e também se levantaram os juízes, num total de nove escolhidos pelo povo. Eram eles que organizavam todos os detalhes das disputas. E então prepararam um local para a dança, abrindo um espaço amplo para a apresentação.

O emissário trouxe a lira melodiosa, e Demódoco foi colocado no meio deles. À volta, puseram rapazes bem jovens e habilitados na dança, começando a marcar o terreno sagrado com seus passos de bailado. Odisseu observava os rápidos movimentos dos pés deles, sentindo sua alma extasiada.

O músico, dedilhando a lira, começou com um canto sobre a bela história dos amores de Ares e Afrodite *da linda coroa*, falando sobre o primeiro encontro furtivo que tiveram na casa de Hefesto...

44. Festa de despedida

CELEBRAÇÃO PROMOVIDA POR ALCINO: DANÇA E PRIMEIROS PRESENTES

Canto VIII – versos 367-416

Tudo era cantado pelo famoso músico. Odisseu e os Feácios *dos remos longos*, grandes navegadores, deleitavam-se no coração ao escutar.

Então Alcino mandou Hálio e Laodamas dançarem a sós, pois nenhum era melhor do que eles. Eles pegaram uma bola vermelha bem bonita, feita pelo sensato Polibo especialmente para eles, e um, curvando-se para trás, a lançava até as nuvens sombrias, e outro, pulando alto, a pegava lentamente antes dos pés voltarem ao solo.

Depois de mostrarem suas facilidades no lançamento vertical da bola, começaram a dançar na terra *que dá frutos*, passando habilmente a bola um para o outro. Os outros jovens, de pé, batiam palma lentamente, em um grande estrondo.

Então o divino Odisseu dirigiu-se a Alcino chamando-o de notável entre todos os povos. Disse que se vangloriou de serem eles os melhores dançarinos, e de fato isso fora provado: Odisseu estava maravilhado com o espetáculo.

O rei Alcino se alegrou e em seguida pediu atenção aos príncipes e conselheiros dos Feácios *amantes dos remos*. Disse que o hóspede lhe parecia muito inteligente. Então deviam oferecer-lhe um presente de hospitalidade à altura. De fato, eram 12 os reis ilustres no país, e com ele 13. Cada um deveria trazer um manto bem lavado, uma túnica e uma boa quantia em ouro *valioso*. E se reuniriam depois para que o hóspede levasse os presentes e assim chegasse com o coração alegre ao jantar.

Disse a Euríalo para pedir desculpas pelas palavras deseducadas que usara e que também lhe desse um presente. Todos o aplaudiram *e cada um mandou um emissário para trazer os presentes.*

Euríalo, chamando-o de *poderoso* Alcino, homem exemplar entre todos, respondeu que naturalmente pediria desculpas ao hóspede, como fora mandado. E lhe daria aquela pequena espada de bronze com a guarda de prata. Estava envolvida numa bainha de marfim recém-cortado e seria muito útil para ele. Então colocou a mão na espada ornada de prata e, saudando o estrangeiro, disse-lhe, com leveza, que, se proferira uma palavra ofensiva, os furacões a destruíssem e levassem embora. E que os deuses permitissem a ele reencontrar a esposa e voltar à pátria, pois havia tempos que sofria tribulações longe dos seus.

O *manhoso* Odisseu também o saudou, chamando-o de amigo e, desejou que os deuses lhe dessem felicidade e que no futuro não sentisse falta daquela espada que lhe dava junto com as desculpas. Então pendurou em seu ombro a espada ornada de prata.

AO ANOITECER, CHEGADA DE MUITOS PRESENTES

Canto VIII – versos 417-453

O sol já se punha quando os nobres emissários chegaram ao palácio de Alcino trazendo seus gloriosos e magníficos presentes. Os filhos do impecável rei os receberam à frente de sua venerada mãe.

Então o rei, chamando Areta de mulher, pediu que ela trouxesse uma arca fina – a melhor que houvesse – para pôr nela *um manto* bem lavado e *uma túnica.* Devia colocar um caldeirão no fogo e esquentar água para ele. Depois de tomar banho e ver bem arrumados todos os presentes trazidos pelos impecáveis Feácios, que ele se alegrasse em jantar e ouvir o canto de um hino. E também lhe daria aquela belíssima taça gravada em ouro *para que se lembrasse dele todos os dias ao fazer oferendas a Zeus e a outros deuses em seu palácio.*

Areta mandou as criadas porem no fogo um vaso grande, de três pés, o quanto antes. Assim elas fizeram, e a água esquentou.

Enquanto isso, a rainha trouxe uma arca fina da rouparia e pôs nela os belos presentes (as roupas e o ouro dados pelos Feácios, dando também *um manto* e uma linda *túnica*), dizendo para ele mesmo cuidar da tampa: amarrá-la logo com uma corda para que ninguém o roubasse na viagem, quando estivesse no barco e precisasse dormir.

Ao ouvir isso, o *divino e aflito* Odisseu ajustou logo a tampa, amarrou-a com uma corda e deu o nó engenhoso aprendido com a nobre Circe. Em seguida, a governanta o convidou a entrar na banheira e lavar-se. O banho morno alegrou seu coração. Não sentia esse tipo de conforto desde que deixara a casa da Calipso *dos lindos cabelos* (onde ele gozava de contínuo conforto, como um deus).

BANHADO, ODISSEU CONVERSA COM NAUSICA E PEDE UMA MÚSICA A DEMÓDOCO

Canto VIII – versos 454-499

Lavado pelas criadas, ungido de azeite e coberto com *um belo manto e uma túnica*, ele saiu da banheira e se juntou aos homens que bebiam vinho. Nausica, a quem os deuses deram toda a beleza, pôs-se junto à coluna da sala, no sólido palácio, e seus olhos se maravilharam ao ver Odisseu. E então saudou-o e disse, com leveza, que, quando um dia estivesse em seu país, era para lembrar-se dela, a primeira que o resgatara à vida.

O *manhoso* Odisseu respondeu à Nausica *filha do glorioso Alcino* desejando que Zeus *estrondoso esposo de Hera* assim o determinasse: que ele pudesse ir para casa vendo o dia de sua volta, e ali, então, rezar a ela como para uma divindade, pois a ela, uma donzela, ele devia a vida.

Então ele sentou-se na cadeira ao lado do rei Alcino, enquanto já se serviam porções e preparavam o vinho. E logo chegou um emissário trazendo o excelente músico Demódoco, tão querido do povo. Ele sentou-se no meio dos convidados, encostado a uma coluna alta, e o emissário ofereceu ao engenhoso Odisseu um bom pedaço do lombo de javali de presa branca. Sobrava ainda uma grande parte, coberta de muita gordura, e então Odisseu pediu que a dessem para Demódoco comer.

Apesar do que sofria, queria tratá-lo com amizade, pois os músicos mereciam a honra e o respeito de todos. Era a Musa quem lhe inspirava os poemas e quem protegia os músicos. O emissário pegou a carne e a colocou nas mãos do nobre Demódoco, que a recebeu com alegria no coração.

Então eles avançaram sobre os pratos que eram preparados e servidos, e quando *tiraram de si todo o desejo de comer e beber*, o *engenhoso* Odisseu disse a Demódoco que o louvava acima de todos os homens. E disse que não fora a Musa *filha de Zeus* quem o ensinara, e sim Apolo, pois era perfeita a maneira como ele cantava sobre os sofrimentos dos Aqueus e os seus cansaços, como se ele mesmo, por acaso, estivesse vendo ou ouvido de alguém.

Então, ele deveria deixar de lado o tema anterior e cantar sobre o cavalo de madeira que Epeu construíra com ajuda de Atena, a armadilha que o divino Odisseu preparara para a cidade ao preenchê-lo dos homens que saqueariam Troia. Se lhe narrasse esse episódio exatamente como se deu, ele logo proclamaria a todo o mundo que um deus amigo lhe dera o dom do canto inspirado.

O músico, inspirado pelo deus, fez um prelúdio e entoou o canto sobre o cavalo de madeira, começando pelo momento em que Odisseu e seus homens estavam dentro ele, e os próprios Troianos o levaram para o interior da cidadela.

45. ODISSEU NARRA SUAS AVENTURAS E TODOS QUEREM OUVIR

O HERÓI É NOVAMENTE TOMADO PELA EMOÇÃO, E ALCINO PEDE QUE EXPLIQUE

Canto VIII – versos 521-563 e 572-586

Enquanto o músico famoso celebrava esses feitos, Odisseu se comovia e de suas pálpebras desciam lágrimas que molhavam todo o rosto.

> (Era como o choro de uma mulher abraçada ao corpo do marido que morria à frente de todo o povo, preferindo afastar da cidade e de seus filhos o dia inevitável, e ao vê-lo quase morto, sufocando-se, grudava-se a ele e soltava gemidos estridentes.
>
> Os inimigos batiam nela com lanças, por trás, nas costas, nos ombros, e a levavam como escrava para uma vida de cansaços e castigos, em que tudo de pior lhe desfigurava o semblante. Assim Odisseu derramava lágrimas sob as sobrancelhas, de modo comovente, e apenas Alcino percebia, pois estava sentado ao seu lado e ouvia os gemidos profundos.)

Alcino então se dirigiu aos Feácios *bons de remo* querendo a atenção dos príncipes e conselheiros. Pedia a Demódoco que parasse agora com sua lira melodiosa, pois nem a todos ele estava agradando com seu canto. Desde que começaram a comer e o divino músico a cantar, o hóspede deles não havia parado de soluçar com tristeza, e com certeza havia uma grande dor em seu coração.

Pedia então ao músico que parasse, para que todos pudessem se divertir por igual – os anfitriões e o hóspede –, o que era bem melhor. De fato, fora para homenagear o venerável hóspede que prepararam aquilo tudo, mais a escolta e os presentes amigos, dados com afeto. Mesmo para os menos sábios, considerava-se como irmão uma pessoa que era hóspede e suplicante.

E dirigindo-se a Odisseu, pediu que não lhe escondesse com artimanhas o que iria perguntar a ele – era melhor falar! Quis que dissesse *com que nome o chamavam seu pai, sua mãe e os outros de sua cidade e arredores. Pois ninguém no mundo, absolutamente, nem bandido, nem príncipe, deixava de ter nome ao nascer. Os pais sempre davam nomes a seus filhos.*

Pediu que lhe falasse *qual a sua terra, o seu povo, a sua cidade,* para que seus barcos pudessem conduzi-lo, apontando a direção por si mesmos, pois os Feácios não tinham pilotos nem lemes como havia nos barcos em geral. Os deles entendiam por si mesmos os pensamentos e as intenções dos homens, conheciam as cidades e as terras férteis do mundo todo, atravessando velozes o *abismo do mar* mesmo escondidos em névoas, sem nunca ter medo do naufrágio ou de qualquer dano.

(Mas lembrou do que lhe dizia o pai: que um dia Posêidon iria se revoltar e ocultá-los atrás de uma grande montanha; no fundo, era o deus quem decidia essas coisas, conforme seu coração mandasse.)

Então pediu ao estrangeiro que lhe dissesse *uma coisa, sem rodeios: por onde ele vagara? Em que países aportou?* Queria que lhe contasse de homens e cidades *bem-construídas,* não só dos selvagens e injustos, mas também dos hospitaleiros que temiam aos deuses. E revelasse por que chorava e gemia no coração quando ouvia falar das misérias dos Gregos e de Troia.

Lembrou que o destino fora dado pelos deuses e, se eles teciam a ruína dos homens, era para inspirar poemas na posteridade. Então perguntou se ele perdera algum parente em Troia, um bravo (talvez genro ou sogro) que fosse o mais querido depois dos próprios parentes de sangue. Ou talvez um grande amigo, pois um amigo compreensivo valia tanto quanto um irmão.

ODISSEU REVELA O NOME E CONTA SUA HISTÓRIA

Canto IX – versos 1-39

Chamando-o de poderoso Alcino, exímio entre todos, Odisseu pediu que acreditasse em sua resposta. Disse ser bom ouvir um músico como aquele, de voz semelhante à de um deus. Afirmou não haver maior satisfação do que ver todo um povo alegre: os convidados enfileirados nos salões para escutar um músico; suas mesas cheias de pão e carne, e um criado tirando vinho de um jarro para colocá-lo nas taças. Em seu coração, aquele era o espetáculo mais bonito.

Mas se o coração de Alcino pedia que perguntasse sobre os sofrimentos dele, isso o levaria a soluçar e a gemer ainda mais. Por onde começar e terminar? Eram inúmeras as penas que os deuses *Olímpios* reservaram a ele. Bem, começaria pelo seu nome, para que soubessem, no futuro, se escapasse ao *abismo do fim* e pudesse ser ele o anfitrião de Feácios, embora o seu palácio fosse distante.

Disse ser Odisseu *filho de Laertes*. O mundo todo o conhecia por suas artimanhas, e sua fama chegava aos céus. Morava na Ítaca *vista à distância*, onde havia grandes montanhas de florestas ondulantes: eram inúmeras ilhas próximas umas das outras, como *Dulíquio, Same e a selvagem Zacinto*. Ítaca mesmo era uma ilha baixa, e mais distante no mar em direção ao pôr do sol. Apesar de rochosa, era uma boa formadora de jovens. E sentia dentro de si que nada era mais doce do que a própria terra.

Pediu que acreditassem: Calipso, a venerável deusa, o queria como marido, e assim o reteve na gruta. Também a Circe *enganadora de Eeia* o reteve em seu palácio, muito o querendo como marido. Mas elas jamais persuadiram o coração em seu peito.

A verdade era que não existia nada mais doce que a própria pátria e os pais da gente, por mais rica que fosse a casa distante de quando alguém morava fora de seu país. E sendo assim, iria relatar as dificuldades de sua volta.

IMPRESSIONADOS COM AS HISTÓRIAS, OS FEÁCIOS OFERECEM NOVOS PRESENTES E QUEREM OUVIR MAIS

Canto XI – versos 328-383 e Canto XII – versos 450-452

Depois de muito falar, Odisseu já não podia contar sua história, nem mesmo dizer o nome das tantas esposas e filhas de heróis com quem conversou antes de terminar a noite imortal. Disse que, aliás, era tempo de dormir, ou num dos *barcos velozes*, com a tripulação, ou ali. Os deuses e eles haveriam de conduzi-lo.

Então todos silenciaram, extasiados, nas sombras do salão. E Areta *dos braços claros* perguntou aos Feácios quem aquele homem parecia ser na feição, na estatura e na ponderação do espírito? Sim, ele era seu hóspede, mas todos eles participavam daquela honra. Não deviam apressar a despedida, nem economizar nos presentes a quem precisava. Pois, graças aos deuses, eles guardavam grandes tesouros em suas casas.

Em seguida falou o guerreiro Equeneu, o mais idoso dos Feácios homens. Chamando-os de amigos, disse que as palavras da sensata rainha eram certeiras e de acordo o pensamento deles. Deviam escutá-la, mas a decisão cabia a Alcino.

E o rei respondeu fazendo suas as palavras dele, dizendo-se seguro como estar vivo e reinar sobre os Feácios *bons de remo*. Achava que o hóspede devia ser paciente, por mais que ansiasse pela volta, e ficasse até o dia seguinte, dando tempo para aumentarem os presentes. Ninguém iria descuidar de seu repatriamento, muito menos ele, que governava o país.

Chamando-o de poderoso Alcino, ilustre entre todos os povos, Odisseu respondeu que se o convidasse a ficar lá por um ano que fosse, atrasando seu repatriamento e dando presente esplêndidos, era capaz de aceitar, pois seria um bom negócio chegar à pátria querida com a mão carregada de bens, e todos que o vissem de volta lhe teriam ainda mais respeito e estima.

Agora chamando-o de Odisseu, Alcino respondeu que, quando o viam, não lhes parecia um enganador mentiroso como tantos que inventam falsidades por esse *mundo negro* afora – coisas que ninguém pode verificar. Suas palavras eram belas e seu coração honrado. Ele narrara com a arte de um músico as histórias de tristes aventuras dos Gregos e a sua própria.

Mas pediu que então dissesse, *sem rodeios*: quando esteve no palácio de Hades, viu a alma de alguns dos companheiros divinos que o acompanharam a Troia e acabaram morrendo lá?

Presentes

Tinham pela frente uma longa noite, ainda longe de acabar. No palácio, não era hora de dormir. Pediu que contasse mais de suas proezas incríveis, e ele estaria firme até a divina aurora, se houvesse ânimo para lhe contar, no salão, mais de suas aventuras.

O *manhoso* Odisseu, chamando-o poderoso Alcino *exímio entre os povos,* respondeu haver tempo de longas conversas e hora de dormir. Mas se ele ainda queria escutar, não se recusaria a contar outras desventuras, mais doídas que as suas e as dos companheiros que acabaram morrendo.

Havia a dos companheiros que, escapando aos gritos mortais de guerra dos Troianos, morreram ao voltar pela decisão de uma esposa má (referia-se à morte de Agamêmnon, pelo que ouvira da alma do próprio herói, quando estiveram frente a frente no palácio de Hades).

Mas por que ele contava isso tudo a Alcino, se no dia anterior, no palácio, relatara essa mesma aventura a ele e à sua nobre esposa? Assim, Odisseu preferiu não recontar as passagens que já estavam inteiramente narradas.

46. Finalmente, a volta

ÚLTIMOS PREPARATIVOS

Canto XIII – versos 1-48

E depois de contar tudo aquilo, eles ficaram em silêncio, nas sombras do salão, extasiados. Alcino tomou a palavra e disse a Odisseu que, se chegara vagando ao seu palácio de teto alto e piso de bronze, agora já poderia voltar, por maiores que tivessem sido seus sofrimentos.

E disse a cada um dos que bebiam em seus salões o *vinho saboroso* dos anciãos, e ouviam os cantos do músico, que na arca limpa já havia roupas para o estrangeiro e muito ouro trabalhado com arte, além dos presentes que os conselheiros dos Feácios trouxeram.

Assim, que cada um desse a ele um vaso grande de três pés e um caldeirão. Depois seriam reembolsados pelo povo, pois sairia caro dar presentes sem ajuda dos outros. A proposta dele foi bem aceita e então os outros saíram para dormir em suas casas.

Mal raiou a filha da manhã, Aurora dos dedos cor-de-rosa, eles correram para os barcos levando seus bronzes destemidos. O rei Alcino, indo pessoalmente ao barco, guardou os objetos sob os bancos para não atrapalhar os movimentos dos remadores.

Os tripulantes foram à casa de Alcino fazer uma festa de despedida, e em homenagem a eles o rei sacrificou um boi a Zeus *filho do Tempo, deus das nuvens negras e rei de todos.* Depois de tostarem as partes, eles comeram e se extasiaram com o canto do divino músico Demódoco, tão venerado pelo povo. Mas Odisseu, repetidas vezes, voltava o seu rosto para o sol a pino, ansioso para que viesse logo a se pôr, pois ardia sua vontade de partir.

> (Como o lavrador que anseia pela hora do jantar, depois de puxar durante todo o dia com sua junta de bois cor de vinho o arado apertado na terra, vendo a descida do sol com alegria e sentindo fracos os joelhos, também assim para Odisseu foi prazeroso chegar a hora em que o sol se punha.)

E assim ele falou aos Feácios *bons de remo*, em especial a Alcino, para manifestar seu pensamento. Chamando-o de *poderoso, exemplo entre os homens*, pediu que fizesse os sacrifícios e o repatriasse em paz para serem felizes. Já era real o que seu coração almejava, a escolta e os presentes.

Desejava assim que os deuses celestes o abençoassem e que, ao voltar, encontrasse em casa sua esposa íntegra e a família sãs e salvas. E que também eles fossem a alegria de suas esposas legítimas e dos filhos: que os deuses lhe dessem abundância em tudo, e nenhuma desgraça os atingisse.

E assim, todos o apoiaram, recomendando o repatriamento do estrangeiro que tão boas previsões fez para eles.

BRINDE DE DESPEDIDA

Canto XIII – versos 49-75

Então Alcino ordenou a Pontono, seu emissário, que misturasse o vinho na taça e servisse a todos os convidados para que rezassem a Zeus *pai* antes de enviar o estrangeiro à sua pátria. Pontono preparou aquele vinho *doce como mel*, serviu a todos, e eles, em seus lugares, ofertaram aos deuses afortunados *moradores do vasto céu*.

O *divino* Odisseu se levantou, pôs nas mãos de Areta o cálice de duas asas e, chamando-a de rainha, proferiu *palavras leves*, desejando que sua felicidade fosse grande e durasse até que viessem a velhice e a morte (que eram parte da condição humana). Partindo em viagem, desejava que naquela casa fossem felizes ela, seus filhos, seu povo e o rei Alcino.

Então ele transpôs o portal de entrada, e o rei Alcino disse ao emissário para acompanhá-lo, levando-o ao *barco veloz* à beira-mar. Areta mandou as criadas o seguirem, uma com *um manto* bem lavado e *uma túnica*, outra com uma arca resistente, e outra com pão e vinho tinto.

Ao chegarem ao barco, na praia, os nobres da escolta logo receberam esses objetos e os guardaram no *barco curvo*, assim como a comida e a bebida. E estenderam para Odisseu uma manta e um lençol de linho no convés do barco *bem-construído* para que dormisse à vontade.

VIAGEM DE VOLTA

Canto XIII - versos 75-92

Então Odisseu embarcou e se deitou quieto. Eles se sentaram em fila, cada um em seu banco, e soltaram a amarra da pedra furada. Quando começaram a remar, inclinando-se para trás, pousou nas pálpebras de Odisseu um *sono doce*, profundo e suave, que até parecia o da morte.

> (Como em terra, quando quatro cavalos atrelados arrancam juntos por causa do chicote e, fogosos, percorrem a estrada, assim se levantava a proa do barco, e atrás espumava a onda escura do mar sonoro.)

O barco corria tão seguro e firme que nem o falcão - ave mais veloz - poderia acompanhá-lo. Cortava rápido as ondas do mar, levando um homem que se comparava aos deuses na inteligência e que antes sofrera inúmeras angústias no coração, passando por guerras de povos e ondas cruéis, mas agora dormia tranquilo, sem lembrar do que sofrera.

APROXIMAÇÃO E DESEMBARQUE

Canto XIII - versos 93-125

Quando surgiu a estrela mais brilhante, que anuncia a luz da *Aurora, filha da manhã*, o barco aproximou-se da ilha. Em Ítaca, havia um porto de nome Fórcis *velho do mar*. Pelo lado saíam duas pontas rochosas que o fechavam e protegiam das grandes ondas levantadas pelos ventos ferozes. E assim os barcos *de muitos bancos* podiam ficar sem as amarras, depois de atingida a profundidade de ancorar.

Na entrada do porto ficava uma oliveira frondosa e ao lado dela uma gruta aprazível e sombreada, consagrada às *Ninfas de nome Náiades*. Dentro dela havia taças e vasos de pedra, e era onde as abelhas construíam suas colmeias. Havia também teares altos de pedra, onde as Ninfas teciam seus mantos vermelhos, maravilha de se ver!

Brotavam ali fontes perenes, e havia duas entradas: uma voltada ao Norte, por onde entravam os homens, e a outra voltada ao Sul, que era divina, e os homens a evitavam, pois era de uso dos deuses.

Eles tocaram o barco por ali, pois conheciam o lugar. Na velocidade em que chegou, metade de sua extensão entrou em terra firme, pelo impulso dado com os braços dos remadores. Ao desembarcarem, os tripulantes levantaram Odisseu do barco *bem-construído* e o puseram na areia ainda sobre o lençol de linho e a manta, sem que ele acordasse.

Também tiraram os tesouros que os nobres Feácios lhe deram ao partir para casa, graças à *dadivosa* Atena, e os amontoaram ao lado das raízes da oliveira, fora da estrada, para que nenhum caminhante os levasse enquanto Odisseu dormia. E logo voltaram à Feácia.

47. Posêidon pune os Feácios

REVOLTA DO REI DOS TREMORES

Canto XIII – versos 125-158

Posêidon não esquecera as antigas ameaças feitas ao *divino* Odisseu e questionou Zeus *pai* sobre sua decisão. Perguntou como uma divindade seria ainda honrada entre os deuses se nem os mortais a respeitavam, nem mesmo os Feácios, suas criaturas?

De fato, ele havia dito que Odisseu passaria por muitos infortúnios antes de voltar à casa, mesmo que seu regresso – prometido e confirmado por Zeus – não fosse totalmente impedido. Mas os Feácios o levaram, navegando, adormecido em um *barco veloz*, e o desembarcaram em Ítaca. Deram-lhe inúmeros presentes: *peças de bronze, de ouro e de vestes tecidas, incontáveis, muito mais do que ele traria de Troia se chegasse de lá ileso, com sua parte no saque.*

Zeus *ajuntador das nuvens* também clamou aos deuses sagrados para perguntar do que ele, *dos tremores de terra* – e com tão amplo poder –, se queixava? Os deuses não o desconsideravam. Sofreria quem afrontasse o mais nobre e velho de todos. Se algum homem, confiando em sua força e poder, faltasse-lhe com o devido respeito, estaria no seu direito castigá-lo, mesmo que tardiamente. Então ele devia fazer como quisesse, desde que lhe confortasse o coração.

Posêidon *dos tremores da terra* disse que faria logo o que ele, *deus das nuvens negras*, acabara de dizer, se não o temesse e preferisse evitar sua fúria. E agora desejava dar fim ao belíssimo barco dos Feácios na volta de sua escolta, no meio do *mar em névoas*, para que dali em diante refletissem e deixassem de escoltar pessoas. E também pretendia cercar a cidade deles com *uma montanha alta que a escondesse.*

Zeus *ajuntador das nuvens*, chamando-o de amigo, pediu que sentisse o que mais lhe agradava o coração. Quando o barco estivesse navegando à vista de toda a cidade, devia transformá-lo numa ilhota próxima à terra firme – ilhazinha em forma de *barco veloz*, que causasse maravilha às pessoas. E também cercar sua cidade *com uma montanha alta que a escondesse.*

NAUFRÁGIO – PUNIÇÃO FEITA AOS FEÁCIOS (COMO ERA PREVISTO)

Canto XIII – versos 159-171 e 178-187

Posêidon *dos tremores de terra* dirigiu-se à Esquéria, país dos Feácios, e lá esperou. A nave *bem-construída* vinha veloz do alto-mar quando Posêidon *dos tremores de terra* se aproximou e transformou-a em pedra, presa no fundo do mar por um golpe de sua mão. Então foi embora.

Em terra, os Feácios *dos remos longos*, excelentes navegadores, trocavam *palavras leves*, com alguns lamentando a seus vizinhos e perguntando-se quem havia segurado o *barco veloz* deles em alto-mar, quando já avistavam sua ilha.

Não sabiam o que estava acontecendo, e foi então que Alcino lembrou-se da previsão feita por seu pai Nausito. Clamou aos deuses sagrados e, dirigindo-se a todos, esclareceu que aquele feito, com certeza, era o que há muitos anos já se previra.

Era o que o ancião dizia, e como agora todas as suas previsões haviam se cumprido, eles deviam tratar de pôr em prática o plano deles: parar de repatriar os mortais que chegassem à sua cidade. E deviam sacrificar a Posêidon 12 touros selecionados. E quem sabe, tendo piedade, ele desistisse de cercar a cidade deles com uma serra.

Os Feácios, morrendo de medo, preparam os touros, e os chefes e conselheiros do povo, de pé à volta de um altar, passaram a rezar ao rei Posêidon.

48. Odisseu acorda em Ítaca e Atena lhe dá aspecto de mendigo

DEMORANDO A RECONHECER O PAÍS

Canto XIII – versos 187-221

Depois de algum tempo, Odisseu acordou. Havia finalmente voltado à sua terra pátria, mas ainda não sabia disso. Palas Atena *filha de Zeus* lançara ao redor dele uma névoa para que ninguém o visse e primeiro ela pudesse instruí-lo. Assim, Penélope, os amigos e cidadãos não o reconheceriam antes de os invasores de sua casa pagarem pelos seus crimes.

Os longos caminhos, os portos seguros, os rochedos íngremes e as árvores frondosas, tudo ainda lhe parecia estranho. Odisseu se levantou num salto e contemplou aquela terra gemendo, batendo suas mãos espalmadas nas coxas e lamentando, não sabendo a que terra havia chegado. Seriam povos selvagens, cruéis e injustos? Ou hospitaleiros e tementes aos deuses? Para onde levar aqueles tesouros? E por onde ele mesmo devia vagar? Talvez fosse melhor ficar na Feácia. E talvez, se procurasse outro rei poderoso, ele o acolhesse e desse escolta para voltar.

Não sabia onde pôr aqueles bens e não podia deixá-los ali para serem roubados. Clamou aos deuses sagrados e pensou que afinal não eram de todo sensatos e íntegros os chefes e conselheiros dos Feácios que lhe deportaram para outro país. Prometeram levá-lo à Ítaca *avistada ao longe*, mas não cumpriram a promessa.

Desejou que Zeus *dos suplicantes*, que a todos vigia e castiga quem peca, fizesse justiça a eles. Bem, mas devia examinar e contar seus bens, vendo se levaram algo seu no *barco curvo* deles.

E assim contou os magníficos vasos de três pés, os caldeirões, o ouro e as belas vestes de tecido, sem dar pela falta de nada. Então, andando a passos lentos à beira do *mar estrondoso*, ele chorou muitas lágrimas pesadas, saudoso de sua pátria.

A DEUSA AO SEU LADO

Canto XIII – versos 221-255

Atena se aproximou dele com o aspecto de um moço, pastor de ovelhas, tão gracioso como são os filhos dos príncipes. Tinha nos ombros uma manta fina dupla, nos pés brilhantes umas sandálias, e nas mãos, uma lança. Odisseu gostou de vê-lo e se aproximou.

Chamando-o de amigo, disse ser o primeiro com quem ele se deparara naquele país. Esperou que não tivesse más intenções e sim pudesse salvar sua pessoa e seus bens. Assim, suplicava a ele, *como a um deus*, e abraçava os seus joelhos. Pediu que lhe dissesse *a verdade, para ele ter certeza: que terra era aquela? Qual era o povo? Quem morava lá?* Era uma ilha *avistada à distância*, ou a praia de um continente, de terra fértil inclinada sobre o mar?

Atena *deusa de olhos verde-mar* chamou-o de estrangeiro e disse que para lhe perguntar sobre aquela terra, ou ele devia vir de longe ou era tolo. Ela não era desconhecida – e muitos a conheciam, desde o que estavam a Leste, onde nasce o sol, aos que viviam para trás, do lado da noite escura.

Era uma ilha rochosa, imprópria ao tráfego de carros. Mas não era improdutiva, mesmo sendo pequena. Ali havia abundância de trigo e de parreiras, e sempre chovia, florescendo o orvalho. Era bom para criar cabras e vacas, e as matas tinham árvores de todos os tipos e muitas fontes duráveis. Por isso, o nome de Ítaca chegava até Troia, lugar que, diziam, ficava bem longe da terra dos Aqueus.

O *divino* Odisseu, *aflito*, alegrou-se por estar em sua terra natal, pelo que lhe dizia Palas Atena *filha de Zeus*, o *dono da Égide*. E com *palavras leves*, disse a ela, sem contar a verdade – mas segurando a narrativa e trazendo no peito um pensamento *manhoso*.

E assim ele se fez passar por um estrangeiro que, em Creta, teria matado Orsíloco *dos pés rápidos*, o filho querido de Idomeneu, e então precisou se exilar, sendo deixado ali com seus pertences por um barco fenício.

ATENA REVELA-SE A ELE E DÁ AS INSTRUÇÕES NECESSÁRIAS

Canto XIII – versos 287-351

Atena *dos olhos verde-mar* sorriu e acariciou-o com a mão. E assumindo o aspecto de uma mulher bela e alta, jeitosa em seus trabalhos magníficos, disse com *palavras leves* que alguém que quisesse superá-lo em tudo quanto era peça, até mesmo um deus, precisaria ser muito *manhoso*! Nem na própria terra, que ele amava do fundo da alma, era capaz de abandonar aquela linguagem esperta e dissimulada.

Então pediu que parasse com falsidades, pois eles dois já estavam acostumados às lábias. Se ele, entre os mortais, era de longe o melhor na persuasão e eloquência, ela era famosa entre todos os deuses pela inteligência e astúcia. E isso mesmo sem ele reconhecer Palas Atena *filha de Zeus*, que sempre o acompanhara e protegia nas aventuras e o fizera ser gostado por todos os Feácios.

Hoje ela estava ali para preparar um plano e esconder os tesouros que, por decisão dela, os nobres Feácios deram a ele quando seguia para casa. E também para informá-lo dos dissabores que precisaria passar em seu palácio *bem-construído*. Era melhor acatar tudo porque era inevitável – e não revelar a ninguém, fosse homem ou mulher, que havia chegado de suas errâncias. Devia aguentar calado os maus-tratos e submeter-se à violência dos homens.

O *manhoso* Odisseu, chamando-a de deusa, disse que para um mortal que a via, era difícil reconhecê-la, por mais instruído que fosse. Ela sempre mudava de aspecto. E uma coisa ele sabia: que antigamente ela gostava dele, até os filhos dos Aqueus se decidirem pela guerra em Troia. E que depois de saquearem a cidadela de Príamo e partirem nos barcos, um deus dispersara os Aqueus.

Chamando-a de *filha de Zeus*, disse que então ele nunca mais a vira, nem notara sua presença a bordo de seu barco para lhe poupar sofrimentos. Ao contrário, enquanto vagava, trazia o seu coração estraçalhado no peito, até os deuses o livrarem das desgraças.

Só na terra rica dos Feácios é que ela em pessoa o animara com suas palavras e o levara pela cidade. Mas agora ele suplicava a ela por seu pai. Não acreditava estar na Ítaca *avistada ao longe,* e sim na costa de outro país. Achava que ela lhe dizia aquilo por ironia, para enganar sua inteligência. Então pediu que lhe dissesse se realmente chegara à sua pátria amada.

A deusa Atena *dos olhos verde-mar* disse que ele mantinha no peito o mesmo espírito de sempre e por isso não podia abandoná-lo na em sua má sorte: porque ele era gentil, vivo e prudente. Qualquer outro, chegando das errâncias, correria contente e ansioso para ver o filho e a esposa no palácio. Mas para ele não bastava se informar e perguntar: queria antes pôr sua esposa à prova.

Ela ainda morava no palácio e passava os dias e as noites sempre triste, chorando. Atena mesma nunca duvidou: sabia, no coração, que ele voltaria, depois de perder todos os companheiros. Mas não quis, é claro, desafiar Posêidon, irmão de seu pai, que tinha rancores e raiva de Odisseu por ter cegado o seu filho querido.

Então chamou-o para mostrar a terra de Ítaca e ele ter certeza. Mostrou-lhe o porto de Fórcis *velho do mar* e, na entrada da praia, a oliveira de folha compridas. Perto dela, a gruta calma e em névoas dedicada às *Ninfas de nome Náiades* – a gruta abobadada onde se faziam sacrifícios perfeitos a elas. Mostrou também o monte Nérito, coberto de matas.

ODISSEU VÊ ÍTACA E RECEBE NOTÍCIAS DE TELÊMACO

Canto XIII – versos 352-428

Dizendo isso, a deusa dissipou a névoa e apareceu a terra. O divino e aflito Odisseu alegrou-se e, *feliz por estar em sua terra,* beijou o solo *provedor de trigo* e em seguida estendeu as mãos para rezar às Ninfas. Chamando-as de Náiades *filhas de Zeus,* disse que já não esperava mais vê-las e agora as saudava com rezas amáveis. Voltaria a lhes dar presentes como antes se, por bondade, a *filha de Zeus,* deusa *protetora dos saques,* o deixasse viver e criar seu filho querido.

Atena, deusa *dos olhos verde-mar,* lhe pediu coragem! E que no coração não temesse pelo futuro. Colocariam agora mesmo aqueles bens no meio da divina gruta para se preservarem e estarem bem-guardados. Depois decidiriam sobre o melhor a fazer.

Então a deusa entrou na gruta em névoas, procurando esconderijos, e ao lado dela Odisseu carregava tudo para perto: *o ouro, o bronze sólido e as vestes bem-tecidas* recebidas dos Feácios.

Ele deixou esses tesouros bem arrumados, e Palas Atena *filha de Zeus, dono da Égide* fechou a entrada com uma pedra. Os dois se sentaram ao pé da oliveira sagrada e começaram a planejar o fim dos cortejadores arrogantes.

Atena *dos olhos verde-mar* foi quem começou a conversa, chamando-o de *engenhoso* Odisseu *filho de Laertes, criatura de Zeus,* e dizendo para ele pensar em como castigar e expulsar os desaforados interessados que há três anos davam ordens em seu palácio, cortejando sua divina esposa e oferecendo presentes de núpcias. Ela, sempre chorando e desejosa no coração de sua volta, entretinha-os a todos e dava esperanças, fazendo promessas, mandando recados a eles, mas dentro dela havia outros planos.

O *manhoso* Odisseu clamou aos deuses sagrados e jurou que, se não fosse ela, deusa, a lhe contar esses detalhes, ele morreria em seu palácio como Agamêmnon *filho de Atreu.* E pediu que traçasse um plano para que se vingasse deles e ficasse ao seu lado, inspirando-lhe fúria corajosa, como a de quando descortinaram as torres fortes de Troia. Com ela, deusa *dos olhos verde-mar,* ao seu lado, teria o mesmo entusiasmo. E confiando em sua ajuda, enfrentaria até 300 – por estar a venerável deusa a seu favor.

Atena *dos olhos verde-mar* disse-lhe que certamente estaria ao seu lado. Não o perderia de vista enquanto estivessem empenhados naquele esforço. De cada um dos que consumiam a riqueza dele haveria de sujar-se o chão com o sangue das vísceras. Para isso, deviam fazer com que ele não fosse reconhecido por nenhum homem. Então ela poria rugas em sua linda pele e músculos fortes, arrancando a cabeleira de sua cabeça. Iria cobri-lo de trajes que trariam aversão a quem olhasse para ele e faria os seus olhos – antes tão belos – ficarem vermelhos, para que todos os candidatos, e também a esposa e o filho dele, pensassem que era mesmo um miserável.

Primeiro ele devia procurar o guardador responsável pelo seu chiqueiro – que também torcia por ele –, por Telêmaco e pela *sensata* Penélope. Eumeu iria dar de comer (as bolotas de fruto do carvalho, ao pé da Rocha do Corvo) e beber (a água negra da fonte de Aretusa) aos porcos, e era para ele sentar-se ao lado e se informar de tudo, enquanto ela ia à Esparta *das lindas mulheres* chamar Telêmaco, seu filho querido, que partira para a imensa Lacedemônia querendo se informar com Menelau sobre notícias de seu pai e saber se estava vivo.

Odisseu perguntou por que não o informara, se no coração ela sabia de tudo. Por acaso era para ele também sentir angústias, vagando pelo mar infecundo, enquanto outros lhe consumiam as riquezas?

Atena *deusa dos olhos verde-mar* disse esperar que ele não se preocupasse. Ela mesma o havia escoltado, para que, indo até lá, Telêmaco conquistasse um renome nobre. Ele não passava por nenhuma tribulação e estava tranquilamente sentado no palácio do *filho de Atreu*, recebendo de tudo em abundância.

De fato, alguns jovens com seu *barco negro* lhe preparavam uma cilada, pois queriam matá-lo antes que voltasse à pátria. Mas Atena não temia que isso acontecesse. Antes, a terra cobriria um a um os interesseiros na mão de Penélope, que vinham consumindo seus bens.

ASPECTO DE UM MENDIGO

Canto XIII – versos 429-441

Então Atena tocou nele com uma vara, enrugou a pele em seus braços e pernas ágeis, arrancou a bela cabeleira de sua cabeça, cobriu todo o seu corpo com uma pele de velho e deixou vermelhos os seus – antes tão belos – olhos.

Substituiu seu *manto e túnica* por trapos sujos e rasgados, com manchas de fuligem. Deu-lhe um cajado e um saco cheio de furos com uma correia de couro torcido. E assim planejados, eles se separaram, com a deusa indo para Esparta, na divina Lacedemônia, à procura de Telêmaco.

49. Casa de Eumeu

CHEGADA DE ODISSEU

Canto XIV – versos 1-47

Odisseu subiu do porto por uma estrada rochosa, entrando pela região da mata e dos paredões até chegar onde queria, seguindo as instruções de Atena, para encontrar o *divino* guardador de porcos, que era o criado que mais zelava pelos seus bens.

O guardador estava sentado em um terreno alto, de boa vista, em frente à sua cabana bela, grande e isolada. Ele próprio a construíra para os porcos de seu patrão ausente, sem que a rainha e o velho Laertes soubessem, cercando-a depois com pedras e espinheiros.

À volta dela fincara inúmeras estacas bem juntas, rachadas do tronco negro de um carvalho. Dentro da cabana, fez 12 chiqueiros para as porcas dormirem, um ao lado do outro. Em cada um deitavam 50 porcas paridas. Os porcos dormiam fora, e eram em menor número, que diminuía a cada comilança dos interessados em Penélope. O guardador mandava para eles os porcos mais gordos, e agora havia apenas 360.

Perto dele costumavam dormir quatro cães, que eram bravos como feras selvagens, e foram domados pelo guardador, chefe dos outros criadores.

O guardador estava ajustando nos pés suas sandálias, de um couro de boi de cor bonita, enquanto os outros haviam ido um em cada direção, levando os porcos. Esses outros eram três, e ele, o quarto, estava contrariado, pois mandara levar à cidade um porco para os candidatos folgados, que iriam sacrificá-lo para saciar suas almas de carne.

De repente, os cães ladradores viram Odisseu e começaram a latir. *Manhoso,* Odisseu sentou-se, mas o cajado caiu de suas mãos. E teria sofrido dores terríveis em seu próprio chiqueiro se o chefe dos criadores não soltasse rápido as sandálias para correr e transpor a porteira.

Ele gritou e chamou os cães, dispersando-os com uma chuva de pedras. Chamando Odisseu de senhor, disse que por pouco os cães não o esquartejaram de imediato, e então se poria a culpa nele, como se não bastassem todos os sofrimentos impostos a ele pelos deuses.

Vivia chorando, triste, pelo seu divino patrão. Morava ali e engordava aqueles porcos para que cortejadores da rainha os devorassem, enquanto seu patrão talvez passasse fome vagando por países e cidades com povos de outras línguas - se ainda vivesse e visse a luz do sol.

E pediu ao velho que o acompanhasse até a cabana, para também saciar sua alma de comida e bebida, e depois lhe contaria de onde vinha e por que sentimentos passara.

ACOLHIMENTO E ABRIGO

Canto XIV - versos 48-75

Então o divino guardador de porcos o levou à casa e o fez entrar, pondo no chão uma camada grossa de mato - cobrindo-a com o couro de uma cabra montesa grande e peluda, que era onde ele dormia.

Odisseu se alegrou ao ser acolhido daquela maneira. Chamando-o de amigo, desejou que Zeus e os outros deuses lhe dessem o que mais desejasse por tê-lo acolhido assim, de bom coração.

O guardador Eumeu, chamando-o de estrangeiro, respondeu que não era certo desrespeitar um estranho, nem se fosse ainda mais miserável. Todos os estrangeiros e mendigos vinham da parte de Zeus. E o que ele dava, mesmo pouco, era de bom coração. Era comum os criados terem medo quando recebiam ordens de patrões jovens. E de fato, os deuses impediram a volta de quem o respeitava com bondade e o ajudaria a ter *uma casa, um pedaço de terra e uma esposa desejada de muitos* - coisas que um bom patrão dava a um servo que se cansava muito por ele, e que um deus levava a prosperar o trabalho, como era o caso do que ele fazia, com muita dedicação.

Se envelhecesse ali, seu patrão recompensaria seu grande esforço, mas ele morrera, e era melhor que tivesse morrido todo o povo de Helena, que fez tremer os joelhos de tantos guerreiros. De fato, ele partira para a Troia *dos muitos cavalos* para combater os Troianos e ajudar Agamêmnon.

Então, num rápido movimento, ele levantou a túnica com o cinto e foi para os chiqueiros onde estavam confinadas as crias. Pegou dois leitões e os trouxe, sacrificando-os e tostando-os, para depois picá-los e enfiar nos espetos.

PRIMEIRAS CONVERSAS

Canto XIV – versos 76-120

Depois de assar todos os pedaços, serviu-os a Odisseu ainda quentes, nos espetos, cobertos de farinha branca. Em seguida, num vaso de madeira de hera, misturou o vinho *doce como mel* e sentou-se à frente dele, dizendo ao estrangeiro que agora ele poderia comer do que dispunham os criados: carne de leitões. Pelo que Eumeu sentia no coração, no palácio, os proponentes comiam os porcos castrados sem pena alguma, nem temendo o castigo divino. Mas os deuses afortunados, claro, não gostavam de perversidades, e sim da justiça e da honestidade entre os homens.

Até os maus e cruéis, que saqueavam terra estrangeira e recebiam de Zeus o resultado daqueles bens, mesmo enchendo o barco e partindo para casa, sentiam na alma um grande medo da ira dos deuses. Mas esses de lá deviam saber de algo. Podiam ter ouvido de algum deus sobre a triste morte de seu patrão, porque, em vez de proporem um noivado normal, ou de voltarem às suas terras, iam consumindo os bens dele sem nenhuma culpa, de forma arrogante e sem o menor pudor.

Todas as noites e dias enviados por Zeus ele sacrificavam vítimas, não apenas uma ou duas, e consumiam o vinho, esgotando-os abusivamente. Eumeu jurava! Seu patrão tinha riquezas incontáveis. Nenhum guerreiro tinha tanto, nem no *continente negro,* nem lá em Ítaca. Nem 20 homens juntos igualariam suas riquezas.

Iria enumerá-las: no continente, pastores próprios ou de fora levavam ao pasto 12 rebanhos de boi, outros tantos de ovelhas, outros de porcos e outros tantos de cabras soltas. Ali, nos extremos da ilha, pastavam ao todo 11 rebanhos de cabras dispersas, vigiadas por criados fiéis. Cada um deles enviava a cada dia uma rês aos interesseiros, a que estivesse mais gorda. Ele mesmo guardava e vigiava aqueles porcos e enviava os melhores para eles.

Odisseu ia ouvindo e comendo a carne, com apetite, e bebendo o vinho, ansioso e calado, mas imaginando coisas horríveis para os cortejadores.

Depois de jantar e saciar seu coração com comida, o guardador lhe deu uma taça com vinho até as bordas – a que ele mesmo bebia. Odisseu a tomou, alegrando-se no coração e dizendo *palavras leves.* Pediu ao amigo que lhe contasse sobre seu patrão, se era tão rico e poderoso como dizia. E se morreu pela honra Agamêmnon. Se lhe dissesse, talvez o conhecesse, se era tão importante. Zeus e outros deuses sabiam se o havia visto e podia dar notícias, já que andara por muitos lugares.

DESCRENÇA DE EUMEU QUANTO A NOTÍCIAS DE SEU PATRÃO

Canto XIV – versos 121-198

O chefe dos cuidadores de porcos, chamando-o de senhor, disse que nenhum andarilho trazendo notícias dele convenceria sua esposa e o filho querido. Quando queriam ser acolhidos, os viajantes mentiam à toa e não se importavam. Todo andarilho que vinha a Ítaca visitava sua patroa e lhe contava mentiras. Ela o acolhia bem, dava abrigo e pedia detalhes, deixando cair lágrimas de tristeza de suas pálpebras, como acontecia às mulheres de maridos que morriam longe.

Chamando-o de velho, disse que ele mesmo inventaria logo uma história em troca de uma manta ou túnica para dormir.

Mas achava que cães ou aves de rapina já haviam tirado a pele dos ossos de Odisseu, que já abandonara a alma, ou então foram os peixes do mar que o devoraram e os ossos foram parar numa praia, cobertos pela areia. E assim ele estaria mesmo morto.

E com isso só poderia haver sofrimento para os amigos que o estimaram, principalmente ele, que nunca tivera um patrão tão generoso, nem mesmo voltando à casa de seus pais, onde nascera e fora criado. Já nem chorava tanto por eles, ainda que quisesse estar em sua terra natal e pudesse vê-los.

O que o afligia eram as saudades de Odisseu. Disse ao estrangeiro que mal se atrevia a chamá-lo pelo nome, mesmo não estando lá, porque ele o respeitava e queria bem no coração. Então, mesmo longe, ele o chamava de bom patrão.

O *divino e aflito* Odisseu, chamando-o de amigo, respondeu que se ele afirmava decididamente que o patrão não viria, e que em seu coração havia desconfianças, apesar de tudo iria lhe dizer, e sob juramento, que Odisseu estava voltando. E esperava ser recompensado pelas boas-novas assim que ele chegasse e fosse para casa: que ele lhe desse belas roupas – *um manto e uma túnica*. Mas já adiantava que, embora estivesse precisando, nada aceitaria.

Para o estrangeiro, era tão detestável como os portões de Hades quem inventava mentiras por causa da pobreza. Desejava que Zeus, acima dos outros deuses, o testemunhasse, assim como aquela mesa hospitaleira e a lareira do irrepreensível Odisseu a que chegara. Jurava que sua previsão se realizaria: ainda naquele ano, Odisseu viria. Quando houvesse a troca de mês, ele estaria em sua casa e puniria quem intimidava sua esposa e seu *glorioso* filho.

O guardador Eumeu, chamando-o de velho, respondeu que não seria ele a dar essas notícias, e era certo que Odisseu nunca voltaria à casa. Era melhor que ele bebesse em paz e falassem de outros assuntos, não o fazendo lembrar daquilo – era sério! Seu coração sempre se apertava quando diziam o nome de seu querido patrão. Deviam esquecer aquele juramento, mas seria bom se Odisseu voltasse mesmo, como queriam ele, Penélope, o velho Laertes e Telêmaco *do aspecto divino*. Agora era por ele, o filho de Odisseu, que Eumeu não parava de chorar.

Quando os deuses o fizeram crescer (como fazem às plantas), Eumeu achou que em nada Telêmaco seria inferior ao seu querido pai, na força do corpo e em sua destacada beleza. Mas depois algum deus, ou homem, o desviou de sua mente serena e ele se dirigiu à sagrada Pilos querendo notícias do pai. E os nobres candidatos, interesseiros, prepararam uma cilada para a volta dele, para que morresse e em Ítaca não houvesse herdeiros da linhagem do divino Arcésio.

Mas deviam tratar de esquecê-lo. Talvez o pegassem, mas talvez ele escapasse, se o *filho do Tempo* estendesse a mão sobre ele.

E chamando-o de ancião, pediu que lhe falasse, enfim, de seus próprios sofrimentos. E também, para *ter certeza,* sobre a *verdade de quem ele era. De onde veio? Onde ficavam sua cidade e seu país? Chegara em que tipo de barco? Como os marinheiros o trouxeram a Ítaca? Quem eles diziam ser? Pois ele nunca acreditaria que o estrangeiro chegara até ali a pé.*

O *manhoso* Odisseu respondeu que então contaria a sua história, dizendo *a verdade.* Mas que seria melhor se tivessem mais comida e vinho doce para se deliciarem à vontade, sem sair da cabana, enquanto os outros fossem trabalhar. Então se passaria todo um ano, e ele não terminaria de contar das dificuldades em sua alma e dos sofrimentos que passou pela vontade dos deuses.

REAÇÃO DE EUMEU DEPOIS DE OUVIR A FALSA HISTÓRIA DE ODISSEU

Canto XIV – versos 360-379 e 386-408

Depois de contar uma história bastante fantasiosa (em que era o filho bastardo de Hílax, homem rico de Creta, e depois de passar por apuros no Egito teria chegado lá em um navio de Tesprócios), o guardador Eumeu, chamando-o de estrangeiro miserável, respondeu, jurando, que fora tocado profundamente no coração ao ouvir sobre as andanças e infortúnios dele. Mas lhe parecia que, ao falar de Odisseu, ele apenas inventara coisas e não o convencia. Na situação em que estava, por que mentiria à toa?

E sobre a volta de seu patrão, sabia bem que os deuses estavam contrários a ele. Não o derrubaram em meio às tropas troianas, nem entre braços amigos depois de terminada a guerra – se fosse assim, os Aqueus, aliados, teriam lhe feito um túmulo, e ele teria conquistado a glória na posteridade para si e para seu filho. Mas sim os ventos das tempestades é que teriam lhe arrebatado ingloriamente.

E com isso, Eumeu seguia lá, retirado entre os porcos. Não ia à cidade a não ser quando a *sensata* Penélope lhe chamava ao receber notícias por alguém. Então, sentados à volta, também pediam detalhes tanto os que lamentavam a longa ausência de seu patrão quanto os que folgadamente devoravam o seu sustento. Ele mesmo já não gostava de perguntar, desde que fora enganado por um homem da Etólia, que lhe contara uma história falsa.

Chamando-o de velho sofrido, disse que quanto a ele, também, se um deus o trouxera, seria inútil mentir para agradar ou cair nas boas graças de Eumeu. Ele não seria acolhido e respeitado por isso, e sim pelo temor que se tinha ao Zeus *hospitaleiro*, e por piedade.

O *manhoso* Odisseu respondeu que o anfitrião tinha no peito um coração desconfiado. Nem jurando o convencera a acreditar! Então, deviam fazer um pacto, tendo no futuro, como testemunhas, os deuses do Olimpo. Se seu patrão voltasse ao palácio, ele o vestiria com *um manto e uma túnica* e lhe daria condução para Dulíquio, onde gostaria de estar. Mas se não voltasse, como estava dizendo, mandaria os criados o jogarem do alto de um rochedo para que outros mendigos se assustassem e não mentissem.

O *divino* guardador respondeu que assim ele teria renome e méritos no mundo, no presente e no futuro, se depois de trazê-lo à sua cabana, dando-lhe presentes de hospitalidade, ele o matasse. E depois ainda teria alma para rezar a Zeus *filho do Tempo*! Bem, mas era a hora de jantar, e seus companheiros logo entrariam na cabana para saborear a refeição.

50. JANTAR COM OS OUTROS CUIDADORES

REFEIÇÃO JUNTO AOS AJUDANTES DE EUMEU

Canto XIV – versos 409-453

Enquanto eles falavam, os outros cuidadores chegavam com as porcas. Fizeram-nas entrar nos chiqueiros, e os porcos, presos no curral, fizeram uma enorme gritaria.

Então o divino guardador chamou seus amigos pedindo que trouxessem o melhor porco para ele sacrificar a um estrangeiro que viera de longe. E que também aproveitassem, eles que tanto faziam pelos porcos de presas brancas (enquanto outros os comiam sem qualquer sacrifício).

E logo começou a rachar lenha com o bronze afiado enquanto os outros escolhiam um porco bem gordo, de cinco anos, para prenderem junto ao fogo. O guardador tinha a mente sã e não se esqueceu dos deuses. Como oferta inicial, jogou nas chamas alguns pelos da cabeça do porco de presas brancas e rezou a todos os imortais para que trouxessem de volta à sua casa o *pensativo* Odisseu.

Então se levantou e deu uma paulada no porco (com uma tora de carvalho separada entre as que ele rachava), que morreu ali mesmo. Os outros cortaram a garganta dele e a queimaram. Depois o esquartejaram, e o guardador cortou os membros em pedaços. Então espalhou sobre eles a farinha de cevada e envolveu-os numa banha grossa, colocando *tudo no fogo. O resto eles cortaram e enfiaram em espetos.*

Depois de assar tudo do jeito certo, eles tiraram os espetos e os amontoaram em tábuas. O guardador, de espírito justo, levantou-se para dividir tudo em sete porções. Uma ele separou para as Ninfas e para Hermes, filho de Maia, com uma reza, e as outras ele distribuiu. Odisseu foi distinguido com todo o lombo do porco de presas brancas, o que alegrou o coração do patrão.

O manhoso Odisseu então desejou a Eumeu que Zeus pai lhe quisesse tão bem como ele, por honrá-lo, com o que havia de bom, *no estado em que estava*. O guardador, chamando-o de hóspede, disse para ele comer e alegrar-se com os pratos deles. O deus dava algumas coisas e recusava outras, conforme seu coração decidisse, pois tudo podia.

Então ofereceu as preliminares aos deuses eternos, fez oferendas com o *vinho saboroso* e pôs uma taça nas mãos de Odisseu *saqueador de cidades*. E por fim, sentou-se à frente de sua parte.

Mesáulio foi quem distribuiu o pão comprado pelo chefe dos cuidadores (por conta própria, na ausência de seu patrão e sem a rainha e o velho Laertes saberem). Comprou-o dos Táfios, usando seu próprio sustento. *Então eles avançaram nas iguarias preparadas e servidas.*

SÚPLICA POR UMA COBERTA

Canto XIV – versos 454-469 e 503-517

Depois de saciarem seus desejos de comer e beber, Mesáulio retirou as sobras e, fartos de pão e de carne, eles se prepararam para dormir. Veio uma noite ruim, sem lua, e Zeus choveu a noite toda, enquanto o vento Zéfiro soprava forte, sempre chuvoso.

Odisseu quis testar o seu guardador-chefe vendo se iria se despir do manto, ou pediria a um de seus companheiros. Então, influenciado pelo vinho – que confunde a razão, levando uma pessoa fechada a cantar e rir amavelmente, a ficar de pé e dançar, e a pôr pra fora palavras que era melhor silenciar –, falou para escutarem, pois queria contar-lhes um caso.

Sim, já que abrira a boca, contaria aquele caso. E quisera ser moço e ter forças como à época, em que se preparou uma grande armadilha em Troia.

> Naquela noite ruim, estavam no comando Odisseu, Menelau e um estrangeiro (filho de Hílax), quando o vento Bóreas soprou mais gelado do que nunca sobre eles. O estrangeiro não tinha manto e no meio da noite foi dizer a Odisseu que morreria de frio. Para ajudá-lo, Odisseu pediu que alguém fosse ao barco avisar

> Agamêmnon que precisavam de mais soldados, e quando Toas saiu, deixando seu manto, o estrangeiro pôde ser salvo.

Disse que se fosse moço, e ainda tivesse forças, talvez um dos cuidadores na cabana lhe desse um manto, por bondade e respeito a um guerreiro corajoso. Mas, em vez disso, eles o desmereciam e faziam-no cobrir o corpo só com aqueles farrapos.

O guardador Eumeu, chamando-o de velho, respondeu que a história que acabara de contar era perfeita – e até ali só ouvira dele coisas proveitosas. Disse que ele não sentiria falta de roupa nem de outra coisa de que um suplicante sofrido precisasse. Mas disse que de manhã precisaria tirar o pó dos seus trapos: não tinham lá muitas mantas e mudas de túnica para usar, apenas uma de cada um. *E quando o querido filho de Odisseu chegasse, lhe daria* um manto e uma túnica *e o levaria para onde seu coração mandasse.*

ODISSEU TESTA EUMEU NOVAMENTE

Canto XV – versos 302-350

Também por esse tempo, *depois de tirarem de si todo o desejo de comer e de beber,* Odisseu testou de novo o guardador, vendo se teria acolhimento generoso, sendo convidado a ficar no curral, ou se ele o mandaria para a cidade.

Disse a Eumeu e a todos os outros que de manhã ele pretendia sair mendigando para não dar mais trabalho e custo a eles. E assim pedia orientações e um guia experiente. Ao chegar à cidade, iria perambular sozinho e ver se alguém lhe oferecia uma bebida ou pedaço de pão.

Talvez, indo ao palácio do divino Odisseu, pudesse levar notícias à *sensata* Penélope. Talvez, infiltrando-se entre os arrogantes interessados nela, lhe dessem um jantar, já que tinham comida à vontade. E ele poderia servi-los no que quisessem.

Ia revelar a Eumeu uma coisa, pedindo que prestasse atenção: pela graça do Hermes *mensageiro,* que dava fama e beleza às ações de todos, ninguém era melhor do que ele em saber servir o outro, desde armar uma boa fogueira e rachar lenha seca, a destrinchar, assar, servir o vinho ou outro serviço que os humildes prestavam aos nobres.

O guardador Eumeu, muito comovido, lamentou-se e, chamando-o de estrangeiro, perguntou-lhe por que teve aquela ideia. Queria era morrer de uma vez ao se misturar com os interesseiros, que de tanta arrogância e violência chegavam ao céu de aço?

Os criados deles não eram como ele, mas moços, vestindo túnicas finas, de cabeças e belos rostos sempre lavados. Colocavam os alimentos em mesas bem polidas, cheias de pão, carne e vinho. Não, era melhor ficar por lá, onde sua presença não incomodava ninguém, nem a Eumeu nem a seus companheiros. *E quando o querido filho de Odisseu chegasse, ele lhe daria* um manto e uma túnica *para vestir e o conduziria para onde seu coração desejasse.*

Então o divino e sofrido Odisseu quis saber mais de Eumeu, desejando que Zeus o amasse como ele, pois pusera fim às suas errâncias e à triste miséria – e para um mortal, nada era pior do que vagar sem rumo. Disse que o *desafortunado estômago* dos mortais os fazia *enfrentar as duras penas,* quando acontecia de vagarem entre mágoas e sofrimentos. Mas agora que ele o retinha lá, pedindo que esperasse o seu patrão, deveria falar-lhe da mãe e do pai do divino Odisseu, que ele ao partir deixara no começo da velhice. Eles ainda viviam sob o sol? Ou já estavam no palácio de Hades?

NOTÍCIAS DOS PAIS DE ODISSEU E DOS DE PENÉLOPE

Canto XV – versos 351-402

O chefe dos cuidadores chamou-o de estrangeiro e disse que falaria *sem rodeios, a pura verdade.* Contou que Laertes estava vivo, mas não parava de rezar a Zeus, em sua casa, querendo libertar sua alma do corpo. E chorava do fundo do coração pelo filho ausente e pela esposa legítima que ao morrer o amargurara e o fizera envelhecer rapidamente.

Ela morrera pela saudade do filho glorioso, uma morte triste, que Eumeu não desejava a nenhum de seus amigos que moravam lá e o tratavam bem. Enquanto vivia, apesar das tristezas, Eumeu sempre quis saber como estava, pois ela o criara junto de Ctímene *das longas túnicas*, sua filha nobre, a última que deu à luz.

Eumeu fora criado com ela, e a mãe o amava quase tanto quanto. Quando ele e ela chegaram à juventude risonha, enviaram Ctímene para casar em Same, recebendo inúmeros presentes. E a Eumeu, a mãe dela vestiu com *um manto e uma túnica* bem bonitos, deu-lhe sapatos para os pés e o mandou-o para o campo. Mas, em seu coração, amou-o ainda mais.

Eumeu disse que agora tudo lhe fazia falta, mas os deuses afortunados faziam seu trabalho render e ele ter comida, bebida e até o que dar às pessoas boas. Mas de sua patroa não lhe fora dado ouvir mais nenhuma *palavra doce* ou receber um gesto amável, desde quando se abatera sobre o lar o flagelo daqueles homens desrespeitosos. E contou que os criados queriam muito conversar com a rainha e depois trazer para o campo algum dos presentes que sempre lhes aqueciam o coração.

O *manhoso* Odisseu clamou aos deuses e perguntou ao guardador Eumeu se, então, quando criança ele vagara longe de sua pátria. E pediu que lhe contasse uma coisa, *sem rodeios*: a cidade *de ruas largas* onde moravam seus pais fora saqueada? Ou ele estava sozinho com suas ovelhas ou vacas quando um bando de inimigos o levou até um de seus barcos para depois vendê-lo a um bom preço na casa de seu patrão?

O chefe dos cuidadores, chamando-o de estrangeiro, disse que, se ele queria saber isso, devia agora escutá-lo em silêncio, sentado, enquanto bebia o vinho. As noites eram quase infinitas, e eles ainda poderiam tanto dormir quanto ouvir casos para se alegrar. Ele também não precisava dormir antes da hora, e dormir demais chegava a cansar.

E quem já quisesse sair, que ficasse à vontade: fosse dormir e logo que raiasse a aurora, almoçasse e seguisse com a porcada do patrão deles. Eles dois, enquanto comiam e bebiam na cabana, iriam se distraindo com a lembrança das duras penas por que passaram. As dores passadas costumavam alegrar a quem muito já sofrera e vagara.

E então Eumeu passou a contar sua história sofrida, de antes de chegar a Ítaca.

ODISSEU COMENTA A HISTÓRIA DE EUMEU E OS DOIS SE PREPARAM PARA DORMIR

Canto XV – versos 485-495 e Canto XIV – versos 518-532

Odisseu *criatura de Zeus* jurou, depois de ouvir Eumeu, que, ao contar de todos os sofrimentos que teve na alma, ele lhe comovera profundamente o coração. Mas que Zeus, sabendo de seu infortúnio, também lhe dera felicidade, pois, depois de tantas tribulações, Eumeu chegara ao palácio de um homem generoso que lhe trouxe cuidados e assim ele pôde comer, beber e levar uma vida boa, enquanto Odisseu só chegara ali depois de vagar por muitas cidades.

E ainda conversaram mais até que resolveram dormir (mas por pouco tempo, pois logo chegaria a Aurora *do trono de ouro*). Então Eumeu se levantou e fez a cama de Odisseu perto do fogo, estendendo peles de ovelhas e de cabras. Odisseu se deitou, e ele o cobriu com uma manta grande e grossa (que tinha de reserva para os dias de tempestades terríveis).

E assim Odisseu dormiu ali ao lado dos outros moços. Só o guardador-chefe não quis dormir naquele lugar longe dos porcos e se preparou para sair. Odisseu gostou de ver que, mesmo em sua ausência, ele era bastante responsável em cuidar de seus bens.

Então Eumeu pendurou em seus ombros largos um facão afiado e vestiu uma manta grossa para se proteger do vento. Pegou a pele grande de uma cabra adulta e uma lança afiada para se defender de cães e homens e saiu para dormir com os porcos de presas brancas, dentro de uma gruta, protegido de Bóreas.

51. Telêmaco volta de Esparta

PREPARAÇÃO PARA O RETORNO

Canto XV – versos 1-55

Palas Atena seguira até a imensa Lacedemônia (Esparta) para lembrar ao filho magnífico do glorioso Odisseu o momento de voltar. Encontrou Telêmaco e o nobre filho de Nestor no pátio do palácio do admirado Menelau.

Pisístrato fora vencido por um *sono doce*, e Telêmaco mantinha-se acordado pelas apreensões que tinha no coração, ligadas ao pai. Atena, deusa *dos olhos verde-mar*, aproximou-se e chamou-o, dizendo ao filho de Odisseu que não era bom vagar mais tempo longe de casa, deixando as riquezas de seu palácio à mercê de homens arrogantes que podiam dividir e consumir todos os seus bens – e nesse caso, sua viagem seria inútil.

Ao contrário, devia pedir a Menelau *da voz firme* que o dispensasse para que em casa pudesse reencontrar sua impecável mãe. O pai dela e os irmãos já a pressionavam para que se casasse com Eurímaco, que se tornara um dos interessados e era o que superava a todos nos dotes. Ela talvez levasse de sua casa algum tesouro sem o seu consentimento.

Telêmaco devia saber como era o coração de uma mulher: queria aumentar a riqueza de quem se casasse com ela e já nem se lembraria ou perguntaria dos filhos do primeiro casamento, ou do falecido marido com quem perdera a virgindade.

Então ele devia voltar e escolher a guarda de uma criada que lhe parecesse a mais confiável, até que os deuses lhe indicassem uma esposa nobre. Atena ainda lhe disse outra coisa, pedindo que a guardasse em seu coração: os interessados mais violentos preparavam uma emboscada para ele no estreito entre Ítaca e a Samos *rochosa*, decididos a matá-lo antes que voltasse à terra. Mas achava que eles não conseguiriam. Antes, um a um daqueles que consumiam os seus bens deveriam ser cobertos pela terra.

Em todo o caso, ele devia passar longe das ilhas com seu *barco bem-construído* e navegar também à noite. A divindade que o protegia lhe enviaria um *vento favorável*.

Quando ele chegasse à praia mais próxima de Ítaca, devia mandar o barco com toda a tripulação para a cidade. E ir primeiro falar com o guardador de porcos, que cuidava deles honestamente e também queria muito o seu bem. Ele devia passar a noite lá e pedir que informasse sua sensata mãe de que chegara a salvo de Pilos.

E então ela partiu para as alturas do Olimpo. Telêmaco acordou Pisístrato sacudindo-o com o pé, pedindo que pegasse os cavalos *dos cascos duros* e atrelasse o carro para eles seguirem. Pisístrato respondeu a Telêmaco dizendo-lhe que, por maior que fosse a pressa, eles não podiam conduzir os cavalos no escuro da noite. Logo iria amanhecer, e ele devia esperar até que o glorioso lanceiro Menelau *filho de Atreu* trouxesse presentes e os pusesse no carro, para então se despedir deles com palavras gentis, sabendo que um hóspede nunca mais esquece o hospedeiro amigo.

DESPEDIDA DE MENELAU

Canto XV – versos 56-98

Logo chegou a Aurora *do trono de ouro,* e Menelau *da voz firme e poderosa,* depois de levantar da cama dividida com a Helena *dos belos cabelos,* aproximou-se deles, e o filho querido de Odisseu, ao reconhecê-lo, vestiu às pressas sua túnica brilhante e pôs sobre seus ombros largos o grande manto.

Então caminhou para fora, parou ao seu lado e, chamando-o de Menelau *filho de Atreu, criatura de Zeus, chefe dos guerreiros,* pediu que o deixasse voltar à pátria, pois seu coração implorava pelo retorno à casa.

Menelau *da voz poderosa* disse a Telêmaco que, se ele queria voltar, não iria segurá-lo por muito tempo. E que até reprovava quem hospedava e se excedia em gentilezas ou desfeitas (quando há para tudo um meio-termo). Disse que o erro de quem apressava um hóspede que não queria sair era tão grave como o de quem retinha aquele que queria partir. Deviam sempre tratar o hóspede bem e deixá-lo livre.

Pediu que esperasse apenas para que trouxesse os presentes e os pusesse no carro – queria que visse com seus próprios olhos. E ordenaria às criadas que preparassem um almoço no palácio, *aproveitando a abundância de sua despensa.* Por honra, prazer e proveito, os hóspedes não deviam sair pelo imenso mundo sem almoçar.

Também disse que, se Telêmaco quisesse viajar pela Hélade e por metade da Grécia em sua companhia, atrelaria cavalos para ele e o conduziria às cidades do povo. E ninguém se despediria deles de mãos abanando. Todos lhes dariam alguma coisa: um vaso de bronze fino com três pés, um caldeirão, um par de mulas ou um vaso de ouro trabalhado.

O sereno Telêmaco respondeu a Menelau *filho de Atreu, criatura de Zeus, chefe dos guerreiros,* que agora voltaria ao seu lar, pois ao partir não deixara quem cuidasse de seus bens. Enquanto procurava o seu pai divino, não só ele podia morrer, como podia sumir algum tesouro de seu palácio.

Menelau *da voz firme* ordenou à esposa e às criadas que preparassem um almoço no palácio *aproveitando a abundância de sua despensa.* E dele se aproximou Eteoneu *filho de Boétoo,* que morava perto e acabara sair da cama. Menelau *da voz poderosa* pediu a ele que acendesse o fogo e assasse as carnes, e Eteoneu lhe obedeceu.

PRESENTES

Canto XV – versos 99-153

Acompanhado de Helena e do filho Megapentes, Menelau foi até o porão perfumado onde eram depositados os tesouros. Lá, ele pegou uma taça de asa dupla e mandou Megapentes levar uma bacia de prata. Helena *mais divina entre as mulheres* foi até a arca dos mantos (lindamente bordados, por suas próprias mãos) e pegou um deles. Era o maior e mais belo bordado – brilhante como uma estrela – e ficava por baixo de todos.

Então eles atravessaram todo o palácio, e Menelau desejou a Telêmaco que Zeus *marido estrondoso de Hera* lhe desse o retorno como imaginava no coração. E disse que, de todos os mimos que guardava em casa, dava-lhe o mais belo e precioso: aquela taça lavrada. Era toda de prata, mas de bordas acabadas em ouro, obra de Hefesto! Ganhou-a do guerreiro Fêdimo *rei dos Sidônios* quando o acolhera em seu palácio durante uma viagem. Era seu presente.

E assim ele pôs nas mãos de Telêmaco a taça de asa dupla. Já o forte Megapentes pôs ao lado dele a bacia de prata brilhante, e Helena *do lindo semblante* aproximou-se com o manto nas mãos. Chamando-o de filho, disse que lhe dava aquele presente como lembrança de suas mãos para o dia das núpcias dele, ansiosamente esperado. Era para uso de sua noiva, e até lá sua amada mãe devia guardá-lo no palácio. Desejou que tivesse uma boa viagem até sua *casa bem-construída,* em seu país.

Então Menelau levou-os ao palácio onde se sentaram nos bancos e cadeiras. *Uma criada trouxe um belo jarro de ouro com água límpida e despejou-a numa bacia de prata. A despenseira, atenciosa, trouxe o pão e serviu-o, seguido de numerosos pratos, aproveitando tudo o que havia.*

Ali perto, o filho de Boétoo cortava a carne e servia as porções, enquanto o filho do glorioso Menelau servia o vinho. *Então eles avançaram nas iguarias preparadas e servidas.*

Depois de saciarem os desejos de comer e de beber, Telêmaco e o nobre Pisístrato atrelaram os cavalos, entraram na carruagem decorada e saíram da entrada do pátio e do portal ressonante.

Foram seguidos por Menelau *filho de Atreu,* trazendo na mão direita uma taça de ouro com *vinho doce* para ofertar antes de partirem. Ele se postou junto dos cavalos, acenando um adeus e desejando boa viagem aos moços. Pediu que mandassem saudações a Nestor *chefe de guerreiros,* que fora para ele tão bom como um pai, quando eles, filhos dos Aqueus, combatiam em Troia.

DESPEDIDA – VOO DA AVE

Canto XV – versos 154-184

O *sereno* Telêmaco, chamando-o de *criatura de Zeus,* disse-lhe para estar seguro de que assim que chegassem dariam a ele o seu recado. E desejou que em Ítaca encontrassem Odisseu de volta ao palácio, para contar-lhe da bondade de Menelau e dos finos presentes que ele levava na volta.

Enquanto falava, *uma ave passou voando à sua direita.* Era uma águia, segurando nas garras um grande ganso branco, dos de quintal. Homens e mulheres a seguiram gritando e, aproximando-se do grupo, a águia virou à direita, à frente dos cavalos, o que fez com que todos se alegrassem no coração.

Pisístrato, filho de Nestor, foi o primeiro a falar. Chamando Menelau de *criatura de Zeus, chefe dos guerreiros,* perguntou se fora para ele ou para os dois que Zeus enviara aquele prodígio. E Menelau, o querido de Ares, pensou em como responder a ele de maneira correta. Mas Helena *da linda túnica* antecipou-se pedindo que a escutassem, pois faria previsões conforme os deuses lhe inspiravam no coração, acreditando que iriam se cumprir.

> (Assim como aquela águia, vinda do monte onde nascera e viviam os seus, arrancara o ganso criado em casa, assim Odisseu, depois de muitos sofrimentos, e de vagar por muitos lugares, voltaria à casa e faria vingança, ou, quem sabe, já estivesse lá, preparando a ruína de todos os interessados em Penélope.)

O *sereno e cauteloso* Telêmaco desejou que Zeus *estrondoso marido de Hera* assim o quisesse. E por isso rezaria a Helena como a uma deusa.

E logo tocaram a dupla de cavalos, que disparou em direção ao campo e passou fogosa pela cidade, sacudindo para os lados as rédeas e traves sobre os pescoços.

CAMINHO DE VOLTA E CHEGADA A PILOS: DESPEDIDA DE PISÍSTRATO

Canto XV – versos 185-225

O sol se punha e todos os caminhos escureciam quando chegaram ao palácio de Diocles *filho de Ortíloco,* o *filho de Alfeu,* em Feras. Ali eles foram acolhidos e pernoitaram.

Mal raiou a filha da manhã, Aurora dos dedos cor-de-rosa, eles atrelaram os cavalos e *montaram na carruagem decorada, saindo do pátio e do portal ressonante.* Pisístrato tocou os cavalos para que partissem, e eles, obedientes, voavam.

Logo chegaram à cidadela alta de Pilos, e Telêmaco pediu a Pisístrato que prometesse obedecê-lo em uma coisa, pois desfrutavam das antigas relações de hospitalidade graças à amizade de seus pais. E além disso, tendo a mesma idade, aquela viagem lhes traria sentimentos ainda mais harmônicos.

Chamando-o de *criatura de Zeus,* pediu que apenas o levasse ao barco. Preferia ir para lá e que o ancião não o retivesse – por querer cuidar dele – na casa contra sua vontade, pois precisava chegar o quanto antes.

O filho de Nestor deliberou no coração a maneira de cumprir com sua lealdade. Refletindo, achou melhor conduzir os cavalos para o *barco veloz* à beira-mar. Descarregou na popa do barco os magníficos presentes, roupas e ouro dados a Telêmaco por Menelau.

Encorajando o amigo, usou *palavras leves* para dizer que se apressasse: embarcasse e chamasse toda a tripulação a bordo antes de ele chegar à casa e avisar o ancião. Sabia bem, no fundo da alma, que o pai tinha um gênio impulsivo, e não deixaria Telêmaco partir. Iria até lá chamá-lo pessoalmente e não desistiria facilmente. A verdade era que ficaria bem zangado!

E assim ele tocou os cavalos de belas crinas de volta para Pilos, chegando logo ao palácio, enquanto Telêmaco, apressando os companheiros, pedia que preparassem as equipagens do *barco negro.* Quis que embarcassem e passassem bem ao longe, e eles prontamente o obedeceram, subindo a bordo e sentando-se junto aos remos.

Telêmaco se ocupava com isso, rezando e fazendo oferendas a Atena na proa do barco, quando se aproximou dele um homem vindo de longe, fugido do continente, onde matara um homem. Era um vidente, descendente de Melampo.

Telêmaco e companheiros

52. Viagem pelo mar

AMPARO A TEOCLÍMENO

Canto XV – versos 256-287

Quem se aproximava era Teoclímeno, que encontrou Telêmaco fazendo rezas e liturgias junto ao *barco negro e veloz,* e com um tom suave, chamando-o de amigo, pediu pelas suas oferendas – pois o encontrara ali fazendo sacrifícios –, pelo deus e também pela vida dele e de seus companheiros, que respondesse às suas perguntas *sem esconder nada. Quem ele era? De que lugar? Onde ficavam sua cidade e seu país?*

O *sereno* Telêmaco, chamando-o de estrangeiro, disse que sim, responderia com a *verdade*. Era de Ítaca, filho de Odisseu, que, se um dia existiu, estaria morto em razão de um triste fim. Se conseguira tripulantes e um *barco negro,* era para perguntar sobre seu pai, que há muito estava ausente.

Teoclímeno *do aspecto divino* disse que também ele estava fora de seu país. Foi por matar um parente na Grécia *das ricas pastagens,* onde tinha muitos irmãos e parentes poderosos reinando entre os Aqueus. Exilara-se para escapar da morte e da desgraça negra nas mãos deles. Ao que parecia, estava destinado a vagar pelo mundo. Pedia para ser levado a bordo: recorria a ele para que não o matassem, pois sentia-se perseguido.

O *sereno e precavido* Telêmaco disse que se quisesse acompanhá-lo não lhe negaria o *bem-construído* barco. Ao contrário, indo com eles, teria casa e o que estivesse ao alcance de si e dos amigos.

Telêmaco então pegou sua lança de bronze e a estendeu no convés. Subindo a bordo, sentou-se na popa e fez Teoclímeno sentar-se ao seu lado.

TRAVESSIA DE VOLTA

Canto XV – versos 287-300

Os tripulantes soltaram as amarras, e Telêmaco *encorajou seus companheiros, chamando-os ao trabalho*. Obedecendo-lhe, eles levantaram o mastro de pinho e o puseram na abertura do convés, preso a correias. E então *levantaram as velas brancas com os cabos de couro bem torcidos.*

Atena *dos olhos verde-mar* enviou-lhes *um vento favorável* que soprou forte no céu para que o barco corresse e completasse a travessia pelo mar salgado o mais rápido possível.

E assim eles navegaram próximos a Crouno e à Cálcis *das belas correntezas. O sol se punha e todos os caminhos escureciam* quando o barco atingiu Feas, levado pelo vento de Zeus e passando pela divina Élide, dominada pelos Epeus. Telêmaco partiu em direção às Ilhas Pontiagudas, pensando se iria ou não escapar da morte.

CHEGADA DE TELÊMACO – CONVERSAS COM TEOCLÍMENO E PIREU

Canto XV – versos 495-557

Enquanto isso, os companheiros de Telêmaco se aproximaram da praia, baixaram as velas, rapidamente desmontaram o mastro, chegaram ao ancoradouro a remo e prenderam as amarras da popa. E logo desembarcaram à beira-mar, preparando a refeição e misturando o *vinho saboroso.*

Depois de tirarem de si toda a vontade de comer e beber, o sereno Telêmaco pediu que eles agora remassem e levassem o *barco negro* para a cidade, enquanto dava uma olhada nos campos e nos pastores. De tarde, depois de ver suas lavouras, iria à cidade. De manhã, como pagamento pela condução, lhes daria uma boa festa de carnes e vinho de gosto suave.

Teoclímeno *do aspecto divino,* chamando-o de amigo, perguntou para onde devia ir, a qual das casas nobres da Ítaca *rochosa.* Ou devia ir direto ao palácio da sua mãe?

O cauteloso Telêmaco lhe disse que em outras condições o levaria à casa deles, onde havia muito acolhimento. Mas seria pior para ele, porque estaria ausente e sua mãe não o veria. Nem sempre se mostrava aos interessados nela, no palácio, ficando longe para trabalhar no tear, nos quartos de cima.

Mas iria indicar outro homem para ele procurar: Eurímaco, filho nobre do justo Polibo, que os Itacenses respeitavam quase *como a um deus*. Era de longe o mais nobre dos que queriam loucamente casar com sua mãe e receber as honras de Odisseu. Mas Zeus *Olímpio*, que estava no céu, sabia se antes do casamento haveria ou não a vingança.

Mal falou isso e passou uma ave voando pela sua direita: um falcão, veloz mensageiro de Apolo, segurando uma pomba nas garras e espalhando suas penas pelo chão entre o barco e Telêmaco.

Teoclímeno o chamou à parte, apertou a mão dele e disse que se aquela ave voara à sua direita era por vontade dos deuses. Vendo-a, com atenção, reconheceu como uma ave de sorte. Em Ítaca não havia família mais nobre nem mais poderosa que a deles.

O sereno Telêmaco, chamando-o de estrangeiro, desejou que sua previsão se cumprisse. E em agradecimento por ela, disse que ele logo receberia acolhimento e muitos presentes, e quem o visse saberia que era feliz.

Então voltando-se para seu leal companheiro Pireu *filho de Clítio*, disse que ele, entre os amigos que o acompanharam a Pilos, era o que mais lhe obedecia. E assim pediu que hospedasse o estrangeiro, dando-lhe proteção e atenções até que ele voltasse.

Pireu, glorioso lanceiro, respondeu a Telêmaco que, por mais que demorasse por lá, saberia cuidar daquele homem e não lhe faltariam as devidas atenções.

Então ele subiu a bordo e deu ordem aos companheiros para embarcarem e soltarem as amarras. Eles prontamente entraram no barco e se sentaram junto aos remos. Telêmaco calçou suas belas sandálias e levantou do convés a sua lança forte com ponta de bronze.

E assim eles soltaram as amarras, avançaram pelo mar e navegaram para a cidade, como ordenara Telêmaco *filho querido do divino Odisseu*, a quem os passos apressados levaram ao curral onde tinha dezenas de milhares de porcos, entre os quais dormia o nobre guardador, que era leal a ambos.

53. Encontro na cabana – conversas entre Telêmaco, Odisseu e Eumeu

CHEGADA DE TELÊMACO À CABANA

Canto XVI – versos 1-34

Na cabana, ao raiar a Aurora, Odisseu e o divino guardador acenderam o fogo e cozinharam a comida, depois de os outros cuidadores saírem com suas varas. De repente os cães de guarda abanaram o rabo, reconhecendo Telêmaco, e não latiram.

O divino Odisseu, vendo a festa dos cães e ouvindo o ruído de passos, avisou Eumeu com *palavras leves,* dizendo que com certeza estava chegando um de seus amigos ou um conhecido. Disse que os cães em vez de latir faziam festa e ele ouvia um ruído de passos.

Mal disse isso e seu filho querido parou na entrada. Surpreso, o guardador deu um salto, deixando caírem de suas mãos as vasilhas em que misturava o *vinho saboroso* para dar consistência. Então foi em direção ao patrão, beijou sua testa, os dois belos olhos e as mãos, e chorou lágrimas grossas.

> (Como um pai carinhoso que recebe o filho depois de dez anos, voltando de um país distante, seu filho único e amado, por quem passou por dificuldades sem fim, o divino guardador abraçou Telêmaco, cobrindo-o de beijos, como a alguém que escapou da morte.)

Cumprimentando-o com *palavras leves,* disse que sua *doce luz* havia voltado e que achou que não ia mais vê-lo depois da viagem para Pilos. Chamando-o de filho, disse que agora era para ele entrar e alegrar o coração de Eumeu, ao ver-se em sua casa, recém-chegado do estrangeiro.

Disse que ele raramente visitava os campos e os pastores: ficava na cidade porque, parecia, seu coração precisava ver a corja destruidora dos que queriam a mão da mãe dele.

O *sereno* Telêmaco, chamando-o de paizinho, disse que era isso mesmo. Mas fora até lá por ele: queria ver com os próprios olhos e ouvir suas palavras, para saber se sua mãe continuava no palácio, ou se algum homem a desposara – e se, por acaso, a cama de Odisseu não estava coberta por horríveis fios de aranha no lugar dos lençóis.

ENCONTRO DOS TRÊS, SEM ODISSEU SE IDENTIFICAR

Canto XVI – versos 36-67

O chefe dos cuidadores confirmou que ela continuava no palácio, com o coração valente, mas passava todos os dias e as noites triste, chorando. Então segurou a lança de bronze de Telêmaco, enquanto ele entrava na casa, aproximando-se do pai. Odisseu lhe ofereceu lugar, mas o filho, ao seu lado, agradeceu, dizendo ao estrangeiro para ficar sentado: havia mais lugares naquela cabana e havia quem cuidasse disso.

Odisseu voltou ao lugar, sentou-se, e Eumeu estendeu uma palha verde com lã por cima, onde Telêmaco *filho querido de Odisseu* se sentou. Então o guardador ofereceu-lhe as travessas com sobras da carne assada do jantar, encheu as cestas de pão e preparou o vinho *doce como mel* numa vasilha de madeira de hera. Depois sentou-se à frente do divino Odisseu.

Eles avançaram sobre as comidas preparadas e servidas, e *depois de tirarem de si o desejo de comer e de beber,* Telêmaco dirigiu-se ao guardador: chamando-o de paizinho, perguntou de onde vinha o seu hóspede. *Como os marinheiros de Ítaca o trouxeram? Quem eles diziam ser? Não podia acreditar que ele tivesse chegado lá a pé.*

Eumeu, chamando-o de filho, disse que lhe falaria *sem rodeios, a pura verdade.* Contou que teria nascido em Creta e vagado por muitas cidades, pois aquele era o caminho que um deus traçara para ele. Tinha há pouco escapado de um barco de Tesprócios vis e chegara ao seu curral. Iria deixar os dois a sós, e era para Telêmaco fazer como achasse melhor. Mas explicou que o estrangeiro se dizia um suplicante.

CONVERSA DE TELÊMACO COM O PAI

Canto XVI – versos 68-129

O *sereno* Telêmaco disse a Eumeu que suas palavras eram dolorosas. Como iria recebê-lo em sua casa? Era moço e ainda não confiava na força de seus braços para defendê-lo de quem o agredisse sem motivo. E sua mãe, ao mesmo tempo, tinha um dilema no coração: o de continuar lá, com o filho, cuidando da casa e respeitando o leito do esposo e a voz do povo, ou se juntar desde já a um dos Aqueus que a cortejavam no palácio – o mais nobre e que oferecesse mais presentes.

Quanto ao estrangeiro, como chegara à casa dele, iria vesti-lo com *um manto e uma túnica* em bom estado. E lhe daria uma espada de dois gumes, sandálias e condução para levá-lo onde a sua alma e o coração pedissem.

Disse que, se preferisse, era para mantê-lo bem-cuidado no curral, que mandaria roupas e toda a comida para sustentá-lo, para não pesar a ele e a seus companheiros. Não o deixaria ir até o palácio para ficar lá no meio dos candidatos às núpcias. Eles eram soberbos, arrogantes, convencidos e iriam ofendê-lo, o que causaria a Telêmaco um sofrimento terrível. *Seria difícil para um homem sozinho defender-se de vários, quando são mais fortes.*

O *divino e aflito* Odisseu chamou-o de amigo e disse que, se tivesse direito a resposta, jurava que seu coração ali se despedaçava ao ouvir sobre os disparates aprontados pelos interessados na rainha em seu palácio, em desconsideração a ele, que era tão bom.

E perguntou se aceitava isso, ou se o povo de Ítaca o hostilizava em respeito ao oráculo de algum deus. Ou se ele reprimia os cidadãos, quando é *no apoio deles que todos confiam em uma luta, ou mesmo numa grande batalha*. E suspirou, pensando em como seria se ainda fosse jovem como ele e mantivesse o temperamento, ou fosse filho do impecável Odisseu – o ou ele próprio! E desejou que Odisseu pudesse voltar de onde vagava: havia esperança!

Desejou que um inimigo lhe tirasse logo a cabeça se, ao chegar ao palácio de Odisseu *filho de Laertes*, ele não se tornasse uma desgraça para todos eles. Mas, *sendo ele um só, e eles muitos,* se fossem dominá-lo, preferia ser morto em seu palácio a ainda assistir a tais vergonhas: hóspedes maltratados, criadas arrastadas com humilhação pelos quartos, vinho esbanjado e pão devorado à base de comilanças.

O sereno Telêmaco disse então ao estrangeiro que falaria *sem rodeios, dizendo a pura verdade.* Nem o povo, em geral, o hostilizava, ou odiava, nem ele se queixava de irmãos, pois era *no apoio deles que todo homem confiava na hora da luta, mesmo quando se feria numa grande batalha.*

O *filho do Tempo* os reduzira a uma única linha sucessória: Arcésio gerara filho único, Laertes, que também só teve Odisseu, que só tivera ele, que não lhe trouxera alegrias, já que o deixara no palácio. E por isso havia lá tantos inimigos. Todos os nobres donos de poder nas ilhas, *em Dulíquio, em Same e na selvagem Zacinto,* e os poderosos da Ítaca *rochosa* cortejavam sua mãe e consumiam sua riqueza.

Como ela nem recusava o odioso casamento, nem podia pôr fim ao abuso, iam devorando e acabando com seus bens. E em pouco tempo iriam também acabar com ele. Mas isso, claro, estava sob decisão dos deuses.

TELÊMACO E EUMEU

Canto XVI – versos 130-155

Chamando Eumeu de paizinho, Telêmaco pediu que fosse dizer logo à fiel Penélope que ele chegara de Pilos e estava são e salvo. Mas ficaria lá. E que depois de dar a ela essa notícia em particular, voltasse rápido para que ninguém mais dos Aqueus soubesse, pois muitos tramavam sua desgraça.

O guardador Eumeu disse que o entendia bem, e eram ordens dadas a um homem zeloso. Mas pediu que lhe *contasse uma coisa, sem rodeios*: devia também dar a notícia ao triste Laertes? Até outro dia, mesmo sentindo muito a falta de Odisseu, ele continuava trabalhando. E quando seu coração pedia, comia e bebia com os criados no palácio.

Mas depois de Telêmaco ir a Pilos, pelo que diziam, já não comia nem bebia como antes, nem via os trabalhos: ficava sentado, soluçando, gemendo e suspirando – e estava emagrecendo!

O *sereno* Telêmaco lamentou, mas disse que por enquanto deviam esquecê-lo, mesmo que lhes pesasse. Pois, de algum jeito, se tudo pudesse se dar pela vontade dos homens, primeiro escolheriam o dia da volta de seu pai.

E concluiu dizendo para, depois de dar a notícia, voltar lá sem vagar pelos campos à procura de Laertes. Mas devia pedir a Penélope que mandasse a governanta às escondidas, o quanto antes, informar o ancião.

E assim, o guardador ficou de pé e amarrou suas sandálias, indo para a cidade.

ATENA RECUPERA O ASPECTO DE ODISSEU PARA TELÊMACO RECONHECÊ-LO

Canto XVI – versos 156-212

Atena, ao ver Eumeu saindo do curral, aproximou-se, tomou o aspecto de uma bela mulher – alta e hábil em trabalhos finos – e parou junto à porta da cabana, mostrando-se a Odisseu. Telêmaco não podia vê-la, pois os deuses podem se manifestar de modo a nem todos verem.

Odisseu e também os cães a viram, mas não latiram, e sim ganiram, fugindo para o outro lado do curral. Atena fez um sinal com a sobrancelha, e o divino Odisseu percebeu, saindo da sala e percorrendo a grande parede do curral para estar diante dela.

Atena, chamando-o de *engenhoso filho de Laertes, criatura de Zeus,* disse que ele podia revelar a verdade ao seu filho. Assim, depois de preparar o caminho dos interesseiros para o *abismo do fim,* eles deviam se dirigir à cidade famosa. Ela mesma estaria perto deles, pois não via a hora desse combate.

Então ela o tocou com a vara de ouro. Primeiro vestiu seu corpo com *um manto* bem lavado *e uma túnica,* aumentando-lhe a estatura e os músculos. Ele recobrou as cores, teve o seu rosto recomposto e escureceu as barbas do queixo. Então ela partiu, e Odisseu voltou à cabana.

Ao vê-lo, seu filho querido tomou um susto. Com medo, desviou os olhos, pensando ser um deus. Dirigiu-se ao estrangeiro com palavras leves, dizendo que agora estava diferente de há pouco: sua roupa e suas cores eram outras. Então na certa ele era um dos deuses *moradores do céu*. Nesse caso, deviam oferecer vítimas de seu agrado, e vasos de ouro trabalhados, para que os poupasse.

O divino e sofrido Odisseu respondeu-lhe dizendo que não era um deus. E por que o comparava e eles? Era seu pai, por quem soluçara e sofrera tanta dor, aguentando a violência dos homens. Então ele beijou o filho, deixando correr uma lágrima – que até então segurara – pela sua face e cair no chão.

Mas Telêmaco não acreditava que fosse seu pai, dizendo que ele não era Odisseu. Disse que algum deus o iludia para que se lamentasse e soluçasse ainda mais. Um mortal não faria um prodígio daqueles por sua própria inteligência. Isso só se daria se o deus em pessoa interviesse e por sua vontade o transformasse em velho ou moço, facilmente.

E jurava que há pouco ele era um velho vestido de trapos, mas agora estava com a aparência de um deus morador *do vasto céu*.

O manhoso Odisseu, chamando-o pelo nome, disse que não lhe caía bem ficar tão espantado ou maravilhado com a presença de seu pai de volta à casa. Mais nenhum Odisseu, ele podia estar certo, ainda viria. *Odisseu sou eu* – disse ao filho que, como podia ver, era sim aquele de tantas desventuras, que vagara por muitos lugares. Agora, depois de vinte anos, voltava à sua pátria.

E contou que a alteração em seu aspecto fora feita por Atena *deusa dos saques*, que dava a ele a aparência que bem quisesse, pois era capaz disso – fosse a de um mendigo ou a de um jovem com belas roupas no corpo. Para os deuses *moradores do vasto céu*, era muito fácil levar um homem à glória ou à desgraça.

54. TELÊMACO ABRAÇA O PAI

CHOROS, GEMIDOS E PLANO DE AÇÃO

Canto XVI – versos 213-265

Então ele se sentou, e Telêmaco, abraçando seu nobre pai, derramava lágrimas e gemia, com os dois passando a soluçar.

> (Caíram em choros e gemidos ainda mais fortes que os das aves – dos gaviões e abutres de garras curvas que os camponeses tivessem tirado os filhotes do ninho antes que voassem –, tão tristes eram as lágrimas que eles deixaram cair sob as sobrancelhas.)

Chorariam até o pôr do sol se Telêmaco não perguntasse de repente a Odisseu, chamando-o de pai querido, *em que tipo de barco os marinheiros o trouxeram a Ítaca? Quem eles diziam ser? Não acreditava que pudessem ter chegado lá a pé.*

O *divino e sofrido* Odisseu, chamando-o de filho, disse que ia *dizer a verdade*: que os Feácios, navegadores famosos, que lhe haviam trazido, e também repatriaram outros homens que iam parar lá. Trouxeram-no pelo mar, dormindo, *num barco veloz*, e o deixaram em Ítaca.

Deram-lhe presentes magníficos: bronze, muito ouro e roupas tecidas. As deusas consentiram que deixasse esses presentes nas grutas. E ele fora até lá aconselhado por Atena, para decidirem como exterminar os inimigos.

Pediu-lhe que dissesse quantos eram e os nomes dos candidatos, para que ele pudesse, sabendo quem eram, avaliar em seu coração justo se poderiam só os dois enfrentá-los ou precisariam de ajuda.

Telêmaco, *sereno*, chamando-o de pai, disse, e era verdade, que sempre ouvira falar de sua imensa glória e que era um guerreiro de braço forte e de bons conselhos. Mas o que dizia agora era desmedido e o espantava. Era impossível para dois homens combaterem inimigos tão fortes e numerosos.

Os proponentes interesseiros não eram 10 ou 20, mas muito mais. Logo saberia o número. De Dulíquio eram 52 moços de elite, acompanhados de seis ajudantes. De Same, 24. De Zacinto, 20 filhos de Aqueus. De Ítaca, 12, todos nobres, e com eles estava Mêdon, o emissário, mais o divino músico e dois criados hábeis na cozinha.

Se deparassem com todos eles no palácio, sua vingança poderia se tornar amarga e perigosa. Mas devia pensar: quem sabe lhe viesse à mente alguém que fosse forte e pudesse ajudá-los.

Então o *divino e aflito* Odisseu pediu que ele o escutasse com atenção: a eles bastavam apenas Atena e Zeus. Ou era para pensar em alguém mais forte? O *precavido* Telêmaco, sempre *cauteloso*, disse que certamente os dois eram protetores excelentes, mesmo estando acima das nuvens. Ambos exerciam poderes não só sobre os homens, mas também sobre os imortais.

COMO IRIA SE DAR

Canto XVI – versos 266-320

O *divino e aflito* Odisseu respondeu que os dois não demorariam muito a entrar naquela briga sangrenta, em que a valentia guerreira iria decidir entre eles e os arrogantes do palácio. E que Telêmaco, logo ao raiar da aurora, deveria ir para casa e se juntar aos folgados interesseiros. Mais tarde, o guardador de porcos o levaria à cidade, disfarçado de um mendigo velho e miserável.

Disse que, se no palácio alguém o desrespeitasse, seu coração devia suportar vê-lo maltratado, até mesmo se o arrastassem pelos pés até a rua e lhe jogassem coisas. Era para aguentar a encenação. Antes, devia pedir que abandonassem as loucuras, tentando dissuadi-los com *palavras leves*. E eles não dariam a menor atenção, porque, de fato, o dia fatal deles haveria chegado.

E era para lembrar: quando Atena *boa conselheira* avisasse, ele faria a Telêmaco um aceno com a cabeça para que pegasse as armas de guerra do palácio e as deixasse todas no fundo do depósito alto.

Se os interesseiros dessem pela falta e lhe perguntassem, era para enganá-los com palavras educadas, dizendo tê-las afastado da fumaça, pois já estavam diferentes de como Odisseu as deixara ao partir para Troia: estavam sujas por causa dos vapores da lareira.

E além disso o *filho do Tempo* lhe inspirara o receio de que, bêbados, eles pudessem lutar entre si e se ferirem mutuamente, comprometendo a festa e o interesse casamenteiro deles (pois o ferro por si já exercia atração sobre as pessoas). Telêmaco deveria deixar à mão, só para eles, duas espadas pequenas, duas lanças e dois escudos de couro que desse para pegar num salto. Em seguida, Palas Atena e Zeus *das disputas* iria enganá-los.

Deveria lembrar-se de outras coisas: se era mesmo seu filho, do mesmo sangue, ninguém deveria saber que Odisseu havia voltado para casa. Nem Laertes, nem o guardador, nenhum criado nem mesmo Penélope. Cuidariam, os dois, de entenderem eles mesmos os sentimentos das mulheres, e de pôr à prova cada um dos criados para saberem quais os honravam e respeitavam no coração e quais eram indiferentes e o tratavam mal, sabendo quem ele era.

O glorioso filho disse ao pai que com o tempo Odisseu conheceria seu coração. Com ele, as leviandades não tinham vez. Mas esse plano não lhe parecia seguro, e pedia que refletisse. Daquela maneira, ele ficaria muito tempo nas lavouras pondo à prova os criados, enquanto no palácio eles consumiam as riquezas ao bel-prazer e sem escrúpulos.

E sobre as mulheres, sim, recomendava que apurasse as que o desrespeitavam e quais as corretas. Mas não gostaria que fossem de curral em curral pondo à prova os homens, e sim depois, se ele de fato recebera de Zeus *dono da Égide* algum sinal.

A NAU DE TELÊMACO APORTA EM ÍTACA E PENÉLOPE É AVISADA

Canto XVI – versos 322-357

Enquanto isso, aportava em Ítaca o *barco bem-construído* em que Telêmaco viera de Pilos com os companheiros, que, àquela altura, já dentro do porto profundo, puxavam para o solo. Seus *bons escudeiros pegaram as armas* e logo levaram para a casa de Clítio os magníficos presentes.

Enviaram um emissário ao palácio de Odisseu informando à *sensata* Penélope que Telêmaco estava no campo e mandara o barco até a cidade para que ela, em seu coração apertado, não viesse a chorar. Assim, o emissário e o guardador se encontraram levando o mesmo recado à rainha.

No palácio, o emissário avisou-a entre as criadas que seu filho querido chegara. E também o guardador se aproximou de Penélope para dizer o que Telêmaco lhe havia pedido. Ele em seguida saiu da sala e do pátio, voltando para junto dos porcos.

Os interesseiros, contrariados, tiveram o coração aflito. Foram para o lado de fora, atrás do longo muro do pátio, e sentaram-se à frente dos portões. O primeiro a falar foi Eurímaco *filho de Polibo*, que chamou os outros de amigos e disse que a viagem de Telêmaco fora uma façanha grande e atrevida, quando achavam que não a completaria.

Deviam então lançar ao mar um *barco negro*, o melhor deles, levando remadores, para avisar os que estavam de guarda para voltarem o quanto antes. Anfínomo mal se virou para sair e viu um barco entrando no porto profundo com gente afrouxando as velas e segurando em remos. Alegre, ele disse aos companheiros que não era preciso avisá-los. Estavam lá! Ou um deus já os teria avisado, ou eles viram o barco passando, mas não puderam alcançá-lo.

55. INTERESSADOS INTERESSEIROS – NOVA REUNIÃO

ASSEMBLEIA DOS PROPONENTES

Canto XVI – versos 358-408

Então eles levantaram e foram até a beira-mar, ajudando a puxar o *barco negro* para terra, e os *bons escudeiros pegaram suas armas*. Dali foram juntos à praça e todos, moços e velhos, participaram da reunião.

Antino *filho de Eupites* foi o primeiro a falar. Clamando aos deuses sagrados, perguntou como as divindades puderam salvar aquele homem do fim. Os guardas ficaram dia a dia no alto, no meio do mato, revezando-se o tempo todo, sem nunca, quando o sol se punha, deixarem de vigiar o mar, onde um *barco veloz* navegava até a divina Aurora à espera de Telêmaco para apanhá-lo e matá-lo. Mas um deus o conduzira à casa. Então deviam pensar em como acabar com Telêmaco sem deixá-lo escapar, pois com ele vivo os planos não dariam certo. O filho de Odisseu era certeiro em suas ideias e decisões, e eles já não eram muito aceitos pelo povo.

Era preciso agir antes que ele convocasse uma assembleia dos Aqueus na praça (Antino achava que ele não ia ficar quieto, mas se mostrar rancoroso e contar a todos que tentaram matá-lo e não conseguiram – o que causaria grande revolta no povo). Era possível que lhes causassem danos, que os expulsassem de Ítaca, que precisassem fugir e se exilar no estrangeiro. Não! Deviam se antecipar e pegá-lo no campo, longe dali, ou no caminho. Deviam pegar os sustentos e as riquezas dele e dividir entre eles em partes iguais. Mas o palácio, deviam deixar para a mãe dele, ou para quem se casasse com ela.

Se essa ideia não os agradasse e preferissem que Telêmaco vivesse e desfrutasse os bens de seu pai, não deviam mais se juntar ali e devorar suas saborosas riquezas. Deviam galantear Penélope cada um de seu palácio, seduzindo-a com presentes, e ela que se casasse com quem a presenteasse melhor e o destino decidisse.

Todos ficaram mudos. Então o glorioso Anfínomo *filho do príncipe Niso, o filho do rei Arécias,* foi quem falou. Era o chefe dos interessados na rainha e vinha de Dulíquio, terra rica em trigo e pastos. Era o que mais agradava a Penélope em sua conversa, pois tinha bom coração.

Ele (aparentemente) defendeu o interesse dela, chamando-os de amigos e dizendo não querer matar Telêmaco, pois seria terrível matar alguém de sangue nobre. Deviam antes consultar a vontade dos deuses. Se os oráculos do grande Zeus assim aconselhassem, ele mesmo procuraria matá-lo e incentivaria os outros a fazê-lo. Mas se os deuses os proibissem, deviam desistir.

A proposta de Anfínomo agradou aos outros. Então eles levantaram e se dirigiram ao palácio de Odisseu e, chegando, sentaram-se nas cadeiras limpas.

PENÉLOPE MOSTRA-SE AOS INTERESSADOS E PEDE EXPLICAÇÕES

Canto XVI – versos 409-451

A partir daí, a *sensata* Penélope reviu suas intenções e quis se mostrar para os proponentes arrogantes. Pelo emissário Mêdon, ela soube da ameaça que seu filho sofria no palácio, pois ele participara da assembleia. Então ela se encaminhou ao salão levando suas criadas.

Chegando, a divina dama parou na entrada daquela sala primorosamente construída, bem à frente dos proponentes. Mantinha um véu fino cobrindo o seu rosto e dirigiu-se a Antino, recriminando-o.

Chamou-o de insolente e malvado e disse não entender que em Ítaca ainda falassem dele como o melhor em discursos e decisões da sua geração. Estava longe disso! Louco, sim, era o que ele era! Por que tramara a morte de Telêmaco? Por que não protegia os suplicantes, se Zeus era o vingador deles?

Maquinar as desgraças dos outros era pura crueldade! Não sabia, por acaso, que seu pai chegara lá fugido e com medo do povo? Estavam de fato muito magoados com ele, porque se juntara aos piratas Táfios e humilhara os Tesprócios, aliados dos Itacenses. Queriam acabar com ele, arrancar seu coração e consumir os seus muitos e invejáveis bens. Em meio à fúria, foi Odisseu quem os conteve.

Mas agora, sem nenhum respeito, ele consumia a casa de Odisseu, cortejava a esposa e queria assassinar seu filho, causando a maior aflição em Penélope. Pediu a ele que parasse com isso e ainda contivesse os outros.

Então Eurímaco *filho de Polibo*, chamando-a de Penélope *sensata filha de Icário*, pediu que ficasse calma e não desgastasse seu coração com esses medos. Nenhum homem encostaria em seu filho Telêmaco enquanto ele estivesse vivo e podendo ver o dia.

Disse achar que sua palavra seria cumprida. O *sangue negro* dessa pessoa logo escorreria pela lança dele. Afinal, Odisseu *saqueador de cidades* muitas vezes o teve no colo e lhe deu nacos de carne assada nas mãos, além de molhar seus lábios com vinho tinto. Por isso ele gostava de Telêmaco como a mais ninguém, dizendo-lhe para não temer a morte. E falava em nome dos proponentes, porque da parte dos deuses não havia como fugir.

Mas disse isso para tranquilizá-la, pois ele também planejava o assassinato. Então Penélope voltou aos magníficos quartos superiores e chorou por Odisseu, seu marido querido, até que Atena *deusa dos olhos verde-mar* lançou um *sono doce* em suas pálpebras.

VOLTA DE EUMEU

Canto XVI – versos 452-481

No fim de tarde, o divino guardador voltou para perto de Odisseu e Telêmaco, que haviam matado um porco de um ano e estavam preparando o jantar. Mas Atena já se aproximara de Odisseu *filho de Laertes* tocando com a vara e transformando-o de novo num velho vestido com farrapos, para evitar que o guardador o visse, o reconhecesse e avisasse a sensata Penélope, em vez de segurar aquilo em seu coração.

Chamando-o de divino Eumeu, Telêmaco perguntou-lhe como tinha sido: o que diziam na cidade? Os proponentes arrogantes já haviam voltado da emboscada? Ou ainda preparavam algo para a sua volta ao palácio?

Eumeu disse não ter andado pela cidade para se informar sobre isso. Dado o recado, obedecera a seu coração e voltara o quanto antes. Mas encontrara um mensageiro rápido e seus amigos – um emissário –, e fora ele o primeiro a dar o recado à mãe de Telêmaco.

E também soube de uma coisa, vista com seus olhos. Já ia passando pelo monte de Hermes, depois da cidade, quando viu o *barco veloz* entrando no porto. Tinha muita gente e estava carregado de escudos e lanças de duas pontas. Supôs que eram eles, mas não confirmou com ninguém.

O príncipe Telêmaco sorriu e trocou olhares com o pai, mas não com o guardador.

Terminando de fazer a refeição, eles comeram e sentiram nos corações não ter faltado nada naquele jantar. *Depois de tirarem de si o desejo de comer e de beber,* lembraram de dormir e receberam a dádiva do sono.

56. TELÊMACO VAI AO PALÁCIO

INSTRUÇÕES A EUMEU E IDA À CIDADE

Canto XVII – versos 1-25

Mal raiou a filha da manhã, Aurora, dos dedos cor-de-rosa, Telêmaco *filho querido do divino Odisseu* amarrou nos pés suas belas sandálias, pegou a lança forte, feita para a sua mão e, indo para a cidade, dirigiu-se ao guardador. Chamando-o de paizinho, disse que ia à cidade para que sua mãe o visse. Achava que assim ela poria fim ao seu choro doloroso e aos gemidos – o que só pararia se o visse pessoalmente.

Pedia que levasse o pobre estrangeiro à cidade para que mendigasse ele mesmo sua refeição, e quem quisesse lhe daria *de beber e um pão para comer*. Ele é que não podia sustentar todo mundo: bastavam as dificuldades que tinha no peito. Se o estrangeiro se indignasse com isso, pior para ele, mas preferia falar a verdade.

O *manhoso* Odisseu, chamando-o de amigo, disse que de fato não queria ficar preso ali. Para um mendigo, era melhor procurar comida na cidade e nos campos, e quem quisesse lhe daria. Já não tinha idade para ficar nos currais e obedecer às ordens do administrador.

Portanto, ele podia ir, e Eumeu o levaria, como Telêmaco mandava, assim que se aquecesse ao fogo e o dia esquentasse, pois suas roupas eram muito ruins, e ele talvez não resistisse à geada da manhã – pelo que diziam, a cidade ficava longe.

ENCONTRO COM PENÉLOPE

Canto XVII – versos 26-60

Telêmaco atravessou com pressa o curral, já pensando na destruição dos interesseiros. E chegando ao palácio *bem-construído*, encostou a lança numa coluna longa e transpôs o piso de pedra da entrada.

Penélope e Telêmaco

Quem o viu primeiro foi a criada Euricleia, que estendia tecidos de lã nas cadeiras decoradas. Com lágrimas nos olhos, ela correu ao seu encontro, enquanto as outras criadas se juntavam à volta, abraçando e beijando a testa e os ombros de Telêmaco.

A sensata Penélope saiu do quarto – parecendo Artêmis ou a dourada Afrodite – e, entre lágrimas, abraçou seu filho amado, beijando-lhe a testa e os dois belos olhos, e então reclamou dele, usando *palavras leves*. Chamando-o de *doce luz*, disse que ele enfim havia chegado! Achou que não ia mais vê-lo depois que embarcou para Pilos, às escondidas, contra sua vontade. Mas se quis ter notícias de seu pai amado, então devia lhe contar: afinal, o que os olhos dele viram?

O *sereno* Telêmaco pediu à mãe que não o fizesse chorar, nem agitar seu coração: sim, ele escapara ao *abismo do fim*. Em vez disso, ela devia tomar um banho e pôr roupas limpas, subindo para os quartos com suas criadas e prometendo *a todos os deuses sacrificar vítimas perfeitas, esperando que um dia Zeus lhe desse vingança.*

Enquanto isso, ele iria à praça para trazer um estrangeiro que o acompanhara na viagem a Pilos. Pedira a Pireu que o acolhesse e hospedasse, honrando-o até que chegasse ao palácio.

Penélope quis dizer algo, mas calou-se. Então tomou banho, vestiu roupas limpas e prometeu *a todos os deuses sacrificar vítimas perfeitas, na esperança de que Zeus permitisse sua vingança.*

CONVERSA NA ÁGORA: TEOCLÍMENO É LEVADO AO PALÁCIO

Canto XVII – versos 61-105

Então Telêmaco atravessou o salão e saiu levando a lança, seguido por dois cães velozes. Atena cobriu-o com uma graça divina, e ao vê-lo, todos paravam para contemplar. À sua volta se juntaram os candidatos, dizendo-lhe coisas amáveis, mas no íntimo planejavam sua desgraça. Ele, fugindo da aglomeração, foi sentar-se onde estavam Mentor, Antifo e Haliterses, que sempre foram amigos da casa e queriam saber de tudo.

Então, depois de atravessar a cidade, chegou o glorioso lanceiro Pireu, trazendo à praça o estrangeiro. Telêmaco logo se aproximou do hóspede, e Pireu pediu que ele mandasse logo as criadas à sua casa para pegar de volta os presentes de Menelau.

O *cuidadoso* Telêmaco disse a Pireu que ainda não sabia como as coisas se dariam. Se fosse para os proponentes arrogantes o matarem às escondidas no palácio e dividirem toda a herança, preferia que os guardasse com ele e usufruísse de tudo. Mas se conseguissem dar um fim neles, então ele poderia levá-los à sua casa e alegrá-lo.

E então ele levou para o palácio o desafortunado estrangeiro. Chegando ao lugar *bem-habitado*, puseram os mantos nos bancos e cadeiras, entraram nas banheiras limpas e tomaram banho. Depois de as criadas os lavarem e ungirem de azeite, vestindo-os com túnicas e mantos grossos, eles saíram das banheiras e se sentaram nos bancos.

Uma criada *trouxe água sagrada num belo jarro e colocou-a na bacia de prata para lavarem as mãos e trouxe-lhes uma mesa limpa. A despenseira atenciosa trouxe e serviu o pão e depois os numerosos pratos, com tudo o que havia.*

Penélope sentou-se em frente, reclinada em um banco, junto à entrada da sala, enrolando fios finos de lã, *enquanto eles avançavam nos aperitivos preparados e servidos. Depois de tirarem de si o desejo de comer e beber*, a sensata Penélope avisou Telêmaco que subiria aos quartos para se deitar na cama que era hoje um leito de gemidos, sempre úmido de lágrimas, desde que o pai dele partira para Troia com os filhos de Atreu.

E comentou que ele ainda não lhe dissera claramente se ouvira algo sobre a volta de Odisseu, e era melhor fazê-lo antes de os interesseiros entrarem naquela sala.

NOTÍCIAS DA VIAGEM

Canto XVII – versos 106-141 e 147-149

O *sereno* Telêmaco avisou à mãe que lhe contaria *a verdade*. Disse que em Pilos estiveram com Nestor *chefe dos guerreiros*, sendo recebido em seu palácio alto com especial acolhimento.

> (Como um pai ao receber o filho que volta de longe depois de muito tempo, assim ele e seus gloriosos filhos o receberam.)

Mas Nestor lhe disse não ter ouvido mais notícia alguma do *manhoso* Odisseu, fosse vivo ou morto. Então o encaminhara com cavalos e boa carruagem ao filho de Atreu, o glorioso lanceiro Menelau. Lá ele viu Helena da Grécia, pelo amor de quem os Gregos e Troianos tanto se cansaram, seguindo as vontades dos deuses.

Menelau *da voz poderosa* logo perguntou sobre o que o levara à divina Lacedemônia (Esparta) e lhe disse toda a verdade. E então, clamando aos deuses sagrados, disse que os candidatos à mão dela não passavam de covardes querendo se deitar na cama do homem *da alma valente.*

> *(Quando uma gazela deixa suas crias indefesas, ainda recém-nascidas, na toca de um leão bravo para sair e explorar o terreno selvagem – os vales à volta em busca de pastagens –, o leão aparece e paira sobre as crias o destino cruel. Assim Odisseu vibraria sobre eles uma morte crua.)*

E invocando Zeus *pai,* Atena e Apolo, desejou que Odisseu – com a mesma força com que certa vez, na bem-fundada Lesbos, depois de desafiado a lutar com Filomelides, ele o derrubou sem piedade para a alegria de todos os Aqueus – se acertasse agora com os candidatos interesseiros, para que todos eles encontrassem logo a morte em um triste fim.

E sobre o que Telêmaco lhe perguntava, disse que *falaria a verdade, sem rodeios* ou mentiras, não escondendo o que lhe dissera o infalível *velho do mar,* que lhe disse ter visto Odisseu.

Bem, e depois de ouvir tudo sobre isso do lanceiro Menelau, iniciou sua volta, e os deuses lhe mandaram *um vento favorável,* trazendo-o rápido à pátria.

PREVISÃO DE TEOCLÍMENO E REUNIÃO DOS INTERESSADOS

Canto XVII – versos 150-182

A fala do filho abalou o coração de Penélope, e Teoclímeno *do aspecto divino*, chamando-a de venerada esposa de Odisseu *filho de Laertes*, ainda disse que, na verdade, Telêmaco não tinha certeza. Mas ela devia escutar o que ele tinha a dizer, pois faria uma previsão segura, sem fingimento.

E quis que Zeus *acima de todos os deuses* fosse testemunha, e também aquela mesa hospitaleira e a lareira do irrepreensível Odisseu que o acolhia, que o pai de Telêmaco já se encontrava em Ítaca, e se não estava descansando, estava a caminho, informando-se daquelas maldades e preparando a desgraça de todos os interesseiros. Era o que havia interpretado em um barco *de muitos bancos* pelo voo de uma ave e transmitido a Telêmaco.

A *sensata* Penélope desejou ao estrangeiro que sua previsão se cumprisse. E como recompensa, ele teria logo, da parte dela, um bom acolhimento e muitos presentes, e quem o visse perceberia nele alguém feliz.

Enquanto eles falavam disso, os interesseiros se divertiam em frente ao palácio, lançando discos e dardos, num terreno plano, com a arrogância de sempre. Na hora do jantar, quando chegaram as reses de todos os campos, e foram colocadas no local de sempre, Mêdon, que entre os emissários era o preferido deles (pois participava de todas as festas), disse que, depois de se alegrarem nos corações com os jogos, deviam ir até o palácio para fazer o jantar. E nada melhor do que a hora da refeição.

Os candidatos proponentes gostaram da ideia, levantaram-se e se puseram caminho. Chegando ao palácio *bem-habitado*, colocaram seus bancos e cadeiras, mataram ovelhas grandes, cabras e porcos gordos e uma vaca do rebanho e prepararam a festa.

57. ODISSEU TAMBÉM VAI À CIDADE

ODISSEU E EUMEU

Canto XVII – versos 182-211

Odisseu e o divino guardador se apressavam para ir à cidade, e Eumeu, chamando-o de estrangeiro, disse que, como ele já queria sair – assim determinara o patrão, embora ele mesmo preferisse deixá-lo como guarda do curral, mas respeitava a decisão de Telêmaco, que não queria ver zangado, pois suas repreensões eram duras –, deviam se pôr logo a caminho, pois já havia passado grande parte do dia e à tarde esfriaria.

O *manhoso* Odisseu disse entender, e que eram ordens *dadas a um homem experiente*. Então deviam ir, e dali em diante Eumeu o guiaria. Então pediu um cajado cortado que desse para se apoiar, pois fora informado que o caminho era escorregadio.

E ele assim pendurou nos ombros o saco repugnante e furado, com alças de couro torcido, recebeu de Eumeu o cajado, e eles partiram. Os cães e os pastores se encarregaram do curral enquanto o guardador conduzia à cidade o seu patrão, disfarçado de um mendigo velho e miserável, apoiado em um cajado, vestido com farrapos.

E depois de caminharem pela estrada agreste, ao se aproximarem da cidade, chegaram a um chafariz de jorros bonitos – obra de Ítaco, Nérito e Polictor –, onde o povo se abastecia. De todos os lados cresciam arbustos ribeirinhos formando um pequeno bosque, e do alto de uma pedra brotava a água gelada. No topo fora construído o altar das Ninfas, onde todos os peregrinos faziam sacrifícios.

ENCONTRO COM MELÂNTIO, GUARDADOR DE CABRAS

Canto XVII – versos 212-259

Ali eles encontraram Melântio *filho de Dólio* com dois pastores, tangendo as melhores cabras de seu rebanho para o jantar dos interesseiros. Então Melântio proferiu palavras injuriosas e ultrajantes que apertaram o coração de Odisseu.

Chamou a atenção de todos para dizer que um calhorda guiava outro, pois, afinal, um deus quisera juntar dois iguais. Chamou Eumeu de vil e perguntou aonde ia com aquele parasita – um mendigo repulsivo de tipo estraga-jantar: dos que se encostam nas muitas portas de entrada para pedir pedaços de pão em vez de espadas ou caldeirões (estes sim, presentes que hóspedes dignos pediriam).

Disse que se ele pudesse guardar os currais, limpar o chiqueiro e dar capim aos cabritos, então beberia soro até engrossar as coxas. Mas como aprendera a vadiar, não ia querer trabalho: preferia mendigar pelo país a suplicar por uma comida em sua barriga insaciável.

Disse ainda que ia *fazer uma previsão* e que ela *ia se cumprir.* Que se ele fosse ao palácio do divino Odisseu, as pessoas iam atirar nele tantos objetos que ao atingi-lo iriam machucar sua cabeça e as costelas.

Ao passar, ainda deu um chute estúpido nas nádegas de Odisseu, que aguentou firme a provocação, sem cair ou sair do caminho, mas pensando em se atracar com ele para lhe tirar a vida a pancadas, ou em levantá-lo pelas orelhas e o estatelar contra o chão. Mas aguentou firme, segurando os impulsos.

Foi o guardador quem o encarou e repreendeu. Levantando os braços e clamando em voz alta às Ninfas da fonte, *filhas de Zeus,* disse que se Odisseu já ofertara a eles pedaços de cordeiro e cabritos cobertos de gordura, deviam dar-lhe uma graça: a de que voltasse guiado por um deus, e então dissiparia todas as pretensões daqueles folgados, que vadiavam pela cidade de modo arrogante, enquanto pastores canalhas punham os rebanhos dele a perder.

Melântio, o cuidador de cabras, também clamou aos deuses milagrosos, reclamando de como falava aquele cão, cheio das más intenções! Disse que um dia ainda o despacharia em um *barco negro, de muitos bancos,* para longe de Ítaca, em troca de uma boa fortuna em ouro. Desejou que Apolo *do arco de prata* atingisse Telêmaco aquele dia no palácio e que os interessados na mãe o matassem, o que era tão certo como nunca chegar dia de Odisseu voltar.

Então ele saiu andando lento e logo acelerou o passo, indo com toda a pressa ao palácio do patrão. Logo que entrou já se sentou com os candidatos às núpcias à frente de Eurímaco (de quem ele mais gostava). Os criados *puseram à sua frente uma porção de carne*, enquanto *a atenciosa despenseira lhe servia pão para comer.*

ENTRADA DO PALÁCIO

Canto XVII – versos 260-289

Odisseu e o divino guardador, lá chegando, pararam a pouca distância, envolvidos pela música de uma lira entalhada. Era Fêmio que começava um canto para os candidatos. Odisseu segurou no braço no guardador e, chamando-o de Eumeu, disse que ali era, sem dúvida, o belo palácio de Odisseu.

Era fácil distingui-lo dos outros: havia mais cômodos em sequência, o pátio bem-acabado era rodeado de um muro, as portas eram bem fechadas, de portões com batentes duplos, ninguém poderia desprezar aquilo. E dava para ver muitos homens comendo lá dentro: sentia-se o cheiro das carnes e de lá ressoava uma lira, instrumento criado pelos deuses para acompanhar as festas.

O guardador Eumeu respondeu que para ele foi fácil reconhecer, pois era inteligente em tudo. Mas agora deviam pensar em como agir. Primeiro entraria o estrangeiro para se misturar aos proponentes, enquanto Eumeu ficaria ali atrás. Ou era melhor Eumeu entrar e ele ficar? Pediu apenas que não demorasse, porque se alguém o visse do lado de fora, podia querer enxotá-lo ou bater nele. Era preciso escolher.

O *divino e aflito* Odisseu disse entender aquelas ordens, *dadas a um homem experiente.* Pediu que fosse e ele ficaria ali atrás. E disse já estar acostumado a golpe e pancadas: seu coração era paciente, depois de passar por tantos infortúnios no mar e na guerra. Este era só mais um.

Só um *estômago* com fome é que ninguém disfarçava, essa *praga que tanto mal causava à humanidade*, fazendo as pessoas se armarem e até construírem bons barcos, que levavam destruição aos inimigos no *mar inesgotável*.

ARGOS, CÃO DE ODISSEU

Canto XVII – versos 290-327

Falavam disso quando um cão levantou a cabeça e as orelhas. Era Argos, o cão que o próprio Odisseu criara antigamente, mas que não pôde aproveitar a companhia, pois partira para a Troia *sagrada*.

Teve época em que alguns moços o levavam à caça de cabras montesas, veados e coelhos. Mas depois, com a ausência do dono, ele só se deitava no meio do esterco das mulas e vacas acumulado em frente às portas, enquanto os criados de Odisseu não o levavam para adubar a chácara grande.

Estava ali deitado, coberto de carrapatos. Notando a presença de Odisseu, ele abanou o rabo, baixou as orelhas, mas não teve forças para se aproximar. Seu dono, porém, virando o rosto, enxugou a lágrima que escondia de Eumeu e disse achar estranho aquele cão se deitar no esterco.

E comentou não ter como saber se ele, além de bonito, ele era rápido na corrida, ou não passava de um daqueles cães de pé de mesa, que os donos mantinham apenas para ostentar.

O guardador respondeu que aquele era bem fiel ao dono, que morrera longe. E que se ainda tivesse a disposição do tempo em que Odisseu o abandonou para ir a Troia, sua rapidez e bravura logo o espantariam.

Quando entrava na mata densa, nenhuma caça lhe escapava, pois tinha um faro excelente! Mas agora era essa tristeza: seu dono morrera longe de casa, e as mulheres negligentes não cuidavam dele. Os criados, quando seus patrões não olhavam, já não trabalhavam como deviam. Quando chegava o dia da servidão, Zeus *que vê longe* tirava ao homem metade de seu valor.

E em seguida ele entrou no palácio *bem-habitado* e foi direto à sala se juntar aos nobres proponentes. E Argos, ao rever Odisseu depois de 20 anos, morreu ali mesmo.

58. Já dentro do palácio, Odisseu se apresenta aos interesseiros

INSTRUÇÕES DE TELÊMACO

Canto XVII – versos 328-368

Telêmaco foi o primeiro a notar o guardador dentro da casa e acenou com a cabeça para chamá-lo. Eumeu olhou à volta, pegou um banco que estava perto – onde se sentava o cortador daquela abundante carne servida aos cortejadores – e levou-o para junto de Telêmaco, sentando-se ali. O emissário tirou uma porção de carne e o serviu, dando o pão de uma cesta.

Em seguida, Odisseu entrou no palácio com o disfarce de um velho miserável, segurando o cajado e vestido de trapos. Sentou-se recostado ao batente (feito um dia por um bom mestre carpinteiro, que o aprumou com barbantes), já do lado de dentro da porta de madeira.

Telêmaco chamou o guardador para perto e pôs um pão inteiro dentro do belo cesto e toda a carne que coube em suas mãos, dizendo que era para dar ao estrangeiro, pedindo que ele mendigasse a cada proponente, pois *um necessitado não deve se intimidar*.

O guardador se aproximou de Odisseu e disse *palavras leves*. Chamando-o de estrangeiro, disse que Telêmaco lhe dera aquilo e era para que saísse mendigando, abordando cada um dos candidatos pois *um necessitado não pode se intimidar*.

O *manhoso* Odisseu, clamando a Zeus *pai*, desejou que Telêmaco fosse afortunado entre os homens e que alcançasse tudo o que o seu coração quisesse! E com as duas mãos ele recebeu a comida deixando ali a seus pés, sobre o saco rasgado, e começou a comer, ouvindo o músico. Ao acabar de jantar, o divino músico silenciou, e os candidatos entraram no salão fazendo uma gritaria.

Atena aproximou-se de Odisseu *filho de Laertes* dizendo-lhe para se levantar e mendigar pão aos proponentes, vendo quais eram justos e quais eram maus. Mas nem assim ele iria poupar algum da desgraça.

Ele passou por todos os homens mendigando, a partir da direita. Estendia a mão para os lados, como se fosse mesmo um mendigo, e eles, comovidos, iam dando, mas estranhando e perguntando-se quem seria ele e de onde vinha.

QUESTIONAMENTOS SOBRE O VISITANTE COM ASPECTO DE MENDIGO

Canto XVII – versos 369-418

Melântio, o cuidador de cabras, pediu que os outros o ouvissem e avisou os candidatos à mão da gloriosa rainha sobre aquele estrangeiro. Jurou que o vira antes e que fora trazido pelo guardador de porcos. Não sabia ao certo quem era e de que família dizia ser.

Antino repreendeu Eumeu, chamando-o de guardador de má fama e perguntando por que trouxera aquele homem à cidade. Disse que já havia muitos vagabundos, mendigos repulsivos e estraga-jantares. Não bastavam os que se juntavam ali devorando os bens de seu patrão? Precisa convidar mais aquele?

Eumeu respondeu a Altino, dizendo que aquelas palavras depunham contra a nobreza dele. Quem, de fato, iria pessoalmente ao estrangeiro para trazer alguém, se não fosse um bom construtor, um adivinho, um médico, um carpinteiro ou um divino músico dos cantos que extasiam? Esses eram os homens requisitados em todas as terras, mas ninguém chamaria um mendigo para ser explorado por ele. E disse que ele, entre os candidatos, era sempre o mais injusto com os criados de Odisseu, principalmente com ele. Mas que não ligaria, enquanto morassem no palácio a constante Penélope e Telêmaco do *aspecto divino*.

Telêmaco, *sereno*, pediu então que ele se calasse e que não se explicasse com tantas palavras, pois Antino tinha o hábito de provocar raiva com suas falas agressivas, estimulando os outros a fazerem o mesmo.

E então também dirigiu *palavras leves* a Antino, dizendo que, de fato, ele cuidava de Telêmaco como o pai de um filho ao mandar expulsar o estrangeiro do palácio. Mas era melhor que o céu não o permitisse.

Então, pegou algo e pediu que desse ao estrangeiro. Ele mesmo não costumava negar e até recomendava que Antino desse. E para isso, não devia recear sua mãe, nem qualquer criado do palácio de Odisseu *o divino*. Mas sabia o que ele pensava e era outra coisa: preferia era comer ele mesmo do que dar a alguém.

Antino, chamando Telêmaco de impulsivo na ira e ousado na fala, perguntou o que havia dito e afirmou que, se todos os proponentes dessem o mesmo que ele, o estrangeiro poderia ficar três meses longe daquela casa.

E assim ele tirou de sob a mesa o banquinho em que apoiava os pés fortes enquanto comia e mostrou-o. Mas os outros deram e encheram de pão e carne o saco trazido por Odisseu. Odisseu quis logo voltar à entrada para saborear as doações dos Aqueus, mas antes parou ao lado de Antino.

Chamando-o de amigo, pediu que lhe desse e não fosse o mais pão-duro dos Aqueus, mas o mais generoso, para fazer jus ao seu aspecto nobre. Devia era dar até mais pão do que os outros, e ele o louvaria por todo o mundo.

REVOLTA DE ANTINO

Canto XVII – versos 445-492

Então Odisseu passou a contar-lhe uma falsa história sobre sua origem (viria de uma família muito rica, mas Zeus lhe tirara tudo e o mandara para o Egito, onde seus homens espalharam terror na população e acabaram sendo mortos ou escravizados – ele fora dado ao filho do rei de Chipre e viria de lá, passando por dificuldades), até que Antino o interrompeu, perguntando que deus enviara aquela desgraça para estragar a festa deles.

E pediu que ficasse ali pelo meio, longe de sua mesa. Ou que voltasse para os amargos Egito e Chipre. Acusou-o de ser um mendigo bastante dissimulado e falso, que passava por todos, que iam doando, desavisados: não se constrangia em se apropriar do alheio e todos lhe davam muito.

O *manhoso* Odisseu afastou-se e, clamando aos deuses sagrados, disse que quem via cara não via coração! E que Antino não daria um grão de sal de sua despensa a um pedinte, estando sentado à mesa de outro e não se dispondo a dar sequer uma migalha de pão, quando possuía tanto!

Antino se irritou ainda mais, até o fundo da alma. Olhou de viés e usou *palavras leves*, mas disse que ele já não ia sair bem daquela sala, depois de tantos desaforos. Então pegou um banquinho e o atirou, atingindo as costas (perto do ombro direito) de Odisseu, que ficou firme como uma rocha, sem se deixar abalar pelo objeto lançado.

Odisseu sacudiu a cabeça, quieto, e no íntimo imaginou desgraças para ele. Mas voltou à entrada, sentou-se, deixou no chão o saco abastecido e pediu a atenção dos cortejadores, pois ia dizer o que o coração lhe pedia.

Lembrou que a alma, de fato, não sentia nenhuma dor quando alguém era ferido em defesa de seus bens – de seus bois ou ovelhas brancas. Mas Antino o ferira por causa do *estômago maligno*, essa *praga que causa tantos males aos homens*. Se existiam deuses e Fúrias vingadoras para os mendigos, ele rezava para que Antino morresse antes do casamento.

Então Antino *filho de Eupites* pediu ao estrangeiro que se sentasse e comesse calado, ou então fosse embora. Se não, por causa de suas palavras, os moços iam acabar o arrastando pela casa, pelo pé ou pelo braço, ralando a sua pele.

Mas todos já se indignavam gravemente, e mais de um dos moços insolentes dizia que Antino fizera mal em ferir o infeliz andarilho. Trouxa! E se ele fosse um deus celeste? Os deuses se passavam por estrangeiros de terras longínquas e assumiam todos os aspectos ao visitar as cidades, verificando se nos homens havia arrogância ou retidão.

Antino não ligou para as palavras dos outros, enquanto Telêmaco já alimentava uma profunda mágoa no coração ao ver seu pai sendo ferido. Mas não deixou cair nenhuma lágrima. Sacudiu a cabeça, quieto, e no íntimo imaginou desgraças para Antino.

PENÉLOPE SAI EM DEFESA DO ESTRANGEIRO E PEDE PARA ESCUTÁ-LO

Canto XVII – versos 492-540

A sensata Penélope, quando soube do mendigo ferido em seu palácio, falou às criadas desejando que Alcino também fosse ferido, e por Apolo, do arco glorioso!

Então a governanta Eurínome respondeu a ela, desejando que suas pragas surtissem efeito, e que nenhum daqueles homens sobrevivesse até a próxima Aurora *do belo trono*. Penélope, *sensata*, chamando-a de mãezinha, disse que todos eles eram inimigos, pois planejavam o mal. Mas Antino, entre eles, era o mais próximo ao *abismo do fim*: um estrangeiro oprimido pela pobreza andava pelo salão, pedia esmolas, e todos os outros ajudavam a abastecer seu saco, mas Antino o ferira no ombro direito com um banco.

Isso ela dizia às criadas, sentada no quarto, enquanto Odisseu jantava. Então mandou chamar o guardador e, chamando-o de *divino* Eumeu, disse-lhe para pedir ao estrangeiro que fosse até lá, para ela perguntar se tinha notícias (ouvidas em algum lugar) do *sofrido* Odisseu, ou se o vira com os próprios olhos, pois parecia ter vindo de bem longe.

Eumeu, chamando-a de rainha, desejou que os Aqueus se calassem, e disse que as palavras dele poderiam alegrar seu coração. Contou que estivera com ele três noites e o manteve três dias na cabana, pois fora o primeiro que ele visitou ao fugir do barco – e não terminara de contar suas histórias.

> (Quando nos surpreendemos com um músico, que é ensinado pelos deuses e canta para os mortais usando palavras fascinantes, desejamos fortemente poder escutá-lo para sempre. E assim o estrangeiro fascinara Eumeu, sentado em sua sala.)

E pelo que dizia, sua família conhecia Odisseu e o hospedou. Ele seria de Creta, da raça de Minos. E chegara lá passando por dificuldades, vagando ao léu. Afirmava ter ouvido boas-novas de

Odisseu vivo, já ali perto, na terra fértil dos Tesprócios: voltava para casa e trazia inúmeros presentes.

Penélope, sensata, respondeu-lhe que sim, que o chamasse para que contasse tudo à sua frente, enquanto os outros se divertiam sentados, à porta ou dentro do palácio, com alegria no coração.

Guardavam seus bens intactos em suas casas, o pão e o vinho suave, enquanto invadiam o palácio e até os criados deles também comiam. Assim, sacrificam-se bois, ovelhas, cabras gordas para a comilança acompanhada do *vinho saboroso* sem qualquer preocupação.

E a riqueza da casa ia diminuindo por não ter alguém com a energia de Odisseu para afastar a ruína. Se Odisseu voltasse ao país logo, se vingaria da violência desses homens, junto com seu filho.

ESPIRRO DE TELÊMACO E COMBINAÇÃO DE VISITA A PENÉLOPE

Canto XVII – versos 541-573

Então Telêmaco deu um espirro forte, que ecoou estrondosamente por toda a casa. Penélope riu e disse *palavras leves* a Eumeu, pedindo-lhe que trouxesse o estrangeiro à sua presença. E que reparasse como seu filho saudara com um espirro todas as suas palavras. Aquilo significava que todos os candidatos seriam por fim eliminados: nenhum escaparia da morte.

Pedindo que a ouvisse e guardasse suas palavras, disse que, se reconhecesse o que ele diz como verdade, ela o vestiria com roupas finas: *um manto e uma túnica.*

O guardador então se retirou e logo se aproximou de Odisseu, chamando-o de estrangeiro bem-aventurado e usando palavras leves. Disse que a *sensata* Penélope, mãe de Telêmaco, mandara chamá-lo. O coração dela quis lhe perguntar sobre o marido, apesar das aflições sofridas. Se reconhecesse que ele dizia a verdade, ela lhe daria túnica, manto e o que mais precisasse. A comida ele pediria pelo país, a daria quem quisesse.

O *divino* Odisseu, *aflito,* respondeu que concordava e iria logo ver a *filha de Icário,* a *sensata* Penélope, dizer *a verdade.* Sabia bastante sobre Odisseu, pois passaram juntos por desafios. Mas assustava-se com o grupo de interesseiros ríspidos, que pela arrogância e violência gritavam ao céu de ferro. Agora mesmo ele atravessava a sala pacificamente, e aquele homem o atingira e machucara, sem que Telêmaco ou qualquer outro o defendesse.

Por isso, era para dizer a Penélope que, por maior que fosse a pressa, era para esperá-lo em seu quarto até o pôr do sol, e então lhe perguntasse sobre o dia da volta do marido, dando-lhe o lugar mais próximo da lareira, já que seus trajes eram miseráveis. Eumeu mesmo sabia isso, pois fora o primeiro a quem ele pediu roupas.

CONVERSAS ENTRE EUMEU, PENÉLOPE E TELÊMACO

Canto XVII – versos 574-606

O guardador então se retirou, e quando passava pela entrada, Penélope reparou que não trouxera o estrangeiro. Perguntou o que o miserável queria. Teria medo excessivo de alguém? Ou se envergonhava do palácio, sem motivo? *Envergonhar-se não dá certo para um pedinte.*

Eumeu respondeu afirmando que ele sabia o que fazer. E que, aliás, qualquer outro evitaria a soberba dos arrogantes. Ele pedia para ela esperar até o pôr do sol, pois a ela mesma, a rainha, interessava mais conversar com o estrangeiro a sós e ouvir o relato dele.

Penélope, *sensata,* entendeu que o estrangeiro era cauteloso e que percebera exatamente o que aconteceria. De fato, não havia no mundo quem planejasse mais desvarios do que aqueles moços.

Depois de dar o recado, o divino guardador voltou à companhia dos candidatos. E então disse *palavras leves* a Telêmaco, aproximando o seu rosto para que ninguém mais ouvisse.

Chamando-o de amigo, disse que agora sairia para guardar os porcos e os bens que eram seus sustentos. Pediu que cuidasse de tudo por ali e para preservar-se, descobrindo como não se deixar sofrer. Muitos Aqueus planejavam desgraças. Era melhor que Zeus os destruísse antes que causassem uma catástrofe.

Telêmaco *bem-comportado* chamou-o de paizinho e concordou. Eumeu deveria partir ao escurecer e voltar pela manhã trazendo belas vítimas. Ele cuidaria de tudo por lá, com a ajuda dos deuses.

O guardador sentou-se mais uma vez na cadeira limpa, mas depois, *saciado do desejo de comer e beber,* voltou para seus porcos, deixando o pátio e o palácio cheio de pessoas invasivas que se divertiam com as danças e cantos, pois começava a anoitecer.

59. Luta com Iro e conversa com Anfínomo

PRESENÇA DE OUTRO MENDIGO – O DESAFIO É FEITO

Canto XVIII – versos 1-57

Apareceu um mendigo da região que pedia esmola na cidade de Ítaca, famoso por comer e beber compulsivamente, pois tinha um estômago de ferro. Era fraco, mas muito grande, e isso impressionava. Ao nascer, sua mãe lhe dera o nome de Arneu, mas todos o chamavam de Iro (em referência a Íris, deusa mensageira), porque levava recados de uma pessoa a outra, quando pediam.

Mal chegou e quis expulsar Odisseu de seu próprio palácio, encorajando-o com *palavras leves*. Chamando-o de velho, disse-lhe para sair da entrada se não quisesse ser arrastado pelo pé. Deu a entender que todos sugeriam com os olhos que ele o arrastasse de lá. Tinha vergonha de fazê-lo, mas Odisseu devia levantar-se antes que ele fizesse aquilo.

Odisseu, *manhoso*, olhando-os de viés, chamou-o de amigo e disse não estar falando ou fazendo algum mal a ele. Não se incomodava com que ele também recebesse, mesmo que fossem porções maiores. Naquela entrada cabiam dois, sem precisarem cobiçar algo do outro. Disse que Iro parecia ser um andarilho errante como ele, e a sorte eram os deuses que escolhiam a quem dar.

E pediu cuidado para não provocar uma briga. Se se irritasse, mesmo velho ainda cobriria seus lábios e o peito de sangue, e ele sossegaria no outro dia: não voltaria mais ao palácio de Odisseu.

O errante Iro, com raiva, clamou aos deuses sagrados para dizer que aquele estrangeiro, parasita, era falastrão! E parecia uma velha borralheira! Disse que, se quisesse fazer mal a ele, dava logo um bofetão de cada lado, arrancando todos os dentes e quebrando o queixo dele, do jeito que uma porca destrói a plantação. E que devia se preparar para que todas as pessoas vissem o que era uma luta. Como ele poderia lutar contra alguém mais moço?

E eles assim se desafiavam, exaltados, em frente às portas altas da entrada, sobre a pedra polida. O príncipe Altino os escutou e deu uma risada, avisando os outros proponentes. Chamando-os de amigos, disse que nunca havia ocorrido aquilo. Nunca um deus trouxera tanta diversão ao palácio. Iro e o estrangeiro estavam se provocando para uma luta! E eles podiam torcer!

Todos se levantaram e riram, juntando-se à volta dos dois mendigos esfarrapados. Então Antino *filho de Eupites* pediu que o escutasse: aquelas tripas de cabra separadas para o jantar estavam na lareira, cheias de gordura e de sangue. Dos dois, quem vencesse poderia se servir à vontade. E dali em diante passaria a jantar com eles, que não deixariam o outro mendigo entrar lá para pedir esmola.

A proposta agradou os outros. Mas o *manhoso* Odisseu, espertamente, dirigiu-se a eles. Chamando-os de amigos, disse que um homem velho, corroído pelas desgraças, não podia lutar com um mais moço. Era o seu *estômago maldoso* que o obrigava a aceitar os socos dele. Então, pedia a eles que fizessem um juramento solene de que ninguém iria socorrer Iro e lhe dar um golpe desonesto, com a mão pesada, para que fosse vencido por ele.

ODISSEU LUTA COM IRO

Canto XVIII – versos 58-107

E eles assim juraram. Depois de solenizarem o juramento, o príncipe Telêmaco se pronunciou. Dirigindo-se ao estrangeiro, disse que, se sua alma arrogante e o seu coração pediam que lutasse com aquele homem, não era para temer outro Aqueu. Quem o agredisse teria de enfrentar os outros. Era ele quem o hospedava, e dois príncipes, Antino e Eurímaco, eram cautelosos e concordavam com ele.

Todos o apoiaram. Então Odisseu arregaçou os farrapos até as virilhas, mostrando as suas coxas belas e grossas. Também ficaram à vista os seus ombros largos, o peito e os braços fortes.

Atena, pondo-se ao lado do *chefe dos guerreiros*, deu mais volume aos seus membros. Todos os interessados em Penélope se admiraram, e alguns comentavam aos que estavam ao lado sobre onde ia dar a ira de Iro: teria o castigo que pediu! E reparavam nas coxas que o velho escondia sob os farrapos.

Enquanto falavam, a alma de Iro já se acovardava. Assim mesmo, os criados o levaram à força, de roupa arregaçada, amedrontado, tremendo nos braços e nas pernas. Antino o repreendeu, chamando-o de fanfarrão e dizendo que era melhor não ter nascido, já que tremia de medo daquele homem velho e encolhido pelas desgraças sofridas.

Disse que faria *uma previsão e ela haveria se cumprir*: que se o estrangeiro fosse mais forte e o derrotasse, ele o mandaria em um *barco negro* para o rei Équeto *maldoso com todos os homens*. Com o bronze cruel ele lhe cortaria o nariz e as orelhas e lhe arrancaria a genitália para dá-la, crua, aos cães.

Ouvindo isso, Iro teve ainda mais medo, mas foi levado até o meio. Os dois lutadores ergueram seus punhos, e Odisseu, *aflito*, ainda hesitava: bateria até Iro cair e perder a alma? Ou apenas o derrubaria com um golpe mais leve? Achou essa ideia melhor, para não chamar a atenção dos Aqueus.

Finalmente, depois de levantarem os punhos, Iro deu um murro no ombro direito de Odisseu, mas foi atingido no pescoço, abaixo da orelha, tendo os ossos triturados, e logo deixou escorrer sangue vermelho de sua boca. Com um grito, caiu e cuspiu os dentes, estrebuchando.

Os nobres candidatos, orgulhosos, balançavam os braços e riam. Então Odisseu pegou-o por um pé e arrastou-o pelo recinto até os portões de entrada no pátio, deixando-o ali encostado ao muro. Pôs o cajado em suas mãos e disse para ficar ali sentado, enxotando os porcos e cães. Era um miserável e não deveria se achar o melhor dos estrangeiros e mendigos para não passar por uma situação ainda pior.

RESPOSTA A ANFÍNOMO

Canto XVIII – versos 108-157

E assim ele pendurou nos ombros o seu mísero saco esburacado de alças de couro torcido, voltou à entrada e sentou-se. Os interesseiros entraram, rindo, e o cumprimentaram: desejaram que Zeus e os outros deuses lhe dessem o que fosse valioso em seu coração por ter feito aquele insaciável parar de esmolar no país. Logo o levariam ao continente para dar ao rei Équeto *maldoso com os mortais*.

Odisseu ouvia e se alegrava com a previsão. Antino pôs à frente dele um grande monte de tripas recheadas de gordura e sangue, e Anfínomo lhe deu dois pães tirados de uma cesta, fazendo um brinde com uma taça de ouro para saudar o afortunado estrangeiro, e desejar que no futuro ele adquirisse fortuna, mesmo que hoje se visse aprisionado por tantos males.

Em resposta, o *manhoso* Odisseu disse jurar que ele lhe parecia inteligente. E disse que o pai o era: que ouvira falar da excelente reputação de Niso *de Dulíquio*, uma pessoa rica e valorosa. Diziam que era filho dele e lhe parecia cortês. Assim, pedia que por favor o escutasse.

Disse que de todas as criaturas da Terra, das que respiravam e se movimentavam, a mais frágil era o homem. E era assim porque, enquanto os deuses lhe davam bravura e joelhos que se moviam, ele tratava de nunca ter dificuldades no futuro. Mas quando os afortunados deuses enviavam sofrimentos, era obrigado a suportá-los em seu bravo coração, porque o espírito do homem se adaptava ao dia enviado pelo pai dos homens e dos deuses.

Ele, por exemplo, vivera uma época às portas da riqueza entre os homens, mas fez loucuras por ter poder e saúde, confiando em seu pai e em seus irmãos. Um homem não devia ser injusto, e sim desfrutar discretamente dos presentes recebidos dos deuses.

E assim notava os interessados na rainha planejando loucuras, consumindo bens e desrespeitando a esposa de um homem que – ele garantia – já não ficaria muito tempo ausente de seus amigos e da pátria. Estava bem perto.

E quanto a Anfínomo, desejava que um deus o levasse de volta à sua terra para não precisar enfrentar Odisseu quando chegasse, pois não acreditava que ele e os interessados se separariam sem haver sangue, quando voltasse a estar sob seu próprio teto.

Falando isso, Odisseu derramou oferendas, bebeu o vinho *doce como mel* e devolveu a taça nas mãos do *chefe dos guerreiros*. Antino atravessou a sala com tristeza no coração, cabisbaixo e imaginando desgraças na alma. Mas nem por isso escaparia da morte: Atena também o reteria para que morresse pelas mãos e pela lança de Telêmaco. E assim ele voltou a sentar-se na cadeira em que estava.

60. PENÉLOPE SE MOSTRA AOS INTERESSADOS

A RAINHA DESCE DOS QUARTOS – ATENA A ACOMPANHA

Canto XVIII – versos 158-205

Então Atena *deusa dos olhos verde-mar* despertou na *sensata* Penélope *filha de Icário* a ideia de aparecer aos candidatos e lhes iludir para conquistar o coração, e assim obter ainda maior honra aos olhos do marido e do filho. Rindo à toa, ela disse à governanta Eurínome que pela primeira vez seu coração pedia que se mostrasse aos interessados, por mais detestáveis que fossem.

Também aconselharia seu filho a não ficar tanto tempo na companhia daqueles homens arrogantes, que o tratavam cordialmente, mas tinham planos malignos para o futuro.

A governanta Eurínome, chamando-a de filha, disse que era coerente, sim, o que ela dizia. E devia aconselhar Telêmaco *sem esconder nada*. Mas antes, devia tomar um banho e embelezar o rosto. Não podia descer banhada em lágrimas, porque era feio passar a vida toda chorando. Aliás, o filho dela já começava a ter barba, como tão ardorosamente ela desejou aos deuses que viesse o dia.

A *sensata* Penélope pediu a Eurínome que não a aconselhasse, mesmo por bem, a banhar-se e embelezar-se com cremes. Sua beleza fora destruída pelos deuses do Olimpo desde que Odisseu partira sobre aquele *barco curvo*. Mas deveria pedir a Antônoe e a Hipodâmia que viessem para acompanhá-la até o salão, e assim ela não ficaria sozinha no meio dos homens: tinha vergonha. Então a anciã atravessou o quarto e foi chamar as mulheres.

Mas os planos da deusa Atena *dos olhos verde-mar* eram outros, e ela derramou um *sono doce* sobre a filha de Icário. Ao recostar--se na poltrona, suas juntas relaxaram, e ela adormeceu. Atena então colocou nela dons imortais, para que fosse admirada pelos Aqueus.

Primeiro, limpou seu belo rosto com um creme celestial, o mesmo com que Citereia *deusa da bela coroa* se maquiava quando entrava na ciranda encantadora das Graças. Deu-lhe o aspecto de estar mais alta e cheia e tornou-a mais branca que o marfim polido. E então a venerável deusa se retirou.

Quando as criadas *dos braços claros* chegaram do salão, falando alto, o sono deixou Penélope, que esfregou suas faces com as mãos e lamentou ter sido tomada por um *sono doce*. Dizendo-se sofredora, quis que a fidedigna Artêmis lhe desse naquela hora uma morte assim suave, para que não gastasse mais a vida chorando no coração de saudade do marido de todo *valoroso,* inigualável entre os Aqueus.

NO SALÃO, PENÉLOPE RECLAMA DE MAUS-TRATOS AO ESTRANGEIRO – EURÍMACO A CORTEJA

Canto XVIII – versos 206-256

Então ela desceu de seus magníficos quartos superiores, acompanhada de duas criadas. E quando a *divina* senhora se aproximou dos interessados, ficou ao pé do pilar daquela sala *bem-construída* e manteve o *rosto coberto por véus,* com as *duas criadas* dedicadas *ao seu lado.*

Logo os joelhos dos candidatos tremeram, fazendo os corações enternecerem de amor. E todos rezavam pela graça de se deitarem com ela na cama. Mas ela se dirigiu apenas ao querido filho, dizendo a Telêmaco que sua mente e pensamentos já não eram firmes como antes.

Disse que, quando criança, ele tinha propósitos mais sábios em seu íntimo. E agora crescera, chegando à estatura da juventude: se alguém de outra região visse a sua altura e beleza, diria ser filho de um homem rico, mas sua mente e pensamentos já não eram puros. O que se passara no palácio? Ele deixou maltratarem o estrangeiro? O que seria se ele, sentado na casa deles, sofresse algum dano pela violência vil? Seria a desonra e baixeza dele diante da humanidade.

O *sereno* Telêmaco, chamando-a de mãe, disse não se incomodar por ela repreendê-lo. No coração, ele mesmo entendia e sabia o que era bom ou mau, pois já não era ingênuo. Mas nem tudo se previa com inteligência, pois aquelas pessoas de más intenções o confundiam, o rodeavam e não havia quem o ajudasse. Mas – ele quis informá-la – a luta entre o estrangeiro e Iro não saíra como os interessados queriam: o estrangeiro era mais forte.

Clamando a Zeus *pai*, a Atena e Apolo, ele disse que bom seria se aquilo diminuísse a moral deles, e os intimidasse naquele palácio, uns no pátio, outros dentro de casa, fazendo os braços e pernas de cada um tremerem como os de Iro, que agora se via sentado sob os portões do pátio, cabisbaixo como um bêbado, sem se aguentar nas pernas nem poder ir para casa ou outro lugar, pois seus membros ainda tremiam.

Então Eurímaco, chamando Penélope a *sensata filha de Ícaro*, disse que, se todos os Aqueus da Grécia jônica a vissem, a partir dali ainda haveria mais interessados jantando em seu palácio, pois ela superava todas as mulheres em beleza, estatura e coração sábio no peito.

A *sensata* Penélope lamentou-se a Eurímaco dizendo que *sua grandeza, formosura e feitio foram destruídos pelos deuses quando os Gregos embarcaram para Troia, e com eles seu marido, Odisseu. Queria que ele voltasse e tomasse conta de sua vida, e assim sua reputação voltaria a ser grande e bela. Mas, ao contrário, vivia amargurada, de tantas as dificuldades que um deus lançara sobre ela.*

E assim lembrou de todas as cenas da partida de Odisseu, 20 anos antes, do que ele dizia sobre os Troianos, e de como ela devia cuidar do palácio, dos parentes e de Telêmaco, não sabendo se ele voltaria. Se não voltasse, ela deveria se casar com quem quisesse e deixar o palácio.

PENÉLOPE RECEBE PRESENTES

Canto XVIII – versos 271-303

E agora, tudo como Odisseu lhe contara, iria acontecer: chegaria a noite do indesejável casamento. Penélope lamentou-se, dizendo-se desaventurada por Zeus. E que uma dor tomara seu coração e a alma: o cortejo deles não seguia a tradição, em que os postulantes à mão de uma mulher nobre, filha de um homem rico, competiam entre si, trazendo eles mesmos os melhores bois e carneiros gordos para a festa dos amigos da noiva, e lhe davam belos presentes, em vez de desvairadamente consumirem o sustento alheio.

Odisseu *divino e aflito* alegrou-se por ela atrair presentes e amansar o coração deles com *palavras doces*, enquanto em sua mente os planos eram outros. E Antino *filho de Eupites*, chamando-a de *sensata filha de Icário*, disse que, se algum Aqueu levasse presentes até lá, ela devia aceitá-los, pois seria deseducado recusar o que era dado. Mas que eles não voltariam às suas terras antes de ela se casar com o melhor dos Aqueus.

Os outros concordaram, e cada um mandou seu emissário para trazer presentes. O de Antino trouxe um grande véu, finíssimo, bordado, de 12 fios, todos de ouro, presos por botões redondos.

O de Eurímaco trouxe logo uma gargantilha de ouro trabalhada com arte, com anéis de âmbar entrelaçados, reluzentes como um sol.

Os criados de Euridamante trouxeram dois brincos com três pedras cor de amora, brilhantes, de muito encanto.

O criado de Pisandro *filho de Polictor* trouxe da casa de seu patrão um colar – joia esplendorosa!

E assim, cada Aqueu trouxe um belo presente. A venerável senhora então se dirigiu aos quartos superiores acompanhada das criadas, que levavam os seus magníficos mimos.

61. Os candidatos seguem em festa e Telêmaco esconde as armas

VOLTA À COMILANÇA E OFENSA DE MELÂNTIA

Canto XVIII – versos 304-348

Os postulantes retomaram os seus cantos e danças alegres, indo até o entardecer, e ainda se divertiam quando anoiteceu. Então acenderam três fogos no salão para iluminar e puseram à volta a lenha seca, há pouco rachada com o bronze e já chamuscada, juntando ali as tochas.

As criadas do corajoso Odisseu se revezavam para acendê-las, mas o próprio Odisseu *manhoso, criatura de Zeus,* recomendou – chamando-as de servas de um patrão há muito ausente – que fossem até o quarto onde estava a respeitável rainha. Lá deviam enrolar a lã ao lado dela e distraí-la sentadas em sua sala, ou então desfiar a lã com as mãos. Ele cuidaria da iluminação para aqueles senhores: mesmo que quisessem esperar a Aurora *do belo trono,* ele não iria se cansar, pois era bastante resistente.

Elas se entreolharam, rindo, mas Melântia *das belas faces, filha de Dólio* – criada por Penélope como se fosse filha, dando-lhe muitos brinquedos – destratou Odisseu de maneira vil. Em seu coração, ela não gostava de Penélope, pois se apaixonara por Eurímaco, e usou termos ofensivos contra Odisseu.

Chamando-o de estrangeiro desgraçado, de miolo mole, perguntou por que não ia dormir na forma de um ferreiro, ou num albergue, em vez de ficar ali fazendo desafios à frente de tantos homens, sem medo na alma? *Devia estar bêbado, ou talvez sua cabeça fosse assim mesmo, e ele vivesse dizendo asneiras. Sentia-se convencido por derrotar o vagabundo Iro?* Devia se cuidar, pois podia aparecer alguém melhor do que ele e dar socos em sua cabeça com mãos mais fortes e expulsá-lo sangrando do palácio.

Olhando de viés, Odisseu *manhoso* chamou-a de cadela, ameaçando contar a Telêmaco o que ela havia dito, e talvez na mesma hora ele a picasse em pedaços.

Após essa ameaça, as mulheres se assustaram e se dispersaram pela casa, com as pernas tremendo de medo, porque ele parecia falar sério. E Odisseu, olhando para todos, foi para perto dos fogos para mantê-los acesos. O coração em seu peito trazia outras intenções, e que não haveriam de falhar.

Mas Atena em nada deixava que os candidatos arrogantes deixassem de fazer afrontas e ultrajantes para que a mágoa penetrasse ainda mais fundo no coração de Odisseu *filho de Laertes.*

PROVOCACÃO DE EURÍMACO

Canto XVIII – versos 349-404

Eurímaco *filho de Polibo* quis ofender Odisseu e fazer os outros rirem, pedindo que todos os candidatos à mão da gloriosa rainha o escutassem. Ia dizer o que seu coração pedia. Se o estrangeiro chegara o palácio, algum deus o trouxera. E afinal, ele brilhava como a luz de uma tocha, pois não tinha cabelos na cabeça.

Então voltou-se a Odisseu *saqueador de cidades,* chamando-o de estrangeiro, e perguntou se se disporia a trabalhar como empregado em sua fazenda na divisa. Lá o salário era seguro. Ele precisaria juntar pedras para construção e plantar árvores altas. Teria comida o ano inteiro, além de roupas e sapatos. Mas como parecia só ter aprendido malandragens na vida, não ia querer trabalhar, e sim mendigar por aquelas terras para alimentar sua barriga insaciável.

Odisseu, *manhoso,* ofereceu-se a competir com Eurímaco nos trabalhos de primavera, quando os dias são longos: cortariam a grama – cada um com sua foice de boa curvatura – em jejum até bem tarde para depois compararem os seus trabalhos, se houvesse grama o suficiente.

Ou se tivessem uma parelha de bois para tocar, os melhores, grandes, de mesma idade e força, bem-alimentados, e um campo de quatro hectares onde a terra cedesse ao arado, aí ele veria se era capaz de abrir um sulco entre os extremos.

E também gostaria que o *filho do Tempo* fizesse eclodir uma guerra naquele instante e que ele tivesse um escudo, duas lanças, um capacete de bronze bem-ajustado à sua cabeça. Então ele o veria entre os combatentes de primeira linha e não ironizaria sua barriga. Mas Eurímaco era arrogante, tinha pensamentos maldosos. Na certa se imaginava grande e poderoso, porque os seus convivas eram poucos e fracos. E disse que, se Odisseu voltasse à sua amada Ítaca, ele logo acharia as portas estreitas, mesmo sendo largas, ao vê-lo fugir por aquela entrada.

Eurímaco, sentindo ainda mais raiva no peito, olhou-o de viés e usou *palavras leves*. Chamando-o de miserável, disse que iria castigá-lo por fazer tais bravatas no meio de tantos homens, sem qualquer medo na alma. *Ou estava bêbado, ou então era sempre assim e vivia dizendo asneiras. Estava convencido por derrotar o vagabundo Iro?*

Então ele pegou um banquinho, e Odisseu agachou-se junto aos joelhos de Anfínomo *de Dulíquio*, com receio dele. Eurímaco acabou acertando o braço direito do copeiro. O jarro caiu no chão, fazendo estrondo, e o criado tombou de costas, no pó, gemendo de dor. Os candidatos começaram uma gritaria nos salões escuros, e *alguns diziam aos que estavam ao lado* que era melhor que aquele estrangeiro tivesse morrido vagando por outras terras antes de chegar lá. Assim não provocaria tanta confusão. Estavam brigando por causa de mendigos e estragando a festa deles, trocando a graça pela maldade.

TELÊMACO PEDE QUE TODOS VOLTEM PARA CASA – ANFÍNOMO FAZ PROPOSTA

Canto XVIII – versos 405-428

O príncipe Telêmaco tomou a palavra e expressou aos nobres senhores que não passava de loucura. Aquela fúria mostrava o quanto eles já haviam comido e bebido. Algum deus devia tê-los enervado. Ao término da bela festa, eles podiam repousar em suas casas quando o coração lhes pedisse, pois ele não expulsava ninguém.

Todos, mordendo os lábios, surpreenderam-se pela maneira corajosa de ele falar. Então o glorioso Anfínomo *filho do príncipe Niso, filho do rei Arécias,* dirigiu-se a todos e, chamando-os de amigos, pediu que ninguém mais se irritasse com palavras justas e respondesse com violência. Não deviam maltratar o estrangeiro, nem a nenhum dos criados do palácio do divino Odisseu. Sugeriu que o copeiro servisse uma rodada de vinho para fazerem as oferendas, e depois fossem para casa descansar. Deixariam o estrangeiro no palácio de Odisseu, aos cuidados de Telêmaco, pois viera parar em sua casa.

A proposta agradou aos outros. Então o bravo Múlio, emissário de Dulíquio, e criado de Anfínomo, preparou uma jarra. Em seguida serviu a todos, e eles ofertaram aos veneráveis deuses e depois beberam daquele vinho *doce como mel.* E após ofertarem e beberem tudo o quanto o coração deles pedia, saíram para descansar, cada um em sua casa.

ODISSEU E TELÊMACO ESCONDEM AS ARMAS DO SALÃO

Canto XIX, versos 1-52

E assim o *divino* Odisseu ficou na sala mantendo os seus planos, com a ajuda de Atena, de matar os invasores folgados. E logo dirigiu *palavras leves* ao filho. Disse a Telêmaco que era preciso guardar todas as armas de guerra no depósito e que, se os interesseiros dessem pela falta e perguntassem, era para enrolá-los com palavras vagas e manhosas, dizendo que as tirou *de perto da fumaça, pois já estavam diferentes daquelas que Odisseu deixou ao partir para Troia: estavam manchadas até onde os vapores da lareira chegavam. E além disso, um deus inspirara nele uma preocupação: que, bêbados, pudessem lutar entre eles, ferindo-se mutuamente e desonrando a festa e o cortejo de todos. O ferro exercia por si uma atração sobre o homem.*

Telêmaco atendeu a seu pai e dirigiu-se à criada Euricleia. Chamando-a de mãezinha, pediu por favor que segurasse as mulheres nos quartos até que ele levasse as belas armas de seu pai ao cômodo de dentro. Disse que, desde que Odisseu viajara, quando ele ainda era criança, a fumaça da casa havia feito estragos nelas, por falta de cuidado. Agora, queria que ficassem longe do vapor da lareira.

A querida criada Euricleia apoiou a ideia e, chamando-o de filho, gostou que ele afinal pensasse em tomar conta da casa, preservando sua riqueza. E perguntou quem agora levaria a luz, se não queria que as criadas lhe iluminassem o caminho.

O *sereno* Telêmaco respondeu que seria aquele estrangeiro e que não deixaria ocioso quem comia de sua despensa, mesmo vindo de longe. Euricleia não tendo o que responder, foi trancar as portas do palácio *bem-habitado*.

Odisseu e seu *glorioso* filho logo se levantaram e começaram a guardar os elmos, escudos curvos e lanças afiadas. À frente, Palas Atena levava uma lamparina dourada emitindo belíssima luz.

De repente, Telêmaco chamou Odisseu e observou que seus olhos estavam vendo algo prodigioso: as paredes do palácio, o forro, as vigas de pinho e as colunas altas brilhavam como chama acesa. E jurou: havia algum deus ali dentro, dos que habitavam o *vasto céu*.

O *manhoso* Odisseu pediu que ele se calasse e guardasse os pensamentos sem perguntar nada. Não sabia que os deuses que moravam no Olimpo eram assim? Agora ele devia se deitar, e seu pai ficaria por lá. Precisava atiçar a curiosidade das criadas e da mãe dele. Ela ainda iria lhe perguntar os detalhes de tudo, chorando.

Telêmaco atravessou o salão à luz das tochas acesas, indo para o quarto onde costumava deitar quando lhe vinha o *sono doce*. Então, lá ele se deitou esperando a divina Aurora, enquanto o *glorioso* Odisseu ficava na sala, planejando, junto com Atena, a morte dos interesseiros.

62. PENÉLOPE EM CONVERSAS COM O ESTRANGEIRO

A RAINHA PEDE PARA OUVI-LO

Canto XIX – versos 53-73 e 81-106

A sensata Penélope deixou seu quarto parecendo Artêmis, ou lembrando, em seu aspecto, a dourada Afrodite. Junto à lareira onde costumava sentar, deixaram para ela uma cadeira decorada com prata e marfim incrustados, feita pelo artesão Icmálio, que um dia adaptou sobre ela uma cobertura de lã e embaixo um banquinho para os pés. E lá ela se sentou.

As criadas *de braços claros* vieram dos quartos e retiraram as muitas comidas, as mesas e taças usadas pelos homens arrogantes e puseram as brasas dos fogos no chão, cobrindo-as de lenha para que dessem calor e luz.

E de novo Melântia provocou Odisseu, chamando-o de estrangeiro e perguntando se ainda queria perturbar as pessoas de lá, circulando noite adentro pela casa para observar as mulheres. E pediu ao desgraçado que saísse logo, dando-se por satisfeito com o jantar, se não quisesse ser enxotado a golpes de tochas.

Olhando-a de viés, o *manhoso* Odisseu chamou-a de mulher boa, perguntando por que o atacava assim, com ira na alma. Por estar sujo, coberto de farrapos e ter mendigado pelo país? Fazia aquilo por necessidade. Disse que *andarilhos e mendigos eram assim* e que *no passado tivera muito, mas Zeus lhes tirara tudo.*

Chamando-a de mulher, sugeriu que tivesse cuidado. Ela poderia perder todo o seu brilho e a beleza que tinha como chefe das criadas se um dia a patroa se irritasse com ela, ou se Odisseu chegasse, pois ainda havia esperança. Mesmo que tivesse morrido e não voltasse mais, sempre estaria por lá o seu filho Telêmaco (e que Apolo o benzesse!). Assim, nenhuma mulher da casa iria se comportar mal sem que ele visse, pois já não era uma criança.

Penélope, *sensata,* ouviu-o e também repreendeu a serva. Chamou-a de cachorra atrevida, sem-vergonha, e avisou que seu comportamento arrogante estava sendo notado e que recairia sobre ela. E devia saber, pois ouvira da boca da própria rainha, que ela queria interrogar o estrangeiro sobre seu marido, naquele salão, pois vinha sofrendo muito.

E então ela pediu à governanta Eurínome que trouxesse uma cadeira e a forrasse com lãs para que o estrangeiro pudesse sentar e conversar com ela, pois queria fazer-lhe algumas perguntas. A criada trouxe logo uma cadeira bem limpa e forrou-a com couros e lãs. E em seguida o *divino e aflito* Odisseu se sentou nela.

Então Penélope, a *sensata,* começou a conversa com o estrangeiro, dizendo logo o que gostaria de saber: *quem ele era? De onde vinha? Onde ficavam sua cidade e seu país?*

O *manhoso* Odisseu respondeu com um grande elogio a Penélope, dizendo que sua fama chegava ao céu. Só não queria que perguntasse sobre *seu povo e sua pátria* para não trazer lembranças sofridas. Mas em todo o caso se esforçaria para contar as coisas, sem se lamentar tanto.

PENÉLOPE PERGUNTA SOBRE A ORIGEM DO ESTRANGEIRO, EMOCIONA-SE E QUER SABER MAIS

Canto XIX – versos 162-171 e 203-224

Então pediu que lhe contasse qual era o seu povo e *de onde vinha,* pois sabia que não nascera de um carvalho lendário nem de um rochedo.

Chamando-a de bem-aventurada esposa do *filho de Laertes,* o manhoso Odisseu, vendo que ela não desistia de saber sobre sua origem, disse que então lhe contaria, mesmo que lhe fizesse reviver muitas dores. Era o que acontecia quando alguém se afastava por tanto tempo da pátria, vagando por inúmeras cidades e passando por dificuldades. Mesmo assim ele contaria.

E assim Odisseu ia contando muitas mentiras com aparência de verdade (disse que fora acolhido em Creta por Éton, irmão de Idomeneu), enquanto Penélope o escutava e chorava, tendo o seu rosto desfeito em lágrimas.

> (Como a neve assentada por Zéfiro no topo das montanhas sendo derretida por Euro e se fundindo à terra, formando rios cheios, assim se desfaziam suas belas faces, ao derramar as lágrimas com saudades do marido, que estava bem ali. Também Odisseu se condoía no coração pela esposa sofrida, mas manteve os olhos fixos como se fossem de chifre ou ferro e escondeu as próprias lágrimas por esperteza.)

E ao acalmar-se, depois de um longo pranto e de gemidos, ela respondeu dizendo que agora ia colocá-lo à prova, vendo se realmente hospedara seu marido e seus divinos companheiros em um palácio, como dizia. E quis saber que roupa ele vestia, a aparência dele e dos homens que o acompanhavam.

Chamando-o de senhora, o *manhoso* Odisseu respondeu que era difícil dizer isso depois de tanto tempo. Fazia 20 anos que ele estivera em sua pátria e partira de lá. Mas ia dizer a imagem que guardava no coração.

O ESTRANGEIRO DESCREVE ODISSEU

Canto XIX – versos 249-268, 282-286 e 300-307

Então contou que o *divino* Odisseu trajava um manto duplo de lã vermelha e deu outros detalhes. A cada fala dele, Penélope soltava gemidos ainda mais profundos, pois tinha muitas saudades e reconhecia os sinais certos daquela descrição.

E já extenuada de tantas lágrimas e suspiros, disse ao estrangeiro que, se ele antes era tratado em sua casa com piedade, agora o seria com estima e respeito. De fato, ela mesma dera a Odisseu as roupas descritas por ele, trazendo-as da rouparia e pregando os cordões brilhantes para enfeitá-las. Mas não o receberia de volta à casa em seu amado país, pois Odisseu partira sob maus presságios em seu *barco curvo*, rumo à abominável e mortífera Troia.

O manhoso Odisseu, chamando-a de afortunada esposa do *filho de Laertes*, pediu que não desfigurasse mais o seu belo rosto, nem derretesse o coração chorando por ele. Não que a censurasse: toda mulher chora ao perder o marido legítimo com quem gerou filhos unida no amor, mesmo não sendo como Odisseu, que comparavam aos deuses. Mas pediu que parasse de gemer e o ouvisse.

Então contou que ele estaria no país dos Tesprócios, dando detalhes de quando perdeu seus companheiros por terem abatido os rebanhos do Sol, e que só ele escapara, sendo depois resgatado pelos Feácios de quem recebera os seus novos tesouros.

E assim, Odisseu já podia estar lá há algum tempo se o seu coração não escolhesse visitar mais terras e trazer riquezas, pois superava os outros homens em obter ganhos de inúmeros modos. Ninguém podia competir com ele (eram notícias dadas a Éton por Fídon, rei dos Tesprócios, que, depois de lhe mostrar riquezas, disse que Odisseu fora a Dodona *ouvir o carvalho divino de alta folhagem sobre os decretos de Zeus*).

Mas logo chegaria. Estava a salvo e não ficaria tanto tempo longe dos amigos e do país. E isso ele assegurava com um juramento, primeiro diante de Zeus *mais alto e melhor dos deuses,* bem como da lareira do irrepreensível Odisseu que o acolhia. Tudo se daria como estava dizendo, e ainda naquele ano Odisseu chegaria, na passagem de um mês para outro.

PENÉLOPE, ESPERANÇOSA, ACOLHE O ESTRANGEIRO

Canto XIX – versos 308-360

A *sensata* Penélope desejou então que sua previsão se cumprisse. E como recompensa, logo ele receberia dela uma boa acolhida e *muitos presentes, e quem o visse o consideraria feliz.* Mas seu coração imaginava como de fato se daria: nem Odisseu voltaria para casa, nem conseguiria o barco de volta, pois faltava naquela casa o que antes havia: um senhor como Odisseu, que dava condução e acolhimento aos bem-aventurados estrangeiros.

Então pediu que as criadas lavassem os pés daquele homem e fizessem-lhe uma cama – o leito, mantos e cobertas brilhantes – para que estivesse aquecido quando viesse a Aurora *do trono de ouro.* E de manhã cedo lhe dessem banho e o ungissem com azeite, para que pudesse se sentar ao lado de Telêmaco no almoço.

E ai de quem, dos outros, lhe fizesse algum mal, porque já não entraria mais ali, por mais enfurecido que ficasse.

Ainda perguntou ao estrangeiro como sabia se ela era melhor em inteligência e intenções sábias do que outras mulheres, se ele comia sujo e maltrapilho naquela sala? A vida era curta, e quem não cuidava de si, nem dos outros, receberia em vida as pragas dos mortais, e depois de morto o esqueceriam. Mas quem era irrepreensível consigo mesmo e com o próximo, os estrangeiros espalhavam sua fama até longe, e toda a humanidade celebrava sua nobreza.

O *manhoso* Odisseu, chamando-a de respeitável esposa do *filho de Laertes*, disse que não queria mantos nem cobertas brilhantes. Jurava isso! Deixara de gostar delas desde que se afastara das montanhas nevadas de Creta, em um barco *de remos compridos*.

Mas deitaria, como vinha fazendo nas noites de insônia – e foram inúmeras as que passara sobre trapos miseráveis – à espera da divina *Aurora do belo trono*. Também não lhe agradava o coração lavar os pés, e nenhuma criada do palácio deveria tocar neles, a não ser uma bem idosa e leal, que tivesse sofrido em seu coração tanto quanto ele – só essa ele não recusaria!

A sensata Penélope, chamando-o de caro hóspede, disse ainda não ter recebido em casa um estrangeiro pacífico, vindo de longe, com tanto juízo quanto ele, que dizia tudo com muita seriedade e cautela. Ela tinha uma criada idosa de pensamentos sábios em seu coração. Fora quem recebeu nos braços o desafortunado Odisseu assim que a mãe o deu à luz e quem o criou e educou com muito amor e zelo. Era ela quem lavaria os seus pés, apesar da velhice.

Então pediu a Euricleia que levantasse e lavasse os pés daquele homem da idade de seu patrão. Talvez as mãos e os pés de Odisseu já estivessem como os dele, pois nas dificuldades os homens envelheciam mais.

Odisseu, Penélope e Euricleia

63. Odisseu é banhado por Euricleia

DISCURSO DA ANCIÃ E RESPOSTA DE SEU PATRÃO

Canto XIX – versos 361-393

Ao ouvi-la, a idosa cobriu o rosto com as mãos, chorando e dizendo palavras tristes. Lamentou-se por Odisseu, seu filho, a quem ela não era mais útil. Zeus na certa quisera um mal maior a ele do que a todos os homens, mesmo tendo um coração temente aos imortais. Ninguém queimou tantas carnes em sacrifícios dedicados a Zeus *lançador dos raios* quanto ele, pela graça de chegar a uma velhice sadia e poder criar o seu *glorioso* filho. Mas, ao contrário, só dele fora tirado o direito da volta.

Comentou que mulheres de terras distantes talvez caçoassem do estrangeiro quando chegava a um palácio esplendoroso, assim como aquelas cachorras o fizeram. E que seria para não receber mais ofensas e baixezas que ele não aceitava tomar banho. Mas a ela não desagradava a ordem da *sensata* Penélope *filha de Icário*: lavaria seus pés não só por amor a ela, mas também por respeito a ele, pois seu coração se fizera tomar pela angústia.

E pedindo que ele a ouvisse, disse que passavam por lá muitos estrangeiros sofridos, mas ela nunca vira um tão parecido com Odisseu, no feitio, na voz e nos pés, como ele. O *manhoso* Odisseu, chamando-a de anciã, disse ser o mesmo que muitos já haviam dito sobre eles dois: que eram parecidos, da maneira como ela via e dizia.

A idosa pegou a bacia brilhante onde molhava os pés, pôs bastante água fria e derramou água quente por cima. Odisseu, porém, sentou-se longe da lareira e logo depois olhou para o lado da sombra, pressentindo, no coração que, ao ser tocado por Euricleia, ela notaria sua cicatriz e a verdade viria à tona.

Ela então se aproximou e começou a lavar o patrão – e logo percebeu nele a cicatriz de quando, na infância, fora ferido por um javali.

RECONHECIMENTO

Canto XIX – versos 467-502

A idosa Euricleia segurava a perna dele na concha da mão quando reconheceu a cicatriz... Ela largou o pé, e a perna bateu na bacia – fazendo ressoar o bronze –, que logo caiu para o lado e derramou água no chão. Dor e alegria tomaram conta de sua alma. Seus olhos encheram-se de lágrimas e sua voz embargou. Então ela tocou no queixo de Odisseu e disse que ele era, sim, Odisseu, seu filho amado! Só pôde reconhecê-lo depois de tocar todo o corpo de seu patrão.

Então ela olhou para Penélope, querendo avisá-la da presença do adorável marido, mas a rainha não notou seu olhar nem entendeu, porque Atena lhe desviara a atenção. E Odisseu, tateando com a mão direita, segurou o pescoço dela e puxou-a com a esquerda.

Chamando-a de mãezinha, disse que não deviam pôr tudo a perder. Ela mesma o amamentara. Só agora ele voltava ao país, depois de 20 anos em que passara por muitas dificuldades. Mas já que descobrira, e um deus pusera a verdade em seu coração, devia ficar quieta, para que no palácio ninguém mais soubesse.

Deu-lhe a palavra e disse que ela seria cumprida. Se uma divindade submetesse a ele os nobres interesseiros, nem ela, sua babá, ele poderia poupar, ao exterminar as outras criadas do palácio.

A cuidadosa Euricleia, chamando-o de filho, perguntou *que palavras eram aquelas que ele deixava passar pelos dentes*. Ele conhecia a firmeza de seu caráter. Ficaria muda como o ferro e a pedra dura. E pediu que também guardasse as suas palavras: se a deusa submetesse a ele os nobres interesseiros, ela poderia revelar-lhe quais as mulheres da casa o desrespeitavam e quais eram inocentes.

O *manhoso* Odisseu, chamando-a de mãezinha, perguntou por que haveria de denunciá-las? Não era preciso. Ele mesmo descobriria e identificaria uma a uma. E preferia que ela ficasse quieta, entregando o caso aos deuses.

NOVA CONVERSA DE PENÉLOPE COM O ESTRANGEIRO

Canto XIX – versos 503-534

Então idosa atravessou o salão e trouxe mais água para lavar os pés dele, já que a outra fora derramada. E depois de Euricleia lavá-lo e ungi-lo com muito azeite, ele arrastou de novo o banco para junto da lareira querendo se aquecer, cobrindo a cicatriz com as roupas.

E logo Penélope *sensata* passou a falar com ele. Chamando-o de estrangeiro, disse que faria apenas uma pergunta, pois logo seria hora de um repouso suave – mas somente para aqueles que, sob seus cuidados, o *sono doce* vinha visitar; a ela, um deus trouxera enorme sofrimento: passava os dias lamentando e gemendo, só atenta aos seus trabalhos e aos das criadas no palácio.

Penélope, quando era noite e todos já dormiam, apenas estendia-se na cama. Então, as muitas aflições, concentradas em seu coração constrangido, provocavam gemidos.

> (Assim como a filha de Pandáreo ao chegar a primavera e, em meio ao verde, o rouxinol cantava macio, pousado entre a folhagem densa do arvoredo para espalhar os sucessivos pios de sua voz fazendo chorar Ítilo, seu filho querido com o príncipe Zeto, que num acesso de loucura ela matou com o bronze – pois Aédon, querendo matar um sobrinho por ciúmes da mãe, acabou matando o próprio filho; como castigo, foi transformado em rouxinol, e quando um deles canta, imagina-se ouvir a mãe repetindo o chamado *Íti, Íti* –, assim piava o coração de Penélope, vivendo um dilema: o de ficar com o filho, preservando sua riqueza, os seus bens, as criadas e o grande palácio alto – respeitando o leito do marido e a voz do povo – ou acompanhar o Aqueu que, entre todos os cortejadores do palácio, fosse o mais nobre e oferecesse mais presentes.
>
> Telêmaco, quando era uma criança ingênua, a impedia de deixar o lar do marido e se casar de novo. Agora que estava adulto até pedia que ela saísse do palácio, preocupado com seus bens que os Aqueus vinham devorando.)

SONHO DE PENÉLOPE

Canto XIX - versos 535-571

Então pediu ao estrangeiro que lhe interpretasse o seguinte sonho: 20 de seus gansos saíam da água e começavam a comer trigo ali na casa. Ela os contemplava e se alegrava. Mas uma águia enorme, de bico curvo, vinha da montanha e matava todos eles, quebrando seus pescoços. Os gansos ficaram espalhados, mortos na sala, enquanto a águia se elevava ao éter dos deuses e desaparecia.

Mesmo no sonho, ela se via chorando e lamentando. E à sua volta juntaram-se mulheres Aqueias *das belas tranças*, enquanto ela lamentava que a águia havia matado seus gansos. E então a águia voltava, pousando na ponta de uma viga do telhado e com voz humana passava a reprimir seu choro, pedindo ânimo à filha do famosíssimo Icário e dizendo que aquilo não era sonho, e sim uma bela previsão do que ia acontecer: os gansos eram os interessados nela, e a voz, antes na forma de águia, voltava agora na pessoa de seu marido, para dar morte cruel a todos os cortejadores.

A águia disse aquilo, e o *sono doce* a deixou. E ao procurar, ansiosa, os gansos no palácio, viu-os catando grãos de trigo como antes, ao lado do tanque.

O *manhoso* Odisseu, chamando-a de senhora, disse que não deviam se desviar do sentido daquele sonho e dar outra interpretação, já que o próprio Odisseu revelara como ia agir. O fim de todos os candidatos estava claro: nenhum deles iria escapar à morte.

A *sensata* Penélope, chamando-o de estrangeiro, disse que os sonhos eram mesmo embaraçosos, de sentido ambíguo, e que nem todos se cumpriam. Os sonhos leves tinham duas portas: uma feita de chifre e outra de marfim. Alguns sonhos passavam pela de marfim cortado, e eram os que iludiam, trazendo promessas que não se cumpriam. Outros iam pela de chifre polido e se transformavam em realidade. Mas temia que não tivesse saído por essa o seu sonho pavoroso, que seria bom para ela e para o filho.

Então pediu ao estrangeiro que também escutasse bem as seguintes palavras: não ia demorar a detestável manhã em que sairia da casa de Odisseu.

IDEIA DE UM TORNEIO

Canto XIX – versos 572-604

Disse que ia propor uma competição com os machados. Odisseu costumava enfileirá-los, os 12, no salão, parecendo as costelas de um barco em construção. Depois, parado a uma distância razoável, atirava uma flecha passando pelos furos deles.

Ela pensava em agora desafiar os proponentes com esse torneio: quem segurasse o arco e conseguisse dobrá-lo com mais facilidade, fazendo a seta atravessar os 12 machados com um só tiro, ela o seguiria, deixando o palácio de suas núpcias, tão belo e farto, de que lembraria – acreditava – até em sonho.

O *manhoso* Odisseu, chamando-a de *honrosa* esposa do *filho de Laertes*, recomendou-lhe que não adiasse mais esse torneio. Assegurou que o *manhoso* Odisseu estaria lá antes de aqueles homens conseguirem, segurando o arco polido, esticar sua corda e disparar entre os machados.

A *sensata* Penélope, chamando-o de estrangeiro, disse que, se quisesse ficar ali sentado na sala para distraí-la, ela não teria sono. Mas ninguém podia ficar sem dormir: para os mortais, sobre a terra *doadora do trigo*, os deuses haviam determinado um tempo para cada coisa.

Ela então subiria aos quartos e deitaria na cama, que se tornara para ela um leito de gemidos, sempre molhado por lágrimas desde que Odisseu partira para a Troia *terrível e mortífera*. E poderia repousar ali, forrando o chão, ou numa cama que alguém fizesse.

Então ela subiu aos quartos esplêndidos acompanhada de suas criadas. Chegando lá, chorou por Odisseu, seu querido esposo, até que Atena *dos olhos verde-mar* lhe derramou nas pálpebras um *sonho doce*.

ODISSEU TENTA DORMIR, MAS ESTÁ REVOLTADO

Canto XX – versos 1-30

Então o *divino* Odisseu preparou-se para dormir naquela sala. Estendeu no chão um couro cru, de boi, e por cima umas tantas tiras de lã das ovelhas que os Aqueus vinham sacrificando. Já deitado, Eurínome o cobriu com um manto. Mas ele continuou acordado, preparando em seu coração a desgraça dos interesseiros.

Algumas mulheres que faziam companhia aos cortejadores saíram do palácio soltando risadas, e Odisseu teve o peito agitado, mas hesitou, no coração e no espírito, entre ir atrás delas e matá-las uma a uma, ou aguentar que se juntassem aos interesseiros ignorantes pela última vez, por mais que seu coração não quisesse.

> (Como uma cadela que rodeia suas crias quando estranha alguém e late, pronta para brigar, ele latia em seu íntimo, revoltado com aquela baixeza toda. Mas, socando o próprio peito, dirigiu palavra duras ao coração. Devia aguentar porque já suportara coisas piores: quando o Ciclope de força invencível devorou seus bravos companheiros, ele aguentara até sair da gruta, escapando da morte pela esperteza.)

E assim Odisseu questionava o seu coração, que resistiu bravamente e repousou numa imensa calma. Mas ele mesmo se revirava de um lado a outro.

> (Como quem revirava na fogueira ardente um estômago recheado de gordura e de sangue, querendo que assasse rápido, ele pensava em como sentar a mão naqueles descarados interesseiros, mesmo sendo só um contra todos.)

CONVERSA COM A DEUSA

Canto XX – versos 30-55

Então Atena desceu do céu e se aproximou dele com o aspecto de uma mulher. Inclinada na cabeceira, chamou-o de maior infortunado do mundo e perguntou o porquê de sua insônia. Estava em seu lar: lá estavam sua casa, sua mulher e seu filho, que era daqueles que todos desejariam ter.

O *manhoso* Odisseu, chamando-a de deusa, disse que sim, que tudo o que ela dizia estava certo. Mas seu coração pensava em como poderia, sozinho, sentar a mão nos estúpidos cortejadores. Ali dentro eles estavam sempre juntos. E outra questão mais grave o preocupava no espírito. Mesmo que os matasse com permissão dela e de Zeus, como ele ficaria impune? Então suplicou a ela que pensasse nisso.

Atena, deusa *dos olhos verde-mar*, chamando-o de sofredor, lembrou-lhe que outros confiavam em aliados muito inferiores a ela, mortais e menos inteligentes. Ela era uma divindade e o protegeria do começo ao fim, em todas as dificuldades. E disse ainda, *sem rodeios*: nem que os cercassem com 50 exércitos prontos a trucidá-los em luta, não lhes roubariam os seus bois e carneiros gordos.

Então desejou que o sono o recuperasse. Uma vigília por toda a noite lhe faria mal, e disse que logo ele superaria o sofrimento. E assim a adorável deusa derramou o sono nas pálpebras dele e voltou ao Olimpo.

PENÉLOPE ACORDA E REZA PARA ARTÊMIS

Canto XX – versos 56-66 e 79-91

Enquanto o sono *relaxador dos membros* tomava Odisseu e diluía os cuidados em seu coração, sua *sensata* esposa acordou e veio a chorar, sentada em sua cama macia. Lacrimejou até saciar o coração e então dedicou a Artêmis uma primeira reza.

Chamando-a de *filha de Zeus* e *respeitável deusa*, desejou que ela lançasse em seu peito uma flecha para tirar-lhe logo a vida, ou então que um tufão a atingisse e levasse por um caminho de névoas, soltando-a na foz do agitado rio Oceano, como os furacões um dia levaram as filhas de Pandáreo.

Penélope relembrou a triste história das duas irmãs órfãs (cuidadas por Afrodite, Hera, Artêmis e Atena, mas dadas por Zeus como criadas às malvadas Erínias) e pediu que assim a destruíssem os moradores do Olimpo, ou que Artêmis *das belas tranças* a flechasse para que ela, olhando para Odisseu, descesse para dentro da execrável terra e nunca satisfizesse desejos de um homem inferior a ele.

Disse que, de fato, quando uma pessoa passava os dias chorando, com grande sofrimento no coração, mas à noite o sono se apossava dela envolvendo suas pálpebras e fazendo-a esquecer tudo (alegrias e dores), o mal era suportável. Mas a ela até sonhos tristes os deuses enviavam.

Agora mesmo parecia estar deitado ao seu lado alguém semelhante a ele, à época em que partiu com o exército. Seu coração se alegrara achando que não fosse um sonho, e sim uma visão real.

64. Concentração de Odisseu e chegada de Filécio

NOVO AMANHECER – SINAL DE ZEUS

Canto XX – versos 92-121

Não demorou a vir a Aurora *do trono de ouro*. Enquanto Penélope chorava, o divino Odisseu ouviu sua voz e pôs-se a pensar. Imaginou no coração que ela já o reconhecera e estava de pé à sua cabeceira. Então juntou os mantos e couros em que deitara, colocou-os numa cadeira e saiu da casa, levando o couro de boi.

Levantando os braços, rezou a Zeus *pai*, por vontade de quem ele chegara por mar e terra até lá, depois de suportar extremas dificuldades. E pediu que alguém acordado lhe desse um sinal de dentro do palácio e que também lá fora houvesse uma manifestação dele.

E Zeus, por sua vontade, trovejou do Olimpo entre as nuvens do céu, para a satisfação do divino Odisseu. E de dentro do palácio, onde ficavam as pedras de amolar, ele ouviu palavras favoráveis de uma criada do engenho (nos moinhos do *chefe dos guerreiros* trabalhavam, em geral, 12 mulheres preparando as farinhas da cevada e do trigo *principal alimento dos homens*). As outras dormiam por já terem moído o seu trigo, e ela não terminara por ser a mais fraca.

Ela parou o moinho e, como previsão sobre seu patrão, disse a Zeus *pai*, rei dos deuses e dos homens, que fez soar aquele grande trovão em um céu limpo de nuvens, que aquilo devia ser um sinal a alguém. E dizendo-se uma coitada, pediu que ele atendesse ao seu pedido: que aquela seria a última festa alegre dos interessados em Penélope celebrada no palácio de Odisseu, eles que a fizeram tremer os joelhos pelo cansaço doloroso preparando a farinha. Que aquele fosse o último jantar deles.

Odisseu, o *divino*, alegrou-se com essa previsão e com o trovão de Zeus, acreditando que se vingaria dos culpados.

ENQUANTO TELÊMACO VAI À PRAÇA, AS CRIADAS PREPARAM O PALÁCIO

Canto XX – versos 122-161

As outras criadas do belo palácio de Odisseu haviam acordado e mantinham aceso o fogo da lareira. Telêmaco *do aspecto divino* levantou-se da cama e vestiu as roupas. Pendurou no ombro uma espada de aço cortante, amarrou suas belas sandálias, pegou a poderosa lança afiada com ponta de bronze e saiu.

Ao passar pela entrada, viu Euricleia e a chamou de mãezinha, querida, agradecendo-lhe por honrar o hóspede da casa dando-lhe cama e comida. Não fosse isso e ele talvez já estivesse morto, desassistido.

E lembrou que sua mãe, sempre cuidadosa, era mesmo assim: tratava com dignidade uma pessoa em situação difícil, e para outra, em condição melhor, ela nem ligava muito.

A *sensata* Euricleia, chamando-o de filho, pediu que Telêmaco não a acusasse sem razão. Contou que o estrangeiro esteve sentado, bebendo vinho e comendo o quanto quis, e quando ela perguntou, disse não precisar mais. E quando Euricleia quis descansar e dormir, mandara as criadas estenderem uma cama para ele.

Mas ele, como alguém muito sofrido e de má sorte, não quis dormir em cama debaixo de cobertas. Deitou-se na sala sobre um couro de boi cru e em peles de carneiro, e depois elas o cobriram com um manto.

Então Telêmaco atravessou o salão e saiu levando a lança. Seguido por dois cães velozes, ele foi até a praça e se juntou aos Aqueus de boas armaduras.

E a venerável dama Euricleia *filha de Ops*, o *filho de Pisenor*, chamou as criadas. Pediu que fossem rápidas em limpar, varrer e forrar com tapetes vermelhos as cadeiras bem-acabadas. E que outras passassem esponja em todas as mesas e lavassem os jarros e taças de asa dupla bem-trabalhadas. E que outras fossem à fonte buscar água e voltassem rápido: os candidatos não ficariam muito tempo longe da sala e logo fariam uma nova festa para todos.

Ouvindo, elas lhe obedeceram, indo 20 à fonte *das águas escuras*, enquanto as outras habilmente faziam os serviços cansativos da casa. Chegaram os criados dos Aqueus, e alguns racharam a lenha com bom jeito.

CHEGADA DE EUMEU, DE MELÂNTIO (GUARDADOR DE CABRAS) E DE FILÉCIO, CHEFE DOS VAQUEIROS

Canto XX – versos 161-196

As mulheres da fonte voltaram, e depois delas veio o guardador trazendo três porcos – os melhores da criação. Deixou-os pastando no belo pátio e foi dar atenção a Odisseu. Chamando-o de estrangeiro, perguntou se os Aqueus lhe tiveram mais respeito ou o destrataram de novo na sala.

O *manhoso* Odisseu respondeu a Eumeu desejando que os deuses punissem aquela afronta das malandragens aprontadas por eles, em casa alheia, sem qualquer respeito.

E enquanto falavam, aproximou-se Melântio, o guardador de cabras, tangendo as mais gordas do rebanho para o jantar dos candidatos. Vinha com dois pastores e, enquanto prendia as cabras no pátio ressonante, quis provocar Odisseu.

Chamando-o de estrangeiro, perguntou se ele ainda ia perturbar os homens mendigando no palácio, em vez de se retirar. Pelo que via, eles dois não se separariam antes de medir seus punhos, pois ele não mendigava como devia. E ali não era a única festa na Aqueia.

O *manhoso* Odisseu, em vez de responder, abanou a cabeça, quieto, pensando no fundo do coração em uma desgraça para Melântio.

Então chegou um terceiro guardador, Filécio, chefe dos vaqueiros. Também tangia uma vaca estéril e cabras gordas para os interesseiros, trazidas por barqueiros que faziam conduções. Ele amarrou bem as reses no pátio ressonante e, ao lado de

Eumeu, perguntou quem era aquele estrangeiro recém-chegado ao palácio. *Dizia ser de que povo? Onde moravam os parentes e qual era sua pátria?*

E jurou que aquele infeliz tinha o porte de um rei: os deuses arruinavam os que vagavam para longe, quando teciam para eles, mesmo que reis, um sofrimento.

FILÉCIO SE APRESENTA, GANHANDO SIMPATIA E CONFIANÇA DE ODISSEU

Canto XX – versos 197-239

Então aproximou-se de Odisseu, deu a mão direita e lhe disse *palavras leves*. Chamando-o de respeitável estrangeiro, saudou-o e desejou que o futuro lhe fosse próspero, já que no presente a dificuldade havia tomado conta dele. E disse a Zeus *pai* que nenhum deus era tão cruel como ele, que, embora fosse o próprio criador dos homens, não se condoía de entregá-los a sofrimentos e adversidades terríveis.

Disse que ao ver o estrangeiro começou a suar e seus olhos arderam de lágrimas com a lembrança de Odisseu. Ele também, supunha, vagava pelo mundo sob farrapos como aqueles, se é que ainda vivia e via a luz do sol. Mas, se morrera e descera ao palácio de Hades, então lamentava muito pelo irrepreensível Odisseu. Ele lhe confiara o gado quando Filécio era ainda um garoto, no país dos Cefalênios. Agora eram inúmeras cabeças. E só sob seus cuidados os bois de testa larga poderiam se multiplicar assim, como espigas.

Contou que pessoas estranhas o mandavam levar aquelas reses para que comessem. Não ligavam para o filho do dono do palácio nem temiam a ira dos deuses. Só queriam repartir os bens de seu patrão ausente. E dentro dele, o coração vinha matutando uma ideia. Enquanto Telêmaco estava vivo, seria um grande mal remover o gado para outro país, de gente estranha. Mas pior era ficar ali ralando pelo amor de um gado que não era dele. A situação se tornara insustentável, e há muito ele já teria fugido à procura de outro rei poderoso, se não tivesse esperança de que o desafortunado voltasse um dia para expulsar os interesseiros de sua casa.

O *manhoso* Odisseu, chamando-o de vaqueiro, disse que ele não lhe parecia mau nem tolo. Via por si mesmo que ele tinha a alma sensata. Então diria agora uma coisa, *fazendo um juramento solene: que acima de todos Zeus soubesse, e também a mesa hospitaleira e a lareira do irrepreensível Odisseu que o acolhia: ele não sairia dali antes que Odisseu voltasse à casa*. E, se quisesse, veria com seus olhos a matança dos interesseiros que andavam desmandando por lá.

O chefe dos vaqueiros respondeu ao estrangeiro desejando que o *filho do Tempo* realizasse essa sua previsão. E assim eles também conheceriam *a sua força e como os seus braços o obedeciam.*

Eumeu também rezou a todos os deuses pela volta ao lar do sensato Odisseu.

OS INTERESSADOS EM PENÉLOPE DE NOVO REUNIDOS – A FESTA CONTINUA

Canto XX – versos 241-275

Enquanto isso, os proponentes planejavam a morte de Telêmaco. Mas eis que veio, pelo lado esquerdo, uma águia voando bem alto com uma pomba tímida nas garras. Então Anfínomo disse a eles que o plano de assassinar Telêmaco não daria certo e que era melhor se dedicarem à festa.

A sugestão de Anfínomo agradou os outros. Foram até o palácio de Odisseu, deixaram os mantos nos bancos e cadeiras e começaram a sacrificar grandes carneiros e cabras gordas. Também mataram porcos pesados e uma vaca do rebanho.

Eles assaram, serviram as tripas e preparam o vinho nos vasos. O guardador de porcos distribuiu as taças. Filécio, chefe dos vaqueiros, serviu o pão em belas cestas, e Melântio, o vinho. Então eles *avançaram com as mãos nos aperitivos preparados e servidos.*

Telêmaco, numa hábil manobra, fez Odisseu sentar-se perto da entrada de pedra, no salão, oferecendo-lhe um banco simples e uma mesa pequena. Deu-lhe porções de vísceras, encheu uma taça de ouro com vinho e lhe disse para sentar-se ali e beber o vinho na companhia daqueles homens. Ele mesmo o protegeria de ofensas e agressões dos oferecidos a casar. Disse que aquela casa não era pública, mas de Odisseu, que a deixara para ele.

E dirigindo-se aos outros, interesseiros, pediu que libertassem o coração das ofensas e golpes para que não houvesse brigas. E eles então cravaram os dentes nos lábios, surpresos com a ousadia de Telêmaco.

Antino *filho de Eupites* respondeu que, apesar da dureza de Telêmaco, os Aqueus deviam obedecer àquela ordem ameaçadora. Afinal, Zeus *filho do Tempo* não permitira que o silenciassem no palácio, por mais alto que fosse o timbre de sua voz.

Telêmaco não ligou.

65. ODISSEU É AGREDIDO E PENÉLOPE PROVOCADA

NOVA AGRESSÃO

Canto XX – versos 276-319

Na cidade, os emissários comandavam um sacrifício sagrado aos deuses, e os Aqueus *das cabeleiras* se juntavam à sombra de um bosque do Apolo *flecheiro da boa mira*. Os interesseiros, depois de queimar as carnes por fora e tirá-las do espeto, *dividiram-na em porções* e divertiam-se numa festa espetacular.

E como mandara Telêmaco, filho querido do divino Odisseu, os que serviam deixaram ao lado de Odisseu uma porção igual às deles mesmos. Já Atena não impedia em nada que os arrogantes interesseiros fizessem afrontas doídas, para que a mágoa penetrasse ainda mais a fundo no coração de Odisseu *filho de Laertes*.

Entre os candidatos, havia um homem de índole assassina chamada Ctesipo, morador de Same. Confiante em sua enorme fortuna, ele cortejava Penélope, esposa de Odisseu, há tanto ausente. E pediu aos demais candidatos folgados que o escutassem. Disse que o estrangeiro há muito vinha recebendo uma porção igual à deles, o que era justo: não era bonito nem certo *destratar hóspedes de Telêmaco* na casa, *fosse quem fosse*. Mas agora iria dar-lhe um presente de hospitalidade para que o desse a quem o banhasse, ou a qualquer outro criado no palácio do divino Odisseu.

Falou isso e, com a mão forte, lançou nele um casco de boi tirado do esqueleto. Odisseu se esquivou do objeto inclinando um pouco a cabeça e sorriu, ironicamente, em seu coração. O casco bateu na parede dura, e Telêmaco se manifestou.

Dirigindo-se a Ctesipo, disse que, para a sorte de sua alma, ele havia errado. Não acertara o hóspede porque ele mesmo se desviara do projétil, e não fosse isso, Ctesipo seria atravessado por sua lança e seu pai celebraria ali um funeral, em vez de casamento. Então avisou que não haveria mais desonras naquela casa, pois *já aprendera a distinguir o bem do mal*, embora há pouco fosse uma criança. Se ainda suportavam a matança de ovelhas, o esbanjamento de vinho e pão, era porque dificilmente uma pessoa só poderia enfrentar muitas.

Mas agora deviam parar de causar danos e de serem hostis a ele. Se queriam matá-lo de uma vez com o bronze, ele preferia morrer a assistir continuamente àquela vergonha: hóspedes maltratados e homens arrastando com indecência as criadas pelo belo palácio.

PROPOSTA PARA QUE PENÉLOPE CASASSE LOGO

Canto XX – versos 320-349

Todos ficaram calados, até que Agelau *filho de Damastor*, chamando-os de amigos, disse que ninguém devia desprezar, ou ficar agressivo, com uma observação justa. Não deviam maltratar um hóspede ou criado do palácio do divino Odisseu. Mas queria dar um aconselho a Telêmaco e à sua mãe, se isso agradasse a seus corações.

Disse que enquanto houvesse, no fundo do peito, esperança de que o *engenhoso* Odisseu voltasse ao lar, ninguém discordasse em repreender exageros dos interessados no palácio. Seria a atitude correta no caso de Odisseu voltar e chegar à casa. Mas agora estava claro que não voltaria. Então eles deviam conversar com Penélope e pedir que se casasse com o mais nobre e que lhe desse mais presentes entre eles, podendo, assim o filho administrar, contente, as riquezas de seu pai, para comer e beber à vontade, enquanto ela iria para a casa de outro.

O sereno Telêmaco, falando em nome Zeus e das dores de seu pai, que morrera ou então vagava longe de Ítaca, disse a Agelau que não era ele que impedia o casamento de sua mãe. Ao contrário, além de incentivá-la a casar com quem quisesse, ainda lhe oferecia inúmeros presentes. Mas não a expulsaria do palácio com uma ordem formal, contra a vontade dela. Que o céu não permitisse isso!

Então Palas Atena fez os candidatos soltarem uma gargalhada sem fim, chegando a abalar o juízo deles. Parecia mais um riso de desespero, e enquanto devoravam as carnes ainda sangrentas, tinham lágrimas nos olhos e previsões de desgraça no coração.

TEOCLÍMENO SE RETIRA DO PALÁCIO

Canto XX – versos 350-394

Então Teoclímeno *do aspecto divino* dirigiu-se a todos e chamou-os de infelizes. Perguntou o que eles tinham e disse que suas cabeças, faces e joelhos estavam imersos em trevas. Ardiam os lamentos, os rostos se banhavam em lágrimas, as paredes e o belo forro estavam sujos de sangue. Na sala e no pátio havia fantasmas que se lançavam às trevas do Érebo, enquanto o sol desaparecia do céu, deixando uma escuridão mortal tomar conta de tudo.

Mas todos riram dele, à vontade. Então Eurímaco *filho de Polibo* começou a dizer que aquele outro estrangeiro, hóspede recém-chegado de outras terras, estava delirando. E que deviam, depressa, levá-lo para fora. Ou deixá-lo na praça, já que estava achando tudo escuro por lá.

Teoclímeno *do aspecto divino* disse a Eurímaco que em nada pedia que o guiassem. Tinha olhos, ouvidos, dois pés e uma inteligência no peito que não era desmerecida. Só isso já lhe permitia sair, prevendo a desgraça que cairia ali e da qual não escaparia nenhum deles, cortejadores que insultavam pessoas e planejavam malandragens no palácio do *divino* Odisseu.

E assim ele saiu daquela casa *bem-construída* e foi para a de Pireu, que o acolhera com amizade. Os interesseiros se entreolharam e irritaram Telêmaco ao caçoarem dos hóspedes.

Alguns moços arrogantes diziam a Telêmaco que ninguém era mais infeliz com hóspedes do que ele. E que, por exemplo, aquele vagabundo, parasita que ele acolhera, pedia pão e vinho e não trabalhava, não participava da guerra, nem ajudava na lavoura. E era como esse outro que se levantara para fazer previsões.

E queriam que ele os ouvisse: que deviam deixar os estrangeiros a bordo de um barco *de muitos remos* para serem levados à Sicília, onde poderiam ser vendidos por um bom preço.

Assim diziam os interesseiros, mas Telêmaco não dava atenção a eles. Observou seu pai em silêncio, atento ao momento em que ele poria suas mãos nos cortejadores vis e desavergonhados.

Penélope *sensata, filha de Icário,* colocou à frente deles sua bela cadeira e ouvia cada um dos homens. Entre risadas, eles tinham preparado um jantar de dar gosto, matando numerosas reses. Mas não haveria uma festa tão triste como aquela em que uma deusa e um homem forte ofereceriam aos que planejaram tantas desonestidades, vilezas e más ações.

66. Preparação e início do torneio

PENÉLOPE VAI AO DEPÓSITO

Canto XXI – versos 1-13 e 42-56

Atena *deusa dos olhos verde-mar* pôs na mente da *sensata* Penélope *filha de Icário* a ideia de pôr a frente dos candidatos, no palácio de Odisseu, o arco e a lança cinzenta – começo da mortandade!

Ela subiu as escadas altas de seus quartos e pegou uma bela chave de bronze, bem-moldada e com anel de marfim. Seguiu com as criadas ao quarto mais distante onde estavam guardados os tesouros de seu marido: os bronzes, ferros e ouros trabalhados. Estava lá o arco dobrado para trás e a aljava com as setas *provocadoras de gemido* – presentes de um amigo, Ífito *filho de Êurito,* do aspecto de divino, quando uma vez o encontrou na Lacedemônia.

Quando chegou a esse cômodo e subiu até a entrada de carvalho (há muito aplainada com maestria por um carpinteiro, igualando-a com um barbante e lá fixando os batentes para assentar as portas polidas), a venerável dama soltou o ferrolho da tranca, pôs a chave e abriu o trinco da porta num movimento preciso.

O rangido das belas folhas da porta penetradas pela chave foi como o mugido de um touro pastando, e rapidamente elas se abriram. Ela subiu no tablado e dali se abriam armários onde estavam as roupas cheirosas. Penélope esticou o braço e pegou no cabide o arco guardado em um estojo polido. Então se sentou, pôs o estojo nos joelhos e, chorando alto, pegou o arco de seu marido.

O ARCO É LEVADO AOS COMPETIDORES

Canto XXI – versos 57-100

Depois de saciar-se dos lamentos chorosos, ela foi até o salão onde estavam os nobres cortejadores, levando na mão o arco dobrado para trás com a aljava de muitas flechas *provocadoras de gemido*. As criadas, com uma caixa cheia de ferros e bronzes, armas de Odisseu, a acompanhavam.

Quando a divina dama se aproximou dos interessados, parou ao pé do pilar do salão *bem-construído*. Tinha o *rosto coberto por um bonito véu* e era *ladeada por duas criadas dedicadas*. Então pediu a atenção dos proponentes – os orgulhosos candidatos que iam àquele palácio para comer e beber sem parar, pois seu dono há muito estava ausente e não podiam arranjar outro pretexto a não ser o de que queriam casar-se e tê-la como esposa.

E sendo assim, disse, que a tivessem como prêmio da disputa entre eles. Iria entregar-lhes o grande arco do divino Odisseu, e quem, segurando o arco, o dobrasse com mais facilidade, e com o disparo de uma flecha atravessasse os 12 machados, ela o seguiria, abandonando aquele palácio que era o de suas núpcias, tão belo e abundante, e *de que se lembraria, acreditava, mesmo em sonhos*.

Então mandou Eumeu, o divino guardador, dar aos proponentes o arco e os ferros cinzentos. Eumeu, com lágrimas, assim o fez. E o vaqueiro também chorava, de seu lugar, ao ver o arco de seu patrão. Mas Antino os repreendeu. Chamando-os de miseráveis, camponeses tolos que só pensavam no próprio dia, perguntou por que comoviam o coração da rainha com aquele choro. Já bastava o que ela sofria com a perda do querido esposo. Eles deviam se sentar e comer calados, ou então chorar lá fora e deixar o arco para o torneio de desafio entre os candidatos à mão dela.

Não achava que aquele arco polido se dobrava facilmente, e não havia ali nenhum homem como à época de Odisseu. Ele o vira pessoalmente e lembrava bem dele, embora ainda fosse um menino.

Mesmo dizendo isso, ele tinha no coração a esperança de esticar a corda e disparar pelo meio dos machados. Mas, na verdade, ele seria a primeira vítima de um disparo das mãos do irrepreensível Odisseu, a quem ele desrespeitara, incentivando os outros a fazerem o mesmo.

TELÊMACO ORGANIZA O EVENTO

Canto XXI – versos 101-143

O príncipe Telêmaco tomou a palavra. Clamando aos deuses sagrados, perguntou se, então, Zeus *filho do Tempo* teria lhe tirado o juízo. Sua querida mãe, sempre prudente, prometia sair daquele palácio na companhia de outro homem, e ele ficaria ali rindo, alegrando-se, com o coração leviano?

Então, disse aos candidatos, aquele era o prêmio proposto: uma mulher inigualável nas terras Aqueias, na Pilos sagrada, em toda a Grécia ou Micenas, lá em Ítaca ou no *continente negro*. Eles mesmos sabiam bem disso, e não era preciso elogiar sua mãe. Assim, não deviam se demorar com desculpas, nem se esconder por muito tempo de segurar o arco para verem no que ia dar.

E disse que também iria tentar. Se o dobrasse e varasse com a flecha os furos dos machados, não teria o desgosto de ver sua mãe saindo daquele palácio na companhia de outro homem e o deixando para trás, quando já era capaz de segurar as armas magníficas de seu pai.

Então ele despiu o seu manto vermelho, levantou-se de um salto e tirou do ombro a capa de sua espada afiada. Começou por cravar os machados e, para isso, cavou um longo e único sulco para eles, retificado com um barbante. E pisou na terra à volta, até ficar bem batida.

Todos ficaram espantados com a ordenação feita por ele, que nunca vira antes como era a técnica. Então Telêmaco foi até a entrada e começou a testar o arco. Três vezes ele o encurvou tentando armá-lo e nas três desistiu do esforço, por mais que seu coração quisesse retesá-lo e varar as madeiras com a flecha. Talvez, numa quarta vez, conseguisse dobrá-lo à força, se Odisseu não repreendesse sua vontade com um aceno.

Então o príncipe Telêmaco voltou a falar. Clamando aos deuses sagrados, disse que, pelo jeito, mesmo no futuro ele ainda seria um fraco, covarde. Ou então era muito jovem e ainda não confiava nos braços para se defender de quem o humilhava sem ser provocado. Assim, eles, que eram mais fortes, deviam testar o arco e realizar o torneio.

Pôs então o arco no chão, apoiado em um batente polido e bem-ajustado, e encostou em sua ponta a flecha veloz, voltando a sentar no lugar em que estava.

Antino *filho de Eupites* disse aos amigos para se levantarem, um por vez, da esquerda para a direita, a partir de onde o copeiro começava a servir.

E eles gostaram da proposta.

UMA PRIMEIRA TENTATIVA DOS CANDIDATOS

Canto XXI – versos 144-187

O primeiro a se levantar foi Liodes *filho de Énops*. Era quem celebrava os sacrifícios e sempre ficava mais ao fundo, ao lado de um belo jarro. Só ele reclamava daquela malandragem toda e se indignava com os interesseiros.

Foi o primeiro a pegar o arco e a flecha veloz. Postou-se na entrada e começou a testar o arco. Não pôde armá-lo: logo os seus braços, moles e delicados, cansaram-se de puxar as pontas para trás. Então, chamando os outros de companheiros, disse que não podia armá-lo. Ia passá-lo a outro, avisando que aquele arco ainda *tiraria o ânimo e a vida de muitos nobres*, pois era melhor morrer a viver sem atingir o objetivo pelo qual se reuniam ali todos os dias.

Sabia que cada um, em seu íntimo, ainda queria e esperava casar-se com Penélope, esposa de Odisseu. Mas depois de tentar o arco e ver a verdade, devia passar a cortejar alguma outra Aqueia *dos belos mantos*, seduzindo-a com presentes, e que deixasse Penélope se casar com quem lhe desse mais presentes e viesse apontado pelo destino.

Então ele pôs o arco no chão, apoiado em um batente polido e bem-ajustado, e encostou em sua ponta a flecha veloz, voltando a sentar no lugar em que estava.

Antino reclamou dele. Perguntou a Liodes que palavras terríveis e doloridas *lhe escapavam da barreira dos dentes*. Ele se revoltava ao ouvi-las! Aquele arco *tiraria o ânimo e a vida de muitos nobres* só porque ele não podia armá-lo? Era natural que sua mãe o tivesse gerado de modo a não poder disparar flechas com um arco. Mas outros candidatos logo o armariam.

Então deu ordens a Melântio, o cabreiro: devia acender o fogo do salão próximo a um banco longo, com couros, e trazer um pedaço grande de gordura, dos que houvesse lá dentro. Aí os moços se aqueceriam, e ungiriam o arco que não puderam armar por estarem sem forças e assim o testariam.

Faltavam Antino e Eurímaco *do aspecto divino, chefes dos candidatos*, e de longe os mais valorosos e capacitados.

67. ODISSEU REVELA-SE AOS AMIGOS E PEDE PARA PARTICIPAR DO TORNEIO

DO LADO DE FORA, ODISSEU REVELA SUA IDENTIDADE A EUMEU E FILÉCIO

Canto XXI – versos 188-244

O vaqueiro e o guardador de porcos do *divino* Odisseu saíram juntos da casa. O próprio Odisseu também saiu, e quando se encontraram, do lado de fora, ele começou a falar, com *palavras delicadas.*

Dirigindo-se ao vaqueiro, e ao outro, cuidador, perguntou se devia dizer algo ou esconder aquilo. Disse que o coração lhe pedia para falar. Perguntou se estavam prontos para defender Odisseu se ele chegasse de repente, guiado por um deus. Ajudariam os interesseiros ou Odisseu? E pediu que respondessem com o coração e a alma.

O chefe dos vaqueiros, clamando a Zeus *pai,* desejou que aquela previsão se realizasse e que ele voltasse guiado por um deus. Assim *saberiam de sua força e de como os braços lhe obedeciam.* E Eumeu também rezou a todos os deuses pela volta do *manhoso* Odisseu à sua casa.

Então, conhecendo o pensamento dos dois, ele voltou a falar, dizendo que Odisseu estava ali e era ele, voltando à pátria depois de 20 anos de inúmeros cansaços! E pelo que notava, só Eumeu e Filécio, entre os criados, queriam a volta dele. Não ouvira comentários de nenhum outro que desejasse a sua volta ao lar!

E iria agora revelar aos criados como as coisas se dariam. Se a deusa submetesse a ele os nobres interesseiros, daria a cada um deles dois uma esposa, além de bens e uma casa construída perto da sua, tendo-os dali em diante como companheiros e irmãos de Telêmaco.

Iria então mostrar-lhes um sinal fácil de identificar, para que o reconhecessem bem e acreditassem em seus corações: a cicatriz do corte que um javali lhe fizera um dia com a presa branca, quando ele estava no Parnaso, acompanhado dos filhos de Autólico.

E ele assim levantou os trapos que cobriam a grande cicatriz. Os outros olharam, examinaram em detalhes e em seguida começaram a chorar, abraçados ao corajoso Odisseu, dando-lhe os beijos de boas-vindas na testa e no ombro. Do mesmo modo, Odisseu beijou-lhes a testa e as mãos. E continuariam chorando se, no pôr do sol, o próprio Odisseu não os interrompesse, dizendo para segurarem o choro e os gemidos: não queria que alguém, ao sair do palácio, reparasse e fosse lá dentro contar aos outros.

Sugeriu que entrassem um por vez, primeiro ele. E combinariam o seguinte sinal. Nenhum dos nobres candidatos iria concordar que lhe entregassem o arco e a aljava. Mas Eumeu, ao levar o arco pela casa, devia pô-lo em suas mãos e pedir às mulheres que trancassem as portas do salão. Se alguma ouvisse gemidos, ou briga de homens entre aquelas paredes, não devia sair, mas ficar calada em seu trabalho. E a ele, o *divino* Filécio, Odisseu encarregava de trancar os portões do pátio e passar uma correia.

E ele então entrou no palácio *bem-construído,* andou e sentou no banco de onde tinha saído. Em seguida entraram os criados do *divino* Odisseu.

TENTATIVAS DE EURÍMACO E DE ANTINO

Canto XXI – versos 245-273

Agora era Eurímaco que segurava o arco, já aquecido nas pontas pelo calor do fogo. Mesmo assim não conseguiu armá-lo. Gemeu do fundo de seu coração nobre e, com raiva, clamou aos deuses sagrados, lamentando não só por ele mas por todos os outros. E menos pelo casamento, ainda que o pesasse. Lembrou que havia muitas filhas dos Aqueus, e algumas ali mesmo na ilha de Ítaca, e outras nas demais cidades. E disse que doía serem tão mais fracos do que o *divino* Odisseu, com seu arco que não conseguiam armar. Era uma humilhação que ficaria para a posteridade!

Então Antino *filho de Eupites* lhe disse que, como ele mesmo sabia, não seria assim. Sendo aquele o dia da festa sagrada do deus no país deles, quem poderia dobrar um arco? Assim, deviam apenas sentar-se, quietos. E quanto aos machados, propôs que os deixassem lá. Não achava que alguém iria arrancá-los do palácio de Odisseu *filho de Laertes*.

Por fim, sugeriu que uma copeira lhes servisse a dose de oferendas nas taças, para brindarem e em seguida deixarem de lado os arcos curvos. De manhã, mandariam Melântio *guardador de cabras* trazer as melhores delas de todos os rebanhos para ofertarem as partes ao glorioso arqueiro Apolo. Depois testariam o arco e concluiriam o torneio.

A proposta dele agradou aos outros. Então os emissários derramaram água nas mãos deles, os moços encheram jarros de bebida até as bordas e serviram a todos, pondo nas taças a dose das oferendas. Depois de ofertarem, beberam o quanto quiseram seus corações.

ODISSEU PEDE PERMISSÃO PARA TENTAR

Canto XXI – versos 274-294 e 305-310

Então, o *manhoso* Odisseu, para enganá-los, pediu que os candidatos à mão da gloriosa rainha ouvissem o que o coração em seu peito o movia a dizer. Fariam uma prece, principalmente, a Eurímaco e a Antino *do aspecto divino*, pela oportuna proposta de depor momentaneamente o arco, voltando-se a homenagear os deuses para que na manhã seguinte um deles desse a vitória a quem coubesse.

Pediu que lhe dessem o arco polido para testar, entre eles, os seus braços e a sua força, vendo se ainda tinha membros flexíveis e o vigor de antigamente, ou se tudo já se fora com as errâncias e o abandono.

Ao ouvirem isso, todos se irritaram muito, com medo de que ele pudesse armar o arco. E Antino o repreendeu. Chamando-o de estrangeiro miserável, sem nenhum pingo de juízo, disse que não bastava ele comer na companhia importante deles, sem nada faltar daquele jantar, e ainda escutar suas conversas. Nenhum outro mendigo ou estrangeiro podia saber do que falavam. O que o alterava era o vinho *doce como mel*, que aos outros também prejudicava, quando davam goles longos e bebiam sem conta.

Depois de contar uma história em que até um Centauro enlouquecera pelo vinho (e pela embriaguez chegara à desgraça, passando então a haver guerra entre Centauros e homens), Eurímaco concluiu dizendo que também haveria grandes adversidades se ele armasse o arco: não encontraria acolhida em Ítaca e, em vez disso, iriam despachá-lo a bordo de um *barco negro* para o rei Équeto *maligno com todos os homens*, de quem ele não se salvaria. Era melhor beber e ficar quieto, sem desafiar os mais moços.

PENÉLOPE INTERVÉM

Canto XXI – versos 311-358

A *sensata* Penélope respondeu a eles dizendo a Antino que não era decoroso nem justo *destratar hóspedes de Telêmaco, fosse quem fosse*. E perguntou se tinha medo que o estrangeiro, confiando na força de seus braços, armasse o grande arco de Odisseu e a levasse à casa dele como esposa. Nem mesmo ele esperava isso em seu coração. Nenhum deles, enquanto comia, precisava ter com o coração aflito por isso, porque não havia razão.

Eurímaco *filho de Polibo*, chamando-a de *sensata* Penélope *filha de Icário*, disse que não era por medo de ele poder levá-la. Nem fazia sentido. Tinham vergonha era dos comentários de homens e mulheres se algum Aqueu mais maldoso comentasse sobre a fraqueza deles: sequer podiam armar o arco de um varão irrepreensível – que até mesmo um mendigo andarilho armava, disparando as flechas pelos machados – e ainda pediam a mão da esposa dele. Poderiam falar isso e seria um vexame para todos.

A *sensata* Penélope respondeu a Eurímaco que ele desonrava e consumia a casa de um nobre e (por isso) já não tinha boa reputação. Por que achava aquilo um vexame? Aquele estrangeiro era alto, de bom feitio e se orgulhava de pertencer a uma linhagem nobre. Dariam a ele o arco polido e observariam. Penélope dava a palavra, e ela seria cumprida.

Se Apolo lhe desse a glória de poder armar o arco, ela o vestiria com *um bom manto e uma boa túnica* e lhe daria uma lança afiada para defender-se de cães e homens. E também uma espada de dois gumes e sandálias para os pés. E mais a condução para onde seu coração e alma achassem que ele deveria seguir.

O *sereno* Telêmaco, chamando-a de mãe, disse-lhe que entre os Aqueus ele era a maior autoridade para entregar ou recusar o arco a quem fosse, mesmo entre os que mandavam na Ítaca *rochosa* ou nas ilhas à frente da Élide *das boas pastagens*. Ninguém lhe imporia sua vontade à força, mesmo que ele quisesse dar de vez o arco ao estrangeiro para que ele o levasse.

Então pediu que ela voltasse aos quartos, retomando suas tarefas – o tear e a roca – e dissesse às criadas que voltassem ao trabalho. Os homens cuidariam do arco, principalmente ele, que era autoridade naquela casa.

Ela se assustou e dirigiu-se aos quartos, acolhendo em sua alma a ordem sábia do filho. Subiu com as criadas e, no andar de cima, pôs-se a chorar por Odisseu, seu marido amado, até que Atena *dos olhos verde-mar* fechou-lhe as pálpebras *com um sono doce*.

TELÊMACO IMPÕE RESPEITO E EXIGE QUE O ESTRANGEIRO TAMBÉM TENTE

Canto XXI – versos 359-393

No andar de baixo, o *divino* guardador pegou o *arco curvo* e o levava, enquanto os interesseiros protestavam em coro no salão. Alguns moços arrogantes perguntavam para onde ele levava o arco, chamando-o de cuidador danado e perguntando se estava maluco. Diziam que logo os cães velozes que ele criara junto aos porcos iriam devorá-lo longe da cidade, se Apolo e os outros deuses os ajudassem.

O guardador, amedrontado com tanta gente reclamando no salão, deixou o arco logo ali onde estava, mas Telêmaco, do outro lado, gritou ameaçando: chamou-o de paizinho e pediu que trouxesse o arco – e que se arrependeria se obedecesse a qualquer outro. Mesmo sendo mais moço, seria capaz de expulsá-lo até o campo a pedradas. E tinha mais força. Preferia que Eumeu tivesse mais força nos braços do que todos os cortejadores no palácio, a quem expulsaria daquela casa de modo horrível, pelos crimes que planejaram.

Então todos os interesseiros riram à vontade de Telêmaco, voltando sua ira contra ele. O cuidador atravessou a sala com o arco, parou ao lado do *corajoso* Odisseu e colocou-o em suas mãos. Ele, dirigindo-se à sensata governanta Euricleia, pediu-lhe que avisasse a Telêmaco para trancar as portas *bem-ajustadas* do salão. E disse que, *se ouvissem gemidos ou briga de homens dentro das paredes, não era para sair de lá, mas ficar quieta em seu trabalho.*

Euricleia ficou sem palavras e foi trancar as portas do palácio *bem-habitado*. Também Filécio, em silêncio, foi até o lado de fora e trancou os portões do pátio *bem-cercado*. Viu na entrada o cabo de um *barco curvo* feito de papiro e reforçou com ele a tranca. Então voltou e sentou-se no mesmo banco em que estava, de frente para Odisseu, que já manejava o arco.

TIRO CERTEIRO E PRONTOS PARA A VINGANÇA

Canto XXI – versos 393-434

Ele o apontava para todos os lados, testando-o em cada ponta, com medo de que na sua ausência o chifre pudesse estar carcomido. Alguns diziam a seus vizinhos que dava para ver que ele conhecia os arcos e sabia examinar. Talvez tivesse um desses em casa, ou quisesse mandar fazer. Por isso o revirava com as mãos, aquele vagabundo malvado!

Outro moço arrogante se expressava desejando ter em sua vida o mesmo êxito que o dos esforços em armar aquele arco. Falavam isso, mas o *manhoso* Odisseu apenas equilibrava o grande arco, examinando-o de todos os ângulos.

E de maneira fácil, como alguém que conhece a lira e o canto e estica a corda enrolada numa cravelha nova, prendendo as duas pontas da tripa de ovelha *bem-torcida,* Odisseu armou o grande arco. Pegou a corda com a mão direita e testou-a. Ela cantou bonito, lembrando a voz de uma andorinha.

Os cortejadores sentiram uma grande inveja, e seus rostos mudaram de cor, enquanto Zeus trovejava com força, dando um sinal. O *divino e aflito* Odisseu então se alegrou, porque o sinuoso *filho do Tempo* mandava assim uma previsão.

Ele pegou uma flecha pequena que estava na mesa ao lado, enquanto as outras, que os Aqueus sentiriam dali a pouco, continuavam dentro da aljava. Apoiou-a na base do arco e puxou a corda encaixada no entalhe da flecha para que, ainda do banco em que estava sentado, desse um tiro de mira perfeita, sem errar nenhum dos alvos de madeira depois de atravessar o primeiro: a seta com ponta de bronze varou todos eles, saindo pelo outro lado!

E então disse ao filho Telêmaco que o hóspede sentado no palácio não o envergonhava. Não errara o alvo, nem se cansou muito ao armar o arco. Suas forças estavam preservadas, ao contrário do que os interesseiros parasitas diziam para humilhá-lo.

Mas agora deviam preparar o jantar dos Aqueus, antes de escurecer e depois de ele se distrair com outra coisa: o canto e a música, que eram os enfeites de uma festa. Fez um sinal com o rosto, e Telêmaco, filho querido do *divino* Odisseu, sacou a espada afiada, segurou a lança e se pôs de pé junto à cadeira do pai, com suas armas de bronze emitindo um brilho.

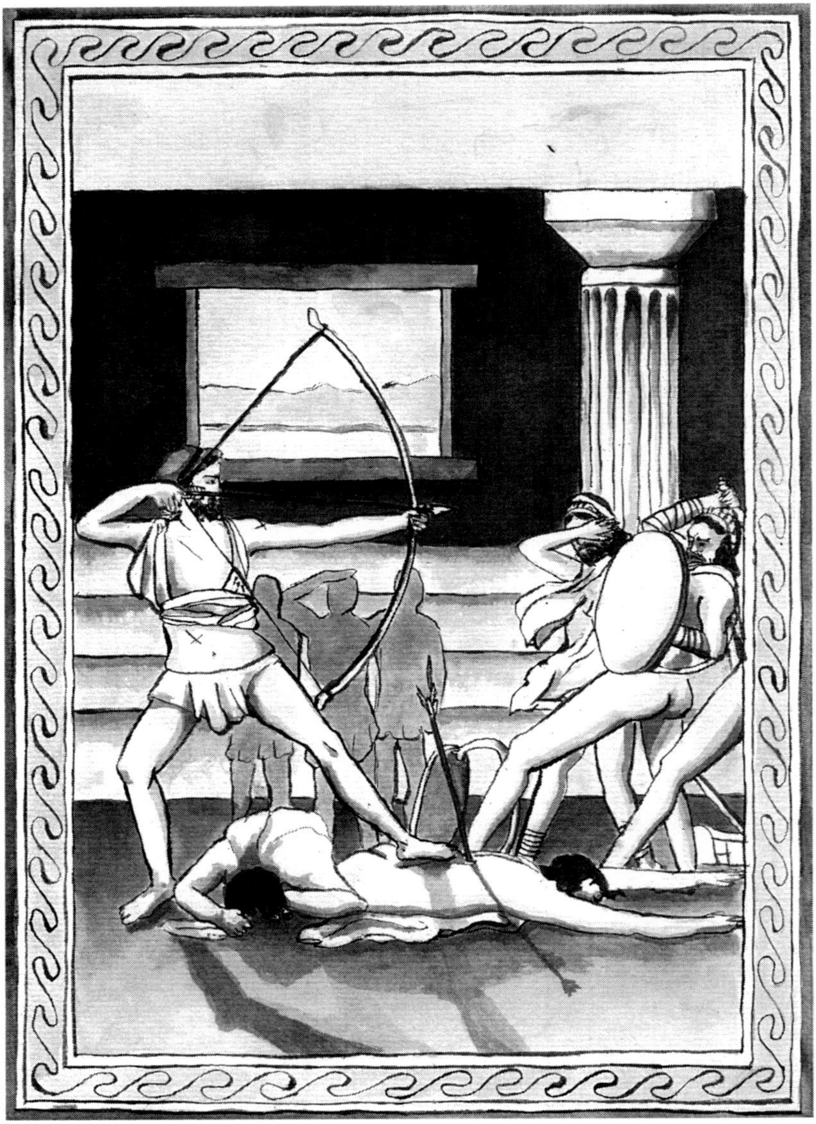

Odisseu, Eumeu, Telêmaco, Filécio e os cortejadores

68. Começo da desforra

ODISSEU APONTA O ARCO: MORTE DE ANTINO

Canto XXII – versos 1-41

O *manhoso* Odisseu arrancou as vestes surradas e alcançou a entrada em um salto, segurando o arco e a aljava carregada. Descarregou-a a seus pés e disse aos candidatos que aquele torneio impossível terminava ali. Agora miraria em outro alvo, que até então ninguém atingira. Se Apolo lhe desse essa glória, iria acertar.

E então atirou uma seta amarga contra Antino, quando ele ia levantar sua taça de ouro de asa dupla – já a tinha na mão para beber o vinho, longe de pensar na morte; quem, rodeado de convidados, pensaria que um homem só, entre eles, mesmo valente, lhe traria uma morte traiçoeira e o *destino negro*?

Mas Odisseu o alvejou na garganta com uma seta que lhe varou o pescoço delicado. Antino tombou para o lado, e a taça lhe caiu das mãos. Um jato grosso de sangue lhe subiu às narinas, e com um pontapé ele afastou a mesa, espalhando comida no chão e fazendo o pão e os nacos de carne assada se misturarem à sujeira.

Ouviu-se no palácio uma gritaria dos cortejadores ao verem o homem caído. Todos pularam das cadeiras, correndo pelo salão. Olharam por toda a extensão das paredes *bem-construídas* e não viram nenhum escudo ou lança para segurar. E repreendiam Odisseu com palavras raivosas.

Chamando-o de estrangeiro, ameaçaram-no caso alvejasse mais alguém. Fora o seu último torneio! Agora era certa a sua morte, pois acabara de matar o que era de longe o jovem mais nobre de Ítaca. Por isso, os abutres iriam devorá-lo ali mesmo!

E cada um dizia isso achando que não fora proposital a morte daquele homem: os tolos não percebiam que todos eles já estavam *atados aos laços da morte*.

Olhando-os de viés, o *manhoso* Odisseu chamou-os de cães e perguntou se achavam que ele não chegaria mais à casa na volta de Troia. E por isso dilapidavam seus bens, forçavam suas criadas a deitarem com eles, e, mesmo ele estando vivo, cortejavam sua esposa sem temer os deuses que moravam no *vasto céu*, sem imaginar que ainda viria dos homens um vingador. Agora estavam todos *presos aos laços da morte*.

APELO DE EURÍMACO

Canto XXII – versos 42-88

Um terror pálido se apoderou de todos. Cada um olhou à volta querendo escapar do *abismo do fim*. Apenas Eurímaco respondeu, dizendo que, se ele era mesmo Odisseu de Ítaca, chegando de volta, tinha razão sobre o que fizeram os Aqueus, de suas muitas safadezas e más ações no palácio, e outras tantas no campo.

Mas agora já estava morto o culpado daquilo tudo. Fora Antino que começara com aquelas proezas, nem tanto por necessidade ou desejo de casamento, mas com outra intenção – que o *filho do Tempo* não permitiu –, a de reinar sobre a *bem-construída* Ítaca, depois que Telêmaco fosse morto numa emboscada. E agora ele teve a morte que merecia.

Então Odisseu deveria poupar o seu povo, e dali em diante sairiam pelo país para ter como indenizá-lo por tudo o que se comeu e bebeu no palácio. Cada um levaria, pelo acordo, 20 bois, e também lhe pagariam em bronze e ouro até se apaziguar seu coração. Até lá, ninguém poderia censurar sua ira.

O *manhoso* Odisseu, olhando-o de viés, disse a Eurímaco que, mesmo lhe entregando toda a herança paterna que tinha hoje, e mais os bens de alguma outra origem, ele não desistiria da matança antes de cobrar dos interessados em Penélope todo o preço pelos seus crimes. Agora eles podiam escolher entre lutar e fugir, mas achava que ninguém escaparia à morte aterrorizante.

Ele mal falou e sentiu lhe estremecerem os joelhos e o coração. Então Eurímaco discursou pela segunda vez, dirigindo-se aos amigos e dizendo que aquele homem na certa não recolheria a sua mão temerosa. Pelo modo que agarrava o arco polido e a aljava, devia atirar do alto da entrada lisa e matar a todos. Então, deviam pensar numa defesa: deviam sacar as espadas, usar as mesas como escudos contra as flechas mortíferas e atacá-lo todos juntos para ver se o tiravam da entrada e das portas, e se *pudessem chegar à cidade, logo a notícia se espalharia. Assim, quem sabe aquele homem teria disparado o seu arco pela última vez.*

E então sacou sua espada afiada de bronze, de dois gumes, e investiu com um grito feroz sobre o *divino* Odisseu, que, ao mesmo tempo disparou o arco e acertou o peito de Eurímaco, junto ao mamilo, com a seta veloz penetrando o seu fígado.

A espada rolou da mão de Eurímaco, que deslizou sobre uma mesa, encolheu-se e caiu. Também caíram no chão a comida e o copo de asa dupla. Ele bateu com a testa na terra, no desespero da morte, e, chutando com os dois pés, sacudiu a cadeira, enquanto uma névoa se espalhava em seus olhos.

A VEZ DE ANFÍNOMO – TELÊMACO TRAZ ARMAS PARA OS QUATRO

Canto XXII – versos 89-130

Também Anfínomo pulou e avançou contra o *glorioso* Odisseu, portando uma espada afiada, tentando tirá-lo da porta. Mas Telêmaco se adiantou e acertou-o por trás com a lança de bronze, entre os ombros, atravessando-lhe o peito. Ele caiu com estrondo, de testa na terra. Telêmaco recuou, largando a lança de sombra comprida no corpo de Anfínomo, pois teve medo de, ao tentar arrancá-la, algum Aqueu pular e atacá-lo com a espada, ou o atingisse ali abaixado.

Então correu e logo se colocou ao lado de seu querido pai, dizendo que traria um escudo, duas lanças e um elmo de bronze de seu tamanho. E também poria uma proteção e traria outras para Eumeu e Filécio. Era melhor que usassem armaduras.

O *manhoso* Odisseu disse para ele correr e buscá-las logo, enquanto ele tinha flechas para se defender. Porque senão, sozinho, eles o tirariam da porta.

Telêmaco, obedecendo a seu pai querido, procurou o depósito onde estavam as gloriosas armas. Pegou quatro escudos, oito lanças e quatro elmos de bronze com penachos de crina de cavalo. Levou tudo e chegou até seu pai. Foi o primeiro a pôr a proteção de bronze, sendo seguido pelos dois criados, ficando os três à volta do *engenhoso* Odisseu.

Odisseu, enquanto tinha flechas para se defender, ia derrubando, com tiros certeiros, um a um dos arrogantes no palácio, amontoando-se os corpos. Quando acabaram as flechas, ele encostou o arco na entrada do salão *bem-construído,* de pé, junto à parede ressonante da frente. Pôs no ombro o escudo de quatro couros, cobriu a cabeça com o elmo feito sob medida com crinas de cavalo que se agitavam por cima provocando medo. Então pegou as duas lanças forte com ponta de bronze.

Na parede *bem-construída* havia uma pequena abertura feita para entrar luz e ventilar, e ao nível do chão, na entrada do salão, uma passagem para um corredor, fechada por uma porta de folhas bem-ajustadas. Odisseu pediu que o guardador de porcos a vigiasse tudo de perto, e assim só restava uma saída.

MELÂNTIO TAMBÉM VAI AO DEPÓSITO

Canto XXII – versos 131-169

Então Agelau, dirigindo-se a todos, perguntou aos amigos se alguém poderia passar pela abertura e avisar o povo, *espalhando logo a notícia. E assim aquele homem teria atirado a sua última seta.*

O cabreiro Melântio explicou a Agelau *criatura de Zeus* que não dava, pois as belas portas do pátio ficavam perigosamente perto, e a passagem era estreita. Um homem sozinho, sendo valente, poderia obstruí-la a todos. Mas pediu ânimo. Iria ao depósito buscar as vestes de proteção. Acreditava que era ali dentro: Odisseu e seu glorioso filho não guardavam as armas em outro lugar.

Então o guardador Melântio subiu ao depósito pelos degraus do salão e pegou 12 escudos e 12 elmos de bronze com crinas trançadas, e ainda umas tantas lanças. Correu com as armas e as distribuiu entre os proponentes invasores. Logo os joelhos e o coração de Odisseu tremeram ao vê-los vestir suas armaduras e agitar com as mãos as grandes lanças. Pareceu-lhe um enorme movimento. Então ele dirigiu *palavras leves* a Telêmaco, apostando que uma das mulheres da casa, ou então Melântio, estava contra eles em uma guerra terrível.

O *sereno* Telêmaco, chamando-o de pai, disse que apenas ele cometera aquele erro, pois deixara aberta a porta *bem-ajustada* do depósito, e o vigia deles fora mais esperto. Então pediu ao divino Eumeu que fosse até lá e fechasse a porta do depósito, vendo se quem fez aquilo fora uma das mulheres, ou Melântio *filho de Dólio,* como ele imaginava.

Enquanto falavam, o guardador Melântio voltava ao depósito para trazer mais armaduras. O divino Eumeu percebeu e, chamando o seu patrão (que estava ali perto) de *engenhoso* Odisseu, *filho de Laertes, criatura de Zeus,* disse ser mesmo aquele homem sinistro que imaginavam quem voltava agora ao depósito.

E pediu que lhe dissesse, francamente, caso Eumeu fosse mais forte do que ele, se devia matá-lo ou levá-lo até seu patrão, para que pagasse pelas inúmeras más ações que praticara naquela casa.

PRISÃO DE MELÂNTIO

Canto XXII – versos 170-204

O *manhoso* Odisseu lhe respondeu que sim, que enquanto ele e Telêmaco seguravam no salão os nobres interessados, por mais ousados que fossem, ele e Filécio deviam amarrar pelas costas os pés e as mãos dele, e o colocarem preso às tábuas em cima no depósito. Era para amarrá-lo com *uma corda trançada e o pendurarem na coluna alta perto do forro,* para que ainda vivesse e sofresse as duras penas.

Eles o obedeceram prontamente, indo até o depósito sem que Melântio, de dentro, percebesse. Ele estava lá, realmente, escolhendo armaduras, e os dois o esperaram na entrada, um de cada lado.

Quando Melântio tentou passar, carregando numa mão um belo capacete, e na outra um escudo velho, comprido e gasto em algumas partes (era o que o herói Laertes usava na juventude, mas como estava abandonado, suas costuras e correias haviam rompido), os dois saltaram sobre ele, o seguraram e arrastaram para dentro, pelos cabelos, derrubando-o no chão.

Melântio ficou apavorado e teve os seus pés e as mãos amarrados com nós fortes, ficando firmemente dobrado para trás, como mandara o filho de Laertes, o *divino e aflito* Odisseu. E então o *penduraram com uma corda bem trançada na coluna alta perto do forro.*

Eumeu, o guardador de porcos, zombou dele, dizendo a Melântio que agora iria passar a noite em vigília, deitado em leito macio, como era de seu agrado, e não deixaria de ver a Aurora matinal *do trono de ouro* subir das correntezas do rio Oceano na hora em que costumava trazer as cabras para os interesseiros prepararem o jantar no palácio.

Deixaram-no ali largado, esticado pelos nós fatais, e então vestiram suas armaduras, fecharam a porta luzidia e foram se juntar ao sapiente e engenhoso Odisseu. E ficaram lá juntos, respirando fúria: eram só quatro na entrada, enquanto na sala havia muitos, e eram valentes.

69. Presença de Atena e o grande combate

ATENA APARECE COM O ASPECTO DE MENTOR

Canto XXII – versos 205-240

Atena *filha de Zeus* aproximou-se deles, disfarçada, no corpo e voz de Mentor. Odisseu se alegrou ao vê-la, pedindo a Mentor que defendesse as vidas deles, lembrando-se daquele seu querido companheiro que lhe prestara serviços. Tinham a mesma idade.

Ele imaginou tratar-se mesmo de Atena. E do outro lado, os cortejadores começaram uma gritaria. Ageláu *filho de Damastor* foi o primeiro a apelar a Mentor, no sentido de não se deixar convencer por Odisseu a ajudá-lo no combate aos candidatos.

Disse que, de fato, o plano dos interesseiros era primeiro matar o pai e o filho, e depois matá-lo também pelo que estaria prestes a fazer no palácio – pagaria com a própria vida por isso. E quando tirassem as suas forças pelo bronze, juntariam suas riquezas – tudo o que ele tinha em casa ou fora – aos bens de Odisseu. E então não deixariam mais seus filhos e filhas morarem em seu palácio nem sua esposa fiel andar por Ítaca.

Atena teve o coração ainda mais amargurado e provocou o orgulho de Odisseu de maneira raivosa: disse que ele já não tinha a coragem e o valor de quando, por Helena *dos braços claros e nobre linhagem*, combatia ferozmente os Troianos por nove anos seguidos, matando muitos homens nas terríveis batalhas. E por seu conselho se tomara a cidade de Príamo *das ruas largas*. Como, agora que chegara à casa e a seus bens, hesitaria em ser valoroso com os interessados na rainha? E pediu ao amigo que ficasse ao seu lado e visse o que fazia, notando como Mentor *filho de Álcimo* lhe retribuía contra os inimigos.

Apesar disso, ela ainda não lhe deu uma vitória total, preferindo pôr à prova a bravura de Odisseu e de seu glorioso filho. Com um salto ela transpassou a viga mestra do salão *cheio de fuligem* e pousou ali na forma de uma andorinha.

O COMBATE ESPERADO

Canto XXII – versos 241-309

Os cortejadores eram encorajados por Agelau *filho de Damastor,* por Eurínomo, Anfimedonte, Demoptólemo, Pisandro *filho de Polictor* e pelo exaltado Polibo, os mais destacados em bravura. E alguns poucos ainda viviam e lutavam pela vida, porque outros, o arco e as flechas já haviam eliminado em bando.

Então Agelau, chamando-os de amigos, falou abertamente a todos que Odisseu acabaria encolhendo suas mãos fortes, tanto que Mentor se afastara dele depois de suas bravatas vazias, e eles ficaram sós nas portas que davam para a rua.

Assim, não deviam atirar as lanças todos juntos naquele momento. Primeiro, seis deles deviam atirar as suas. Talvez Zeus concedesse que ferissem Odisseu e conquistassem a glória. Não deviam se importar com os outros: cuidariam disso depois de ele cair.

Então todos atiraram as lanças do jeito proposto por ele, mirando bem. Mas Atena fez com que todos errassem. *Um deles acertou o piso na entrada da sala* bem-construída, *outro a porta bem-ajustada, e a lança de outro – feita de madeira de freixo e trabalhada em bronze – acertou a parede.*

E assim evitadas as lanças dos arrogantes, o primeiro a falar foi o *divino e aflito* Odisseu, que disse aos amigos para que também atacassem o grupo dos proponentes, que, além das maldades anteriores, agora queriam matá-los.

Então todos eles atiraram suas lanças afiadas com mãos certeiras. Odisseu acertou em Demoptólemo, Telêmaco em Euríades, o guardador de porcos em Élato e o chefe dos vaqueiros em Pisandro. Todos os atingidos deram com os dentes no solo. Assim, o bando dos candidatos recuou para o fundo da sala enquanto alguns tentavam tirar as lanças dos mortos.

De novo os cortejadores atiraram suas lanças afiadas com pontaria, mas, mesmo sendo muitos, Atena os fez errar. *Um deles acertou o piso na entrada da sala* bem-construída, *outro a porta bem-ajustada, e a lança outro – de madeira de freixo, pesada com o bronze – acertou a parede.*

Mas Anfimedonte acertou Telêmaco de raspão, perto do pulso, com o bronze ferindo levemente a sua pele. E Ctesipo arranhou com sua lança longa o ombro de Eumeu, por sobre o escudo. Mas a arma voou pelo alto e caiu no chão.

De novo o *fogoso* Odisseu e seus homens atiraram suas lanças afiadas sobre o grupo dos interessados. Então Odisseu *saqueador de cidades* acertou Euridamante, Telêmaco acertou Anfimedonte, e Eumeu acertou Polibo. Em seguida o chefe dos vaqueiros acertou Ctesipo no peito, e disse, orgulhando-se, que era para o *filho de Politerses*, gozador, dar adeus à soberba e à leviandade. E dar a sua palavra aos deuses – que eram muito mais poderosos – e receber agora o seu presente de hospitalidade em troca do casco que atirou no *divino* Odisseu, quando ele mendigava pela casa.

Odisseu feriu o *filho de Damastor*, e Telêmaco atingiu Liócrito *filho de Evenor* com sua lança longa na boca do estômago dele, atravessando-o com o bronze. O cortejador caiu de bruços e bateu a testa na terra.

Então, de cima do teto, Atena por fim levantou a Égide (seu escudo – desgraça dos mortais), e os proponentes ficaram apavorados. Correram pelo salão como um estouro de boiada atacada por mutucas na primavera quando os dias começam a ficar mais longos.

> (Quando os abutres de garras curvas e bicos volteados descem dos montes e atacam as aves, algumas se lançam apavoradas pelas redes armadas no campo, e outras eles conseguem agarrar. Elas não têm como se defender ou fugir, e os homens se alegram com a caçada.
>
> Assim eles atacaram na sala os cortejadores, golpeando-os por todos os lados. De cada cabeça atingida saíam gemidos horríveis, e em todo o chão havia sangue.)

O SACERDOTE É DEGOLADO – MÚSICO E EMISSÁRIO SÃO POUPADOS

Canto XXII – versos 310-389

Liodes lançou-se aos joelhos de Odisseu e agarrou-os, suplicando com *palavras leves*. Pedia, por seus joelhos, que não abusasse dele, dando-lhe aquela graça. Jurava nunca ter feito ou dito algo que ofendesse às mulheres daquelas salas, e até tentara impedir que outros interessados agissem assim. Mas eles não o ouviam nem se afastavam delas. Por isso, graças a seus desvarios, tiveram a morte cruel. Mas ele era apenas o sacerdote deles, não fizera mal algum e assim mesmo tombaria? Afinal, era verdade que boas ações não eram recompensadas...

Olhando-o de viés, o *manhoso* Odisseu disse que, se ele de fato se orgulhava de ter sido o sacerdote deles, devia ter rezado muitas vezes nos salões para afastar dele a realização de uma volta feliz e para que sua querida esposa o acompanhasse e lhe desse filhos. Por isso não escaparia da morte cruel.

E então, com a mão forte, ele pegou a espada que Agelau deixara cair ao morrer e o golpeou no meio do pescoço. Ele ainda falava quando sua cabeça rolou no pó.

O músico Fêmio *filho de Térpio*, que era constrangido a cantar com os candidatos, ainda tentava escapar de um *destino negro*. Parou ao lado da abertura, segurando sua lira harmoniosa e hesitou entre fugir do salão e sentar-se ao pé do altar *bem-construído* do grande Zeus *do lar* (onde Laertes e Odisseu ofertavam inúmeras partes de bois), ou então lançar-se aos joelhos de Odisseu implorando.

Achando que era melhor abraçar os joelhos do *filho de Laertes*, pôs no chão a lira curva entre um jarro e uma cadeira decorada com prata. Então atirou-se aos joelhos de Odisseu, abraçando-o e implorando, com *palavras leves*: pedia-lhe, de joelhos, que não exagerasse e tivesse piedade dele.

Podiam depois se arrepender de matar um músico que cantava para os homens e para os deuses. Aprendera sozinho, e um deus incutira em sua alma todos os tipos de canto. Cantando para ele, se sentiria como se fosse para um deus. E assim pedia que não o degolasse. Talvez Telêmaco, seu filho amado, pudesse confirmar que não era de sua vontade, e que ele nem gostava de ir ao palácio cantar para os cortejadores em suas festas. Eles, que eram muitos, e mais fortes, o levavam à força.

O príncipe Telêmaco, depois de ouvi-lo, pediu ao pai, de perto, que se contivesse e não ferisse com o bronze aquele homem sem culpa. Também deviam poupar Mêdon, o emissário, que cuidara dele no palácio desde sua infância, caso Filécio ou Eumeu já não o tivessem matado, ou se já não se lançara contra ele em um momento de raiva.

Mêdon, homem de juízo, pôde ouvi-lo. Apavorado, ele se escondera debaixo de uma cadeira e cobrira-se com o couro de um boi recém-esfolado, fugindo ao *destino negro*. Saiu rápido de debaixo da cadeira e tirou o couro. Então se jogou aos joelhos de Telêmaco, abraçou-os e implorou, com *palavras leves* dizendo ao amigo que estava ali.

Pediu que refreasse o braço e falasse com seu pai, que era mais forte, para que não o ferisse com sua lança afiada, em seu ódio aos cortejadores que devoravam seus bens nos salões, e, insensatos que eram, não o respeitavam.

O *manhoso* Odisseu sorriu e disse para ele não temer. Telêmaco o livrara e salvara para que soubesse em seu coração e pudesse dizer aos outros o quanto era melhor praticar o bem, e não o mal. E enfim, deviam deixar o salão e se sentar no pátio externo, longe da matança, ele e o bardo *de muitos cantos*, até que ele concluísse sua tarefa naquele palácio.

Os dois saíram do salão e sentaram-se ao pé do altar do grande Zeus, olhando para os lados, na expectativa da morte. Odisseu também olhou à volta, na casa, vendo se havia mais algum homem escondido para evitar o pior. Mas percebeu estarem todos, sem exceção, caídos no sangue e no pó, mesmo sendo inúmeros.

> (Os peixes, quando arrastados pela *rede dos pescadores* do mar cinzento à praia curva, amontoam-se na areia querendo as ondas marítimas, mas o sol ardente tira-lhes a vida. E assim estavam amontoados, uns sobre os outros, os interesseiros.)

70. Questão das mulheres

ODISSEU MANDA CHAMAR EURICLEIA

Canto XXII – versos 390-432

Então o *manhoso* Odisseu pediu ao filho que chamasse a criada Euricleia, pois iria lhe solicitar uma coisa que acabara de pensar. Obedecendo ao seu amado pai, Telêmaco sacudiu a porta e, chamando-a de anciã, chefe das criadas do palácio, pediu que se levantasse e fosse até lá, pois seu pai queria falar com ela.

Euricleia ouviu e ficou sem palavras. Abriu as portas da casa *bem-habitada* e seguiu Telêmaco. Então viu Odisseu cercado de corpos com espirros de sangue e pó em seu corpo.

> (Quando um leão devora um boi no pasto, fica com todo o corpo e o rosto cobertos de sangue, figura horrível de ver. Assim estava Odisseu, respingado dos pés aos ombros.)

Vendo aqueles corpos e todo o sangue, apressou-se em dar um grito e celebrar o grande feito. Mas Odisseu a impediu, segurando o seu entusiasmo e lhe dizendo *palavras leves*. Pediu à anciã que se alegrasse no íntimo, mas contivesse o seu grito.

Era pecado comemorar uma matança de homens. Pelo destino escolhido pelos deuses e por suas más ações é que eles foram abatidos. Não respeitavam ninguém que os procurasse, *fosse nobre ou pobre*. Por isso, e por suas loucuras, tiveram aquela morte infame.

E então pediu que ela dissesse, entre as mulheres da casa, quais eram inocentes e quais o desonravam. A querida governanta, chamando-o de filho, disse concordar com a ordem e que, claro, lhe diria a *verdade*. No palácio moravam 50 criadas que haviam aprendido o serviço de desenrolar a lã e a suportar a servidão. Delas, 12 seguiram a trilha da vergonha, desrespeitando a ela e a Penélope. Telêmaco há pouco atingira a maioridade, então a mãe ainda não lhe permitia dar ordens às criadas mulheres.

Euricleia disse que agora subiria aos quartos magníficos para contar tudo a Penélope (que um deus fizera dormir). O *manhoso* Odisseu pediu que não a acordasse ainda, mas chamasse ali aquelas que cometeram indecências no passado.

LIMPEZA DA SALA E SACRIFÍCIO DAS CRIADAS QUE O DESONRARAM

Canto XXII – versos 433-473

A idosa atravessou a sala e foi dar ordens às mulheres, apressando-as. Então Odisseu chamou Telêmaco, Eumeu e Filécio para perto, dizendo-lhes palavras suaves. Mandou que começassem a remover os corpos e pedissem ajuda às mulheres. Depois, deviam limpar as *belas cadeiras e mesas com água e esponjas.* Quando a casa toda estivesse em ordem, deviam levar as criadas do salão *bem-construído* até um lugar *entre o celeiro e a bela cerca do pátio,* para lá golpeá-las com espadas finas até tirar-lhes a vida e a lembrança dos prazeres que desfrutaram entregando-se às escondidas para os candidatos ao amor de Penélope.

As mulheres chegaram em bando, numa terrível lamentação de lágrimas grossas. Primeiro tiraram os corpos dos mortos pondo-os na entrada, no pátio *bem-cercado,* uns sobre os outros. Odisseu era quem as orientava e apressava, e elas mesmas os carregavam. Depois, limparam *as belas cadeiras e mesas com água e esponjas.*

Em seguida, Telêmaco, Eumeu e Filécio rasparam com enxadas o chão da sala *bem-construída,* e as criadas levaram os resíduos para o lado de fora.

Depois de todo o salão voltar à ordem, levaram as criadas para fora do palácio bem-construído *entre o celeiro e a bela cerca do pátio,* deixando-as num lugar estreito, de onde não poderiam fugir. E então Telêmaco, *sereno,* disse que aquela não seria uma morte honrosa, mas tirava a vida das que insultaram a ele e a sua mãe dormindo com os cortejadores.

E assim prendeu numa coluna alta o cabo de um barco de proa escura, enrolando-o no celeiro e esticando-o bem alto para que nenhuma delas alcançasse o chão com os pés.

(Como sabiás ou pombas de asas compridas que se jogassem numa *rede armada no mato* e, em vez do ninho que procuravam, caíssem em um leito de morte, assim se alinhavam as cabeças, todas com um laço no pescoço, para que tivessem uma morte desprezível. E ainda espernearam por um pouco de tempo.)

SACRIFÍCIO, MUTILAÇÃO DE MELÂNTIO E DEFUMAÇÃO DO PALÁCIO

Canto XXII – versos 474-501

Então chamaram Melântio para aquela parte do pátio. Cortaram-no, com o bronze cruel o nariz e as orelhas, tiraram-lhe os órgãos sexuais e deram para que os cães o comessem crus. Também deceparam suas mãos e pés, com fúria no coração. Depois, foram lavar os pés e as mãos e se juntaram a Odisseu dentro do palácio. O trabalho estava feito.

E Odisseu então pediu à anciã Euricleia que lhe trouxesse enxofre – remédio contra desgraças – e fogo, pois queria defumar o salão. E que dissesse a Penélope que fosse até lá com as mulheres da criadagem, todas as da casa.

Sua querida criada Euricleia, chamando-o de filho, elogiou sua bravura e por ter agido como devia. Mas que devia esperar até ela lhe trazer *um manto e uma túnica*, para que não andasse pelas salas com seus ombros largos cobertos de trapos: não ficaria bem.

O *manhoso* Odisseu então pediu que ela primeiro acendesse o fogo do salão para ele. Então sua querida criada Euricleia o atendeu, trazendo fogo e enxofre, e Odisseu defumou o salão, a casa e o palácio.

Em seguida a anciã adentrou a casa de Odisseu para contar tudo às mulheres e pedir que viessem. Elas chegaram dos aposentos com tochas nas mãos, rodeando Odisseu, abraçando-o, dando-lhe boas-vindas, *beijando sua testa, os ombros e as mãos, segurando-as.* Então ele foi tomado pelo doce desejo de chorar e gemer, porque reconhecia todas elas em seu coração.

71. Penélope recebe a notícia

EURICLEIA EXPLICA O QUE HOUVE

Canto XXIII – versos 1-57

A governanta chegou aos quartos de cima e, rindo, foi contar à senhora que seu querido esposo estava na casa. Seus joelhos ganharam força, os pés se mostravam ágeis. Ela parou à cabeceira da patroa chamando-a de querida filha e pedindo que acordasse.

Queria que visse com os seus olhos a realização de seu desejo: Odisseu voltara. Demorara, mas veio e dizimou todos os arrogantes interesseiros que queriam a mão dela perturbando a família, consumindo seus bens e oprimindo Telêmaco.

A *sensata* Penélope, chamando-a de mãezinha querida, disse que os deuses a enlouqueceram. Afinal, eles podiam tanto iludir a pessoa mais lúcida, quanto levar um tolo à trilha da sabedoria. E assim teriam alterado o juízo de Euricleia, que antes era sadia.

E perguntou o porquê daquela brincadeira com ela, falando absurdos desses, quando já tinha o coração tão triste. Por que a acordava do sono agradável que lhe tomara e lhe fechara as pálpebras? Ela não dormia tão bem desde que Odisseu partira para a terrível e indizível Troia. Então, deveria descer de volta ao salão. Se outra de suas criadas viesse e a acordasse com aquela notícia, provavelmente ela seria grossa e a mandaria de volta ao salão. Mas ela, por sua idade, era respeitada.

Euricleia, a criada querida, chamando-a de filha amada, disse que não estava brincando. Odisseu voltara e realmente estava na casa: era o estrangeiro que todos maltratavam no palácio. Telêmaco já sabia de sua presença havia algum tempo e guardava em segredo os planos do pai para que pudessem castigar os abusos dos arrogantes.

Penélope, tomada de alegria, saltou da cama para abraçar a idosa, deixando escorrer lágrimas das pálpebras. E disse *palavras leves*. Chamando-a de querida governanta, pediu que lhe dissesse *a verdade*. Se ele realmente estava em casa, como, sozinho, pôde combater os indecentes interesseiros, sempre aglomerados ali dentro?

Euricleia, sua governanta querida, disse não ter visto ou perguntado. Apenas ouvira o gemido dos que iam morrendo. Ficaram fechadas no fundo dos cômodos *bem-construídos*, sentadas, apavoradas, até que Telêmaco, a mando de Odisseu, foi chamá-las.

Então ela vira Odisseu de pé com todos aqueles corpos à volta, amontoados uns sobre os outros no chão duro. A cena aqueceu seu coração. Agora estavam todos empilhados nas portas do pátio. Odisseu tratou de defumar a bela casa com enxofre: acendera um grande fogo e pediu que Euricleia a chamasse. E ela viera para que os dois pusessem o coração no caminho da alegria, depois de tantas dificuldades.

Agora, enfim, o longo desejo de Penélope estava realizado. Ele voltara vivo, encontrara a esposa e o filho no palácio, e se vingou na própria casa dos interessados nela, causadores de tanto mal.

SENSAÇÃO DE ALÍVIO E CAIMENTO EM SI – MAS AINDA HAVIA DÚVIDA

Canto XXIII – versos 58-88

A *sensata* Penélope, chamando-a de mãezinha querida, pediu que não a encorajasse em voz alta nem soltasse risadas. Ela sabia o quanto ele seria bem-vindo por todos no palácio, principalmente por ela e pelo filho. Mas achou que aquilo não era verdade: que quem matara os fortes arrogantes fora algum dos deuses, revoltado com a grave insolência de seus crimes. Eles não respeitavam ninguém do mundo que os abordasse, *fosse nobre ou pobre*. E, assim, teriam pagado pela própria loucura. Mas Odisseu, longe da Aqueia, não teria voltado e estaria morto.

Euricleia *governanta querida* chamou-a de filha e perguntou *que palavras lhe passavam pela barreira dos dentes*. Disse que seu marido nunca voltaria para casa, mas ele estava ali dentro, ao lado da lareira. Apenas seu coração é que já não acreditava.

Mas lhe daria outra prova: quando o lavava, vira a cicatriz do corte que o javali um dia lhe fizera com sua presa branca. Quis contar a ela, mas ele tapou-lhe a boca com as mãos e, com sua imensa sabedoria, pediu que não falasse. Mas jurava pela própria vida: se a estivesse enganando, podia mandar matá-la da maneira mais triste.

Penélope *sensata,* chamando-a de mãezinha querida, disse que, por mais que ela fosse sábia, era difícil entender as intenções dos deuses eternos. Mas iriam até Telêmaco: queria ver os interesseiros mortos e quem os matara.

Então desceu dos quartos com dúvidas no coração. Devia interrogar o seu caro esposo de longe? Aproximar-se, *beijar sua testa, segurar as mãos e beijá-las?*

ENCONTRO COM ODISSEU E TELÊMACO

Canto XXIII – versos 88-140

Então ela passou pela entrada de pedra e sentou-se em frente a Odisseu, à luz da lareira, junto à parede oposta. Ele estava sentado ao pé de uma coluna alta, de olhos baixos, esperando pelo que lhe diria a esposa nobre quando olhasse para ele.

Penélope, com o coração perplexo, ficou calada por um bom tempo. Às vezes mirava o olhar diretamente no rosto de Odisseu, às vezes não o reconhecia em razão dos farrapos que usava. Mas Telêmaco repreendeu-a, chamando-a de mãe *do coração duro,* e perguntou por que ela ficava assim, longe de seu pai, em vez de sentar-se ao lado dele e fazer perguntas.

Disse que nenhuma outra mulher teria o coração tão enrijecido para se manter distante do marido que, *20 anos depois, passando por tantos cansaços, chegava à sua terra.* Mas seu coração sempre fora firme, como uma pedra.

Então a *sensata* Penélope, chamando-o de filho, explicou que seu coração estava assombrado. Não podia dizer uma palavra, ou pensar numa pergunta, sequer olhar para ele. E, se de fato era Odisseu que voltava à casa, os dois se reconheceriam sem ter dúvida ou dificuldades. Conheciam coisas entre eles de que ninguém mais sabia.

O *divino e aflito* Odisseu sorriu e logo disse *palavras leves* a Telêmaco, pedindo que deixasse a mãe pô-lo à prova no palácio. Ela logo teria certeza. Ele agora estava sujo e vestido como um maltrapilho, e por isso ela o desprezava, não aceitando que fosse Odisseu.

E quanto a eles, deviam pensar em como tudo poderia terminar do melhor modo. Afinal, quando alguém no país matava um só homem, que tinha poucos a querer vingá-lo, exilava-se, deixando a família e a pátria. Mas eles acabavam de matar a nata daquela cidade, os moços de melhor linhagem em Ítaca. Pedia que pensasse sobre isso.

O *sereno* Telêmaco, chamando-o de querido pai, pediu que Odisseu decidisse. Ele tinha, pelo que diziam, a maior inteligência do mundo, com a qual ninguém podia competir. Telêmaco o apoiaria com paixão, garantindo que não teria a menor falha de coragem, na medida de suas forças.

O *manhoso* Odisseu respondeu que ia dizer o que lhe parecia o certo. Primeiro, ele devia lavar-se e vestir suas túnicas, pedindo às criadas que trouxessem as melhores roupas. Depois, o divino músico, com sua lira harmoniosa, deveria conduzi-los numa dança alegre. Assim, quem ouvisse de fora, vizinho ou andarilho, iria achar que havia um casamento, e a notícia de matança dos interessados não chegaria à cidade antes de alcançarem a fazenda *das belas árvores* que era deles. Lá, pensariam na ajuda que o deus Olímpio poderia lhes dar.

PREPARANDO-SE PARA SAIR DO PALÁCIO

Canto XXIII – versos 141-163

Todos o ouviram e lhe obedeceram. Primeiro foram se lavar e vestir as túnicas. As mulheres arrumaram, e o divino músico pegou a lira curva e despertou neles o desejo de uma *música doce* e de uma dança impecável. Assim toda a imensa casa ressoou os passos dos homens e das mulheres de bela cintura que dançavam.

Quem os ouvia, de fora do palácio, dizia que com certeza alguém se casara com a desejada rainha – que seria mísera, vulgar, por não defender até o fim o grande palácio de seu legítimo esposo até a volta dele. Sem saber, achavam que era isso. E lá dentro, a governanta Eurínome banhava e ungia com azeite o grandioso Odisseu, dando-lhe um belo manto e uma túnica.

E também Atena verteu muita beleza sobre a cabeça dele. *Fez com que parecesse mais alto e encorpado, e com que seus cabelos descessem da cabeça em anéis como a flor do jacinto*. E como um artista habilidoso, de técnica perfeita - aprendida com Hefesto, em seus graciosos trabalhos ornados de prata e ouro –, Palas Atena derramou graça na cabeça e nos ombros de Odisseu. Saindo da banheira, seu corpo tinha o aspecto dos de deuses.

NOVA CONVERSA COM PENÉLOPE E PROVAS DE SER ODISSEU

Canto XXIII – versos 164-189 e 205-232

E então sentou-se de novo na cadeira de onde saíra, em frente à esposa. Chamando-a de divina mulher, disse que os moradores do Olimpo lhe deram o coração mais duro entre as esposas do mundo. Nenhuma outra teria o coração assim para se afastar do marido que, *suportando penosos cansaços, voltou à sua pátria depois de 20 anos.*

E chamando-a de sua dona, pediu que lhe desse uma cama. Iria se deitar sozinho, já que no peito dela havia um coração de ferro.

A *sensata* Penélope, chamando-o de *divino* homem, disse não ser soberba, nem estar indiferente ou admirada em excesso. Sabia muito bem o tipo de homem que ele era quando partiu de Ítaca num barco *de remos compridos*.

Então pediu a Euricleia que colocasse para Odisseu, fora do quarto *bem-construído*, a cama dura que ele mesmo fizera. E depois de levar a cama para lá, estenderia nela os lençóis, mantos e cobertas brilhantes.

Assim ela punha à prova o seu marido, e Odisseu, irritado, provocou a esposa fiel. Chamando-a de mulher, disse que suas palavras eram muito doídas. Quem mudara de lugar a sua cama? Seria muito difícil a quem fosse fazer isso, ainda que hábil, a não ser que um deus em pessoa viesse ajudar a tirá-la do lugar. Ninguém no mundo, no melhor de seu vigor, poderia removê--la. Havia um detalhe importante na construção dessa cama *bem-construída* por ele mesmo.

> *A CAMA DO CASAL*
> **Canto XXIII – versos 190-232**
>
> Havia crescido no pátio o tronco forte e grosso de uma oliveira com folhas grandes. Era da largura de uma coluna. Foi sempre ao redor dele, até o fim, que Odisseu construíra o cômodo de alvenaria compacta, que depois cobriu com um bom teto e pôs nele as portas bem-ajustadas e fechadas.
>
> E só então podou a copa da oliveira de folhas grandes. Desbastou todo o tronco, desde a raiz e com o bronze alisou bem à volta dele, *com maestria, usando um barbante para igualá-lo,* e assim montou um dos pés da cama, que teve todos os seus furos abertos com a ferramenta apropriada.
>
> E ali montou a cama, aplainando-a e dando os acabamentos com incrustações de ouro, prata e marfim. Depois esticou correias de couro de boi nela, vermelhas e brilhantes.

Depois de assim descrevê-la, Odisseu disse ser uma das provas que tinha, embora – disse a Penélope, chamando-a de esposa – ele não soubesse se a cama continuava no lugar ou se alguém a removera, cortando, por baixo, o tronco da oliveira.

Ao ouvir isso, os joelhos e o coração de Penélope tremeram, reconhecendo como firmes as provas dadas por Odisseu. Caindo no choro, ela correu direto para ele, abraçou o pescoço, beijou--lhe a testa e pediu que não a culpasse, sendo ele o homem mais sábio em tudo.

Disse que foram os deuses que lhes trouxeram todos os sofrimentos, enciumados de que desfrutassem de suas juventudes e fossem até o fim da velhice sempre um ao lado do outro.

Mas queria que não se zangasse nem se aborrecesse por não o ter abraçado logo que o vira. E fora porque o coração em seu peito estava gelado de medo de que um homem a iludisse com sua lábia.

Odisseu e Penélope

Eram muitos os que tramavam golpes: a própria grega Helena *nascida de Zeus* não teria se deitado no leito de amor de um homem de outro povo se soubesse que os aguerridos filhos dos Aqueus a trariam de volta à sua casa e querida pátria. Fora um deus, com certeza, quem a levou ao seu vergonhoso ato. Antes, seu coração nunca dera lugar à triste loucura, causa maior de todos os sofrimentos.

Mas agora, ao mostrar aquele sinal inequívoco sobre sua cama, que nenhuma outra pessoa vira, além dele, dela e de apenas uma criada, Actóride, que seu pai pedira que a acompanhasse quando chegara lá e era quem guardava a porta do quarto firme que era o deles, ele convencera seu coração, por mais duro que estivesse.

Ao ouvi-la, Odisseu avivou ainda mais sua vontade de gemer e então chorou abraçado à sua sincera e encantadora esposa.

72. Enfim sós

MOMENTO DE PAZ

Canto XXIII – versos 233-267

> (A terra surge bem-vinda aos olhos dos náufragos que nadam, depois que Posêison destruiu no mar o seu *barco bem-construído,* que o vento e as ondas grandes arrastavam.
>
> Os poucos que se salvaram a nado do mar à terra firme, com muito sargaço colado ao corpo, alcançam a praia e se alegram por estarem vivos, escapando do desastre.
>
> E não menos bem-vindo a Penélope era seu marido.)

Ela o olhava e o contemplava mais uma vez, sem soltar seus braços claros do pescoço dele. Ainda estariam chorando ao raiar da *Aurora dos dedos cor-de-rosa* se Atena *dos olhos verde-mar* não tivesse outra ideia: ela aumentou a longa noite nos confins da terra.

Também segurou a Aurora *do trono de ouro* sobre o rio Oceano e não deixou atrelarem a dupla veloz que traz a luz aos homens: Lampo e Faetonte – os potros da biga de Aurora.

Então o *manhoso* Odisseu, chamando-a de mulher disse à esposa que ainda não haviam passado por todas as provações dele. Faltava um desmedido trabalho, árduo, que ele precisava concluir. E era pela previsão da alma de Tirésias, no dia em que descera ao palácio de Hades perguntando sobre a volta de seus homens e dele mesmo. Mas devia agora se dirigir à cama, deitar e desfrutar, enfim, de um *sono doce*.

A *sensata* Penélope respondeu que a cama estaria pronta quando seu coração quisesse: graças aos deuses, ele chegara à sua casa *bem-construída* em sua pátria. Mas já que falara em provação, lembrado por algum deus, pediu que lhe dissesse, por favor, o que era isso. Até porque sentiu que acabaria sabendo, e não era mau se informar desde já.

O *manhoso* Odisseu, chamando-a de mulher divina, perguntou por que ela queria tanto saber. Mas lhe diria, *sem esconder nada*. Avisou que seu coração não se alegraria, nem mesmo ele.

MENÇÃO A TIRÉSIAS – PREVISÕES SOBRE O FUTURO

Canto XXIII – versos 267-288

Contou que Tirésias o mandara visitar inúmeras cidades, levando nas mãos um remo *de manejo fácil*, até chegar a um povo que nunca ouvira falar de mar, nem comia nada com sal. Não conheciam barcos *de bordas vermelhas*, nem *remos leves* – asas que fazem os barcos planar.

Falou de um sinal bem claro, que não esconderia dela: que quando outro caminhante, cruzando com ele, elogiasse a beleza da peneira brilhante que levaria no ombro, ele devia fincar o remo no chão e oferecer vítimas magníficas ao soberano Posêidon: um carneiro, um touro e um javali acasalado com porcas. Então devia voltar para casa e fazer sacrifícios sagrados aos deuses moradores do *vasto céu*: a todos eles.

Previu que ele mesmo haveria de falecer longe do mar. Seria uma morte branda e que não o levaria antes de ser consumido por uma velhice farta, em meio a seu povo, em plena prosperidade. Tudo isso ele lhe disse que aconteceria.

A *sensata* Penélope lhe disse que, se os deuses garantiriam uma velhice melhor a ele, podiam acreditar que escaparia dos males.

ODISSEU E PENÉLOPE FAZEM AMOR, E OS OUTROS TAMBÉM VÃO DORMIR

Canto XXIII – versos 289-309

Enquanto eles falavam, Eurínome e a chefe das criadas arrumavam a cama com roupas macias, à luz de tochas. Cuidadosas, elas estenderam o leito firme, e então a idosa se dirigiu ao quarto, com sono, e a camareira Eurínome conduziu o casal até a cama, segurando uma tocha. Quando chegaram ao quarto ela voltou, e eles então, finalmente, retomaram contentes os hábitos do antigo leito.

E Telêmaco, Filécio e Eumeu, pararam de dançar e pediram às mulheres que também parassem, e foram para as salas escuras dormir.

O casal, depois de se deleitar com as alegrias do amor, passou a ter uma conversa prazerosa. Ela, divina entre as mulheres, contou sobre o quanto aguentou, no palácio, vendo a aglomeração predadora dos cortejadores indecentes, causadores de inúmeros abates de bois e carneiros gordos, e consumidores dos muitos vinhos saídos dos jarros.

Por seu lado, Odisseu *criatura de Zeus* contou sobre o quanto arrasara nações inteiras e por quantos sofrimentos passou. Ela o escutava contente e o sono não lhe pesou nas pálpebras até ele terminar de contar tudo.

ODISSEU FAZ UM RESUMO DE TUDO O QUE PASSOU NAQUELES 20 ANOS

Canto XXIII – versos 310-343(b)

Começou explicando como primeiro dominara os Cícones e depois visitara a terra farta dos Lotófagos. Falou sobre as maldades do Ciclope e como o castigara pela morte de alguns bravos companheiros devorados sem piedade.

Falou sobre a visita a Éolo, que o recebera cordialmente e o mandara de volta. Não sendo o seu destino chegar logo à pátria querida, um novo furacão o levou e arrastou, entre gemidos, para o *mar cheio de peixes.*

Falou sobre a chegada a Telépilo dos Lestrígones, onde destruíram seus barcos com toda a tripulação de boas armaduras e só ele escapou em seu *barco negro.*

Também relatou sobre as manhas e truques de Circe e sobre como chegou ao palácio úmido de Hades para consultar o espírito do tebano Tirésias num barco *de muitos remos* e vira os seus companheiros, e ainda sua mãe, que o gerou e amamentou.

Contou sobre ter escutado o longo canto das Sereias, sobre como chegou aos rochedos errantes, à terrível Caríbdis e a Cila, de quem jamais alguém havia escapado vivo.

Contou como os companheiros mataram as vacas do Sol, e como Zeus *trovejante nos céus* atingira o seu *barco veloz* com um raio esfumaçado, morrendo todos os seus nobres companheiros, enquanto ele escapava ao destino fatal.

Contou como se deparara com Calipso na ilha de Ogígia e como ela o reteve, querendo-o como marido no meio de uma gruta, alimentando-o e prometendo torná-lo um deus sem nunca envelhecer, mas que o coração em seu peito não aceitava isso.

Contou sobre sua chegada, depois de muitos cansaços, à terra dos Feácios, que o honraram do fundo do coração, *como a um deus*, e o conduziram num barco à querida Ítaca, dando-lhe bronze, ouro e tecidos.

E assim ele terminou o relato, e então o *doce sono*, que relaxa os membros, tomou-o e o fez dormir sob os cuidados do coração.

73. Chegada dos candidatos ao palácio de Hades

SUBMUNDO DOS MORTOS

Canto XXIV – versos 1-35 e 95-97

Em outras partes, Hermes *de Cilene* ia chamando as almas dos moços interessados em Penélope. Tinha na mão uma vara de ouro bonita e, com ela, quando queria, adormecia ou acordava os homens. Agitando-a, movia as almas que o seguiam dando gritos.

> (Assim como os morcegos, que em seus voos dentro de uma grande gruta gritam quando caem alguns de seus cachos – que formam agarrados uns aos outros na rocha –, elas gritavam aleatoriamente, seguindo Hermes *benfazejo*, que as conduzia descendo pelas veredas úmidas.)

Elas atravessaram as correntezas do rio Oceano e a rocha branca, passando as portas do Sol e pelo país dos Sonhos até chegarem às pradarias dos asfódelos, onde moram as almas – fantasmas dos mortos.

Ali encontraram a alma de Aquiles *filho de Peleu*, a de Pátroclo, a do irrepreensível Antíloco e a de Ájax, o mais belo e de bom feitio dos Gregos, depois do impecável *filho de Peleu*. Aproximou-se, triste, a alma de Agamêmnon *filho de Atreu*. À volta dela se juntaram as dos que foram assassinados com ele na casa de Egisto.

A primeira a falar com ele foi a alma do *filho de Peleu*. Chamando-o de *filho de Atreu*, disse que esperavam que ele fosse, entre os heróis, sempre o mais querido de Zeus *vibrador* e *enviador de trovões*, porque em Troia, onde os Aqueus sofreram grandes provações, comandava inúmeros homens corajosos. Mas a morte, da qual ninguém escaparia, viera ao encontro dele, e seria melhor ter morrido *em Troia, cercado das honras reais que desfrutava, pois o exército dos Aqueus teria lhe erguido um túmulo*, e ele teria conquistado renome na posteridade para si e para o filho. Mas, ao que parece, o destino quis que ele tivesse uma morte deplorável.

A alma de Agamêmnon *filho de Atreu* então respondeu a Aquiles *do aspecto divino* chamando-o de afortunado *filho de Peleu* e relembrando os rituais fúnebres feitos a ele, um grande herói, a quem muito elogiou. Mas quanto a ele, Agamêmnon, perguntou que prazer haveria de guardar daquela guerra sofrida: Zeus havia preparado, na sua volta, um triste fim pelas mãos de Egisto e de sua amaldiçoada esposa.

AGAMÊMNON RECONHECE ANFIMEDONTE, UM DOS CANDIDATOS À MÃO DE PENÉLOPE

Canto XXIV – versos 98-124 e 186-202

Enquanto falavam, o mensageiro Argeifonte aproximou-se deles, levando as almas dos mortos por Odisseu. Ao vê-lo, os dois se espantaram e foram até ele. A alma de Agamêmnon *filho de Atreu* reconheceu o filho querido de Melaneu, o grandioso Anfimedonte pois ele o hospedara em Ítaca. E foi o primeiro a quem a alma de Agamêmnon falou.

Perguntou a Anfimedonte o que acontecera para que todos eles, nobres e de mesma idade, mergulhassem na terra escura. Disse que, se alguém precisasse escolher os mais nobres, seriam eles. Por acaso Posêidon os submetera em seus barcos, provocando terríveis vendavais e ondas imensas? Ou foram vencidos em terras de homens hostis, quando roubavam-lhes os bois e belos rebanhos de ovelhas?

E pediu que lhe respondesse, pois orgulhava-se de ter sido seu hóspede. E perguntou se não se lembrava de que, acompanhado do divino Menelau, ele fora à sua terra pedir a Odisseu que os acompanhasse até Troia nos barcos *de muitos bancos*. Levaram um mês para transpor aquela distância marítima e conseguir, com esforço, convencer Odisseu *saqueador de cidades*.

A alma de Anfimedonte, chamando-o de Agamêmnon *filho glorioso de Atreu*, rei dos bravos, *criatura de Zeus*, disse lembrar de tudo o que lhe contava. E que iria contar de maneira franca e completa sobre como se dera o triste fim deles.

RELATO SOBRE A MATANÇA – ARTIMANHA DE PENÉLOPE, AÇÕES DE ODISSEU E TELÊMACO

Canto XXIV – versos 125-185

Eles queriam a mão da esposa de Odisseu, que estava ausente havia tempos. Ela nem rejeitava suas detestáveis segundas núpcias, nem se decidia por um, planejando para eles o *destino negro* da morte.

Entre outras artimanhas, elaborou em seu íntimo instalar em um de seus quartos *um grande tear, pondo-se a tecer um pano longo e delicado. Então ela disse aos moços que pediam sua mão que, como o divino Odisseu parecia estar morto, deveriam ter paciência em desejá-la como esposa até terminar aquela peça sem desperdiçar o tecido.*

Tratava-se de uma mortalha para o bravo Laertes, para, quando se curvasse diante do triste destino da morte sofrida, nenhuma Aqueia de Ítaca pudesse se indignar com ela por ele não ter um bom sudário, já que fora dono de muitas riquezas.

Ouvindo isso, os moços se deixaram enganar em seus corações arrogantes. Assim, de dia ela ia tecendo a imensa trama, e de noite pedia que acendessem as tochas e a desfazia. Por três anos ela enganou os Aqueus sem eles perceberem.

Mas com o passar das estações, chegando ao quarto ano, e com o passar dos meses, passaram-se muitos dias, e então uma das mulheres que sabia da artimanha contou aos candidatos, que a flagraram destecendo a bela trama. E assim, contra sua vontade, e constrangida, ela a completou.

Quando foi mostrar aos interessados o manto tecido e passado, brilhante como o Sol e a Lua, aconteceu de um deus contrário trazer Odisseu, sabe-se lá de onde, para a fazenda na divisa, onde mora Eumeu, o guardador de porcos.

E para lá se dirigiu o filho querido do divino Odisseu, ao voltar da Pilos *arenosa* em um *barco negro*. Os dois planejaram uma triste morte para eles e foram a Ítaca. Telêmaco chegou primeiro e depois Odisseu, levado pelo guardador de porcos e vestido de trapos, disfarçado de um velho mendigo, apoiado num cajado e usando míseros farrapos.

Ninguém percebeu que era ele quando surgiu do nada, nem os mais velhos. E até o atacaram com ofensas e pequenos objetos.

Mas ele aguentou pacientemente as agressões em seu próprio palácio. Quando enfim a intenção de Zeus *dono da Égide* o preparou, ele, ajudado por Telêmaco, pegou as belas armas e as trancou no depósito.

Manhoso, ele sugeriu à mulher propor o uso de seu arco e armas de ferro cinza como prêmio em um torneio entre os infelizes interessados nela, e foi aí o começo da matança. Nenhum deles pôde prender a corda do arco potente, pois não tinham aquela força. Quando o grande arco foi oferecido a Odisseu, pedimos que não lhe dessem, por mais que insistisse. Só Telêmaco o encorajou, mandando entregá-lo. Então o *divino e sofrido* Odisseu segurou o arco, armou-o com facilidade e disparou pelos machados. Em seguida, parou na entrada e tirou as flechas da aljava e, com uma expressão terrível, atirou contra o rei Antino.

E então, com a mão certeira, passou a alvejar os outros com suas setas ruidosas, abatendo-os um a um. Via-se que algum deus o ajudava, pois logo eles se lançaram arrojados pela casa, matando os que achavam. De cada cabeça saíam gemidos horríveis ao bater no chão respingando o sangue.

COMENTÁRIO DE AGAMÊMNON – ELOGIO A PENÉLOPE

Canto XXIV – versos 186-202

Anfimedonte disse a Agamêmnon que fora assim que eles morreram. Seus corpos ainda estavam lá, empilhados, no salão de Odisseu, porque seus parentes não haviam sido informados para irem lavar o sangue escuro dos ferimentos, e depois exporem os corpos e dedicar lágrimas, como se deve fazer aos mortos.

A alma do filho de Atreu clamou ao afortunado *filho de Laertes, engenhoso* Odisseu, jurando que ele conquistara uma esposa de grandes virtudes. Que bela era a alma da irrepreensível Penélope *filha de Icário*! E que fidelidade à memória de Odisseu, seu legítimo marido!

Assim, seria para sempre a fama de suas virtudes. Os deuses fariam entre os mortais um canto épico para celebrar a constância de Penélope. Não fora o mesmo que se dera com a *filha de Tíndaro*: ela cometera maldades e assassinou seu marido legítimo. Por isso, a humanidade lhe entoaria um canto odioso, e ela levaria má fama a todas as mulheres, até mesmo às honestas.

74. Odisseu e aliados refugiam-se na fazenda de Laertes

ATENA DECIDE QUE ODISSEU DEVE VISITAR O PAI

Canto XXIII – versos 344-372

Então, Atena *dos olhos verde-mar* tomou outra decisão. Quando Odisseu sentiu que enfim desfrutara o quanto seu coração pedia da cama da esposa e do sono, ela fez subir do rio Oceano a matinal *Aurora do trono de ouro* para trazer luz aos homens.

Odisseu levantou-se do leito macio e deu orientações à esposa. Chamando-a de mulher, disse já terem sido provados o suficiente: ela aqui chorando pela sua difícil volta, e ele, apesar das saudades, vendo-se preso por Zeus e por outros deuses, em mágoas, longe de sua terra.

Mas agora, depois de irem os dois à tão desejada cama, pediu que guardasse bem as riquezas no palácio. E em relação às reses abatidas pelos candidatos desavergonhados, ele mesmo iria recuperar algumas, e outras os Aqueus lhe dariam até que seus currais estivessem repletos.

Mas primeiro iria à fazenda *das belas árvores* ver seu nobre pai, que muito sofrera muito por sua causa. E a ela, mulher, mesmo sendo prudente, recomendava – pois logo ao nascer do sol se espalharia a notícia de que ele matara os cortejadores no palácio – que fosse aos quartos de cima com as criadas e ficasse lá sem ver nem falar com ninguém.

Então cobriu os ombros com sua bela armadura, acordou Telêmaco, Eumeu e Filécio e pediu que pegassem as armas de guerra. Eles lhe obedeceram segurando o bronze, abrindo as portas e seguindo Odisseu. Já se espalhava a luz sobre a terra, mas Atenas os envolveu numa névoa, fazendo-os sair rapidamente da cidade.

OS QUATRO CHEGAM À CASA DE LAERTES

Canto XXIV – versos 205-265

Assim, deixou a cidade, com seus companheiros, a passos rápidos, até chegarem à bela e bem-cuidada fazenda de Laertes, adquirida por ele com muito esforço. Tinha ali a sua casa rodeada por outras construções, onde os criados comiam, conversavam e dormiam. Lá vivia uma idosa siciliana que cuidava do ancião com carinho.

Então Odisseu sugeriu aos guardadores e ao seu filho que entrassem na *morada bem-construída* e sacrificassem logo a melhor das reses para o jantar. Enquanto isso iria testar seu pai, vendo se era capaz de identificá-lo apenas pela visão (ou se iria estranhá-lo, depois de tanto tempo ausente).

E assim entregou aos criados os apetrechos de guerra. Enquanto eles chegavam apressados à casa, Odisseu se aproximou do vinhedo carregado e observou. Descendo pelo extenso pomar, ele não viu Dólio ou qualquer dos criados ou filhos (por acaso eles tinham ido pegar pedras para murar a vinha, com Dólio à frente).

Então Odisseu viu o pai sozinho na bem-cuidada vinha, cavando à volta de um pé de uva. Usava uma túnica suja, com remendos simplórios, calçados de couro de boi também humildes (atados nas pernas para evitar arranhões) e as luvas nas mãos para evitar espinhos. Na cabeça, tinha um gorro de pele de cabra, notando-se sua tristeza.

Quando viu o velho, acabado e triste na alma, o *divino e aflito* Odisseu parou embaixo de uma pereira alta e chorou. Então hesitou, no fundo do coração, entre ir abraçar e beijar seu pai, contando-lhe em detalhes como viera e chegara à pátria, ou primeiro fazer perguntas e pô-lo a algumas provas. Meditando, preferiu primeiro testá-lo com provocações, para depois se abrir.

Laertes estava curvado, cavando à volta de uma árvore. O seu filho glorioso ficou ao lado e, chamando-o de velho, disse que ele era muito capacitado naquilo. Cuidava bem de tudo e, de fato, em todo o pomar não havia nenhuma planta descuidada, fosse figueira, videira, oliveira, pereira ou canteiro de verdura na horta.

Mas precisava lhe dizer uma coisa, esperando não o irritar no coração. Ele mesmo, apenas, é que estava malcuidado. Além de levar uma velhice triste, estava todo sujo e vestia roupas desprezíveis. Se seu patrão não cuidava dele, não era por ele ser preguiçoso. Aliás, ele não tinha a menor aparência de criado. Parecia um rei, alguém que gostava de tomar um banho, de comer e depois dormir com conforto, o que era de direito dos velhos.

Então pediu que lhe dissesse, *falando sem rodeios*: era criado de quem? Quem era o dono daquela horta que ele cuidava? Queria que lhe contasse *a verdade*, para ele *ter certeza* de estar realmente em Ítaca, como lhe dissera há pouco um homem com quem cruzara indo até lá. Esse homem não parecia estar em plena consciência, nem se animara a dar detalhes e escutá-lo quando lhe perguntou se um amigo estava por lá ou já morrera e fora ao palácio de Hades.

Disse que ia lhe contar uma coisa e pediu que o ouvisse com atenção.

FICÇÃO SOBRE TER HOSPEDADO ELE MESMO

Canto XXIV – versos 266-279

Uma vez ele hospedara em sua querida pátria um homem que batera em sua porta. Entre os estrangeiros vindos de longe, nenhum outro fora mais bem-vindo. Ele se orgulhava de vir de uma família de Ítaca e dizia que seu pai era Laertes *filho de Arcésio*. Então o levara ao seu palácio, dando-lhe acolhimento e atenção, aproveitando *tudo que havia de abundância na despensa*. E como era o costume, deu-lhe presentes de hospitalidade: sete medidas de peso de ouro todo trabalhado, um jarro inteiro de prata ornado com flores, 12 mantos elegantes, outros tantos cobertores e belas capas, mais 12 túnicas. E ainda quatro criadas hábeis em trabalhos irrepreensíveis, mulheres lindas que ele mesmo quis escolher.

LAERTES SE EMOCIONA, AINDA SEM RECONHECER O FILHO

Canto XXIV – versos 280-303 e 315-320

O pai, derramando lágrimas, chamando-o de estrangeiro, explicou que ele chegara sim à terra que dissera. Mas homens arrogantes e irresponsáveis haviam se apossado dela. E que ele dera ao amigo os seus inúmeros presentes valiosos em vão. Se o encontrasse vivo em Ítaca, então ele lhe repatriaria depois de retribuir os presentes e a excelente hospitalidade, como merece quem primeiro agiu assim.

E pediu que lhe dissesse *uma coisa, falando sem rodeios*. Havia quantos anos que acolhera aquele seu hóspede infeliz, o seu filho *desafortunado* como nenhum outro? Longe dos parentes e da terra pátria, ele podia ter sido comido por peixes do mar, ou por feras e aves em terra.

Contou que não o choraram - a mãe e o pai que o geraram - pondo-lhe uma mortalha no corpo. Também sua rica esposa, a constante Penélope, não pôde chorar o marido sobre a cama, como era o costume, depois de lhe fechar os olhos, sendo essa a homenagem que se fazia aos mortos.

Então pediu que lhe contasse *de verdade, para que tivesse certeza: quem era ele? De que lugar do mundo? Onde ficavam sua cidade e seu país? Onde parara o barco veloz* com que ali chegara ao lado de seus companheiros divinos? Ou se vinha como passageiro em barco alheio e os outros zarparam quando ele desceu.

O manhoso Odisseu respondeu-lhe dizendo que ia contar tudo *com a franqueza*. Mas... inventou uma nova história (viria de Alibante, chamava-se Epérito *filho de Afidante* e teria o barco ancorado ali perto; por cinco anos ele hospedara Odisseu, que recebeu presentes e saíra sob bons presságios), que fez Laertes, ao ouvi-la, ver-se envolvido por uma *nuvem negra* de dor. E ele então encheu suas mãos de terra escura com cinzas, derramando-as sobre a cabeça grisalha e soltando gemidos.

Mas também se abalou o coração de Odisseu, que, ao ver o pai tremendo, foi tomado por uma forte comoção. E então, lançando-se a ele, abraçou-o e beijou-o.

ODISSEU SE REVELA

Canto XXIV – versos 321-360

E assim, Odisseu disse ao pai que aquele de quem ele perguntava era ele, voltando à pátria depois de 20 anos. Devia agora parar de chorar e de gemer entre as lágrimas. Iria explicar, embora precisasse ser rápido: matara os proponentes invasores de seu palácio, castigando-os pela arrogância vergonhosa e pelos seus crimes.

Laertes pediu que, se ele era de fato seu filho Odisseu, que havia voltado, desse-lhe um sinal para que não restasse nenhuma dúvida. E o *manhoso* Odisseu lhe disse para primeiro ver, com seus próprios olhos, aquela cicatriz do corte que um javali lhe abrira com sua presa branca quando fora ao Parnaso. Ele e sua mãe o haviam mandado lá para visitar Autólico, seu querido avô materno, para receber os presentes que ele prometera dar quando estivera lá.

E perguntou se também queria que descrevesse as plantas da fazenda *bem-cuidada* que um dia ele lhe dera na infância, quando o seguia pelo pomar e ia pedindo de tudo.

> Contou que caminhavam entre as árvores e Laertes ia dizendo o nome de cada uma. E ele lhe deu 13 pereiras, 10 macieiras, 40 figueiras e prometeu-lhe também 50 fileiras de videiras com uvas variadas, que amadureciam em diferentes épocas, conforme as estações enviadas por Zeus.

Laertes, com os joelhos e o coração estremecidos ao admitir as provas, abraçou o filho que também tremia. Então o *divino e aflito* Odisseu o segurou desmaiado em seus braços. Quando recuperou o fôlego e os sentidos, Laertes clamou a Zeus *pai*, dizendo que, se de fato os interesseiros haviam sido punidos pela sua arrogância, os deuses realmente existiam e moravam no topo do Olimpo.

Mas agora, no íntimo, ele sentia um terrível medo de que os Itacenses fossem até lá para atacá-los em massa e enviassem mensageiros a todas as cidades dos Cefalênios.

O *manhoso* Odisseu pediu coragem a ele e que esses medos não tomassem seus pensamentos. Iriam agora até a casa perto do pomar, e de lá ele enviaria Telêmaco e os guardadores de porcos e de vacas para que lhes preparem logo o jantar.

BANHO EM LAERTES E JANTAR COM A FAMÍLIA DE DÓLIO

Canto XXIV – versos 360-412

Então eles seguiram até a bonita casa. Chegando ao lar *bem-habitado*, viram Telêmaco, Eumeu e Filécio picando a carne abundante e preparando o *vinho saboroso*. Logo, a criada Sícula banhou e ungiu, lambuzando de azeite, o dadivoso Laertes e o envolveu num belo manto.

Por sua vez, Atena se aproximou e aumentou os membros do chefe dos guerreiros, fazendo-o parecer mais alto e encorpado. Quando saiu do banho, seu filho querido se surpreendeu ao vê-lo com o aspecto dos deuses e lhe dirigiu *palavras leves*. Chamando-o de pai, disse que sem dúvida um deus melhorara sua aparência nas feições e na estatura.

Inspirado, Laertes lhe respondeu dizendo que quisera Zeus *pai*, Atena e Apolo, que, como ao conquistar a dura fortaleza de Néricon, no litoral do continente, quando era rei dos Cefalênios, ele também pudesse estar no palácio deles, na véspera, vestindo sua armadura para derrotar os invasores ao lado do filho. Ele teria feito tremer os joelhos de muitos no salão, e Odisseu se alegraria.

Então os outros deram sua tarefa por finda, aprontando a refeição e sentando-se em fila nos bancos e cadeiras. Já avançavam nos pratos quando chegaram o velho Dólio e seus filhos, cansados do trabalho. Foram chamados pela idosa Sícula, a mãe que, além de criá-los, cuidava com zelo do ancião, desde que ficara mais velho.

Quando viram Odisseu e entenderam aquilo no coração, paralisaram de susto. Mas Odisseu dirigiu-lhe *palavras leves*, chamando-o de senhor e mandando que se sentasse para comer e não se assustasse mais. Mesmo ansiosos por avançar sobre a comida, esperaram bastante por eles na sala.

Dólio, de braços estendidos, foi direto até ele, segurou sua mão, beijou o punho e disse palavras suaves. Chamando-o de amigo, disse que ele voltara trazido pelos próprios deuses. E eles, de tão saudosos, já nem acreditavam nisso. Estava bem vivo! Salve! E que os deuses lhe trouxessem felicidades. E pediu que lhe contasse, dizendo *a verdade, para ele ter certeza,* se a sensata Penélope já sabia da sua volta, ou se deviam avisá-la.

O *manhoso* Odisseu respondeu que ela sabia, e não era para Dólio se preocupar. Então Dólio voltou a se sentar no banco *bem-polido,* e seus filhos também cumprimentaram Odisseu, dando-lhe a mão e sentando-se em linha ao lado do pai.

75. Uma última batalha e perspectiva de paz para o futuro

REVOLTA DOS PARENTES PELA MORTE DOS CORTEJADORES

Canto XXIV – versos 413-471

Enquanto eles almoçavam, o emissário Boato correu rápido por toda a cidade contando sobre o terrível destino dos proponentes. Com a notícia, vinham pessoas de todos os cantos para se juntar, com gritos e sussurros, em frente ao palácio de Odisseu.

Alguns tiravam seus mortos do salão e os sepultavam. Os de outras cidades mandavam cada um à sua casa pondo-os em barcos velozes e pedindo aos pescadores que os levassem. E depois foram se juntar na praça, com o coração em luto. Lá, reunidos em assembleia, primeiro falou Eupites, trazendo uma dor insuportável na alma pelo seu filho Antino, o primeiro morto por Odisseu.

Em lágrimas, ele discursou, chamando a todos de amigos, falando sobre as desgraças horríveis aprontadas por aquele homem contra os Aqueus. Primeiro, levara num barco um bom número de nobres e, ao voltar, matara os Cefalênios mais nobres. E propôs que marchassem antes que ele corresse a Pilos ou à divina Élide, onde dominavam os Epeus.

Jurou que nunca mais ergueriam a cabeça, porque aquela desonra chegaria até a posteridade se não vingassem a matança de seus filhos e irmãos. E em sua alma, não haveria mais gosto pela vida, preferindo morrer logo e encontrar os mortos. Então, não deviam permitir que houvesse tempo para a travessia.

Depois de ouvi-lo desfeito em pranto, todos os Aqueus foram tomados de dor. Mas Mêdon e o divino músico, acordando, saíram do palácio de Odisseu e aproximaram-se deles, ficando ali no meio, para surpresa de todos.

Mêdon, prudente, pediu aos Itacenses que o ouvissem. Disse que Odisseu realizara aquela façanha com o consentimento dos deuses. Ele mesmo vira um deus imortal ao lado dele, com o aspecto de Mentor. Como divindade, ora surgia à frente dele para encorajá-lo, ora se lançava à sala enfrentando os cortejadores, que iam tombando um a um.

Ao ouvirem isso, um pálido terror se apoderou da multidão. E em seguida discursou o corajoso ancião Haliterses *filho de Mastor*, único a enxergar passado e futuro, porque queria o bem de todos. E também pediu que os Itacenses o ouvissem.

Disse que, se tudo aquilo aconteceu, foi por causa de suas maldades. Não quiseram ouvi-lo nem a Mentor *chefe de guerreiros* no sentido de pôr fim à insanidade de seus filhos, que praticavam depravações com suas loucuras, devorando a riqueza e desrespeitando a esposa de um chefe, que diziam que não voltaria. E sendo assim, pedia que o obedecessem: era para não marcharem e assim ninguém correria atrás de sua própria desgraça.

Enquanto alguns se apertavam em seus lugares, outros – a maioria – ficaram de pé, de repente, fazendo uma grande gritaria. Entre os diferentes conselhos que tocavam seus corações, atenderam a Eupites e saíram às pressas para buscar suas *vestes de guerra.*

Depois de cobrirem o corpo com o bronze luzidio, juntaram-se à frente da grande cidade. Eram chefiados por Eupites, que, em sua loucura, queria vingar a morte do filho, mas ele não haveria de voltar e sim de encontrar seu destino.

ATENA CONVERSA COM ZEUS

Canto XXIV – versos 472-488

Então, Atena intercedeu junto a Zeus. Chamando-o de *pai nosso, filho do Tempo* e *senhor supremo,* pediu que lhe dissesse quais as suas mais íntimas intenções: levaria adiante aquela guerra maligna, em uma disputa terrível? Ou faria amizade entre as partes?

Palas Atena

Zeus *ajuntador das nuvens,* chamando-a de filha, perguntou por que ela queria saber sobre isso. Não fora ela mesma quem planejara que, em sua volta, Odisseu haveria de se vingar daquela gente? Então autorizou-a a fazer como quisesse, mas lhe diria o que achava mais certo.

Agora que finalmente o *divino* Odisseu se vingara dos interesseiros, que ele, depois de fazer um juramento verdadeiro e solene, reinasse por toda a vida, e eles deuses esqueceriam a mortandade entre filhos e irmãos para que voltassem a se gostar mutuamente e restasse apenas a riqueza e a paz.

Então ele se despediu de Atena, que, ansiosa, desceu das alturas do Olimpo em um só salto.

O GRUPO DE ODISSEU EM DEFESA DA CASA

Canto XXIV – versos 489-538

Na casa de Laertes, o grupo *tirara de si o desejo de alimento* doce como mel, e o *divino e aflito* Odisseu começava a falar. Disse que era preciso que alguém fosse lá fora e visse se os parentes dos mortos já estavam chegando. Um filho de Dólio saiu e parou junto à entrada. Avistou-os se aproximando e disse calmamente a Odisseu que estavam vindo, e que os da casa deviam pegar em armas.

Eles se levantaram e puseram as *vestes de guerra.* Eram Odisseu com seus três e os seis filhos de Dólio. Laertes e Dólio, guerreiros por necessidade (apesar da velhice), também puseram suas armaduras.

Com o bronze luzidio sobre o corpo, eles abriram as portas e saíram atrás de Odisseu. Atena *filha de Zeus* aproximou-se deles com o aspecto de Mentor, no corpo e na voz. Ao vê-la, o *divino e sofrido* Odisseu se alegrou, dizendo a Telêmaco, seu filho querido, que agora era o momento em que os mais valentes se mostravam pela luta e que ele saberia honrar por si mesmo a linhagem de seus antepassados, com todo o vigor e a virilidade que eles tinham sobre a terra.

O *sereno* Telêmaco, chamando-o de pai querido, disse-lhe que, se quisesse, veria que com o espírito conquistado ele não desonraria os seus maiores. E Laertes, contente, clamou aos deuses amigos para dizer que aquele era um dia especial! Que alegria para ele: seu filho e seu neto competindo em coragem!

Ao seu lado, a Atena *dos olhos verde-mar* chamou-o de *filho de Arcésio,* o mais querido entre os companheiros, e disse-lhe para rezar à virgem *de olhos verde-mar* e a *Zeus pai.* E que depois levantasse bem alto a sua lança *de sombra longa* e a arremessasse.

Assim ela inspirou grande furor em Laertes, que então rezou à filha do grande Zeus, levantou alto sua lança *de sombra longa* e a arremessou, acertando Eupites e penetrando as vestes recobertas de bronze. Eupites rolou, derrotado, dentro de sua estrondosa armadura.

Então Odisseu e seu glorioso filho atacaram os da primeira linha e os feriram com as espadas e lanças de duas pontas. E teriam matado a todos, e impedido que voltassem se Atena *filha de Zeus dono da Égide* não houvesse, aos gritos, impedido o combate: pediu aos Itacenses que parassem com aquela batalha sofrida para que pudessem se separar o quanto antes, sem mais nenhum derramamento de sangue.

Eles foram *tomados por um pálido terror* e, desesperados, deixaram escapar suas armas, que caíam no chão ao som da voz da deusa, e correram para a cidade querendo viver. O *divino e sofrido* Odisseu deu um grito terrível, juntou forças e se lançou correndo atrás deles como uma águia em pleno voo.

A PAZ É DECRETADA

Canto XXIV – versos 539-548

Então o *filho do Tempo* lançou um raio esfumaçado que caiu à frente da *deusa dos olhos verde-mar,* filha de um pai poderoso. E ela se dirigiu a Odisseu.

Chamando-o de *engenhoso filho de Laertes, criatura de Zeus,* pediu que se contivesse e encerrasse aquele combate de uma guerra ruim para os dois lados se não quisesse que Zeus *filho do Tempo, ouvido de bem longe,* fosse se aborrecer com ele.

Ao ouvi-la, ele obedeceu, alegre em seu coração, e Palas Atena *filha de Zeus,* o *dono da Égide*, com o aspecto de Mentor (no corpo e na voz), validou entre as duas partes o juramento de um futuro de paz.

Textos explicativos e de interpretação pessoal

ESTRUTURA ORIGINAL DAS NARRATIVAS

CAP. 1

"Ares, Afrodite e a armadilha de Hefesto" é um mito narrado pelo músico Demódoco no palácio do Alcino, rei dos Feácios, quando Odisseu é recebido sem revelar ainda a sua identidade. "Desabafo de Calipso" ocorre em Ogígia como resposta da deusa a Hermes, enviado por Zeus ordenando que ela libertasse Odisseu. "As filhas de Pandáreo" é um mito contado por Penélope, entre lamentações, em prece à deusa Artêmis, ao declarar que era melhor ser alvejada ou levada por uma tempestade a ficar eternamente sofrendo. "Como o vinho exagerado altera as pessoas e até os Centauros" é um trecho narrado por Antino (cortejador) em discussão com Odisseu (com trajes de mendigo e passando-se por estrangeiro), acusando-o de estar bêbado.

CAP. 2

"Aquiles, filho de uma Nereida": depoimento da alma de Agamêmnon feito a Odisseu no palácio de Hades (submundo dos mortos). "Desavença entre Aquiles e Odisseu": narrada pelo músico Demódoco no palácio do Alcino, em festa pela repatriação de Odisseu que estava para se dar (cena em que Odisseu tenta esconder o choro). "Neoptólemo, filho de Aquiles": em Hades, resposta de Odisseu à alma de Aquiles. Também sobre "Ájax" e "Héracles", trata-se da narrativa de Odisseu para os Feácios sobre sua visita ao palácio de Hades.

CAP. 3

Todo este capítulo refere-se às almas de mulheres encontradas por Odisseu no palácio de Hades, em narrativa aos Feácios.

CAP. 4

"Origem dos Feácios": contada pelo narrador. "Genealogia Feácia": por Palas Atena com o aspecto de uma moça virgem carregando um vaso, a Odisseu, quando de sua chegada à cidade dos Feácios. "Sísifo": aparece em relato de Odisseu aos Feácios sobre sua visita ao palácio de Hades. "História de Eumeu, guardador dos porcos (de Laertes e Odisseu)": contada por ele mesmo a Odisseu, ainda não identificado e com aspecto de mendigo. "História de Mentes, amigo de Odisseu": Palas Atena, com o aspecto de Mentes, contando a Telêmaco (ainda no começo da história). "História de Melampo, pai de Teoclímeno": narrador. "Previsão sobre Polifemo": contada pelo próprio Ciclope a Odisseu quando este já fugia no barco, depois de cegá-lo. "Previsão de Hermes, feita a Circe": contada por Circe a Odisseu, quando tentou enfeitiçá-lo e a magia não deu resultado. "Previsão de Nausito, rei dos Feácios": por Alcino em discurso a Odisseu (tentando interrogá-lo à frente dos súditos Feácios). "Novamente a previsão de Nausito": por Alcino em meio ao povo depois de Posêidon transformar em pedra a nau que repatriara Odisseu.

CAP. 5

"Infância (...)" e "Encontro com Ífito (...)": narrador. "Presente de Máron (...)": Odisseu narrando aos Feácios sobre estar levando o saco quando chegava à terra dos Ciclopes.

CAP. 6

"Partida dos guerreiros": relato da alma de Agamêmnon a Odisseu no palácio de Hades. "Despedida de Odisseu": palavras de Odisseu a Penélope, narradas por ela. "Proximidade de Nestor": depoimento de Nestor *da Gerênia* quando da visita de Telêmaco a Pilos. "Um caso curioso, de ficção (...)": contado por Odisseu, com aspecto de mendigo, a Eumeu e demais cuidadores. "Ousadia de Odisseu": contado por Helena quando da visita de Telêmaco e Pisístrato a Esparta. "O cavalo de madeira": contado por Menelau a Telêmaco e Pisístrato, na mesma ocasião. "Saída de dentro cavalo": por Demódoco, músico dos Feácios, gerando emoção em Odisseu, que ainda não se identificara

CAP. 7

"Malfeito de Egisto" e "Volta de Menelau": trechos contados por Nestor, na visita de Telêmaco a Pilos. "Volta de Agamêmnon": contado a Menelau pelo *velho do mar*. "Assassinato: contado pela alma de Agamêmnon no reino de Hades. "Vingança de Orestes": contada por Nestor.

CAPS. 8 A 22

Narrativas de Odisseu aos Feácios sobre sua volta de Troia.

CAP. 23

"Ilha da deusa": Odisseu aos Feácios. "Odisseu preso pela ninfa": narrador. "Ogígia, ilha de Calipso": Atena a Zeus em assembleia dos deuses.

"Salvamento de Odisseu": Calipso contando a Hermes. "Relato explicativo": depoimento de Odisseu a Areta, rainha Feácia (esposa de Alcino e mãe de Nausica). "Saudade de casa": em Esparta, Menelau contando a Telêmaco sobre o que lhe disse o *velho do mar*. "Interlúdio": narrador. "Sobre Odisseu": palavras de Hermes em conversa com Calipso.

CAP. 24

"Infelicidade da esposa": Penélope respondendo (a) ao cortejador Eurímaco (XVIII vv. 251-6); e (b) ao estrangeiro (Odisseu com aspecto de mendigo – XIX vv. 123-9). "Penélope e o tear": a rainha relatando ao estrangeiro (Odisseu com aspecto de mendigo). "Notícia falsa de Odisseu": contada por Eumeu a Odisseu (com aspecto de mendigo). "Mais uma história inventada": contada por Odisseu (como estrangeiro) a Eumeu. De "Longa história fictícia (...)" ao fim do capítulo: história contada por Odisseu (como estrangeiro) a Eumeu.

CAP. 25

"Uma mesma narrativa, agora resumida": Odisseu (com as aspecto de mendigo) a Antino (cortejador). "Características dos mendigos": Odisseu a Melântia (criada que passou para o lado dos interesseiros). De "Odisseu teria sido acolhido em Creta (...)" a "Mais uma ficção – Odisseu estaria preparando sua chegada": Odisseu (como estrangeiro) a Penélope. "Notícia (falsa) dada a Laertes (...)": Odisseu ao pai, ao reaparecer depois de 20 anos.

CAP. 26

Todo o capítulo é um relato de Menelau a Telêmaco, em Esparta.

CAPS. 27 A 34

Narrador e diálogos entre personagens (incluindo deuses).

CAP. 35

Relatos de Helena e Menelau seguidos de diálogos entre os personagens.

CAPS. 36 E 37

Narrador e diálogos entre personagens.

CAPS. 38 A 40

Narrador e diálogos entre personagens exceto "Como se deu" (três vezes) e "Como se deu a perda da jangada": relatos de Odisseu a Areta, mãe de Nausica.

CAPS. 41 E 42

Narrador e diálogos entre personagens exceto "Comentário de Alcino e nova resposta de Odisseu": Odisseu a Alcino, depois de relatar seu trajeto da ilha de Calipso ao resgate feito por Nausica.

CAPS. 43 A 62

Narrador e diálogos entre personagens.

CAP. 63

Em "Sonho de Penélope" há um monólogo de 49 versos (XIX vv. 509 a 558), mas, assim como em "Nova conversa de Penélope com o estrangeiro", o capítulo não deixa de ser um diálogo entre personagens, tendo por trás um narrador.

CAPS. 64 A 71

Narrador e diálogos entre personagens.

CAP. 72

Narrador e diálogos entre personagens, exceto "Odisseu faz um resumo de tudo o que passou naqueles 20 anos", que é uma narrativa do principal personagem.

CAP. 73

Narrador e diálogos entre personagens, exceto "Relato sobre a matança – artimanha de Penélope, ações de Odisseu e Telêmaco": narrado por Anfimedonte (um dos cortejadores) no palácio de Hades.

CAPS. 74 E 75

Narrador e diálogos entre personagens.

SOBRE AS REPETIÇÕES: EXEMPLOS SIGNIFICATIVOS

Afora trechos mais conhecidos de pontuação do épico (cerca de 60 referências à chegada da Aurora *dos dedos cor-de-rosa*; cerca de 30 a indivíduos *saciados de comida e bebida*; cerca de 10 à *escuridão* do anoitecer), foram aqui destacadas as ocorrências consideradas mais chamativas. O tradutor Jaime Bruna justifica o uso dessas repetições, por um lado, como recurso de facilitação à memória oral (como são os refrões na música popular), e por outro, à colcha de retalhos que foi costurada quando da primeira fixação por escrito talvez no fim do século VIII a.C., sendo que antes muitos trechos se entrelaçavam e outros não se conectavam.

Um primeiro exemplo é de um trecho apenas parecido, já destacado no **cap. 4** desta adaptação por estrarem em sequência: são duas referências à "Previsão de Nausito" sobre Posêidon punir os Feácios. Na obra original elas aparecem nos cantos VIII, vv. 565-569, e XIII, vv. 172-177 – em ambos os casos são narrativas de Alcino.

Já como exemplo de uma pequena repetição de cenas, na narrativa de Odisseu sobre seu (des)encontro com Polifemo há a repetição de dois versos em sequência do canto IX, vv. 310-311 e 343-344, sendo que o primeiro deles já havia aparecido antes, no v. 250. Nesta adaptação, tais trechos aparecem no **cap. 9** em "Entrada na gruta e chegada do Ciclope", "Dia seguinte" e "De volta à gruta, Polifemo aceita o vinho oferecido por Odisseu".

Uma repetição um pouco mais longa aparece no **cap. 12** desta adaptação em "Palácio de Circe" e "Euríloco relata o triste fato", ambas vindas do canto X, vv. 226-232 e 254-258.

Trechos praticamente iguais, já aproximados nesta adaptação no **cap. 15**, ocorrem em "Previsões e instruções de Circe" (canto X, vv. 524-530) e "Como se deu" (canto XI, vv. 32-37). Também nos caps. 19 (Sereias), 20 (Cila e Caríbdis) e 21 (Rebanhos do Sol), foram aproximadas as previsões de Circe dos fatos ocorridos, todos pertencentes ao canto XII da *Odisseia*, mas originalmente distantes.

Um caso único de texto idêntico que preferimos não repetir nesta adaptação ocorre no **cap. 24** em "Infelicidade da esposa", trecho que provém dos cantos XVIII, vv. 251-256, e XIX, vv. 124-129 da obra original como falas de Penélope a Eurímaco e a Odisseu (com aspecto de mendigo). Curiosamente, o mesmo trecho – sobre Penélope se deixar enfeiar pelo sofrimento – reaparece no **cap. 60** desta adaptação em "No salão, Penélope reclama de maus-tratos ao estrangeiro – Eurímaco a corteja".

Também ocorre uma interessante repetição de "Viagem ao Egito", no **cap. 24** (vinda do canto XIV, vv. 257-272), em "Uma mesma narrativa, agora resumida", no **cap. 25** (vinda do canto XVII, vv. 427-444), tratando-se ambas, como aqui se interpreta, de uma ficção (história inventada) de Odisseu narrando uma suposta passagem dele pelo Egito.

E ainda no **cap. 24** (que divide com o **cap. 25** as várias narrativas, fictícias ou não, de notícias de Odisseu enquanto estaria retido em Ogígia, por Calipso), temos "Passagem pela Tesprócia (onde teve notícias de Odisseu) e chegada a Ítaca" em uma inversão de passagens com o trecho "Mais uma ficção – Odisseu estaria preparando sua chegada" do **cap. 25**: na obra original, o trecho do canto XIV, vv. 323-330, é igual ao do XIX, vv. 293-299, enquanto o do XIV, vv. 331-335, é igual ao do XIX, vv.288-292.

No **cap. 25** desta adaptação também aparecem em sequência dois trechos iguais que na obra original estão em diferentes cantos. Um em "Uma mesma narrativa, agora resumida" (vindo do canto XVII, vv. 419-424) e outro em "Características dos mendigos" (vindo do XIX, vv. 75-80).

Outro trecho praticamente igual aparece no **cap. 29** desta adaptação em "Plano e instruções de Atena" como palavras da deusa (no aspecto de Mentes) a Telêmaco (trecho original do canto I, vv. 287-292b), e no **cap. 30** em "Resposta de Eurímaco", como frase dita ao cortejador por Telêmaco, na assembleia em Ítaca (canto II, vv. 218-223b).

Também a narrativa sobre a trama tecida por Penélope de dia – uma mortalha para Laertes – que ela trata de desfazer à noite, aparece por inteiro em diferentes partes do épico. Aqui ela se mostra nos **caps. 24** (em "Penélope e o tear"), **30** (em "Resposta de Antino") e **73** (em "Relato sobre a matança – artimanha de Penélope, ações de Odisseu e Telêmaco"). Na obra original, tais passagens encontram-se nos cantos II, vv. 94-110, XIX, vv. 140-156, e XXIV, vv. 130-146.

Por fim, no **cap. 69** desta adaptação, repetem-se os mesmos versos em dois momentos do trecho "O combate esperado", que na obra original provêm do canto XXII, vv. 257-259 e 274-276.

PERSONAGENS EM DESTAQUE

Odisseu (herói em Troia e protagonista do épico; na tradição romana recebeu o nome de Ulisses), **Penélope** (esposa de Odisseu e prima de Helena) e **Telêmaco** (filho do casal);

Laertes (antigo argonauta e rei de Ítaca) e **Anticleia** (já falecida à época dos fatos narrados) - pais de Odisseu - e **Icário** e **Periboea** - pais de Penélope;

Euricleia (governanta e antiga babá de Odisseu e de Telêmaco), **Melântia** (criada que passou para o lado dos interessados em Penélope, sendo morta ao final), **Eumeu** (guardador de porcos leal a Odisseu), **Melântio** (guardador de cabras e vilão, morto na desforra), **Filécio** (vaqueiro leal);

Antino e **Eurímaco** (chefes dos vilões interessados em Penélope);

Euríloco, Perimedes, Elpenor e **Antifo** (marinheiros);

Pireu e **Teoclímeno** (amigos de Telêmaco, sendo que Teoclímeno fazia previsões).

Nestor e **Eurídice, Menelau** e **Helena** (amigos de Odisseu na guerra de Troia e suas esposas, de quem Telêmaco se tornou hóspede) e **Pisístrato** (amigo de Telêmaco);

Alcino e **Areta** (rei e rainha dos Feácios), **Nausica, Laodamas, Hálio** e **Clitoneu** (princesa e príncipes Feácios, sendo que Laodamas desafiou Odisseu nos jogos).

Fêmio e **Demódoco** (músicos de Ítaca e da Esquéria, país dos Feácios);

Egípcio, Haliterses, Mentor, Mentes (anciãos em Ítaca, sendo que Haliterses lia presságios - ou fazia previsões - e Mentor e Mentes eram amigos de Odisseu) e **Equeneu** (ancião Feácio, outrora herói);

Mêdon (emissário de Penélope e Telêmaco) e **Pontono** (emissário de Alcino);

Anfíolo e **Euríalo** (atletas Feácios, sendo que Euríalo desafiou Odisseu).

ALGUMAS GENEALOGIAS

Entre as linhagens citadas no épico, temos:

ARCÉSIO
> Laertes (rei de Ítaca e irmão de Clímene)
> *Odisseu* (casado com Penélope, filha de Icário)
> Telêmaco;

NELEU
> Nestor (rei de Pilos e casado com Eurídice, filha de Clímeno)
> Pisístrato (irmão mais novo de Equefronte, Estrácio, Perseu, Areto, Trasimedes e Policaste);

ATREU (rei de Micenas)
> Agamêmnon (casado com Clitemnestra e irmão de Menelau, rei de Esparta, casado com Helena)
> Orestes;

ÓRMENO
> Ctésio
> Eumeu (guardador dos porcos da família de Odisseu);

MELAMPO (morador de Pilos)
> Antífates (irmão de Mâncio e pai de Clito e Polifides, o pai de Teoclímeno, amigo de Telêmaco)
> Oicleu
> Anfiarau
> Alcmeão e Antíloco;

ALFEU (rei de Feras)
> Ortíloco
> Díocles;

ARÉCIAS (rei de Dulíquio)
> Niso
> Anfínomo (um dos cortejadores de Penélope);

NAUSITO
> Alcino (casado com Areta)
> Laodamas (irmão de Hálio e Clitoneu e Nausica).

Repare-se que a filiação é instituída pelo lado masculino, o que certamente resultou na tradição ocidental de se fazer prevalecer o sobrenome do pai.

DEUSES ATUANTES E SUA CORRESPONDÊNCIA NA MITOLOGIA ROMANA

ZEUS — *Júpiter*
Rei dos deuses, filho do Titã Cronos (Tempo) e da titânide Reia, marido de Hera e de outras, irmão de Deméter, Hades, Héstia, Hera, Posêidon e Quíron, pai de Atena (com Métis), de Afrodite, Ares, Hefesto e outros (com Hera), de Apolo e Artêmis (com Leto), de Perséfone (com Deméter), de Héracles (com Alcmena), Helena de Troia (com Leda), das Musas (com Mnemosine) e de outros;

ATENA — *Minerva*
Deusa da sabedoria e da estratégia, que atua a favor de Odisseu;

HERMES ou **ARGEIFONTE** — *Mercúrio*
Mensageiro dos deuses;

AFRODITE ou **CITEREIA** (deusa de Citera) — *Vênus*
Deusa da beleza, da música, do amor e da sexualidade;

ARES — *Marte*
Deus da guerra, pai de Eros e muitos outros;

POSÊIDON (também grafado como Poseidon, Posidon, Posídon, Posidão) — *Netuno*
Deus dos mares, principal antagonista e maior inimigo de Odisseu (que ao final vai render homenagens a ele por recomendação da alma de Tirésias *de Tebas*);

HEFESTO — *Vulcano*
Deus dos ferreiros, da metalurgia, do fogo, filho de Zeus e de Hera, irmão de Ares e outros, casado com Afrodite e Aglaia;

INO ou **LEUCOTEIA**
Deidade marinha que salva Odisseu de um naufrágio;

CIRCE
Feiticeira do clã dos Titãs, filha do deus Hélio, o Sol, com a mortal Persa, na Odisseia acaba desempenhando em favor de Odisseu;

ÉOLO
Deus dos ventos que hospedou Odisseu e amigos, dando-lhe um saco e deixando apenas o vento Oeste solto para que voltasse a Ítaca (mas os marinheiros abriram o saco, em busca de riquezas, e acabaram todos voltando à Eólia e depois se perdendo);

HÉLIO — *Helius*
Deus do **Sol**, de quem os companheiros de Odisseu mataram o gado;

CALIPSO

Ninfa do mar, filha de Atlante e de Atlas – ou de Nereu e Dóris (uma das Nereidas, ou ainda, segundo Hesíodo, uma das Oceânides, filha dos titãs Oceano e Tétis), muito sedutora, caprichosa e apaixonada por Odisseu.

SERES MITOLÓGICOS

LOTÓFAGOS

Povo imaginário que viveria no norte da África a Oeste, alimentando-se de flores de lótus que causariam prazer físico e perda de memória;

CICLOPES

Gigantes trogloditas (etimologicamente = de olho redondo). **Polifemo** (= que fala muito, falastrão, trapaceiro), o gigante de um olho só, era filho de Posêidon e da ninfa Toosa; tinha hábitos selvagens e era dedicado ao pastoreio;

LESTRÍGONES

Gigantes antropófagos que arremessavam rochas;

CILA

Monstro de doze pernas e seis cabeças, cada uma com três fileiras de dentes, morava na gruta de um rochedo;

CARÍBDIS

Monstro das profundezas marinhas que três vezes ao dia sugava e vomitava a água do mar, morando em um rochedo à frente ao de Cila;

HARPIAS

Dois monstros com corpo meio mulher e meio pássaro, que moravam em uma ilha de muita fartura. Com seus cantos, seduziam os homens que se aproximavam para depois devorá-los.

FORMATAÇÃO DO ÉPICO AO LONGO DO TEMPO

Em sua forma atual a *Odisseia* possui 24 cantos, com uma média de 504,5 versos cada (descontando-se os de parte b) em um total de 12.109 versos. Não é a estrutura original, mas a que foi desenvolvida por editores alexandrinos do século III a.C., mostrando-se bastante funcional.

O Canto 24, de 548 versos, aqui distribuídos nos capítulos 73, 74 e 75 (além do 25, para onde foi deslocada uma das tantas ficções de Odisseu), é tido pelos teóricos como adição posterior, feita por um ou mais poetas. E como muitas passagens anteriores remetem a esses eventos, o(s) autor(es) da adição teria(m) também editado os textos antigos.

A *Odisseia*, assim como a *Ilíada*, teve sua forma fixada por escrito provavelmente no fim do século VIII a.C., mas é um poema elaborado e reformulado ao longo de séculos de tradição oral – até então o único meio de transmissão. Assim, a linguagem homérica combina dialetos diferentes, inclusive com reminiscências antigas do idioma grego, resultando, por isso, numa língua artificial, porém compreendida por quase todos à época.

Em sua métrica, os dois épicos foram compostos com *hexâmetros dactílicos*, que eram cantados por bardo ou aedo (aqui adotou-se o termo músico, subentendendo-o como instrumentista e cantor, habilidades necessárias ao contador de histórias), que tocava a sua cítara, fórminx, ou lira, à maneira como os músicos citados aparecem (Fêmio e Demódoco – os dos palácios de Agamêmnon e de Menelau não chegam a ser nominados), em especial nos versos 43 a 92 do Canto VIII (capítulo 43 desta adaptação).

Pelos assuntos, a *Odisseia* parece ser a junção de três poemas originais, notando-se uma costura: (1) sobre a viagem de Telêmaco querendo ter notícias; (2) sobre as "espertezas" de Odisseu nas aventuras que teve em meio a seres mitológicos, quando voltava de Troia; (3) a execução dos candidatos à mão de Penélope, entendendo-se que eles maldosamente (alegando a viuvez dela) dilapidavam toda a riqueza da casa.

Não à toa, no período clássico davam-se títulos às partes específicas do épico como se fossem livros próprios: os primeiros quatro cantos da estrutura atual, concentrados em Telêmaco, eram chamados de *Telemaquia*. O Canto IX, sobre o enfrentamento de Odisseu com o Ciclope Polifemo era a *Ciclopeia*, e o Canto XI, sobre a conversa de Odisseu com as almas dos mortos, no palácio de Hades, era a *Néquia*. Os cantos IX, X, XI e XII, em que Odisseu narra suas aventuras para os anfitriões Feácios eram chamados de *Apólogos* ("histórias" de Odisseu), e o Canto XXII, em que ele mata todos os cortejadores, era chamado de *Mnesterofonia* (o "massacre" dos interessados).

HOMERO

O poeta pode ter existido, mas muito antes da versão que se consolidou no século III a.C. Ele seria cego e andaria de cidade em cidade declamando os seus poemas. Alguns desses versos podem ter feito parte da tradição que atravessou muitas gerações (a guerra de Troia e a volta de Odisseu teriam ocorrido por volta de 1.200 a.C.), e que sofria modificações ao longo do tempo.

Homero também seria o autor da *Ilíada* (depois dividida nos mesmos 24 cantos e somando 15.693 versos), que narra a guerra de Troia e antecede os fatos da *Odisseia*. Os dois épicos juntos representam o início da literatura ocidental.

OBSERVAÇÕES PESSOAIS SOBRE ALGUMAS PASSAGENS DO ÉPICO

CAP. 1

Em "Ares, Afrodite e a armadilha de Hefesto", o triângulo amoroso entre deuses (todos eles aparentados) dá muito o que pensar. A sinceridade de Hermes e a risada dos demais mostram que as decisões vão sendo tomadas pelo que é sentido naquele momento, ou seja, com base em paixões individuais. Assim, propõe-se que, mesmo para seres de grande discernimento, superiores a nós, muitas escolhas seriam determinadas mais por sentimentos como ofensa ou desonra do que por um propósito, não se levando tão em conta o exame de consciência, a associação de um padrão ético de comportamento às regras morais.

CAP. 2

Em "Aquiles, filho de uma Nereida", encontramos um primeiro exemplo de epíteto associado a uma filiação: Pátroclo *filho de Meneceu*. E alguns casos, a filiação pelo epíteto pode chegar ao avô: Euricleia *filha de Ops*, o *filho de Pisenor* (**cap. 64.** "Enquanto Telêmaco vai à praça, as criadas preparam o palácio"). A civilização grega, embora imersa no coletivo como todas as outras, dá bastante importância ao registro de suas filiações (enquanto outras, que a precederam, limitavam-se a destacar os nomes de líderes importantes, reis e faraós).

CAP. 3

Em "Tiro", o envolvimento romântico de Posêidon com ela (que se apaixonara na verdade pelo rio Enipeu, de quem o deus *dos tremores de terra* se disfarçou para convencê-la a tirar o cinto de castidade) gerou dois filhos, pois *o abraço de um imortal nunca seria infecundo*. Além de outras passagens na própria *Odisseia*, o caso - envolvimento de deuses (ou de Deus) com uma mortal - mostra uma grande semelhança com os outros dois clássicos da literatura aqui estudados, o *Mahabharata* e uma combinação dos quatro Evangelhos oficiais.

CAP. 4

Em "História de Melampo, pai de Teoclímeno", a descrição de Polifides permite uma comparação dos "adivinhos" gregos com os druidas celtas, e mesmo com os brâmanes indianos. Mas a partir de "Previsão sobre Polifemo", quando são feitos os primeiros prognósticos desses "adivinhos", mais se percebe a semelhança com o *Mahabharata* e outros clássicos da literatura, em especial de toda a região que separa a Grécia da Índia. São homens sensíveis (em geral senhores, anciãos) que predizem o futuro fazendo supor que tudo já estivesse traçado. Neste estudo evitou-se o uso da palavra "destino", por não representar tão bem o sentido de um "caminho escolhido pelos deuses" como se quis dar aqui. Mas a própria previsão seria uma prova de que aquilo necessariamente iria acontecer. Observa-se ainda que o recurso de fazer previsões estabelece diálogos entre diferentes partes do épico, em geral como prova de que os visionários estavam certos.

CAP. 5

Em "Infância - origem do nome e cicatriz deixada por um javali", fala-se em uma fórmula de encantamento para curar o joelho de Odisseu. Aqui se juntam, com certeza, as duas culturas indo-europeias que produziram os épicos estudados. Fórmulas de encantamento não podem ser outra coisa além de um mantra, um canto religioso que serve especialmente à cura de doenças ou ferimentos, como os muitos que aparecem documentados na cultura sânscrita pelo *Yajurveda*.

Em "Presente de Máron - saco dos ventos", faz-se referência a Polifemo como "homem robusto e selvagem *sem noção de justiça nem de leis*". Curiosamente, esse estereótipo usado para descrever povos "atrasados" (ou de costumes "raros", no caso dos visitados por Marco Polo) atravessou toda a Idade Média e chegou à época das grandes navegações e descobrimentos no pós-Renascimento, sendo muito utilizado por cronistas europeus para descrever os índios brasileiros (Gândavo e Américo Vespúcio diziam que na língua indígena não havia as letras f, r e l, e por isso eles não tinham nem fé, nem rei, nem lei).

CAP. 6

Em "Proximidade de Nestor" aparece o termo "cintura fina" como atributo merecedor de elogio. Curiosamente, era o mesmo padrão de beleza feminina usado na Índia antiga, aparecendo repetidas vezes no *Mahabharata*. Na *Odisseia*, as cinturas das mulheres voltam a ser referidas no **cap. 71** em "Preparando-se para a sair do palácio", quando elas ressoam os seus passos junto aos dos homens numa suposta festa de casamento de Penélope (que como descrição lembra a do casamento de Arjuna com Uttarah, que marca a metade do épico hindu). No mesmo capítulo usa-se pela primeira vez o adjetivo "manhoso" para se referir a *Odisseu*, o que, conforme a repetição, foi se tornando um atributo grafado em itálico. Haveria outras boas traduções para a *astúcia* de *Odisseu*, como "esperteza", "malandragem", ou, até mais radicalmente podendo-se chamá-lo de "trapaceiro", como foi encontrado em algumas traduções. Aqui escolheu-se a *manha* como algo mais ligado à habilidade, jeito ou *engenhosidade*.

CAP. 7

Em "Volta de Agamêmnon" fala-se em "uma boa quantia de ouro" porque optou-se, nesta adaptação, por não precisar as medidas, uma vez que, assim, como nos Evangelhos, no texto original faz-se uso do termo "talento de ouro" (= 26 kg), que hoje está em desuso.

CAP. 8

Em "Lotófagos", é curioso como pouco se comenta sobre esse povo "comedor de flores", e não por acaso de *lótus*, a planta indiana ligada a todo tipo de sacralidade. E sobre os que comiam de seu fruto *doce como mel* e já não queriam sair de lá, mas "continuar entre os Lotófagos", essa descrição dá a entender que se tratava de uma droga geradora de prazer físico (como a heroína) e que fazia esquecer (como o álcool), diferentemente da pesada "flor de lírio" do Brasil, da qual só se ouve falar como provocadora de histórias trágicas.

CAP. 9

Em "Odisseu conversa com Polifemo", entende-se que o Ciclope faltou com a civilidade ao não respeitar a (quase) universal lei da hospitalidade, exigida inclusive para os deuses e seres mitológicos. Ela também aparece em outras passagens do épico, como no cap. 4 em "História de Mentes, amigo de Odisseu", quando Telêmaco soube por Mentes que ele e Odisseu haviam herdado de seus pais uma "hospitalidade mútua". Dentro da cultura indo-europeia (e provavelmente em outras, abrangendo todos os trajetos de constante deslocamento humano) a lei de hospitalidade era uma tradição sagrada, e já teria milhares de anos quando passou a haver registros escritos sobre ela, que pressupunha gentileza, cortesia e cuidado com o convidado. Não importando sua riqueza, o hóspede poderia comer e beber sob o teto do anfitrião, sendo protegido por ele. Invocada a lei, hóspede nem anfitrião deveriam tocar em armas durante a visita. O direito de hóspede, ou pelo menos uma variação dele, era uma das leis sociais mais básicas e de praticamente todas as civilizações desde o surgimento da história documentada. Na Grécia Antiga, os primeiros poetas épicos, como Homero e Hesíodo, relataram que violações da lei de hospitalidade eram consideradas uns dos crimes mais graves. O próprio Zeus teria presidido a implantação da lei de hospitalidade. Na Índia ela também era muito praticada, como mostra o *Mahabharata*, evidenciando que pelo menos na cultura indo-europeia havia tempos era respeitada. Na *Odisseia*, o tema também reaparece no **cap. 45** em "O herói é novamente tomado pela emoção, e Alcino pede que se explique", quando se considera como irmão uma pessoa que é hóspede e suplicante.

CAP. 11

Em "Lestrígones", na menção a um pastor que "quando se recolhe, cumprimenta o outro que está de saída", e que "ali, quem não dormisse poderia ganhar uma jornada dupla", há teorias de que seria uma referência aos países nórdicos, de dias e noites que duravam meses. No mesmo capítulo, a referência à "moça com um vaso" lembra, como imagem, a história do encontro de Jesus com uma samaritana à volta de um poço. Mas há muitas cenas desse tipo nas várias literaturas antigas (e na própria *Odisseia*, o episódio em que Atenas adquire esse aspecto), porque era uma atribuição feminina a de trazer água dos poços.

CAP. 15

Em "Previsões e instruções de Circe", na prática sugerida pela feiticeira de fazer sacrifícios e controlar o trânsito dos mortos à volta do "sangue negro", que Odisseu deixaria ou não sorver pelo uso de sua espada, mostra-se que, entre outros conhecimentos para se tornar herói, estava a iniciação em uma prática xamânica.

CAP. 17

Em "Minos, Órion, Títio, Tântalo e Sísifo", uma das imagens do inferno é a de Tântalo com sede, que vê a água da lagoa atingir seu queixo, mas não pode tomar nenhum líquido (e quando se inclinava para beber, a água era absorvida e sumia, com ele podendo ver apenas, sob seus pés, a terra negra secada por um deus). Lembra a terrível imagem dos Evangelhos em que a alma de um homem rico vai para o inferno enquanto a do mendigo que esmolava à sua porta vai para o céu. O rico pedia a Abraão que o mendigo apenas molhasse o dedo com água e lhe refrescasse a língua, sendo-lhe negado (em *Lucas*, 16, 19-31). Também no *Mahabharata* há a imagem terrível de um brâmane que se via preso em um poço com uma serpente, alimentando-se apenas das gotas de mel que caíam de um favo, mas que não o manteriam vivo por muito tempo. Assim, entre as descrições de inferno nas várias culturas está a da sede insaciável com a ilusão de que se vai beber água – e por oposição, o paraíso seria quando se bebe água à vontade, uma vez que haja sede. Nos tempos modernos, há novas possibilidades de imagens para representar o inferno, como a do trânsito em que não se sai do lugar, por oposição à do paraíso de quando se chega ao recanto de paz e sossego, próximo à natureza. Outra visão atual de inferno são as repetições de diálogos em falso, como em novelas ou debates políticos desagradáveis, quando se é obrigado a ouvi-los repetidas vezes. Em oposição, claro, ao paraíso do silêncio e das músicas suaves.

CAP. 20

Em "Cila e Caríbdis – como se deu", sobre Cila, embora haja todo um esforço narrativo para que o monstro pareça a coisa mais medonha e temível, ele lembra alguns animais de nossa fauna natural, em suas tocas marinhas, como enguias e polvos. Do mesmo modo, Polifemo, por mais que se tente passar sobre ele a imagem de um assassino frio e mentiroso, trata-se de um pastor e ordenhador, homem que trabalha e cuida do próprio sustento. E é engraçado pensar que o olho na testa, para outras culturas, podia significar sinal de evolução e sensibilidade. Mas não vamos esquecer: o papel dele, na história, é de um troglodita tosco, cruel, devorador de seres humanos e que pagou com a cegueira o preço de ter matado alguns de seus visitantes. Ainda sobre Cila, a metáfora final deste capítulo (*Era como, numa ponta de praia, um pescador com sua grande vara...*) também serviria, coincidentemente, para a cenas do Ciclope. E sobre Caríbdis, a inspiração desse monstro poderia vir de uma explicação que se quisesse dar para o fenômeno das marés.

CAP. 21

Em "Dia seguinte" usou-se o termo "terceira parte da noite" como referência de horário. Vê-se aqui uma boa oportunidade para lembrar que os gregos eram excelentes matemáticos – além de filósofos, físicos, arquitetos, contadores de história etc. – e os principais "alavancadores" da cultura ocidental.

CAP. 23

Em "Interlúdio", a invocação à Musa do início do épico (mostrada pela correspondência de canto e versos em cada subcapítulo) coube nessa parte para assinalar o momento, ou condição inicial do épico, em que Odisseu está aprisionado por uma deusa que lhe declara amor, mas ele prefere voltar à família e ao país. Aproveita-se para lembrar que às Musas era atribuída a inspiração de toda criação artística e científica. Na época clássica, pelo menos, as filhas de Mnemósine ("Memória") eram nove, e tinham como templo o museion, termo que em diversas línguas indo-europeias originou a palavra "museu" como local de preservação e cuidados com a arte e a ciência: Calíope (= da bela voz), da poesia épica; Clio (= oradora), da história; Erato (= amável, representada com uma lira), da poesia lírica; Euterpe (= prazerosa, representada com uma flauta), da música; Melpômene (= poetisa), da tragédia; Polímnia (= de muitos hinos), da música litúrgica; Tália (= brotadora de flores), da comédia; Terpsícore (= rodopiante), da dança; e Urânia (= celestial), da Astronomia e Astrologia.

CAP. 27

Em "Começo da assembleia", o primeiro a falar é Zeus. Para alguns, na condição de rei de todos os deuses, a figura de Zeus denotaria, na religiosidade grega, uma tendência ao monoteísmo. Mas os deuses gregos eram muitos, formando uma grande família, em que Zeus (filho de Cronos, o *tempo*) era aparentado (e deu origem) a quase todos. Apenas sonoramente é o mesmo Deus judaico-cristão, quando se entra na cultura (monoteísta e ao mesmo tempo maniqueísta) do Deus único. Em grego, escreve-se Ζευς, onde Z, na pronúncia restaurada, é reconhecido por alguns com o som de "dz", e por outros, mais recentemente, com o de "zd". Ou seja, pronuncia-se Zdeus, e como palavra, Zeus = deus. Todos os textos bíblicos passaram pela Grécia, e muitos nomes (próprios e substantivos) foram adaptados. Deus é um deles. Mas como imagem e atributos, Zeus pode lembrar tanto o Indra hindu quanto o Tupã dos tupis: o deus que move as tempestades, que manipula e manda as chuvas, os raios e trovões. É o chefe e o mais poderoso dos deuses, assim como Indra.

CAP. 29

Em "Candidatos à mão de Penélope: como resolver?", nota-se uma espécie de jogo: como nenhum deles sabia quem seria o escolhido, dilapidavam o patrimônio do sortudo que ela escolhesse, e independentemente de quem fosse (talvez o próprio fanfarrão que menos se importava em dilapidar), cada uma aceitava a "brincadeira" de diminuição de uma riqueza supostamente alheia. E com Telêmaco, um garoto, não se preocupavam.

CAP. 30

Em "Sinal de Zeus e discurso de Haliterses", depois da fala de Telêmaco na assembleia convocada por ele, Zeus envia das montanhas duas aves plainando, e quando elas sobrevoam a ágora, lançam sobre todos um olhar de morte, para depois se atacarem mutuamente e voarem à direita sobre o casario da cidade. Na previsão do ancião Haliterses, aquilo era o sinal de que Odisseu realmente voltaria, passados 20 anos. Do mesmo modo, no **cap. 51** em "Despedida – voo da ave", enquanto Menelau falava, "uma ave passou voando à sua direita" levando nas garras um ganso de quintal. Helena foi a primeira a interpretar aquele presságio, dizendo que Odisseu voltaria para se vingar dos interessados em Penélope. A menção ao voo de uma ave em curva à direita não é mero ornamento retórico sem ligação com a história, mas faz referência (e de modo bem costurado) à crença grega, bem antiga, sobre o que aquilo representava. Em resumo, aves voando à direita significavam um bom agouro, e à esquerda, o contrário. Na cultura grega antiga, voo da ave era uma espécie de oráculo, e neste caso (voando à direita) significava o bom presságio, ou prenúncio do que estava por vir. Mas, do mesmo modo que em relação ao sonho (**cap. 63**), nem todo voo de ave estava ligado à sorte ou era de augúrio, e apenas os "adivinhos" podiam confirmar se aquele era um sinal de Zeus.

CAP. 32

Em "Chegada a Neleu: sacrifício de reses e instrução de Atena", a deusa respondeu a Telêmaco dizendo que algumas palavras ele mesmo escolheria em sua mente, e outras uma divindade o faria por ele. A maneira de dizer isso coincide com passagens evangélicas, como a que diz "(...) não se preocupem com aquilo que deverão dizer: digam o que vier na mente de vocês (...) porque não serão vocês que falarão, mas o Espírito Santo" (*Marcos*, 13, 11). Nota-se, mais do que uma coincidência ou cultura de época, trata-se de uma fórmula literária de discurso própria do grego (língua que atravessou os tempos e na qual foram escritos os Evangelhos; em relação aos diferentes eventos históricos – guerra de Troia e ocupação romana na Judeia e na Síria –, a passagem de mil anos não seria tão significativa em culturas que eram tradicionalíssimas, devendo-se considerar, por exemplo que a versão definitiva do *Mahabharata* foi trabalhada mais ou menos à época de Cristo, em sociedade que era semelhante à dos eventos narrados).

CAP. 40

Em "Avisado por Atena, Odisseu acorda e vê as mulheres", é impossível não se sentir que há pureza no encontro de Odisseu com Nausica: estão nus como Adão e Eva.

CAP. 43

Em "Provocação de Laodamas", Odisseu considera que desafiar nos esportes uma pessoa que o hospeda em país estrangeiro seria "falta de juízo", pois prejudicaria "os próprios interesses". Percebe-se que a *Odisseia*, assim como o *Mahabharata*, passa sutilmente alguns ensinamentos e filosofias de vida.

CAP. 48

Em "Aspecto de um mendigo", aparece um dos mais interessantes elementos para reflexão ampla e que se completará em outros capítulos. A transformação de Odisseu em mendigo traz, além da mensagem subliminar de que todos os homens são iguais em essência, o ensinamento de respeito ao homem pobre (que um dia foi rico, pelos exemplos que aparecem aqui e são contados aos outros) como andarilho errante e mensageiro de Zeus. O chamamento de atenção à pobreza se justifica como teste à verdadeira moral dos interessados em Penélope: Odisseu, passando-se por mendigo, será hostilizado e malvisto pelos que desenvolvem em si sentimentos de repúdio, afastamento, julgamento etc. em relação a homens que considerem "inferiores". E não se deixar levar por esse sentimento (em especial o da arrogância, maneira reincidente de caracterizar os que aqui foram chamados de "interesseiros") é um dos desafios que aparecerá no cerne da mensagem cristã, falando de coisas como "os últimos serão os primeiros" e ser "mais fácil um camelo passar por um buraco de agulha do que um rico entrar no reino dos céus". São mensagens que também fazem parte do *Mahabharata* para diferenciar no comportamento (mas não em essência) os comerciantes e reis dos brâmanes ascetas, que são como andarilhos esfarrapados. Lá, como na *Odisseia*, não se recrimina os ricos pela riqueza em si, possível geradora dos muitos benefícios necessários quando voltada ao interesse da maioria, mas também há deuses que se passam por pessoas miseráveis para testar as outras. E no sentimento cristão, todos e todas as coisas somos partes de um só Deus. Em resumo, passa-se aqui uma lição de respeito aos humildes e à história de cada um, tipo de posicionamento que seria enfatizado nos Evangelhos mas não como um pensamento inteiramente novo, pois estava presente em livros anteriores da Bíblia, e inclusive nos que eram contemporâneos à *Odisseia* (Moisés viveu em época próxima à da guerra de Troia) e também defendiam essas ideias.

CAP. 50

Em "Odisseu comenta a história de Eumeu e os dois se preparam para dormir", a frase "e assim Odisseu dormiu ali ao lado dos outros moços" parece trazer uma lição de humildade, como são os exemplos sobre a relação de Jesus com os apóstolos. Mas aqui, o maior exemplo se torna o do guardador Eumeu, que se retira para dormir com os porcos como estava acostumado a fazer. A não arrogância em relação aos animais (e plantas) é até hoje um grande desafio para a humanidade.

CAP. 51

Em "Caminho de volta e chegada a Pilos: despedida de Pisístrato", há uma metáfora muito comum – e bonita, ao pensarmos em um ser específico do imaginário grego, o cavalo Pégaso –, no momento em que o *filho de Nestor* toca os cavalos, e eles, obedientes, "voam". No *Mahabharata*, mais do que metaforicamente, ao final do conto "Nala e Damayanti", os cavalos que conduzem o rei literalmente voam, o que também nos faz lembrar de uma bonita coincidência entre os mitos gregos, sobre Apolo, e indianos, sobre Indra, ambos sendo deuses flecheiros e com cavalos voadores que conduzem suas carruagens. O deus Surya, que no *Mahabharata* representa o Sol, também aparece representado conduzindo uma carruagem de cavalos voadores, enquanto Apolo (deus da poesia, da música e das artes) conduzia o *carro do Sol* à volta do Universo, puxado por quatro cavalos.

CAP. 55

Em "Assembleia dos proponentes" encontramos uma ideia oposta ao que foi dito sobre o **cap. 48**, pela proposição de que "é terrível matar alguém de sangue nobre". A frase é dita por Anfínomo, o chefe dos interessados na rainha, em meio a uma discussão sobre matarem Telêmaco (a proposta dele era consultar o oráculo e deixar a decisão para os deuses, o que agradou aos outros). Obviamente esta frase representa uma cultura de época de enaltecimento à nobreza, e que, de tão incorreta politicamente, hoje seria censurada.

CAP. 62

Em "Penélope, esperançosa, acolhe o estrangeiro", a rainha pede às criadas para lavarem os pés do estrangeiro, o que remete a um ritual, ou regra de decoro e educação, possivelmente espalhada amplamente pelas regiões civilizadas à volta, uma vez que o mesmo tipo de conduta aparece no *Mahabharata* e nos Evangelhos cristãos.

CAP. 63

Em "Sonho de Penélope", a rainha pede ao estrangeiro que lhe interprete o sonho que narraria a seguir, caracterizando uma expressão, ou toda uma passagem praticamente igual à do *Mahabharata* quando tentam (a mando do pai de Damayanti) descobrir a identidade secreta de Nala (então como Vahuka, o cuidador de cavalos) a partir de um sonho em que o brâmane Parnada ouvira o oráculo de Shiva. As respostas de Odisseu e de Nala são semelhantes ao admitirem erros e acertos na interpretação de sonhos.

Em "Conversa com a deusa", Odisseu mostra-se preocupado e diz a Atena que, mesmo matando os invasores com permissão dela e de Zeus, ele não ficaria impune. Depara-se aí com a questão central do *Mahabharata*, que leva às reclusões de Yudhishthira e à paralisação de Arjuna diante da guerra, dando ocasião ao famoso *Bhagavad Gita*, em que Krishna o estimula a lutar (ou melhor, chega a cobrá-lo disso, pois fazia parte do Dharma de quem nasceu para ser guerreiro). Na *Odisseia*, essa questão não chega a ser aprofundada, e ao fim Odisseu não é punido, pois os deuses estabelecem que, depois da matança, haveria um futuro de paz.

CAP. 65

Em "Teoclímeno se retira do palácio", nota-se que o amigo de Telêmaco (embarcado em Pilos, fugindo de pessoas que queriam vingar-se por ele ter matado um homem) era uma espécie de brâmane, podendo se comparar as previsões dele com as que eram feitas por Vyasa no *Mahabharata* (em especial no tocante a algo trágico). Em seu *aspecto divino*, Teoclímeno chamava todos de infelizes, dizendo que tinham suas cabeças, faces e joelhos imersos em trevas. "Ardiam os lamentos, os rostos se banhavam em lágrimas, as paredes e o belo forro estavam sujos de sangue. Na sala e no pátio havia fantasmas que se lançavam às trevas do Érebo, enquanto o sol desaparecia do céu, deixando uma *escuridão* mortal tomar conta de tudo." A cena lembra a descrição feita por Vyasa sobre os horrores da guerra.

CAP. 67

Em "Do lado de fora, Odisseu revela sua identidade a Eumeu e Filécio", a passagem em que se dá a revelação lembra muito os Evangelhos no momento em que Jesus se identifica como filho único de Deus (e, de novo, possivelmente pelos padrões retóricos da língua grega, na qual os Evangelhos foram registrados). O texto original diz que Odisseu já conhecia o pensamento deles quando veio a dizer: "– Ei-lo aqui: sou eu, que volto à pátria depois de 20 anos de inúmeros cansaços!".

Em "Tiro certeiro e prontos para a vingança", aparece o trecho já comentado no estudo do *Mahabharata* sobre a semelhança (inequívoca) entre as façanhas de Odisseu (que "a uma razoável distância (...) atirava sua flecha pelos furos" sem errar os alvos de madeira) e de Arjuna, que também se vestia de mendigo e era ironizado pelos que presenciavam o torneio, mas foi o único a conseguir retesar o arco e a acertar o alvo (que nesse caso era um chifre pendurado).

CAP. 70

Em "Odisseu manda chamar Euricleia", encontramos um reforço ao que fora afirmado no **cap. 48** (sobre respeito aos mendigos) e, depois entrando em contradição com a proposição de Anfínomo (um vilão), no **cap. 55**, de que de que "é terrível matar alguém de sangue nobre". Quando *Odisseu* descreve os proponentes (a essa altura já mortos) como pessoas que "não respeitavam ninguém que os procurasse, *fosse nobre ou pobre*", vê-se por essa frase que a tal moral de igualdade cristã na verdade é antiga. Ela também estava presente na tradição hindu, sendo muito anterior, pois, à propagação de uma política igualitária a partir do século XIX.

CAP. 71

Em "Euricleia explica o que houve", quando a governanta vai dar a Penélope a notícia da matança, seus joelhos ganham força, e os pés se mostram ágeis ao subir as escadas. A interligação entre físico e psicológico, que alguns chegam divulgar como descoberta moderna, também é, na verdade, uma constatação muito antiga (lembra-se aqui do provérbio latino *mens sana in corpore sano* e de que o termo "psicossomático" vem diretamente do grego, em que *psiqué* = alma e *soma* = corpo).

CAP. 72

Em "Momento de paz", nota-se como cena mais esperada, para onde converge todo o épico, o encontro íntimo entre Odisseu e Penélope. Pensou-se aqui, como título alternativo para este capítulo, em "O sentido da vida", para dar destaque poético ao que todo ser vivo, por instinto, almeja alcançar.

Em "Menção a Tirésias – previsões sobre o futuro", Odisseu revela que ele mesmo deveria falecer longe do mar, provavelmente nas montanhas (perto do Olimpo, talvez), mostrando ser este o futuro digno dos grandes heróis. Na Índia era uma tradição bastante reiterada, e por isso os Pandavas, na velhice, se dirigiram ao Himalaia.

CAP. 75

Em "O grupo de Odisseu em defesa da casa", Atena pede a Laertes *filho de Arcésio*, o "mais querido entre os companheiros", que reze "à virgem" *de olhos verde-mar* e a *Zeus pai* para depois levantar bem alto e arremessar sua lança. Nota-se que, como para a cristandade, a grande santa é uma virgem (servindo a enfatizar, talvez, a pureza da deusa). Assim, a ideia de que a mãe de Jesus deu à luz sem perder a virgindade pode ter vindo da tradição grega e sido depois enxertada em dois dos Evangelhos (*Mateus* e *Lucas*). Sempre haverá distanciamentos e aproximações entre as culturas, particularizações (ou diversificações, em consonância com os vocábulos próprios e a natureza à volta) e confluências (pela intensificação da troca ao longo da história humana, contribuindo a um aprendizado geral). Em uma hipotética leitura cristã da *Odisseia*, por que não dizer que Odisseu persistiu na Fé até ser recompensado por Zeus (e pela virgem Atena)? Por que não dizer que ele se purificou, expurgou seus males, por meio de inúmeros sofrimentos?

COMENTÁRIO FINAL: AMOR, GUERRA, COMILANÇA, ESSÊNCIA E PAZ INTERIOR

Amor e guerra (Afrodite e Ares) aparecem entrelaçados não só aqui, mas na visão épica de inúmeros povos. O amor é uma conquista. Na *Odisseia*, o ciúme dos deuses explica não apenas as quatro primeiras histórias desta adaptação. Os deuses da Grécia antiga eram humanos, muito mais humanos do que os santos que os substituíram no Ocidente. Isso pode ser verificado no livro *A vida cotidiana: os deuses gregos* (de GIULIA, Sissa e DETIENNE, Marcel. São Paulo: Companhia das Letras, 1990), que faz uma descrição minuciosa de como era a relação entre deuses e humanos.

Foi o sentimento de ciúme entre deuses (ou melhor, entre deusas) o que causou a guerra de Troia. Tudo começou no Olimpo, quando todos os deuses foram convidados a uma grande festa de confraternização, à exceção de Éris, a deusa da discórdia (cf. *Ruth Rocha conta a Odisseia*. São Paulo: Companhia das Letrinhas, 2000, pp. 8-11). Ela, ofendida, soube como estragar a celebração: sem ser vista, jogou na mesa uma maçã de ouro presa a um bilhete em que estava escrito "à mais bela".

Como todas as mulheres do mundo, as do Olimpo queriam ser as mais belas. As que eram menos poderosas preferiram sair da briga, e restaram apenas três para medir suas forças e artimanhas: **Hera**, a esposa de Zeus, ciumenta, poderosa, vingativa e terrível; **Palas Atena**, brotada armada da cabeça de Zeus, sábia e persistente, guerreira dos olhos verdes; **Afrodite**, a deusa do amor, da beleza, da música, da sexualidade, sempre alegre e irresistível, a bela e *dourada* também filha de Zeus.

Com a questão sendo levada a Zeus *chefe do Olimpo*, ele não teve coragem de desempatar, mas sugeriu dar a um mortal a decisão. Páris era o segundo entre os muito filhos de Príamo, rei da Troia *dos muitos cavalos*, a enorme, rica e poderosa cidade fortificada a Leste, próxima à península grega. Por causa de um oráculo (de que ele incendiaria a própria cidadela), Páris quando criança fora abandonado no monte Ida para ser devorado pelos lobos. Mas foi encontrado por um casal de pastores, que o criou como filho.

Quando houve a disputa no Olimpo, Páris era um rapaz e pastoreava rebanhos de seu pai Príamo, que já sabia de sua sobrevivência. Chamado ao Olimpo, ele se sentiu ainda mais inseguro do que Zeus, e as três deusas partiram para o suborno: **Hera** ofereceu fazer dele o rei mais poderoso, que mandaria no mundo todo (e aqui caberia uma comparação com as tentações provocadas a Jesus no deserto, no início de sua vida pública; mas vamos guardá-la para o terceiro estudo); **Palas Atena** faria dele o mortal mais sábio e o maior dos guerreiros (papel que, nota-se ao longo de todo o épico estudado, coube a Odisseu); **Afrodite** prometeu-lhe o amor da mulher mais bela do mundo.

Páris, como ser humano normal do gênero masculino, acolheu a proposta de Afrodite, entregando-lhe a maçã. Porém, a mulher mais linda do mundo era Helena, casada com Menelau, rei de Esparta. E o famoso "rapto" de Helena (pois com a ajuda de Afrodite, Páris fora recebido pela corte de Esparta) deu origem à grande guerra entre Gregos e Troianos (liderada, do lado grego, por Agamêmnon, e tendo como episódio mais famoso a construção de um cavalo de madeira, ideia de Odisseu).

Só depois de dez anos (porque os deuses alternavam suas decisões e favorecimentos), os gregos venceram: Helena foi levada de volta, e cada chefe retornou à sua cidade. Algumas voltas foram mais complicadas (tudo se devendo à vontade dos deuses e à capacidade humana de cumprir corretamente com as oferendas), e a de Odisseu demorou 20 anos para acontecer – com toda a sua explicação sendo dada por este grande épico, a *Odisseia*.

Notam-se algumas diferenças entre o épico grego e o *Mahabharata*, épico hindu em que não há enfrentamento entre deuses, e sim o cumprimento ou não de um *dharma* preestabelecido pelo conjunto de forças celestiais, um modelo ideal de conduta (a apolínea, ou como seria, já no Renascimento italiano, o decoro e a adequação) em contraposição às atitudes viciosas. No épico hindu tenta-se deixar claro o que significa o não cumprimento desse *dharma* e a entrega de um ser à imoralidade (no caso dos vilões), em muitos casos por desconhecimento (a conduta amoral ocasionada por ignorância da verdade, das escrituras e de Deus).

Também contrasta em relação ao épico hindu o regime alimentar dos gregos. Pensou-se aqui em fazer uma relação dos inúmeros "churrascos" descritos ao longo da história, mas perdeu-se a conta quando foi preciso acrescentar os de 365 dias em que Odisseu e seus homens estiveram hospedados por Circe, e mais ainda quando se lembrou dos que foram produzidos ao longo de 20 anos no palácio de Telêmaco e Penélope durante a ausência de Odisseu (nesta adaptação, o termo "churrasco" foi usado apenas em alguns casos – em especial quando fazia parte da descrição o uso de espetos – para substituir o tradicional "banquete", usando-se preferencialmente "jantar" e "festa"; evitou-se também o uso do famoso termo "pretendente", palavra de pouco uso em nosso dia-a-dia).

Do começo ao fim do épico, há destaque para as comilanças que são de fato churrascos mas que seguem todo um ritual, devendo-se oferecer primeiro aos deuses o sacrifício de qualquer animal. E enfatiza-se a importância de se estar bem saciado "no coração", para então se disponibilizar às nobres e corajosas tarefas desafiadoras dos seres humanos de boa índole.

Com isso, nota-se que todo o épico é pontuado pelas necessidades básicas de comer e dormir, pelo amanhecer de cada dia, pelas intempéries e pelos ventos a favor. Isto é: que não há *nada de novo sob o sol* em relação às paixões e à *alma* humana. Deixa-se claro que eventos favoráveis e desfavoráveis se dão pela força e atuação de deuses, ou de espíritos (para os crentes), ou então do acaso (segundo a ciência), mas pouco importa, pois o resultado será o mesmo, ou por força do "destino" (de estar tudo predeterminado há tempos, segundo os hindus, ou em discussão em outro âmbito, para o qual nos resta apenas rezar ou sacrificar animais na esperança de sermos atendidos em nossas necessidades, e protegidos dos que nos querem mal) ou, como os cristãos adoram dizer (e os budistas concordam), pelo livre-arbítrio.

Se apenas a ética e a virtude individual influenciam na decisão desses deuses, então, estamos falando do mesmo *dharma* indiano. Talvez o diferencial seja que aqui também se fala em "esperteza", "malandragem", coisa que também aparece no épico *O Mahabharata*, dando lição aos bandidos, mas em muito menor número. Lá, busca-se essencialmente a paz interior, mesmo entre os mais ricos. E talvez o mesmo "perdão" aos deuses, a mesma humildade de que, por mais que desenvolvamos amor, proteção, carinho, caridade, também erramos e erraremos em grande parte de nossa sagrada – doada por algo maior – vida. Somos imperfeitos, pois.

Na Grécia e na Índia, seres humanos desafiaram os deuses em muitas situações, questionando-os. Devemos apenas temê-los, ou também emitir nossas opiniões? De conversar com Deus, ou com os deuses, é o que nós simplesmente precisamos. Às vezes erramos por falta de orientação, e daí é justo que peçamos proteção, e agradeçamos por ela, sempre.

www.laranjaoriginal.com.br

EDIÇÃO *Filipe Moreau*
ILUSTRAÇÃO *Antônia Perrone**
REVISÃO *Bruna Lima*
PROJETO GRÁFICO *Paola Papini*
DIAGRAMAÇÃO *Paola Papini*
PRODUÇÃO GRÁFICA *Bruna Lima*

**sobre desenhos de Filipe Moreau com base em imagens da internet.*

Dados Internacionais de Catalogação na Publicação (CIP)
(Câmara Brasileira do Livro, SP, Brasil)

Moreau, Filipe
A odisseia / Homero ; adaptação Filipe Moreau ;
[ilustração Antônia Perrone, Filipe Moreau]. –
1. ed. – São Paulo : Editora Laranja Original, 2024.
– (Três estudos sobre a antiguidade ; 02)

ISBN 978-85-92875-79-4

1. Homero. Odisseia 2. Poesia épica grega -
Adaptações I. Perrone, Antônia. II. Moreau, Filipe.
III. Título. IV. Série.

24-218814 CDD-883.01

Índices para catálogo sistemático:
1. Poesia épica : Literatura grega antiga 883.01
Eliane de Freitas Leite - Bibliotecária - CRB 8/8415

LARANJA ORIGINAL EDITORA E PRODUTORA EIRELI
Rua Isabel de Castela, 126
05445-010 São Paulo – SP
contato@laranjaoriginal.com.br

FONTE	*Source Serif Variable*
PAPEL	*Pólen Natural 80 g/m² e Cartão 250 g/m²*
PÁGINAS	*456*
IMPRESSÃO	*Psi7*
TIRAGEM	*150*

Novembro de 2025

PARIS É UMA FESTA

ERNEST HEMINGWAY

PARIS É UMA FESTA

TRADUÇÃO
ÊNIO SILVEIRA

1ª edição

BERTRAND BRASIL
RIO DE JANEIRO | 2024

CIP-BRASIL. CATALOGAÇÃO NA PUBLICAÇÃO
SINDICATO NACIONAL DOS EDITORES DE LIVROS, RJ

H428p Hemingway, Ernest, 1899-1961
Paris é uma festa / Ernest Hemingway ; tradução Ênio Silveira. - 1. ed. - Rio de Janeiro : Bertrand Brasil, 2024.

Tradução de: A moveable feast
ISBN 978-65-5838-342-0

1. Ficção americana. I. Silveira, Ênio. II. Título.

24-93506 CDD: 813
CDU: 82-3(73)

Meri Gleice Rodrigues de Souza - Bibliotecária - CRB-7/6439

Projeto gráfico de box, capa e miolo: Leonardo Iaccarino
Imagem de capa e miolo: Freepik

Texto revisado segundo o novo Acordo Ortográfico da Língua Portuguesa.

Impresso no Brasil

PREFÁCIO

Por motivos suficientemente fortes para o autor, muitos lugares, pessoas, observações e impressões foram deixados de lado neste livro. Alguns constituíam segredo, outros eram de conhecimento público, tanto já se escreveu — e ainda se escreverá — sobre eles.

Não se encontrará qualquer menção ao Stade Anastasie, onde os boxeadores eram também garçons, servindo às mesas colocadas sob as árvores, enquanto o ringue ficava no jardim. Igualmente nada se dirá dos treinos com Larry Gains, nem das grandes lutas em vinte *rounds* no Cirque d'Hiver. Não se fará menção, ainda, a bons amigos, como Charlie Sweeney, Bill Bird e Mike Strater ou André Masson e Miró. Não haverá referência às nossas viagens à Floresta Negra, nem às excursões de um dia aos bosques que circundam Paris, que amávamos tanto. Seria ótimo se tudo isso pudesse ter sido posto neste livro, mas ficará para outra oportunidade.

Se o leitor preferir, considere este volume como um trabalho de ficção. Seja como for, ficção ou não, há sempre a possibilidade de que lance alguma luz sobre aquilo que foi escrito como matéria de fato.

ERNEST HEMINGWAY
San Francisco de Paula, Cuba, 1960

NOTA

Ernest começou a escrever este livro em Cuba, no outono de 1957, trabalhou nele em Ketchum, Idaho, no inverno de 1958-1959, levou os originais para a Espanha, quando lá estivemos em abril de 1959, trouxe-os de volta para Cuba e mais tarde, no fim do outono daquele ano, de novo para Ketchum. Terminou de escrevê-lo na primavera de 1960, em Cuba, depois de ter interrompido o trabalho para cuidar de outro livro, *O verão perigoso*, sobre a violenta rivalidade entre Antonio Ordóñez e Luis Miguel Dominguín nas praças de touros da Espanha, no ano de 1959. Algumas revisões finais foram feitas em Ketchum, no outono de 1960. Esta obra cobre o período de 1921 a 1926, em Paris.

M. H.

UM BOM CAFÉ NA PLACE SAINT-MICHEL

Era época de mau tempo. Chegaria a qualquer momento, no fim do outono. Teríamos de fechar as janelas à noite, por causa da chuva, e o vento frio arrancaria as folhas das árvores da Place Contrescarpe. As folhas ficariam no chão, encharcadas, o vento atiraria a chuva contra os grandes ônibus verdes no ponto terminal e o Café des Amateurs ficaria cheio de gente, suas janelas embaçadas pelo calor e pela fumaça lá de dentro. Era um café triste e mal administrado, o Amateurs, onde os beberrões do bairro se apinhavam e do qual eu me mantinha afastado por causa do cheiro de corpos sujos e do azedo da embriaguez. Os homens e mulheres que o frequentavam viviam bêbedos todo o tempo ou, pelo menos, sempre que tinham dinheiro para isso, gastando seus recursos principalmente em vinho que compravam em garrafas de meio litro ou de um litro. Havia anúncios de muitos aperitivos com nomes estranhos, mas poucos clientes se dignavam de tomá-los, exceto como preparação para os copos e copos de vinho com que se embebedariam. As mulheres que se embriagavam eram chamadas de *poivrottes,* que significa "mulheres esquisitas".

O Café des Amateurs era a cloaca da Rue Mouffetard, essa maravilhosa ruela comercial, sempre coalhada de gente, que desemboca na Place Contrescarpe. Os sanitários antigos das velhas casas de apartamentos, um em cada andar, ao lado das escadas, com duas elevações de cimento estriado, em forma de sapato, para evitar que algum *locataire* escorregasse, davam para fossas que, à noite, eram esvaziadas, por meio de uma bomba, em carros-tanque puxados por cavalos. No verão, com todas as janelas abertas, podíamos ouvir o ruído da bomba, e o mau cheiro era muito forte. Os carros-tanque eram pintados de marrom e amarelo-açafrão. Quando trabalhavam na Rue Cardinal Lemoine, ao luar, aqueles cilindros com rodas, puxados pelos cavalos, traziam-nos à lembrança alguns quadros de Braque. Nenhum carro-tanque, porém, esvaziava o sanitário do Amateurs, e o cartaz amarelado que anunciava os termos e as penalidades da lei contra a embriaguez pública era tão desprezado e estava tão sujo de moscas quanto os fregueses eram assíduos e malcheirosos.

Toda a tristeza da cidade chegava de repente, com as primeiras chuvas frias do inverno. Não se conseguia mais ver os cimos das casas altas e brancas, e o cenário, agora, era limitado, pela escuridão molhada da rua, às portas fechadas das pequenas lojas dos vendedores de ervas, das papelarias, dos quiosques de jornais, à tabuleta da parteira — de segunda classe — e ao hotel onde Verlaine morreu, em cujo último andar havia um quarto que então me servia de gabinete de trabalho.

Eram seis ou oito lances de escada até o último andar. Fazia um frio terrível e eu sabia quanto me custariam um feixe de gravetos, três amarrados de lascas de pinho, cortadas no tamanho de meio lápis cada uma para pegar fogo nos gravetos, e, finalmente, o feixe de madeira dura e meio seca que teria de comprar se quisesse aquecer o quarto. Atravessei então a rua, avançando até um ponto de onde me fosse possível observar os telhados batidos pela chuva, a fim de verificar se as chaminés estavam funcionando bem e se a fumaça era levada pelo vento. Não vi fumaça alguma e concluí que a chaminé, estando fria, não teria boa tiragem; meu quarto se encheria de fumaça, o combustível seria desperdiçado e, com ele, meu dinheiro. Preferi continuar caminhando sob a chuva. Ultrapassei o Lycée Henri Quatre, a velha igreja de Saint-Etienne-du-Mont e a

Place du Panthéon, varrida pelo vento; cortei à direita, à procura de abrigo, chegando finalmente ao lado mais protegido do Boulevard Saint-Michel. Continuei a descer, passei pelo Cluny e o Boulevard Saint-Germain, até que cheguei a um bom café que eu conhecia, na Place Saint-Michel.

Era um café agradável, quente, limpo e acolhedor. Pendurei minha velha capa no cabide para secar, coloquei meu surrado e desbotado chapéu de feltro na prateleira que ficava por cima dos bancos e pedi um *café au lait*. O garçom trouxe-o e eu tirei do bolso do paletó o caderno de notas, um lápis, e comecei a escrever. Estava escrevendo um conto que se passava no Michigan e, como o dia estava péssimo, frio e ventoso, coloquei em minha história um dia exatamente assim. Eu já conhecia muitos finais de outono, da minha infância, da adolescência e dos primeiros anos da idade adulta, e sabia que há lugares em que se pode escrever melhor sobre essa época do ano do que em outros. É o que se pode chamar de *transplantação*, pensei, e isso podia ser tão necessário às pessoas como a outras espécies de coisas que crescem. No meu conto, os rapazes estavam bebendo, e isso me deu sede. Pedi um rum Saint James. Caiu-me bem, naquele dia frio, e continuei a escrever, sentindo-me aquecido no corpo e no espírito por aquele esplêndido rum da Martinica.

Uma moça entrou no café e sentou-se perto da janela. Era muito bonita, com um rosto fresco como moeda acabada de cunhar, se é que se possam cunhar moedas em carne tão macia, coberta de pele umedecida pela chuva. Seus cabelos eram pretos como a asa de um corvo, cortados rente e em diagonal à face.

Olhei para ela e senti-me perturbado, numa grande excitação. Desejei colocá-la no meu conto, ou noutra parte qualquer, mas a moça se sentou num lugar de onde podia acompanhar o movimento da rua e da entrada do café. Compreendi que estava à espera de alguém. Por isso, continuei a escrever.

O conto escrevia-se por si próprio, e eu tinha dificuldade em conduzi-lo. Pedi outro rum Saint James, observando a moça todas as vezes que levantava os olhos ou quando parava para fazer ponta no lápis, com um apontador, deixando as raspas encaracoladas no pires que tinha sob o cálice.

Eu te vi, oh, beleza, tu me pertences agora, seja quem for que estejas esperando e mesmo que nunca mais te veja em toda a minha vida, pensei. Tu me pertences, toda Paris me pertence e eu pertenço a este caderno e a este lápis.

Voltei a escrever, entrei a fundo na história e me perdi nela. Agora quem a escrevia era eu; o conto não escrevia mais a si próprio, de modo que não tornei a levantar a cabeça. Esqueci-me do tempo, do lugar em que me encontrava e nem sequer mandei vir outro rum Saint James. Cansara-me dele sem pensar nisso. Terminei o conto, afinal, sentindo-me realmente cansado. Reli o último parágrafo e, quando levantei os olhos à procura da moça, não a encontrei mais. Tomara que tenha saído com um homem decente, pensei. Mas me senti triste.

Fechei o caderno, coloquei-o no bolso de dentro, pedi ao garçom uma dúzia de *portugaises* e meia garrafa do vinho branco seco da casa. Depois de escrever um conto sentia-me sempre vazio, e, simultaneamente, triste e feliz, como se tivesse acabado de me entregar ao amor físico. Estava convicto de que o conto que acabara de escrever era muito bom, embora não soubesse o quanto, até lê-lo de ponta a ponta no dia seguinte.

Comi as ostras, que possuíam forte gosto de mar e um leve travo metálico que o vinho branco gelado lavava, deixando somente o gosto de mar e a suculenta textura. À medida que ia sorvendo o líquido frio de cada concha e o fazia descer acompanhado do estimulante sabor do vinho, o sentimento do vazio foi me abandonando e me vi de novo feliz, cheio de planos.

Agora que o mau tempo tinha chegado, poderíamos deixar Paris por algumas semanas e ir para qualquer lugar onde, em vez de chuva, houvesse neve caindo sobre os pinheiros, cobrindo as estradas e as encostas das altas montanhas, e a uma altitude que nos permitisse ouvi-la ranger sob nossos pés quando à noite voltássemos para casa. Abaixo de Les Avants havia um chalé onde a pensão era esplêndida e lá poderíamos estar juntos, ler nossos livros, e de noite, aquecidos na cama, deixaríamos as janelas abertas para ver as estrelas brilhando no céu. É para onde iríamos. A viagem de trem, em terceira classe, não custaria muito. Com a pensão, gastaríamos pouco mais do que em Paris.

Desocuparia o quarto de hotel onde trabalhava e teria de pagar somente o aluguel do número 74 da Rue Cardinal Lemoine, que não era exagerado. Tinha escrito alguns artigos para um jornal de Toronto e receberia a qualquer momento o cheque correspondente. Poderia continuar a escrevê-los em qualquer lugar e em quaisquer circunstâncias e, assim, disporíamos de dinheiro para a viagem.

Talvez me fosse possível escrever sobre Paris longe de Paris, assim como em Paris conseguia escrever sobre Michigan. Ignorava que ainda fosse cedo demais para isso, pois não conhecia Paris suficientemente bem. Mas tudo acabaria dando certo. De qualquer maneira, iríamos viajar, se minha mulher gostasse da ideia. Acabei com as ostras e o vinho, paguei a conta e regressei ao nosso apartamento no alto da colina pelo caminho mais curto, a Montagne Sainte-Geneviève, ainda sob a chuva, que, agora, via apenas como uma condição atmosférica local e não como algo capaz de modificar nossa vida.

— Acho que será maravilhoso, Tatie — disse minha mulher. Em seu rosto delicadamente modelado, os olhos e o sorriso se iluminavam diante de qualquer decisão, como se se tratasse de um rico presente. — Quando partiremos?

— Quando você quiser.

— Ah, quero ir imediatamente. Você não está vendo?

— Talvez o tempo esteja lindo e claro quando regressarmos. Há dias belíssimos quando o tempo está claro e frio.

— Tenho certeza de que estará — disse ela. — Foi ótimo você ter pensado nisso.

MISS STEIN PONTIFICA

Quando regressamos a Paris, fazia um tempo claro, frio e adorável. A cidade já se acomodara ao inverno, havia boa lenha à venda nas carvoarias de nossa rua e braseiros eram colocados na parte externa de muitos dos bons cafés, de modo que até mesmo nas *terraces* se estava aquecido. Nosso apartamento se mantinha quente e alegre. Queimávamos *boulets* no fogo de lenha — *boulets* eram bolos de poeira de carvão moldados em forma de ovo — e, nas ruas, a luz do inverno era linda. Já nos havíamos habituado, a essa altura, com a nudez das árvores sobre o fundo do céu, e passeávamos sob claro vento cortante pelas alamedas ensaibradas dos jardins do Luxembourg que a chuva acabara de lavar. As árvores desfolhadas — quando a gente se reconciliava com elas — eram como esculturas; os ventos do inverno batiam a superfície dos lagos ornamentais, as fontes jorravam na claridade luminosa do dia. Depois da temporada nas montanhas, todas as distâncias nos pareciam curtas.

Devido à mudança de altitude, nem reparava no declive das ladeiras, a não ser com satisfação, e a escalada ao último andar do hotel onde trabalhava, num quarto que dava para todos os telhados e chaminés da alta colina do bairro, era também um prazer. A lareira no meu quarto funcionava com boa tiragem, e era agradável trabalhar assim, num ambiente bem-aquecido. Levava para o quarto, em sacos de papel, laranjas-cravo e castanhas assadas. Descascava e comia as laranjas, pequenas como tangerinas, atirando suas cascas e sementes ao fogo; comia também as castanhas assadas quando tinha fome. E eu sempre tinha fome, estimulado pelas caminhadas, pelo frio e pelo trabalho. Guardara no quarto uma garrafa de *Kirsch* que havíamos trazido das montanhas e tomava um gole sempre que chegava ao fim de um conto ou de mais um dia de trabalho. Quando me dispunha a encerrar o expediente, guardava, na gaveta da mesa, o caderno de notas ou o papel, e botava no bolso as laranjas-cravo que tivessem sobrado. Elas congelariam se fossem deixadas no quarto durante a noite.

Era maravilhoso descer os longos lances de escada sabendo que meu trabalho correra bem. Eu sempre trabalhava até que tivesse alguma coisa acabada e parava quando sabia o que ia acontecer depois. Desse modo podia ter a certeza de continuar no dia seguinte. Mas, às vezes, quando iniciava um novo conto e não achava jeito de continuá-lo, sentava-me junto ao fogo, espremia nas chamas as cascas das pequenas laranjas-cravo e espiava as fagulhas azuis que se desprendiam. Levantava-me, punha-me a contemplar os telhados de Paris e pensava: "Não se aborreça. Você sempre escreveu antes e vai escrever agora. Tudo o que tem a fazer é escrever uma frase verdadeira. Escreva a frase mais verdadeira que puder." Assim, finalmente conseguia escrever uma frase verdadeira e avançava a partir daí. A coisa não era tão difícil, nessa época, porque havia sempre uma frase verdadeira que eu conhecia, tinha lido ou ouvido alguém dizer. Se começasse a escrever rebuscadamente, ou como se estivesse defendendo ou apresentando alguma coisa, percebia logo que podia cortar esses floreados ou ornamentos, jogá-los fora, e começar com a primeira proposição afirmativa verdadeira e simples que tivesse escrito. Foi lá naquele quarto que decidi escrever um conto a respeito de cada coisa que conhecesse realmente bem. Era o que me esforçava por fazer, sempre, e esse método constituía uma boa e severa disciplina.

Foi naquele quarto, também, que aprendi a não pensar mais sobre o que estivesse escrevendo, desde o momento em que parasse até começar de novo, no dia seguinte. Desse modo, esperava eu, o subconsciente ficaria trabalhando no assunto e, ao mesmo tempo, eu daria ouvidos às outras pessoas e perceberia o mundo em torno de mim; estaria aprendendo, esperava eu; poderia ler muitos livros, a fim de não me obcecar com meu próprio trabalho e tornar-me impotente para executá-lo. Descer as escadas quando tinha trabalhado bem — o que requeria tanto sorte quanto disciplina — era uma sensação maravilhosa e só então me julgava livre para andar a esmo em Paris.

Se me encaminhava, à tarde, por qualquer rua, ao Jardin du Luxembourg, podia passear pelas alamedas e depois ir ao Musée du Luxembourg, onde se encontravam os grandes quadros que, em sua maioria, hoje estão no Louvre e no Jeu de Paume. Ia lá quase todos os dias por causa dos Cézannes e para ver os Manets, os Monets e os outros impressionistas de que tinha tomado conhecimento pela primeira vez no Instituto de Arte de Chicago. Estava aprendendo com a pintura de Cézanne algo que tornava as frases simples e verdadeiras que eu escrevia coisa muito aquém das dimensões que pretendia dar a meus contos. Estava aprendendo muito com ele, mas não conseguia clareza suficiente para comunicá-lo a quem quer que fosse. Além disso, era como que um segredo entre nós dois. Quando já não havia luz no Luxembourg, podia voltar pelos jardins e dar um pulo ao apartamento-estúdio onde Gertrude Stein morava, na Rue de Fleurus, 27.

Minha mulher e eu já nos havíamos apresentado a Miss Stein, e tanto ela como a amiga com quem vivia tinham sido muito cordiais e amistosas conosco. Ficamos apaixonados pelo estúdio e seus quadros maravilhosos. Era como uma das melhores salas do mais belo museu, com a vantagem de haver uma enorme lareira que nos proporcionava calor e conforto e de elas nos oferecerem boas coisas para comer, além de chá e licores de destilação natural, feitos de ameixas purpúreas, ameixas amarelas ou amoras silvestres. Eram bebidas alcoólicas fragrantes, incolores, guardadas em garrafas de cristal lapidado e servidas em cálice; fossem de *quetsche*, *mirabelle* ou *framboise*, todas tinham o sabor das frutas de que eram feitas e, convertidas em fogo brando ao tocar nossas línguas, nos aqueciam e nos tornavam comunicativos.

Miss Stein era uma pessoa grande, mas não alta, e corpulenta como uma camponesa. Tinha belos olhos e um vigoroso rosto germano-judaico, que também poderia caracterizar alguém de Friuli, pois ela me lembrava uma camponesa do Norte da Itália, com suas roupas, sua face móvel e seus grossos e brilhantes cabelos de imigrante, que ela usava penteados para cima, no mesmo estilo que provavelmente adotara desde os tempos do colégio. Falava sem parar, principalmente a respeito de pessoas e de lugares.

Sua companheira tinha uma voz muito agradável, era pequena, muito morena, com os cabelos cortados como os de Joana d'Arc nas ilustrações de Boutet de Monvel, e tinha um nariz muito adunco. Estava fazendo um bordado quando as encontramos pela primeira vez; sem largar o trabalho, cuidava dos comes e bebes e conversava com minha mulher. Mantinha sua conversa e ao mesmo tempo ouvia a que eu estava tendo com Miss Stein, interrompendo-nos a cada passo. Explicou-me posteriormente que uma de suas funções era a de conversar com as esposas. As *esposas*, minha mulher e eu percebemos logo, eram apenas toleradas naquela casa. Mas gostamos de Miss Stein e de sua amiga, embora esta de alguma maneira nos atemorizasse. Os quadros, os bolos e a *eau-de-vie* eram realmente maravilhosos. Elas também pareceram gostar de nós e nos trataram como se fôssemos boas crianças, bem-educadas e promissoras. Senti que nos perdoavam por nos amarmos e sermos casados — o tempo haveria de dar cabo disto — e quando minha mulher as convidou a tomar chá conosco, certo dia, aceitaram prontamente.

Quando vieram ao nosso apartamento, pareceram ficar gostando de nós ainda mais, mas talvez fosse porque o lugar era tão pequeno que éramos obrigados a ficar muito mais próximos uns dos outros. Miss Stein sentou-se na cama, que era um colchão sem estrado, e pediu para ver os contos que eu tinha escrito. Disse que gostou deles todos, exceto de um: "Lá no Michigan".

— É bom — disse ela. — Isso não se discute. Mas é *inaccrochable*. Significa que é como um quadro que um pintor pinta e depois não tem coragem de pendurar quando faz sua exposição. E ninguém o comprará porque não poderá pendurá-lo também.

— Mas, por quê, se não é pornográfico e eu apenas me esforcei por usar palavras que as pessoas realmente usam? Essas palavras são as únicas que podem dar autenticidade ao conto, e é necessário usá-las. Não se deve ignorá-las.

— Creio que você não me entende — disse ela. — Não se deve escrever qualquer coisa que seja *inaccrochable*. Não há sentido algum nisso. É errado e tolo.

Ela desejava ter seus trabalhos publicados na *Atlantic Monthly*, disse-me, e acreditava que haveria de conseguir. Disse-me também que eu não era um escritor bom o bastante para ser publicado naquela revista ou no *The Saturday Evening Post*. Podia ser que eu fosse uma nova espécie de escritor, à minha moda, mas a primeira coisa de que me devia lembrar era de não escrever contos que fossem *inaccrochables*. Preferi não discutir a respeito disso, nem procurei explicar outra vez o que estava procurando fazer em termos de diálogos. Era um problema pessoal e, no momento, estava muito mais interessado em escutar. Nessa tarde, explicou-nos também como comprar quadros.

— Ou você compra roupas, ou compra quadros — disse ela. — Isso é simples. Ninguém, a não ser que seja muito rico, pode fazer as duas coisas. Não se preocupem com suas roupas e muito menos com a moda; comprem-nas tendo em vista o conforto e a durabilidade, e terão dinheiro para comprar quadros.

— Mas, mesmo que jamais comprássemos novas roupas — disse eu —, não teríamos dinheiro o bastante para comprar os Picassos que eu desejo.

— Evidente! Ele está fora do seu alcance. Você tem de comprar gente da sua própria idade, pintores que estejam no seu nível, como escritor. Você logo saberá quem são, vai encontrá-los andando aí pelo bairro. Há sempre bons e sérios novos pintores. Mas não é você que deve deixar de comprar tanta roupa. Refiro-me à sua mulher. As roupas das mulheres é que são caras.

Vi minha mulher esforçando-se por não olhar para o vestido grotesco e vagabundo que Miss Stein usava, e conseguindo-o. Quando elas foram embora, entendi que ainda éramos benquistos, pois fomos convidados a voltar à Rue de Fleurus, 27.

Foi mais tarde que recebi convite aberto para ir ao estúdio, a qualquer hora depois das cinco, no inverno. Encontrara Miss Stein nos jardins de Luxembourg. Não me lembro se ela estava levando o cachorro no passeio ou não, nem se ela tinha um cachorro então. Só sei que eu estava levando a mim mesmo para passear, pois não nos podíamos permitir ter um cachorro ou um gato nessa época, e os únicos gatos que eu conhecia moravam nos cafés ou pequenos restaurantes ou eram os grandes gatos que eu admirava nas janelas das *concierges*. Depois dessa oportunidade, muitas vezes encontrei Miss Stein com seu cachorro nos jardins de Luxembourg, mas penso que nessa primeira vez ela ainda não o possuía.

Com cachorro ou sem cachorro, aceitei o convite e me habituei a dar uma parada no estúdio, onde ela sempre me servia *eau-de-vie* natural, insistindo para que enchesse de novo o copo, enquanto eu olhava os quadros e batíamos nossos papos. Os quadros eram empolgantes e a conversa muito boa. Era ela quem falava quase todo o tempo, contando-me coisas sobre os quadros modernos e sobre pintores — mais a respeito deles enquanto pessoas do que enquanto pintores — e discorrendo sobre sua própria obra. Mostrava-me os numerosos volumes de seus manuscritos, que sua companheira datilografava dia após dia. Escrever todos os dias tornava-a feliz, mas, à medida que eu a ia conhecendo melhor, descobri que para ela conservar-se feliz era necessário que aquela produção constante, variável em função de sua energia, fosse publicada e ela recebesse aplausos.

O problema ainda não se tornara agudo quando a conheci, pois Miss Stein tinha publicado três contos que eram inteligíveis a qualquer um. Um deles, "Melanctha", era muito bom, e boas amostras de seus trabalhos experimentais tinham sido reunidas em livro e merecido louvores dos críticos que a tinham encontrado ou conhecido. A personalidade de Miss Stein era tal que não encontrava resistência quando desejava conquistar alguém para o seu lado. Os críticos que a haviam conhecido e visto seus quadros tornavam-se logo paladinos de obras que não podiam compreender, tão grande era o entusiasmo que tinham por ela como pessoa e tal a confiança que depositavam no seu julgamento. Miss Stein descobrira muitas verdades sobre ritmos e repetição de palavras que eram válidas e valiosas, e sabia expô-las muito bem.

Mas detestava a maçada das revisões e a obrigação de tornar os seus escritos inteligíveis, embora necessitasse de editor e da aceitação oficial, sobretudo para um livro incrivelmente longo que intitulara *The Making of Americans*.

Esse livro começava magnificamente, prosseguia muito bem durante vários capítulos, com grandes trechos de raro brilho, e depois se perdia em repetições sem fim, que um escritor mais consciencioso e menos displicente teria jogado na cesta de papéis. Tomei pleno conhecimento disso quando consegui — talvez seja a palavra adequada — que Ford Madox Ford o publicasse em folhetim na *The Transatlantic Review*, mesmo sabendo de antemão que ele ultrapassaria a vida da revista. Tive de corrigir as provas para ela, pois este era um trabalho que não lhe trazia alegria.

Naquela tarde fria, quando passei pela saleta da *concierge* e emergi do pátio gelado para o aquecimento do estúdio, tudo isso estava ainda anos adiante. Miss Stein tirara aquele dia para me instruir a respeito de sexo. Por essa época gostávamos muito um do outro, e eu já concluíra que tudo o que eu não entendia tinha provavelmente algo de errado em si mesmo. Miss Stein achava que eu era muito ignorante a respeito de sexo. Devo admitir que tinha de fato certos preconceitos contra a homossexualidade, pois conhecia seus aspectos mais primitivos. Sabia que era por isso que se carrega uma faca, para usá-la, como o fiz quando andei na companhia de vagabundos, rapazote ainda; era nos dias em que *lobo*, como termo de gíria, não designava os homens obcecados pela caça às mulheres. Conhecia muitos termos e frases *inaccrochables*, dos meus dias de Kansas City, bem como certos estranhos costumes de diferentes partes daquela cidade, de Chicago e dos barcos que navegam no lago. Submetido a interrogatório, procurei dizer a Miss Stein que quando se é rapaz e se anda em companhia de homens feitos tem-se de estar preparado para matar um, saber como fazê-lo e realmente ter certeza de que se chegará a fazê-lo para que não se metam na sua vida. Usei esse verbo, que era *accrochable*, para não chocá-la. Se você soubesse que era capaz de matar, os outros sentiriam isso rapidamente, e você seria deixado em paz; mas havia certas situações em que não se poderia ser envolvido, nem apanhado. Eu poderia ter me exprimido mais realisticamente, usando uma frase *inaccrochable* que os lobos usavam nos barcos do lago: "Em matéria de buracos, primeiro o teu, depois o meu." Mas fui sempre muito cuidadoso com minha linguagem na presença de Miss Stein, mesmo quando frases verdadeiras pudessem ter esclarecido ou exprimido melhor um preconceito.

— Sim, sim, Hemingway — disse ela —, mas você estava vivendo no meio de criminosos e pervertidos.

Não quis argumentar, mas achava que vivera num mundo que era do jeito que era, no qual havia gente de toda espécie, que eu procurara entender, embora de algumas dessas pessoas não gostasse e a algumas eu até aquele momento odiasse.

— Mas que dizer do velho com belas maneiras e um nome ilustre, que veio ao hospital, na Itália, e me trouxe uma garrafa de Marsala ou Campari, comportando-se perfeitamente até o dia em que tive de recomendar à enfermeira que nunca mais o deixasse entrar no meu quarto? — perguntei.

— São doentes, não têm culpa disso, e você deveria ter pena deles.

— Devo ter pena de...? — perguntei. Disse o nome da pessoa, mas ele se delicia tanto em identificar-se que não vejo necessidade de fazê-lo aqui.

— Não. Ele é um depravado. É um corruptor, um tipo verdadeiramente depravado.

— Mas admite-se que seja um bom escritor.

— Não é — disse ela. — É apenas um exibicionista, que corrompe pelo prazer da corrupção e arrasta as pessoas a outras práticas, viciosas também. Drogas, por exemplo.

— Mas, em Milão, o homem de quem devo ter pena não estava procurando me corromper no hospital?

— Não seja idiota. Como poderia ele esperar corromper você? Corromper um rapaz como você, acostumado ao álcool, com uma pobre garrafa de Marsala? Não, ele era um velho lastimável que não podia evitar o que fazia. Era um doente, não tinha culpa disso, e você deveria ter pena dele.

— Naquele tempo, tive — disse eu —, mas fiquei chocado porque suas maneiras eram tão elegantes.

Tomei outro gole de *eau-de-vie*, lastimei a doença do pobre velho e olhei para o nu de Picasso, a moça com uma cesta de flores. Não fora eu quem começara aquela conversa e achei que se tinha tornado um pouco perigosa. Numa conversa com Miss Stein não havia quase pausas, mas tínhamos feito uma agora e, como senti que havia alguma coisa que ela desejava me dizer, voltei a encher meu copo.

— Você realmente não sabe nada a respeito disso, Hemingway — disse ela. — Você se deu com criminosos, pessoas doentes e depravadas. A questão principal é que o ato que os homossexuais masculinos cometem é feio e repugnante, tanto que depois têm nojo de si mesmos. Bebem e usam drogas para aliviar isso, mas têm repugnância do ato em si, mudam sempre de parceiros e não podem ser realmente felizes.

— Compreendo.

— Com as mulheres é o oposto. Nada fazem de que tenham nojo e nada que seja repulsivo, satisfazem-se e podem levar uma vida feliz juntas.

— Compreendo — disse eu. — Mas o que me diz de...?

— Trata-se de uma depravada — replicou Miss Stein. — Uma verdadeira depravada, e por isso não pode ser jamais feliz exceto mudando de companhia a cada instante. Ela corrompe as pessoas.

— Compreendo.

— Tem certeza de que compreende?

Havia tantas coisas para compreender naqueles dias que fiquei satisfeito quando mudamos de assunto. O parque estava fechado e por isso tive de caminhar ao longo dele, pela Rue de Vaugirard, contornando-o pela sua extremidade inferior. Era triste quando o parque estava fechado e trancado, e eu ficava também triste caminhando em redor dele em vez de atravessá-lo para chegar rapidamente à nossa casa, na Rue Cardinal Lemoine. Aquele dia tinha começado brilhantemente para mim. Teria de trabalhar duro no dia seguinte. O trabalho podia curar quase tudo, era o que eu pensava então e é no que acredito ainda hoje. Naqueles tempos, tudo aquilo de que eu precisava ser curado — compreendi que Miss Stein sentira isso — era da juventude e de amar minha mulher. Não estava de modo algum triste quando cheguei à Rue Cardinal Lemoine e contei à minha mulher os conhecimentos recém-adquiridos. À noite, sentimo-nos felizes com os conhecimentos que já tínhamos e com alguns conhecimentos novos que havíamos adquirido nas montanhas.

UNE GÉNÉRATION PERDUE

Foi fácil adquirir o hábito de parar na Rue de Fleurus, 27, ao fim da tarde, em busca de calor, dos grandes quadros e do bate-papo. Frequentemente, encontrávamos Miss Stein sem visitas. Ela mostrava-se muito amiga e durante bastante tempo foi até afetuosa. Quando eu voltava das viagens que fazia para a cobertura de diversas conferências políticas, reportagens no Oriente Próximo ou na Alemanha, por conta do jornal canadense ou da agência de notícias para os quais trabalhava, ela queria que lhe contasse todos os detalhes divertidos. Sempre havia coisas engraçadas a relatar e ela gostava de ouvi-las, apreciando também aquilo que os alemães chamam de histórias de humor negro. Miss Stein queria conhecer o lado alegre do que se passava pelo mundo; nunca o lado real, nunca o lado mau.

Eu era jovem e nada sombrio e, como sempre havia coisas estranhas e cômicas acontecendo nos piores momentos, Miss Stein gostava de ouvi-las. Das outras coisas eu não falava, preferia escrever sobre elas.

Quando não tinha voltado de viagem alguma e ia até a Rue de Fleurus para um bate-papo depois do trabalho, procurava às vezes conseguir que Miss Stein falasse sobre livros. Quando eu estava escrevendo, tinha necessidade de ler qualquer coisa nos momentos de descanso. Se ficasse pensando no trabalho, perderia meu tema antes de poder continuá-lo no dia seguinte.

Tinha de fazer exercício, cansar o corpo, e era ótimo fazer amor com quem se amava. Isso era melhor do que qualquer outra coisa. Mas, depois, quando me sentia vazio, era preciso ler para não pensar no trabalho, nem me aborrecer com ele até poder retomá-lo. Já tinha aprendido a nunca esvaziar completamente meu poço literário, deixando que, à noite, as fontes que o alimentavam tornassem a enchê-lo.

Para manter o espírito afastado do que escrevia, às vezes, depois de ter trabalhado, lia escritores que estavam em plena atividade naquele tempo, tais como Aldous Huxley, D. H. Lawrence ou quaisquer outros, cujos livros eu pudesse obter na biblioteca de Sylvia Beach ou comprar nos sebos ao longo do cais.

— Huxley é um homem morto — disse Miss Stein. — Por que você quer ler um homem morto? Você não vê que ele está morto?

Não podia ver, então, que ele fosse um homem morto, e respondi que seus livros me divertiam e me esvaziavam a cabeça.

— Você devia ler somente o que é verdadeiramente bom ou o que é francamente mau.

— Estive lendo livros verdadeiramente bons todos os invernos, como fiz no último e como farei no próximo. Para dizer a verdade, não gosto de livros francamente maus.

— Por que, então, lê essa droga? É uma droga empolada, Hemingway. Escrita por um morto.

— Gosto de ver o que os outros estão escrevendo — disse eu. — E descanso o espírito enquanto faço isso.

— Quem mais você está lendo agora?

— D. H. Lawrence — disse. — Ele escreveu alguns contos muito bons, como "O oficial prussiano".

— Tentei ler os romances dele. É impossível. Ele é patético e absurdo. Escreve como se fosse um doente.

— Gostei de *Filhos e amantes* e de *O pavão branco* — disse.

— Talvez deste não tanto. Não consegui ler *Mulheres apaixonadas*.

— Se não quer ler o que é mau e deseja alguma coisa que prenderá o seu interesse e é maravilhosa, à sua maneira, deveria ler Marie Belloc Lowndes.

Nunca tinha ouvido falar dela, e Miss Stein emprestou-me *O inquilino*, essa maravilhosa história de Jack, o Estripador, bem como outro livro sobre um assassinato num lugar afastado de Paris que só podia ser Enghien les Bains. Eram ambos livros esplêndidos para depois do trabalho, os personagens dignos de crédito, o enredo e o terror nunca soando falsos. Eram mesmo perfeitos como leitura para depois do trabalho, e li tudo o que havia de Mrs. Belloc Lowndes. Eram poucos livros, nenhum tão bom como os dois primeiros, e nada foi tão bom como eles para as horas vagas do dia ou da noite até surgirem os primeiros belos livros de Simenon.

Penso que Miss Stein teria gostado dos bons Simenons — o primeiro que li foi *L'Ecluse Numéro 1* ou *La Maison du Canal* —, mas não tenho certeza, porque, quando conheci Miss Stein, ela não gostava de ler francês embora adorasse falá-lo. Janet Flanner deu-me os primeiros dois Simenons que li. Ela adorava ler francês e já lia Simenon desde quando ele era repórter policial.

Durante três ou quatro anos em que fomos bons amigos, não consigo lembrar-me de ter ouvido Gertrude Stein falar bem de qualquer escritor que não tivesse escrito favoravelmente sobre sua obra ou feito alguma coisa para promover sua carreira, com exceção de Ronald Firbank e, mais tarde, de Scott Fitzgerald. Quando a encontrei pela primeira vez, ela não se referiu a Sherwood Anderson como escritor, mas falou ardentemente dele como homem, dos seus grandes olhos italianos, belos e quentes, da sua bondade e do seu encanto. Pouco me importava com os grandes olhos italianos, belos e quentes de Sherwood Anderson, mas gostava muito de alguns de seus contos. Eram escritos de modo simples e às vezes com elegância de estilo. Ele conhecia as pessoas a respeito de quem escrevia e se interessava profundamente por elas. Miss Stein não quis falar de seus contos, mas somente dele como pessoa.

— O que acha dos romances dele? — perguntei. Mas foi em vão; negava-se a falar das obras de Anderson como também das de Joyce.

Se alguém se referisse duas vezes a Joyce, não seria convidado a voltar. Era como fazer referências elogiosas a um general na presença de outro general. Você aprende a não fazer isso na primeira vez que comete o erro. Pode-se contudo mencionar o nome de um general desde que tenha sido derrotado pelo general com quem se está falando. O general com quem se está falando elogiará bastante o general derrotado, e entrará gostosamente em detalhes sobre o modo como o derrotou.

Os contos de Anderson eram bons demais para tornar amena a conversa. Eu estava disposto a dizer a Miss Stein o quanto me pareciam estranhamente pobres os romances dele, mas isso teria sido mau também, porque seria criticar um dos seus mais leais defensores. Finalmente, quando ele escreveu *Dark Laughter*, um romance tão terrivelmente fraco, vazio e afetado, não pude deixar de criticá-lo numa paródia,[1] e Miss Stein ficou muito aborrecida. Eu havia atacado alguém que era parte de sua equipagem. Mas não se zangaria tanto assim, tempos antes. Ela própria começou a elogiar Sherwood com entusiasmo somente depois de ele ter decaído como escritor.

Miss Stein se zangara um dia com Ezra Pound porque ele se sentou bruscamente numa pequena cadeira frágil e sem dúvida desconfortável, que talvez lhe tivesse oferecido de propósito, desconjuntando-a ou quebrando-a. O fato de ele ser um grande poeta, um homem gentil e generoso, que teria podido acomodar-se numa cadeira de tamanho normal, não foi levado em consideração. As razões de sua antipatia por Ezra, hábil e maliciosamente expostas, foram inventadas anos mais tarde.

Foi quando minha mulher e eu regressamos do Canadá e passamos a morar na Rue Notre-Dame-des-Champs, sendo Miss Stein e eu bons amigos ainda, que ela me fez a observação sobre a geração perdida. Havia tido algum contratempo com o arranque do velho Ford modelo T que dirigia então. O rapaz que trabalhava na oficina mecânica e tinha combatido no último ano da guerra não se mostrara competente no conserto do Ford de Miss Stein, ou talvez não

1 *As torrentes da primavera.*

lhe tivesse dado prioridade sobre outros veículos. Seja como for, ele não tinha sido *sérieux* e fora severamente repreendido pelo *patron* da garagem, diante do protesto de Miss Stein. O *patron* dissera ao jovem: "Vocês todos são uma *génération perdue*."

— É isso mesmo o que vocês são. É isso o que vocês são — disse Miss Stein. — Todos vocês, essa rapaziada que serviu na guerra. Vocês são uma geração perdida.

— Você acha? — perguntei.

— São — insistiu ela. — Vocês não têm respeito por coisa alguma. Vocês bebem até morrer...

— O tal mecânico estava bêbedo? — perguntei.

— Evidentemente não.

— Já me viu bêbedo alguma vez?

— Não. Mas seus amigos são bêbedos.

— Tenho ficado bêbedo algumas vezes — disse. — Mas jamais estive aqui nesse estado.

— Evidentemente, não. Não disse isso.

— O *patron* do rapaz é que estava provavelmente bêbedo às onze horas da manhã — disse eu. — É por isso que diz frases tão encantadoras.

— Não discuta comigo, Hemingway — retorquiu Miss Stein. — Não adianta nada. Vocês todos são uma geração perdida, exatamente como o dono da garagem disse.

Mais tarde, quando escrevi meu primeiro romance, procurei contrabalançar a citação que Miss Stein fizera do dono da garagem com outra do Eclesiastes. Naquela noite, caminhando de volta para casa, pensei no rapaz da garagem e me perguntei se ele teria sido transportado alguma vez num daqueles veículos, convertido em ambulância. Lembrei-me de como costumavam queimar os freios descendo estradas de montanha completamente carregados de feridos, engrenados em primeira e, finalmente, até mesmo na marcha a ré. E de como os últimos modelos T foram jogados despenhadeiro abaixo, quando substituídos por grandes Fiats com boas caixas de mudança e freios de metal. Pensei em Miss Stein e em Sherwood

Anderson, em egoísmo e preguiça mental *versus* disciplina, e pensei também: "Veja só quem chama os outros de geração perdida!" E então, quando me aproximei do Closerie des Lilas, os refletores iluminando meu velho amigo, a estátua do marechal Ney com a sua espada desembainhada, as sombras das árvores batendo no bronze e ele sozinho ali, sem ninguém atrás dele, lembrei-me de seu fiasco em Waterloo e concluí que todas as gerações eram perdidas, por alguma razão, sempre tinham sido e sempre haveriam de ser. Parei no Lilas para fazer companhia à estátua e beber uma cerveja gelada antes de ir para casa, para o apartamento sobre a serraria. Mas, sentado ali com a cerveja e contemplando a estátua, lembrando-me dos muitos dias que Ney tinha combatido pessoalmente com a retaguarda, na retirada de Moscou, quando Napoleão já tinha ido embora de carruagem com Caulaincourt, pensei na cálida e afeiçoada amiga que Miss Stein tinha sido e nas belas coisas que dissera de Apollinaire e de sua morte no dia do Armistício de 1918, com a multidão gritando *à bas Guillaume* e Apollinaire, no delírio, pensando que estavam gritando contra ele. Prometi-me fazer tudo para servir a Miss Stein e ajudá-la a obter reconhecimento pela boa obra que produziu, enquanto eu pudesse, com as graças de Deus e de meu amigo Ney. Mas que fossem para o inferno com sua conversa mole sobre a tal geração perdida e todos os rótulos sujos e fáceis. Quando cheguei à minha casa, atravessando o pátio e subindo as escadas, vi minha mulher, meu filho e o gato F. Puss, todos felizes, ao pé da lareira. Então, disse à minha mulher:

— Você sabe que Gertrude é boa, apesar de tudo?

— Sem dúvida, Tatie.

— Mas diz muita besteira de vez em quando.

— Nunca me dirige a palavra — disse Hadley. — Sou apenas uma esposa. Quem conversa comigo é a companheira dela.

SHAKESPEARE AND COMPANY

Naquele tempo não tinha dinheiro para comprar livros. Eu os obtinha na seção de aluguel da Shakespeare and Company, que era ao mesmo tempo a biblioteca e a livraria de Sylvia Beach, na Rue de l'Odéon, 12. Nessa rua fria, varrida pelo vento, a Shakespeare and Company era um lugar acolhedor e alegre, com um grande fogão aceso no inverno, mesas e estantes de livros, novidades na vitrine e, nas paredes, fotografias de famosos escritores vivos e mortos. Todas as fotografias pareciam instantâneos, e até mesmo os escritores mortos tinham um ar muito vivo. O rosto de Sylvia era animado, de linhas marcantes, com olhos castanhos tão vivos como os de um pequeno animal e tão alegres como os de uma menina. Seus cabelos, castanhos e ondulados, ela os penteava para trás da sua bela testa e eram cortados abaixo das orelhas, na altura da gola do blusão de veludo castanho que costumava usar. Tinha lindas pernas, era amável, alegre e participante, e gostava de fazer brincadeiras e contar mexericos. Jamais conheci alguém que tenha sido mais gentil comigo.

Eu era muito tímido quando entrei na livraria pela primeira vez, não tendo dinheiro sequer para me inscrever na biblioteca de aluguel. Sylvia me disse que eu podia pagar o depósito quando tivesse dinheiro, preparou o meu cartão e encorajou-me a levar quantos livros quisesse.

Não havia motivo para que ela confiasse em mim dessa maneira. Não me conhecia, e o endereço que lhe dei, Rue Cardinal Lemoine, 74, não podia ser mais pobre. Mas ela foi cordial, encantadora e amabilíssima. Atrás dela, em toda a altura da parede e estendendo-se para a sala dos fundos, que dava para o pátio interior do edifício, havia estantes e mais estantes carregadas do tesouro da biblioteca.

Comecei com Turgueniev e tomei os dois volumes das *Histórias de um caçador* e um dos primeiros livros de D. H. Lawrence, creio que *Filhos e amantes*. Sylvia disse-me que levasse mais livros se eu desejasse. Escolhi a edição de *Guerra e paz*, preparada por Constance Garnett, e *O jogador e outros contos*, de Dostoievski.

— Você não voltará tão cedo se for ler tudo isso — disse Sylvia.

— Voltarei para pagar — respondi. — Tenho algum dinheiro no meu apartamento.

— Não me referia a isso — disse ela. — Você pagará quando lhe for conveniente.

— Quando é que Joyce costuma vir aqui? — perguntei.

— Quando vem, é em geral ao fim da tarde — disse ela. — Você não o conhece pessoalmente?

— Já o vimos no Michaud, comendo com a família — respondi. — Mas não é delicado observar as pessoas quando elas estão comendo e, além disso, o Michaud é caro.

— Você costuma comer em casa?

— Agora quase sempre — disse eu. — Temos uma boa cozinheira.

— Não há restaurantes perto de onde você mora, não é?

— Não. Como é que sabe disso? — perguntei.

— Larbaud viveu por ali — disse ela. — Gostava muito do bairro, exceto por isso.

— O lugar mais próximo, onde se pode comer bem e barato, fica além do Panthéon.

— Não conheço esse bairro. Nós também comemos em casa. Você e sua mulher precisam aparecer uma noite dessas.

— Espere até ver se eu lhe pago — disse eu. — Mas muito obrigado pelo convite.

— Não leia depressa demais — disse ela.

Nosso apartamento na Rue Cardinal Lemoine era de dois quartos, não tinha água quente nem sanitário próprio, exceto um receptáculo antisséptico, não de todo desconfortável para alguém que, como eu, estava habituado a uma privada fora de casa, no Michigan. Com uma linda vista, um bom colchão de molas no chão, como leito confortável, e nas paredes os quadros de que gostávamos, era um apartamento alegre, acolhedor. Quando cheguei lá, com os livros, contei à minha mulher sobre o lugar maravilhoso que tinha descoberto.

— Mas, Tatie, você tem de voltar lá esta tarde e pagar o que deve — disse ela.

— Sem dúvida — disse eu. — Iremos juntos. E passearemos ao longo do rio, andando pelo cais.

— Desçamos então a Rue de Seine para olhar todas as galerias e as vitrines das lojas.

— Isso mesmo! Podemos andar por onde nos apeteça e parar em algum café novo, onde não conheçamos ninguém e ninguém nos conheça, e beber um trago.

— Podemos até beber dois tragos.

— E depois jantaremos em algum lugar simpático.

— Não. Não se esqueça de que temos a dívida com a biblioteca.

— Voltaremos então para casa, comeremos aqui mesmo, teremos um jantarzinho delicioso, beberemos o Beaune da cooperativa que podemos ver daqui da janela, com o preço indicado na vitrine. Depois leremos um pouco e, mais tarde, iremos para a cama fazer um amorzinho gostoso.

— E nunca amaremos a qualquer pessoa tanto quanto amamos um ao outro.

— Não. Nunca.

— Que tarde adorável! Mas agora é melhor almoçarmos.

— Estou com muita fome — disse. — Enquanto trabalhei no café, esta manhã, só tomei um *café crème*.

— E como vai o trabalho, Tatie?

— Muito bem, eu penso. Acho que vai dar certo. Mas o que é que temos para o almoço?

— Salada de rabanetes, um bom *foie de veau* com purê de batatas e uma salada de chicória. Depois, torta de maçã.

— E vamos ter todos os livros do mundo para ler e, quando viajarmos, poderemos levá-los conosco.

— Você acha que isso seria correto?

— Claro que sim!

— Será que ela também tem livros de Henry James?

— Certamente.

— Nossa! — exclamou ela. — Que sorte você ter descoberto esse lugar!

— Sempre temos sorte — disse eu, sem me dar ao cuidado de bater em madeira, como deveria ter feito. E madeira para bater era o que não faltava naquele apartamento.

GENTE DO SENA

Havia muitas maneiras de chegar até o rio, partindo do alto da Rue Cardinal Lemoine. A mais curta consistia em descer até o fim a rua, que entretanto era íngreme e levava-nos, depois de termos atingido a parte plana e cruzado o tráfego intenso do começo do Boulevard Saint-Germain, a um lugar triste, ocupado por desolado trecho da margem do rio, batido pelo vento, com o Halle aux Vins à direita. Este mercado não se parecia com qualquer outro de Paris: era uma espécie de armazém onde o vinho ficava guardado mediante o pagamento de uma taxa e era tão sem alegria, visto do lado de fora, quanto um depósito militar ou um campo de prisioneiros.

Do outro lado desse braço do Sena ficava a Île Saint-Louis, com suas ruas estreitas e as velhas e belas casas altas. Podia-se atravessar até lá ou virar à esquerda e passear ao longo do cais, tendo-se à frente a Île Saint-Louis, depois Notre Dame e a Île de la Cité.

Nos balcões de livros de segunda mão, ao longo do cais, podiam-se achar às vezes livros americanos, recentemente publicados, à venda por preços muito baratos. O restaurante Tour d'Argent tinha alguns quartos no andar acima do salão, que ainda se alugavam naquela época, dando às pessoas que os ocupavam um desconto no restaurante. Quando os hóspedes partiam, esquecendo ou deixando algum livro, havia ali perto uma barraca do cais onde o *valet de chambre* o vendia. Podia-se comprá-lo da proprietária por alguns francos. Ela não confiava em livros escritos em inglês, pagava uma ninharia por eles e vendia-os com pequeno e rápido lucro.

— São bons? — perguntava-me, depois de nos termos tornado amigos.

— Às vezes encontra-se alguma coisa boa neles.

— Como é que se pode saber?

— Posso saber quando os leio.

— Mas ainda assim é uma forma de jogo. E quantas pessoas sabem ler inglês?

— Guarde-os para mim sempre que os tiver, e deixe-me dar uma olhada neles.

— Não. Não posso retê-los. O senhor não passa regularmente por aqui. Às vezes fica muito tempo sem aparecer. Tenho de vendê-los o mais depressa que puder. Não tenho meios de dizer se eles têm valor ou não. Se acontece de não valerem nada, nunca mais os venderei.

— E como é que a senhora sabe se um livro francês tem valor?

— Em primeiro lugar, vejo se tem gravuras. Depois, verifico a qualidade das gravuras. Depois, há a encadernação. Se um livro é bom, o dono quer tê-lo bem-encadernado. Todos os livros em inglês são encadernados, mas mal encadernados. Não há meio de avaliá-los.

Depois desse quiosque de livros perto do Tour d'Argent, não havia outros que vendessem livros americanos ou ingleses até o Quai des Grands Augustins. Havia vários a partir daí até além do Quai Voltaire que vendiam livros comprados de empregados dos hotéis da margem esquerda, especialmente do Hotel Voltaire, que tinha uma clientela mais endinheirada do que a maioria. Um dia perguntei a outra livreira, amiga minha, se os próprios donos dos livros alguma vez os vendiam.

— Não — disse ela. — São todos jogados fora. É por isso que se sabe que não têm valor.

— São livros que os amigos lhes dão para lerem a bordo durante a travessia.

— Sem dúvida — disse ela. — Devem deixar muitos nos navios.

— Deixam — disse eu. — A companhia guarda-os, encaderna-os e os incorpora à biblioteca dos navios.

— Isso é inteligente — disse ela. — Pois só assim ficam devidamente encadernados. Um livro, tratado assim, passa a ter valor.

Eu tinha o hábito de passear ao longo do cais quando largava o trabalho ou procurava meditar nalguma coisa. Tornava-se mais fácil pensar quando caminhava e fazia alguma coisa ou simplesmente observava pessoas entregues a ocupações de sua competência. A ponta da Île de la Cité abaixo do Pont Neuf, onde se encontra a estátua de Henri Quatre, formava como que uma aguda proa de navio e havia ali um pequeno parque à beira d'água, com belos castanheiros, enormes e copados. Nas correntezas e redemoinhos do Sena havia excelentes lugares para pescar. Descia-se por uma escadaria até o parque e observava-se aos pescadores que estavam por lá e debaixo da grande ponte. Os bons pesqueiros mudavam com a altura do rio e os pescadores usavam longos caniços articulados, mas pescavam com linhas finas, chumbo leve e flutuadores. Além disso, sabiam qual o tipo de isca mais adequado àquelas águas.

Sempre apanhavam algum peixe e muitas vezes faziam excelentes pescarias de um peixinho da família das carpas chamado *goujon*. Eram deliciosos quando fritos inteiros e eu podia comer um prato cheio deles. Eram rechonchudos e de carne macia, com sabor ainda melhor do que o de sardinhas frescas; não eram de modo algum oleosos e nós os comíamos com espinhas e tudo.

Um dos melhores lugares para comê-los era um restaurante ao ar livre construído à beira do rio, em Bas Meudon, onde costumávamos ir quando tínhamos dinheiro para uma excursão longe do nosso bairro. Chamava-se Le Pêche Miraculeuse e servia um esplêndido vinho branco, uma espécie de Muscadet. Era um lugar que se poderia considerar saído de um conto de Maupassant, e com uma vista para o rio como Sisley a teria pintado. Mas não se precisava ir tão longe para comer *goujon*. Podia-se ter uma *friture* muito boa ali mesmo, na Île Saint-Louis.

Cheguei a conhecer vários dos homens que pescavam nas partes piscosas do Sena, entre a Île Saint-Louis e a Place du Verte Galante e, às vezes, quando o dia era claro, eu comprava um litro de vinho, pão e linguiça e sentava-me ao sol para ler um dos livros que tinha comprado e olhar a pescaria.

Os escritores de livros de viagem escrevem a respeito dos homens que pescam no Sena como se eles fossem loucos e nunca apanhassem coisa alguma, mas era uma pesca séria e produtiva. Muitos dos pescadores eram aposentados que recebiam pequenas pensões, ignorando que seu dinheiro se desvalorizaria com a inflação; outros eram pescadores apaixonados que pescavam nos seus dias ou meios dias de folga. Havia melhor pesca em Charenton, onde o Marne se lança no Sena, e em qualquer dos limites da capital, mas também se pescava ali mesmo, no coração de Paris. Eu não pescava porque não tinha os apetrechos e preferia poupar o dinheiro para pescar na Espanha. E também nunca sabia quando meu dia de trabalho terminaria, nem quando teria de ausentar-me de Paris, e não desejava envolver-me em pescarias, já que todas têm os seus bons momentos e os seus momentos chatos. Mas as acompanhava de perto e era interessante e bom saber tudo sobre elas. Sempre me deu felicidade ver aqueles homens pescando ali mesmo na cidade, levando a sério sua pescaria e trazendo para casa algumas *fritures*.

Com os pescadores e a vida no rio, as belas barcaças, com sua boa vida a bordo, os rebocadores com as chaminés que se dobravam para trás para passar debaixo das pontes, rebocando barcaças, os grandes olmos nas barrancas de pedra do rio, os plátanos e em alguns lugares os choupos, jamais me senti solitário nas margens do Sena. Com tantas árvores na cidade podia-se ver a primavera chegando dia a dia, até que uma noite de vento quente a traria de repente na manhã seguinte. Pesadas chuvas frias poderiam retardá-la às vezes, e temíamos que nunca mais chegasse, fazendo-nos perder, assim, uma estação em nossa vida. Esse era o único tempo realmente triste em Paris porque era fora do natural. A gente já espera ficar triste no outono. Uma parte da gente morre a cada ano, quando as folhas caem das árvores e seus galhos ficam nus, batidos pelo vento e pela luz fria, invernal. Mas sabíamos que haveria sempre outra primavera, assim como sabíamos que o rio fluiria de novo depois de ter estado congelado. Quando as chuvas frias continuavam durante longo tempo e acabavam matando a primavera, era como se um jovem tivesse morrido à toa.

Naqueles dias, porém, a primavera sempre triunfava, mas nos dava um frio na espinha pensar que faltara pouco para que ela tivesse falhado.

UMA FALSA PRIMAVERA

Quando a primavera chegava, mesmo que se tratasse de uma falsa primavera, nossos problemas desapareciam, exceto o de saber onde se poderia ser mais feliz. A única coisa capaz de nos estragar um dia eram pessoas, mas, se se pudesse evitar encontros, os dias não tinham limites. As pessoas eram sempre limitadoras da felicidade, exceto aquelas poucas que eram tão boas quanto a própria primavera.

Nas manhãs de primavera eu começava a escrever bem cedo, enquanto minha mulher ainda dormia. Escancarava as janelas e via os paralelepípedos das ruas secando depois das chuvas. O sol ia secando também as fachadas das casas que se erguiam à frente do nosso apartamento. As lojas ainda estavam fechadas. O pastor de cabras subia a rua tocando sua gaita de foles, e uma mulher, que morava no andar acima do nosso, saía para a calçada com um grande jarro. O cabreiro escolhia uma das cabras pretas, de tetas pojadas, e a ordenhava no jarro, enquanto seu cachorro empurrava as outras para a calçada. As cabras olhavam ao redor de si, dobrando os pescoços como se fossem turistas. O cabreiro recebia o dinheiro da mulher, agradecia-lhe e continuava rua acima tocando a gaita, enquanto o cachorro pastoreava as cabras para a frente, com seus chifres oscilantes. Eu voltava a escrever, e a mulher subia as escadas com o leite de cabra. Calçava sapatos de solas de feltro que usava nos trabalhos domésticos. Eu podia ouvir sua respiração quando ela fazia uma breve parada do lado de fora da nossa porta e, depois, a batida da sua própria porta, quando entrava em casa. Era a única freguesa do leite de cabra no nosso edifício.

Decidi descer e comprar a edição matutina dum jornal de turfe. Não havia bairro, por mais pobre que fosse, que não tivesse no mínimo um exemplar de um jornal de corridas, mas tinha-se de comprá-lo cedo num dia como aquele. Encontrei um na Rue Descartes, na esquina da Place Contrescarpe. As cabras desciam a Rue Descartes, enchi os pulmões com o ar puro e voltei rápido, para subir as escadas e entregar-me de novo ao trabalho. Confesso que senti a tentação de ficar lá fora e acompanhar as cabras pelas ruas matinais. Mas, antes de recomeçar o trabalho, passei os olhos no jornal. Havia corridas em Enghien, essa pequena, bela e fraudulenta pista que era o paraíso dos forasteiros.

Assim, naquele dia, decidi que depois de ter acabado o trabalho iríamos às corridas. Tinha chegado algum dinheiro do jornal de Toronto para o qual colaborava, e desejávamos ganhar muito mais se pudéssemos descobrir uma barbada. Minha mulher tinha apostado num cavalo em Auteuil, certa vez, chamado *Chèvre d'Or*, que estava cotado a 120 por 1, e vinha levando vantagem de vinte corpos, quando caiu no último salto, jogando por terra um dinheiro que daria para manter-nos por seis meses. Fazíamos força para nunca pensar nisso. Estávamos em maré de sorte naquele ano, até que se deu o fiasco do *Chèvre d'Or*.

— Teremos dinheiro o bastante para apostar, Tatie? — perguntou minha mulher.

— Não. Calcularemos gastar apenas o que pudermos levar. Há alguma outra coisa em que você preferisse gastar esse dinheiro?

— Bem... — disse ela.

— Eu sei. A vida está difícil e eu tenho sido terrivelmente pão-duro e mesquinho em questão de dinheiro.

— Não é isso — disse ela. — Mas...

Eu sabia quanto tinha sido prudente e como as coisas haviam corrido mal apesar disso. Quem se dedica a seu trabalho e nele encontra satisfação não é afetado pela pobreza. Mas sempre pensava nas banheiras, chuveiros e vasos sanitários com descarga que gente inferior a nós possuía e que gostávamos de usar quando viajávamos, coisa que fazíamos com frequência. É verdade que tínhamos os banhos públicos no fim da nossa rua, perto do rio. Minha mulher nunca tinha se queixado, nem uma única vez, da falta dessas coisas, assim como não tinha chorado por *Chèvre d'Or* quando ele caiu. Ela tinha chorado, sim, lembro-me agora, mas pelo cavalo e não pelo dinheiro. Eu me comportei como um estúpido quando ela, necessitando de um casaco de lã cinza, ficou feliz quando o comprou. Eu fora estúpido por outros motivos, também. Mas tudo isso era parte da luta contra a pobreza, que nunca se vence exceto não gastando. Especialmente se compramos quadros em vez de roupas. Mas, naquele tempo, não nos considerávamos pobres. Não admitíamos isso. Pensávamos que éramos superiores, e as outras pessoas, que olhávamos de cima e de quem com razão desconfiávamos, eram ricas. Nunca me tinha parecido estranho usar camisetas de algodão como roupa de baixo para conservar o calor. Isso só parecia estranho aos ricos. Comíamos bem e barato, bebíamos bem e barato, dormíamos bem, aquecendo-nos e nos amando um ao outro.

— Acho que devemos ir — disse minha mulher. — Há muito tempo que não vamos às corridas. Levaremos um lanche e um pouco de vinho. Farei bons sanduíches.

— Iremos de trem, que é mais barato. Mas, se você acha que não devemos ir, não iremos. Tudo o que fizermos hoje será ótimo. Está um dia maravilhoso.

— Acho que devemos ir.

— Está certa de que não gostaria de gastar o dinheiro de outra maneira?

— Não — disse ela arrogantemente. Tinha as maçãs do rosto adoravelmente altas, boas para demonstrar arrogância. — Afinal de contas, o que é que nós somos?

Dito isso, partimos de trem da Gare du Nord, atravessando a parte mais suja e mais triste da cidade. E caminhamos a pé da linha do trem até o oásis da raia. Era cedo ainda e sentamo-nos sobre minha capa de chuva, colocada na grama recém-podada. Comemos nosso almoço e bebemos a garrafa de vinho contemplando a velha tribuna principal, as escuras barracas de madeira onde se faziam apostas, o verde da pista, o verde mais escuro das cercas vivas, o brilho pardacento dos regos d'água na linha dos obstáculos, as caiadas paredes de pedra, as grades e postes brancos, o picadeiro debaixo das árvores recentemente cobertas de folhas novas e os primeiros cavalos entrando nele. Bebemos mais vinho e estudamos no jornal o programa das corridas — minha mulher deitou-se sobre a capa para dormir, com o sol batendo-lhe na face. Fui dar uma volta e encontrei alguém que conhecia dos velhos dias do hipódromo de San Siro, em Milão. Indicou-me dois cavalos.

— Veja bem, não são nenhum investimento. Mas não deixe que o rateio o assuste.

Ganhamos o primeiro páreo com metade do dinheiro que tínhamos para gastar, e o vencedor pagou 12 por 1, transpondo admiravelmente os obstáculos, tomando a dianteira logo no início da pista e chegando quatro corpos na frente. Botamos de lado metade do dinheiro e apostamos a outra metade no segundo cavalo, que largou na frente, manteve a ponta durante todo o percurso de obstáculos e, na reta rasa, com o favorito ganhando terreno a cada impulso das patas no solo, e ambos os jóqueis chicoteando-os desesperadamente, conseguiu por pouco atravessar em primeiro a linha de chegada.

Fomos tomar uma taça de champanhe no bar que ficava debaixo da tribuna e esperamos que os rateios fossem estabelecidos.

— Meu Deus, essas corridas angustiam a gente — disse minha mulher. — Você viu como aquele cavalo vinha atrás dele?

— Puxa! Ainda estou sentindo tudo dentro de mim.

— O que será que ele pagará?

— A cotação era 18 por 1. Mas podem ter apostado mais nele, à última hora.

Os cavalos passaram perto, o nosso vinha molhado de suor, com as narinas dilatadas para respirar, o jóquei acariciando-o.

— Coitado dele — disse minha mulher. — Nós *apenas* apostamos.

Ficamos olhando a passagem dos animais, tomamos outra taça de champanhe até que o prêmio foi indicado: 85. Ele pagava 85 francos por 10 de aposta.

— Devem ter apostado um dinheirão nele ao final — comentei.

Mas havíamos ganho uma bolada — era, para nós, pelo menos, dinheiro grosso, e agora tínhamos a primavera e dinheiro também. Tive certeza de que isso era tudo o que queríamos. Num dia como aquele, rachávamos os lucros de modo que a quarta parte ficasse para cada um gastar, e deixávamos a metade como capital para apostar nas corridas. Guardei secretamente esse capital das corridas, separado do resto do dinheiro.

Tempos depois, naquele mesmo ano, quando regressávamos de uma de nossas viagens e novamente havíamos tido sorte nas corridas, paramos em Pruniers, a caminho de casa, indo sentar-nos no bar depois de olhar todas as maravilhas da vitrina, com seus preços claramente marcados. Comemos ostras e *crabe Mexicaine*, e tomamos alguns copos de Sancerre. Caminhamos de volta pelas Tuileries, no escuro, e paramos para contemplar os jardins escuros através do Arc du Carroussel, com a Concorde brilhando atrás da escuridão solene e, além, a longa extensão das luzes em direção ao Arc de Triomphe. Depois voltamos nossas cabeças para o escuro do Louvre e eu perguntei:

— Você acha que os três arcos estão realmente em linha reta? Estes dois e o Sermione em Milão?

— Não sei, Tatie. Quem afirma isso deve saber o que diz. Você se lembra de quando encontramos a primavera no lado italiano do São Bernardo, depois da escalada na neve, e de como você, o Chink e eu caminhamos todo esse dia de primavera até Aosta?

— Claro! Chink chamou esse feito de "a travessia do São Bernardo com sapatos de passeio". Você se lembra dos seus sapatos?

— Meus pobres sapatos! E você se lembra de termos comido uma taça de salada de frutas no Biffi da Galleria, com Capri, pêssegos frescos e morangos silvestres? Tudo servido com gelo num jarro alto de vidro?

— A recordação daquele tempo gostoso é que me fez pensar a respeito dos três arcos.

— Eu me lembro do Sermione. É parecido com este arco.

— Você se lembra do hotel em Aigle, onde você e Chink sentaram no jardim naquele dia e ficaram lendo enquanto eu pescava?

— Sim, Tatie.

Lembrava-me do Ródano, estreito e cinzento, transbordando com a água do degelo, com suas duas correntes de trutas de cada lado, o Stockalper e o canal do Ródano. O Stockalper estava realmente claro naquele dia, ao passo que o canal do Ródano estava ainda bastante turvo.

— Você se lembra de quando os castanheiros-da-índia estavam em flor e de como eu procurava me lembrar de uma história que Jim Gamble, creio eu, tinha me contado a respeito de uma trepadeira de glicínias, e não conseguia?

— Sim, Tatie, como me lembro também de você e Chink viverem conversando sobre a melhor maneira de escrever, preferindo retratar a realidade com palavras do que descrevê-la. Sim, lembro-me de tudo. Às vezes ele tinha razão e às vezes era você quem tinha razão. Lembro-me das luzes, das texturas e das formas sobre as quais vocês discutiam.

A essa altura já tínhamos saído pelo portão e atravessado o Louvre. Cruzamos a rua e paramos na ponte, apoiando-nos na amurada de pedra, e ficamos olhando o rio.

— Nós três vivíamos discutindo a respeito de tudo, mas sempre sobre coisas específicas, e fazíamos troça uns dos outros. Lembro-me de tudo o que fizemos e de tudo o que dissemos durante toda a viagem — disse Hadley. — Realmente, me lembro. De tudo. Quando você e Chink discutiam, eu não me sentia excluída. Não era como ser apenas uma esposa na casa de Miss Stein.

— Eu bem que gostaria de me lembrar da tal história da trepadeira de glicínias.

— Não era importante. As glicínias é que eram importantes, Tatie.

— Você se lembra de que eu comprei vinho em Aigle para levá-lo ao chalé? Compramo-lo na pousada. Disseram-nos que combinava bem com as trutas. Levamos o vinho embrulhado em exemplares de *La Gazette de Lausanne*, creio eu.

— O vinho de Sion era ainda melhor. Você se lembra de como a Sra. Gangeswisch cozinhou as trutas *au bleu*, quando voltamos para o chalé? Que trutas maravilhosas, Tatie! Bebemos o vinho de Sion e comemos no alpendre, vendo as encostas das montanhas que desciam a pique e, além do lago, o Dent du Midi coberto de neve até a metade, as árvores na embocadura do Ródano, onde ele deságua no lago.

— Sempre sentimos falta de Chink, no inverno e na primavera.

— Sempre. E sinto também agora, que a primavera já passou.

Chink era um oficial e tinha vindo de Sandhurst até Mons. Conhecera-o na Itália, onde foi o meu melhor amigo e, depois, nosso melhor amigo por longo tempo. Naquela época ele sempre passava seus períodos de licença conosco.

— Chink está procurando obter uma licença na próxima primavera. Escreveu-me de Colônia na semana passada.

— Eu sei. Mas devemos gozar estes dias e aproveitar todos os minutos deles.

— Agora, por exemplo, estamos contemplando a água, vendo como ela bate nos contrafortes. Veja quanta beleza podemos enxergar quando olhamos rio acima.

Olhamos e lá estava tudo: nosso rio, nossa cidade e a ilha de nossa cidade.

— Estamos com sorte demais — disse ela. — Espero que Chink possa vir para cá. Ele toma conta da gente.

— Ele não pensa assim.

— Claro que não.

— Ele pensa que juntos descobrimos tudo.

— É verdade. Mas depende daquilo que se descobre. Atravessamos a ponte e chegamos à nossa margem do rio.

— Você não está de novo com fome? — perguntei. — Andamos e conversamos um bocado!

— Claro que estou, Tatie. E você, não está também?

— Vamos então a um lugar maravilhoso para um jantar verdadeiramente esplêndido.

— Onde?

— No Michaud.

— Ótimo! E é tão perto.

Tomada a decisão, subimos a Rue des Saints-Pères até a esquina da Rue Jacob, parando de quando em quando para olhar quadros e móveis nas vitrines. Chegando à entrada do restaurante Michaud, lemos o cardápio afixado. O restaurante estava lotado, e tivemos de esperar que alguns fregueses saíssem, ficando de olho nas mesas onde as pessoas já estavam tomando café.

Estávamos com fome de novo, de tanto andar, e o Michaud era um restaurante de primeira, muito caro para nós. Era onde Joyce costumava comer então com a família, ele e a mulher, junto da parede, Joyce examinando o cardápio através dos seus óculos de lentes grossas, segurando-o numa das mãos. Podia lembrar-me de Nora junto dele, comendo delicadamente, mas com bom apetite; Giorgio, de costas, magro, afetado, os cabelos brilhantes; Lucia com grossos cabelos encaracolados, uma menina ainda não de todo crescida; todos falando italiano.

Enquanto estava ali, em pé, perguntava a mim mesmo quanto daquilo que tínhamos sentido na ponte era apenas fome. Perguntei à minha mulher e ela disse:

— Não sei, Tatie. Há tantas espécies de fome. Na primavera há muitas, mas isso agora já passou. Ter boas recordações é uma maneira de ter fome.

Talvez estivesse sendo estúpido, mas o fato é que, olhando através da vidraça e vendo dois *tournedos* serem servidos, compreendi que estava com fome num sentido mais amplo.

— Você disse que estávamos com sorte hoje. É claro que estamos. Mas não se esqueça de que recebemos bons conselhos e informações.

Hadley riu-se.

— Não me referia às corridas. Você toma tudo ao pé da letra. Eu queria dizer sorte em outro sentido.

— Não creio que Chink se interesse por corridas — disse eu, tentando consertar minha estupidez.

— Nem eu. Ele só se interessaria por corridas se fosse ele quem montasse.

— Você não quer ir mais às corridas?

— É claro que quero. E agora podemos ir sempre que quisermos.

— Mas você quer realmente ir?

— Sem dúvida. E você não quer também?

Quando conseguimos entrar no Michaud, fizemos uma refeição maravilhosa. Mas quando terminamos e já não sentíamos mais fome, a sensação que nos parecera fome, quando estávamos na ponte, ainda continuava dentro de nós, ao tomarmos o ônibus para casa. Continuava quando chegamos ao quarto e, depois de termos ido para a cama e feito amor no escuro, ainda estava lá. Quando acordei com as janelas abertas e o luar nos telhados das casas altas, ainda estava lá. Afastei o rosto para a sombra, mas não pude dormir e fiquei acordado, pensando nisso. Tínhamos ambos acordado duas vezes, nessa noite, e agora minha mulher dormia docemente com o luar no rosto. Tinha de me esforçar para compreender o que se passava conosco, mas me sentia demasiadamente estúpido. E a vida me tinha parecido tão simples naquela manhã, quando despertei e encontrei a falsa primavera, ouvi a gaita de foles do homem das cabras e saí para comprar o jornal de corridas.

Mas Paris era uma cidade muito antiga, nós éramos jovens e nada ali era simples, nem mesmo a pobreza, nem o dinheiro súbito, nem o luar, nem o bem e o mal, nem a respiração de alguém que deitada ao nosso lado dormisse ao luar.

O FIM DE UM PASSATEMPO

Fomos juntos às corridas muitas vezes mais naquele ano, assim como em outros, depois de meu trabalho matinal. Hadley divertia-se com isso e, às vezes, chegava até a adorar. Mas não era como a escalada das campinas nas altas montanhas que se erguiam acima da última floresta, nem como as noites quando regressávamos ao chalé, nem como alcançar com Chink, nosso melhor amigo, um alto passo entre os desfiladeiros, descobrindo novas paisagens. Na realidade, não se tratava das corridas propriamente. O que fazíamos era jogar nos cavalos. Mas chamávamos isso de corridas.

As corridas nunca se colocaram entre nós dois, somente as pessoas é que podiam fazer isso. Mas por muito tempo estiveram ligadas a nós como um amigo exigente. Eis uma forma generosa de analisá-las. Eu, que era tão severo a respeito de pessoas e de sua capacidade de destruir, tolerava precisamente este amigo, que era o mais falso, o mais belo, o mais excitante, vicioso e exigente, porque podia ser fonte de lucros. Torná-las lucrativas exigia mais ocupação do que trabalho em tempo integral e eu não tinha tempo para isso. Mas eu as justificava perante mim mesmo porque as usava em meus contos e, no final, quando perdi tudo o que tinha escrito, sobrou apenas um conto sobre corridas, que se salvou porque tinha sido remetido pelo correio.

Com cada vez mais frequência, eu ia sozinho às corridas e progressivamente me deixava dominar por elas. Na temporada, quando podia, ia a dois prados de corridas, Auteuil e Enghien. Era trabalho em regime de tempo integral, pois procurava apostar com inteligência, e não é assim que se ganha dinheiro. Era um método de eficácia apenas teórica e, se funcionasse, bastaria comprar um jornal e estudar as barbadas.

Na prática, era necessário assistir a uma corrida de obstáculos do alto das tribunas, em Auteuil, subir rapidamente as escadas para ver como se comportava cada cavalo, estudar o cavalo que podia ter ganho e não ganhou, descobrir por que não fizera o que poderia ou deveria ter feito. Era preciso observar as cotações e as variações dos *handicaps* todas as vezes que um cavalo em que se estava apostando iniciava uma corrida. Era importante saber como se comportara nos treinos e, finalmente, quando é que seu proprietário exigiria tudo dele. Era sempre possível que fosse derrotado mesmo assim, mas quem estivesse por dentro deveria saber precisamente quais eram suas chances. Dava uma trabalheira danada, mas era bonito assistir, toda vez que havia programa em Auteuil, às corridas honestas dos grandes cavalos. Com o tempo, acabava-se conhecendo as raias tão bem como qualquer outro lugar que nos fosse extremamente familiar. Por fim, conhecia-se também muita gente, jóqueis, treinadores e proprietários, cavalos demais e outras coisas também demais.

Em princípio, eu só apostava quando tinha um cavalo que justificasse a aposta, mas, às vezes, descobria cavalos nos quais ninguém acreditava exceto seus treinadores e jóqueis, cavalos que ganhavam corrida após corrida, enquanto eu ia apostando neles. Parei de jogar, finalmente, porque me tomava tempo demais e eu estava ficando totalmente envolvido. Sabia de tudo o que se passava em Enghien e também nas pistas de corrida sem obstáculos.

Quando decidi abandonar os hipódromos, fiquei a um só tempo alegre e com uma sensação de vazio. Já sabia, então, que qualquer coisa — boa ou má — deixa um vazio quando acaba. Se era má, o vazio se enche por si mesmo. Se era boa, só se poderia enchê-lo encontrando alguma coisa melhor. Devolvi o capital das corridas à conta dos fundos gerais e senti-me aliviado e de bem com minha consciência.

No dia em que renunciei às corridas, atravessei para o outro lado do rio e encontrei meu amigo Mike Ward, à sua mesa, no departamento de viagens do Guaranty Trust, que ficava então na esquina da Rue des Italiens com o Boulevard des Italiens. Depositei o capital das corridas, mas não revelei esse fato a ninguém. Não anotei a entrada no livro de cheques, embora a conservasse de cabeça.

— Você quer almoçar comigo? — perguntei a Mike.

— Claro, garoto! Mas o que é que há com você? Não vai ao prado hoje?

— Não.

Almoçamos na Square Louvois, num bistrô muito bom, modesto, que servia maravilhoso vinho branco. Do outro lado da praça ficava a Bibliothèque Nationale.

— Você não tem ido muito às corridas, não é, Mike? — disse eu.

— Não. Faz tempo que não vou.

— Por que se afastou delas?

— Não sei — disse Mike. — Isto é, creio que sei. Tudo aquilo em que se precisa apostar para ter emoções não vale a pena de se ver.

— E você nunca mais foi até lá?

— Às vezes vou, quando há uma grande corrida. Uma corrida com grandes cavalos.

Espalhamos *patê* no bom pão do bistrô e bebemos o vinho branco.

— Mas você não perdia uma, não é, Mike?

— Ah, eu era fanático.

— O que é que você conhece que seja melhor?

— Corridas de bicicleta.

— No duro?

— E não tem de apostar nelas. Você verá.

— Os hipódromos tomam um bocado de tempo da gente.

— Tempo demais. Tomam todo o nosso tempo. E não gosto daquela gente.

— Pois eu estava muito ligado.

— Sei disso. Saiu liso?

— Não. Pelo contrário, estava até ganhando.

— Boa hora para parar — disse Mike.

— Foi exatamente o que fiz.

— Sei que é duro. Mas aguente firme, meu caro. Um dia destes iremos às corridas de bicicleta.

Era algo de novo e lindo que eu mal conhecia. Mas a revelação não se deu imediatamente. Isso aconteceu mais tarde e se transformou em algo importante em nossas vidas, quando conquistamos a primeira parte de Paris.

Mas, por muito tempo ainda, bastava-nos voltar à nossa parte de Paris, longe dos prados, apostando em nossa própria vida, no nosso trabalho e nos pintores que conhecíamos, sem tentar a sorte no jogo, embora lhe déssemos outro nome qualquer. Principiei muitos contos sobre corridas de bicicleta, mas jamais escrevi um que fosse tão bom quanto as próprias corridas, tanto as realizadas em pistas cobertas quanto nas externas ou nas estradas. Mas um dia irei ao Vélodrome d'Hiver e conseguirei captar sua luz enfumaçada das tardes, sua inclinada pista de madeira, o som sibilante que os pneus faziam quando os corredores passavam, o esforço e a tática com que eles subiam e mergulhavam, todos integrados fisicamente nas suas máquinas. Retratarei a magia do *demi-fond*, o barulho das motocicletas pilotadas pelos *entraîneurs*, que usavam pesados capacetes de proteção e se inclinavam para trás em suas volumosas roupas de couro, rebocando os cilindros que controlavam as partidas e abrigavam da resistência do ar os corredores que os seguiam; os próprios corredores, com seus capacetes de proteção mais leves, curvados sobre os guidões, as pernas pedalando as enormes engrenagens traseiras e as pequenas rodas dianteiras quase tocando o cilindro atrás da máquina que lhes dava abrigo; os desafios, que eram mais excitantes do que qualquer outra coisa, o rugido das motocicletas e os corredores cotovelo a cotovelo e roda a roda, para cima, para baixo, em torno da pista, numa velocidade mortal, até que um, não aguentando a marcha, caísse do pelotão e se chocasse contra a sólida muralha de ar de que tinha sido protegido até então.

Havia muitas espécies de corrida. As competições simples, em provas individuais, os desafios em que dois corredores equilibravam-se em suas bicicletas durante longos segundos, buscando levar o adversário à dianteira e, então, partindo das voltas lentas chegavam ao mergulho final no puro ímpeto da velocidade. Havia programas de grupos, com duas horas de duração e com uma série eliminatória para encher a tarde; as provas de velocidade pura, com um só homem correndo durante uma hora rigorosamente cronometrada; as corridas de cem quilômetros, terrivelmente perigosas e belas, realizadas na inclinadíssima pista de madeira de quinhentos metros, no Stade Buffalo, o velódromo ao ar livre de Montrouge, onde corriam atrás de grandes motocicletas. Lembro-me de Linart, o grande campeão belga, chamado *Le Sioux* por causa de seu perfil, abaixando a cabeça para sugar *cherry brandy* por um tubo de borracha ligado a uma bolsa térmica que trazia escondida debaixo da camisa, pois precisava de *combustível* perto do fim da corrida, quando aumentava ainda mais sua velocidade selvagem. Lembro-me dos campeonatos da França, travados na pista de cimento de seiscentos e sessenta metros do Parc du Prince, perto de Auteuil, a mais traiçoeira de todas, onde vimos cair o grande corredor Ganay e ouvimos seu crânio quebrar-se dentro do capacete de proteção, como um ovo cozido que alguém estalasse contra uma pedra, num piquenique.

Um dia escreverei sobre o estranho mundo das maratonas de seis dias e as maravilhas das corridas de estrada nas montanhas. O francês é a única língua em que essas coisas têm sido escritas adequadamente, pois os termos técnicos são todos franceses e isso é que torna difícil escrever sobre elas.

Mike tinha razão, não é necessário apostar. Mas tudo isso pertence a outros tempos, em Paris.

A FOME COMO BOA DISCIPLINA

Se você não se alimentasse bem em Paris, tinha sempre uma fome mortal, pois todas as padarias exibiam coisas maravilhosas em suas vitrines, e muitas pessoas comiam ao ar livre, em mesas na calçada, de modo que por toda parte se via comida ou se sentia o seu cheiro. Se você abandonou o jornalismo e ninguém nos Estados Unidos se interessa em publicar o que está escrevendo, se é obrigado a mentir em casa, explicando que já almoçara com alguém, o melhor que tem a fazer é passear nos jardins do Luxembourg, onde não se via nem se cheirava comida, desde a Place de l'Observatoire até a Rue de Vaugirard. Poderá sempre entrar no Musée du Luxembourg, onde todos os quadros ficam mais vivos, mais claros e mais belos quando se está com a barriga vazia, roído de fome.

Aprendi a compreender Cézanne muito melhor, a entender realmente como é que pintava suas paisagens, quando estava faminto. Costumava perguntar a mim mesmo se ele também tinha passado fome quando pintava, mas imaginava que talvez apenas se tivesse esquecido de comer. Era um daqueles pensamentos doentios, mas brilhantes, que nos ocorrem quando estamos com falta de sono ou de comida. Mais tarde, bem mais tarde, concluí que Cézanne provavelmente passara fome, mas de maneira diferente.

Depois de ter saído do Luxembourg, você poderia andar pela estreita Rue Férou até a Place Sainte-Sulpice sem ver restaurante algum, somente a praça silenciosa, com seus bancos e suas árvores. Havia uma fonte com leões, e pombos andavam nas calçadas ou pousavam nas estátuas dos bispos. No lado norte da praça ficavam a igreja e lojas que vendiam objetos religiosos e paramentos.

Para além da praça é que não poderia prosseguir em direção ao rio sem passar por lojas que vendiam frutas, legumes, vinhos ou por padarias e pastelarias. Mas, escolhendo cuidadosamente o caminho, conseguiria avançar pela direita, ao redor da igreja de pedra, cinzenta e branca, chegar à Rue de l'Odéon e virar de novo à direita em direção à livraria de Sylvia Beach, sem encontrar muitos lugares onde se vendessem coisas de comer. A Rue de l'Odéon era desprovida de restaurantes até chegar à praça, onde havia três.

Quando chegasse à Rue de l'Odéon, 12, a fome estaria contida, mas, por outro lado, todos os seus sentidos estariam aguçados. As fotografias lhe pareceriam diferentes e descobriria livros que nunca tinha visto.

— Você está magro demais, Hemingway — diria Sylvia. — Tem comido o suficiente?

— Claro que sim!

— O que é que comeu no almoço?

Apesar das cólicas, eu diria:

— Ainda não almocei. Agora é que estou indo para casa.

— Às três da tarde?

— Não sabia que era tão tarde assim.

— Adrienne disse outro dia que gostaria que você e Hadley fossem jantar com ela. Convidaremos Fargue também. Você gosta do Fargue, não gosta? Ou Larbaud. Você gosta dele. Sei que você gosta dele. Ou qualquer outro de quem você realmente goste. Você fala com Hadley?

— Sei que ela adorará aceitar esse convite.

— Eu lhe enviarei uma carta para combinar tudo. Quanto a você, Hemingway, não trabalhe tanto, pois não está se alimentando adequadamente.

— Cuidarei disso.

— Vá logo para casa, antes que seja tarde demais para o almoço.

— Guardam o almoço para mim.

— Comida fria também faz mal. Coma um bom almoço quente.

— Chegou alguma carta para mim?

— Acho que não. Mas deixe-me ver.

Foi ver e encontrou um recado. Levantou os olhos, satisfeita, e depois abriu uma porta da sua escrivaninha, que estava fechada a chave.

— Isto chegou enquanto eu estava fora — disse ela. Era uma carta e dava a impressão de conter dinheiro. — Wedderkop — disse Sylvia.

— Deve vir do *Der Querschnitt* — disse eu. — Você esteve com Wedderkop?

— Não. Mas ele passou por aqui com o George. Ele falará com você, não se preocupe. Talvez quisesse primeiro pagar o que lhe deve.

— São estes seiscentos francos. E diz que receberei mais.

— Foi ótimo você se ter lembrado da correspondência! Meus parabéns, Dr. Sabe-Tudo.

— É realmente muito engraçado que a Alemanha seja o único lugar para onde consigo vender alguma coisa. A Wedderkop e ao *Frankfurter Zeitung*.

— É mesmo! Mas não se aborreça. Você pode vender alguns contos ao Ford — disse ela para me provocar.

— A trinta francos a página! Faça os cálculos: um conto, a cada três meses, na *The Transatlantic*. Um conto de cinco páginas dá cento e cinquenta francos por trimestre. São seiscentos francos por ano.

— Mas, Hemingway, não se preocupe com o que lhe rendem agora. O essencial é você poder escrevê-los.

— Sei. Posso escrevê-los. Mas ninguém os comprará. Não tem entrado dinheiro algum desde que abandonei o jornalismo.

— Estou certa de que conseguirá colocá-los. Você não acaba de receber esse dinheiro?

— Desculpe-me, Sylvia. Perdoe-me por falar nos meus problemas.

— Desculpá-lo de quê? Fale sempre disso ou do assunto que quiser. Você não sabe que todos os escritores sempre falam de suas dificuldades? Mas prometa-me que não se preocupará demais e que comerá o bastante.

— Prometo.

— Então vá para casa agora e almoce.

Lá fora, na Rue de l'Odéon, fiquei desgostoso comigo mesmo por ter-me queixado. Estava levando a vida que escolhera por minha livre vontade e acabara de proceder estupidamente. Deveria ter comprado e comido um bom pedaço de pão em vez de ter pulado uma refeição. Podia sentir na boca o gosto adorável da casca torrada. Mas fica-se com a garganta seca se não se tem alguma coisa para beber. "Seu poltrão de uma figa! Seu santarrão, seu falso mártir!", disse para mim mesmo. "Você abandonou o jornalismo por sua própria decisão. Você tem crédito e Sylvia lhe teria emprestado algum dinheiro. Ela já o fez tantas vezes!" Mas eu mesmo me respondia: "Não há dúvida, comece a fraquejar agora que num instante você se entrega por um nada qualquer. Ter fome é uma coisa sadia e os quadros até parecem melhores quando você está faminto. Por outro lado, comer é maravilhoso também, e você sabe onde é que vai comer agora mesmo? Pois é no Lipp's que você vai comer e beber também."

Foi uma rápida marcha até o Lipp's, e cada lugar que meu estômago notava, com a mesma rapidez com que meus olhos ou meu nariz o faziam, acrescentava redobrado prazer a meus passos. Havia poucas pessoas na *brasserie* e, quando me sentei no banco junto à parede, com o espelho atrás de mim e uma mesa em frente, e o garçom perguntou se queria cerveja, pedi logo um *distingué*, a grande caneca de um litro, acompanhado de salada de batata.

A cerveja estava geladíssima e maravilhosa. As *pommes à l'huile* estavam frescas, temperadas com molho divino e azeite delicioso. Pulverizei pimenta-do-reino sobre as batatas e molhei o pão no azeite. Depois do primeiro grande gole de cerveja, bebi e comi muito lentamente. Quando acabei de comer as *pommes à l'huile*, pedi outro prato ao garçom e *cervelas*. Eram salsichas parecidas com uma grossa e larga *frankfurter*, cortadas em duas e cobertas com molho de mostarda especial.

Enxuguei com o pão todo o azeite e todo o molho e bebi a cerveja lentamente até ela começar a aquecer-se, depois a acabei e pedi um *demi*, que vi retirarem do barril. Parecia mais gelado que o *distingué* e bebi metade dele.

Não, eu ainda não me havia preocupado seriamente, pensei. Sabia que meus contos eram bons e alguém os publicaria, um dia, nos Estados Unidos. Quando abandonei o trabalho jornalístico, tinha certeza de que os contos seriam publicados. Mas todos os que enviava eram devolvidos. O que me tornara tão confiante foi Edward O'Brien ter incluído o conto "O meu velho" na antologia *Os melhores contos* e ter dedicado o volume daquele ano a mim. Ri-me disso e bebi mais cerveja. O conto não havia sido publicado em revista alguma e O'Brien rompera todas as normas, incluindo-o no livro. Ri outra vez e o garçom olhou para mim. Tinha graça porque, além do mais, ele escrevera meu nome errado. Era um dos dois contos que me haviam sobrado quando tudo o que tinha escrito até então foi roubado, na maleta de Hadley, em plena Gare de Lyon, quando ela embarcava para Lausanne, levando-me como surpresa todos os meus manuscritos, a fim de que eu pudesse trabalhar neles em nossas férias nas montanhas. Hadley colocara na maleta os originais, as cópias datilografadas e os carbonos, tudo em pastas de papel.

O único motivo de eu ainda ter esse conto em meu poder foi Lincoln Steffens tê-lo enviado a um editor, que o devolveu. Estava em trânsito quando tudo o mais foi roubado. O outro conto que me restava intitulava-se "Lá no Michigan", escrito antes de Miss Stein ter vindo ao nosso apartamento. Nunca me dera ao trabalho de enviá-lo porque ela o considerara *inaccrochable*. Tinha ficado esquecido numa gaveta qualquer.

Assim, depois que deixamos Lausanne e descemos para a Itália, só pude mostrar a O'Brien o conto sobre corridas. Ele era um homem gentil, tímido, pálido, com esmaecidos olhos azuis e ralos cabelos lisos, que ele mesmo cortava. Nessa época, morava como pensionista num mosteiro acima de Rapallo. Foram dias difíceis, pois eu não acreditava que pudesse escrever mais nada. Mostrei-lhe o conto como uma curiosidade, assim como quem mostrasse a bússola de um navio que tivesse perdido de maneira inconcebível, ou como quem apanhasse seu próprio pé, ainda calçado, e feito alguma brincadeira a respeito de ele ter sido amputado num desastre.

Quando O'Brien leu o conto, vi que ele ficou ainda mais arrasado do que eu. Nunca tinha visto alguém tão infeliz por outro motivo que não fosse a morte ou um sofrimento insuportável, exceto Hadley quando me contou o que lhe acontecera. Ela chorava, chorava e nem sequer podia falar. Disse-lhe que, fosse qual fosse a coisa terrível que lhe tivesse acontecido, nada poderia ser tão ruim assim, e que, fosse o que fosse, não tinha importância. Não queria que se aborrecesse. Daríamos um jeito. Por fim, acabou me contando. Não acreditei que ela tivesse trazido os carbonos também. Arranjei alguém para me substituir no trabalho jornalístico, que me dava então bom dinheiro, e tomei o trem para Paris. Infelizmente, tudo era verdade mesmo, e me lembro do que fiz naquela noite, depois de entrar no apartamento e verificar que era verdade. Mas isso já pertencia ao passado. Chink me ensinara a não cultivar as tragédias... Disse a O'Brien, portanto, que não se incomodasse. Talvez tivesse sido bom para mim perder os primeiros trabalhos. Disse-lhe todas aquelas mentiras que se usam para levantar o moral das tropas. Começaria a escrever outros contos, afirmei-lhe, e ao dizer isso, mentindo para que ele não se sentisse tão desolado, senti que era mesmo verdade.

Sentado ali no Lipp's, comecei a pensar na primeira vez em que fui de novo capaz de escrever um conto após ter perdido tudo. Foi em Cortina d'Ampezzo, quando voltei para junto de Hadley, depois de ter interrompido a temporada de esqui de primavera para ir, por ordem do jornal, ao vale do Reno e ao Ruhr. Era um conto muito simples, intitulado "Fora da temporada", e eu omitira seu final lógico, que seria o suicídio do velho, por enforcamento. Fizera isso com base na minha nova teoria de que sempre se pode omitir qualquer coisa de um conto, desde que se saiba por que se omitiu e a parte omitida reforce a narrativa, fazendo com que os leitores *sintam* alguma coisa além daquilo que entenderam.

"Pois bem", pensei comigo, "agora eu os escrevo de tal maneira que os leitores já não os entendem. Não podia haver muita dúvida a esse respeito. Não admira, pois, que ninguém os queira comprar. Mas acabarão por entender, do mesmo modo como aceitam as novas escolas de pintura. É uma questão de tempo e exige autoconfiança."

É preciso que uma pessoa se cuide melhor quando tem de cortar na comida para que não fique pensando em demasia nisso. A fome é uma boa disciplina e você aprende com ela. E, enquanto os outros não compreenderem isso, você está à frente deles. "Não há dúvida", pensava eu, "estou adiante deles, agora que nem me posso permitir comer regularmente. Mas até que não seria mau se me compreendessem um pouquinho." Sabia que tinha de escrever um romance. Mas me parecia uma tarefa impossível àquela altura, pois era com grande dificuldade que escrevia parágrafos que, no máximo, seriam a essência daquilo que constitui um romance. Era necessário escrever contos mais longos agora, como treinamento para corridas de fundo. Na experiência inicial, uma novela que sumiu com a mala roubada na Gare de Lyon, eu ainda possuía a lírica facilidade da infância, que era tão perecível e enganosa quanto a da mocidade. Foi provavelmente bom que eu a tivesse perdido, mas sentia a obrigação de escrever um romance. Eu resistiria o quanto pudesse até chegar o momento inevitável. Estaria perdido se tivesse de escrevê-lo apenas para que pudéssemos comer regularmente. Quando chegasse o momento de escrevê-lo, seria então a única tarefa a executar e não haveria alternativa. Que a pressão fosse subindo. Enquanto isso, eu escreveria um conto longo sobre a coisa que conhecesse melhor.

A essa altura de meus pensamentos, já tinha pago a conta, saído do Lipp's, virado à direita e cruzado a Rue de Rennes, evitando passar pelo Deux Magots para tomar um café, e subia a Rue Bonaparte, o mais curto caminho para casa.

Qual o assunto que eu conhecia melhor, a cujo respeito já não tivesse escrito (e perdido) um conto? O que é que eu conhecia realmente e que mais me interessava? Não me ocorria qualquer escolha. Apenas a das ruas que me levassem o mais rapidamente ao local onde trabalhava.

Avancei pela Bonaparte até a Guynemer, entrei depois na Rue d'Assas e segui pela Rue Notre-Dame-des-Champs até chegar ao Closerie des Lilas.

Sentei-me a um canto, com a luz da tarde dando-me sobre o ombro e passei a escrever no caderno de notas. O garçom trouxe-me um *café crème*, bebi metade dele quando esfriou um pouco e esqueci-o na mesa enquanto escrevia. Quando parei de escrever, não quis afastar-me da lembrança do rio, onde podia ver trutas, no remanso das águas, cuja superfície intumescia contra a resistência dos pilares de madeira das pontes. O conto era sobre alguém voltando da guerra, mas a guerra não entrava nele.

Entretanto, na manhã seguinte, o rio estaria lá à minha espera, assim como os campos e tudo o que iria acontecer. Tinha a vida pela frente, para ir fazendo isso dia após dia. Nada mais me importava. Tinha no bolso o dinheiro vindo da Alemanha, de maneira que não havia problemas. Quando acabasse, mais dinheiro viria.

Tudo o que tinha de fazer, agora, era aguentar firme e estar bom da cabeça até a manhã, quando recomeçaria a trabalhar.

FORD MADOX FORD
E O DISCÍPULO
DO DIABO

Dos bons cafés, o Closerie des Lilas era o mais próximo de nosso apartamento, quando morávamos sobre a serraria, no 113 da Rue Notre-Dame-des-Champs. Um dos melhores cafés de Paris, sem a menor dúvida, seu interior era bem aquecido e, na primavera e no outono, era muito agradável ficar-se na parte externa, tanto nas mesas à sombra das árvores que davam para a estátua do marechal Ney, como nas outras, quadradas, bem-distribuídas sob o grande toldo ao longo do *boulevard*. Dois dos garçons eram bons amigos nossos. Frequentadores do Dôme e do Rotonde nunca vinham ao Lilas. Não havia por lá conhecidos seus e ninguém lhes teria dado maior importância se viessem. Naqueles dias, muita gente ia aos cafés da esquina do Boulevard Montparnasse com o Boulevard Raspail para ser vista em público e, de certo modo, aqueles lugares anteciparam-se aos colunistas sociais como os substitutos diários da imortalidade.

O Closerie des Lilas tinha sido em outros tempos um café onde os poetas se encontravam mais ou menos regularmente, e o último poeta importante a frequentá-lo fora Paul Fort, que eu nunca tinha lido. Mas o único poeta que alguma vez vi lá foi Blaise Cendrars, com sua cara quebrada de boxeador e a manga vazia do paletó voltada para cima e presa com alfinetes. Estava enrolando um cigarro com a mão que lhe sobrava. Era uma companhia agradável enquanto não bebesse demais e, ainda assim, quando começava a mentir, era mais interessante do que muitos homens contando histórias verdadeiras. Mas era o único poeta que ainda ia ao Lilas, embora eu o tenha visto por lá apenas uma vez. A maioria dos fregueses era de homens barbados, idosos, de roupas muito surradas, que iam com as esposas ou as amantes, do tipo dos que usam na lapela a fitinha vermelha da Legião de Honra. Supúnhamos generosamente que fossem cientistas ou *savants*, mas faziam render seu aperitivo tanto quanto os homens de roupas ainda mais puídas, sentados com as mulheres ou amantes, faziam render seu *café crème*, ostentando nas lapelas a fita cor de púrpura das Palmas da Academia, que nada tinha a ver com a Academia Francesa, e indicava, pensávamos nós, serem catedráticos ou livres-docentes.

Gente como essa tornava confortável o café, visto que estavam todos interessados uns nos outros, nas suas bebidas, cafés ou infusões, nos jornais e revistas presos a uma vara; ninguém estava ali para se exibir.

Havia outros fregueses também, gente que morava no quarteirão e ia ao Lilas, alguns deles usando fitas da Croix de Guerre nas lapelas, outros a fita verde e amarela da Médaille Militaire, e eu admirava a eficiência com que superavam a perda de membros, apreciava a qualidade de seus olhos artificiais e o grau de habilidade com que seus rostos tinham sido reconstituídos. Havia sempre um brilho estranho nessas faces consideravelmente reconstruídas, como o de uma pista de esqui bem-compactada, e respeitávamos esses fregueses mais do que os *savants* ou os professores, ainda que eles, embora sem sofrer mutilações, talvez tenham servido sua pátria também com bravura.

Naqueles dias não confiávamos em quem não tivesse lutado na guerra (em verdade não confiávamos completamente em quem quer que fosse), mas achávamos que Cendrars podia ser um pouco menos ostensivo quanto a seu braço perdido. Fiquei satisfeito ao saber que ele estivera no Lilas no começo da tarde, antes que chegassem os fregueses regulares.

Nessa tarde, encontrava-me numa mesa do lado de fora do Lilas, contemplando a diminuição da luz sobre as árvores e os edifícios, e a passagem dos grandes e lentos cavalos nos *boulevards* exteriores, quando a porta do café se abriu atrás de mim, à minha direita, e um homem saiu, encaminhando-se para a minha mesa.

— Olá, você por aqui? — disse ele.

Era Ford Madox Ford, como então se chamava a si mesmo, e respirava pesadamente através do bigode denso, manchado de fumo, erguendo-se diante de mim como se fosse um barril bem-vestido e bem-acabado.

— Posso sentar-me com você? — perguntou, sentando-se antes que eu respondesse. Seus olhos, que eram de um azul desbotado sob pálpebras e sobrancelhas incolores, olhavam para o *boulevard*.

— Gastei bons anos de minha vida para que esses animais pudessem ser abatidos humanamente — disse ele.

— Você já me contou — disse eu.

— Penso que não.

— Tenho certeza.

— É curioso... Jamais contei isso a quem quer que fosse em toda a minha vida.

— Quer tomar uma bebida?

O garçom apareceu e Ford disse-lhe que tomaria um Chambéry Cassis. O garçom, que era um homem alto, magro, calvo no topo da cabeça, o que dissimulava com o cabelo esticado, e usava espesso bigode no velho estilo dos dragões de cavalaria, repetiu o pedido.

— Não, traga um *fine à l'eau* — disse Ford.

— Um *fine à l'eau* para *Monsieur* — confirmou o garçom.

Sempre que possível evitava olhar para Ford e sempre prendia a respiração quando o tinha a meu lado num aposento fechado, mas agora estávamos ao ar livre, e as folhas caídas eram levadas pelo vento ao longo da calçada, do meu lado da mesa para além dele, de modo que pude olhar bem para seu rosto, mas arrependi-me imediatamente e virei a cabeça para o lado de lá do *boulevard*. A luz tinha mudado de novo e eu perdera a mudança. Tomei um gole para ver se a chegada dele teria estragado a bebida, mas ainda tinha bom gosto.

— Você está muito enfezado — disse ele.

— Não estou, não.

— Está, sim. Você precisa sair mais. Passei aqui para ver se você quer aparecer nas pequenas reuniões noturnas que estamos dando naquele divertido Bal Musette perto da Place Contrescarpe, na Rue Cardinal Lemoine.

— Sei onde é — disse eu. — Morei dois anos num apartamento bem em cima dele, antes desta sua nova temporada em Paris.

— Que coisa estranha! Tem certeza disso?

— Sim — retruquei —, tenho certeza. O dono tinha um táxi e sempre que eu devia pegar um avião era ele quem me levava ao campo. Parávamos no bar de zinco do Bal e bebíamos, no escuro, um copo de vinho branco, antes de partirmos para o campo de aviação.

— Nunca me interessei por aviões — disse Ford. — Você e sua mulher façam força para vir ao Bal Musette sábado à noite. É muito alegre. Vou lhe desenhar um mapa para que possa encontrá-lo. Descobri-o inteiramente por acaso.

— É no andar térreo do número 74 da Rue Cardinal Lemoine — disse eu. — Morei no terceiro andar.

— Não tem número — disse Ford. — Mas você o encontrará se puder achar a Place Contrescarpe.

Tomei outro longo trago. O garçom trouxe o que Ford lhe pedira, mas ele começou a reclamar:

— Não era *brandy* e soda — disse ele, com ar de condescendência e severidade ao mesmo tempo. — Pedi um vermute Chambéry e Cassis.

— Está bem, Jean — disse eu. — Tomarei o *fine*. Traga para *Monsieur* o que ele pede agora.

— O que eu já havia pedido — corrigiu Ford.

Naquele momento um homem bastante magro, vestindo capa, passou na calçada. Estava com uma mulher alta, e olhou casualmente para a nossa mesa e depois para o lado, continuando seu caminho pelo *boulevard*.

— Você me viu fingir que não o conhecia? — disse Ford. — Você me viu *fingir* que não o conhecia?

— Não. Quem é que você fingiu não conhecer?

— Belloc — disse Ford. — Eu *fingi* não vê-lo!

— Não reparei — disse eu. — Por que é que você fingiu não vê-lo?

— Por todas as razões do mundo — disse Ford. — Mas *fingi* mesmo não vê-lo!

Ele estava inteira e completamente feliz. Eu nunca tinha visto Belloc antes, mas duvido que ele tenha dado por nós. Parecia um homem entregue a seus pensamentos e tinha olhado quase automaticamente para nós. Não gostei, porém, de Ford ter sido rude com ele, porque, estando eu no começo de minha carreira, tinha alto respeito por Belloc como escritor mais velho. Está claro que isto não seria compreensível agora, mas, naqueles dias, era coisa muito natural.

Imaginei que teria sido até agradável se Belloc parasse junto da mesa e eu pudesse conhecê-lo de perto. A tarde fora estragada pelo meu encontro com Ford, e Belloc poderia tê-la melhorado.

— Por que razão você está tomando conhaque? — perguntou-me Ford. — Não sabe que começar a beber conhaque é fatal para um jovem escritor?

— Não é sempre que eu o bebo — disse. Esforçava-me por me lembrar das coisas que Ezra Pound me tinha dito sobre Ford: que nunca devia ser rude com ele; que devia lembrar-me de que só mentia quando estava muito cansado; que era realmente bom escritor; que tinha vivido graves problemas domésticos. Esforcei-me vivamente por pensar nestas coisas, mas a presença penosa, ofegante e ignóbil de Ford, a alguns palmos de mim, tornava isso difícil. Mas me esforcei o mais que pude.

— Diga-me por que é que uma pessoa finge não ver outra — pedi. Até então, pensava que tal atitude só acontecesse nos romances de Ouida. Nunca tinha sido capaz de ler qualquer um deles, nem mesmo em certo lugar de prática de esqui, na Suíça, quando lera tudo o que havia para ler, soprava o úmido vento sul e restavam apenas volumes das edições Tauchnitz de antes da guerra, esquecidos pelos hóspedes. Mas tinha a certeza, por algum sexto sentido, de que nos romances escritos por ela as pessoas fingiam não se conhecerem.

— Um cavalheiro — explicou Ford — sempre se desvia de tipos grosseiros.

Tomei rápido um trago de conhaque.

— Desvia-se de um cafajeste? — perguntei.

— Seria impossível para um cavalheiro conhecer um cafajeste.

— Logo, você só poderá desviar-se de alguém que tenha conhecido em termos de igualdade, não é? — insisti.

— Naturalmente.

— Como poderia, então, entrar em contato com tipos grosseiros?

— Você pode ignorar que o sejam e só mais tarde reconhecê-los como tal.

— Mas o que são, afinal, esses tipos grosseiros? — perguntei. — Não são pessoas que a gente tem de riscar da nossa vida, como quem separa o joio do trigo?

— Não necessariamente — disse Ford.

— Não acha que Ezra é um cavalheiro? — perguntei.

— Evidentemente não — disse Ford. — É um americano.

— Um americano não poderá ser cavalheiro?

— Talvez John Quinn — explicou Ford. — E alguns dos seus embaixadores.

— Myron T. Herrick?

— Possivelmente.

— Henry James era um cavalheiro?

— Quase.

— E você se considera um cavalheiro?

— Claro que sim. Fui comissionado por Sua Majestade.

— É muito complicado — disse eu. — E eu, por acaso, sou um cavalheiro?

— De modo algum — disse Ford.

— Então, por que você está bebendo comigo?

— Estou bebendo com você porque o considero um jovem e talentoso escritor. Aceito-o como colega, e está dito tudo.

— Bondade sua — disse eu.

— Você poderia ser considerado cavalheiro na Itália — disse Ford magnanimamente.

— Quer dizer que não sou um sujeito completamente sem educação.

— De modo algum, meu caro. Quem foi que disse isso?

— Posso vir a ser — acrescentei tristemente. — Bebendo conhaque e tudo o mais. Foi o que liquidou com Lord Harry Hotspur, no livro de Trollope. Diga-me, Trollope era um cavalheiro?

— Claro que não.

— Tem certeza?

— Pode haver quem pense diferente. Mas eu não tenho dúvida.

— E que me diz de Fielding? Ele era juiz.

— Tecnicamente talvez fosse.

— E de Marlowe?

— Claro que não.

— E de John Donne?

— Era um tipo clerical.

— É um estudo fascinante — disse eu.

— Fico satisfeito em vê-lo interessado — disse Ford. — Acompanharei você num conhaque com água antes de ir embora.

Quando Ford me deixou, já estava escuro. Dei um pulo até o quiosque e comprei um *Paris-Sport Complet*, a edição final do vespertino de turfe com os resultados de Auteuil e o programa dos páreos do dia seguinte, em Enghien. O garçom Émile, que tinha substituído Jean no serviço, chegou-se à mesa para ver os resultados da última corrida em Auteuil. Um grande amigo meu, que raramente vinha ao Lilas, aproximou-se da mesa, sentou-se e, justamente quando pedia uma bebida a Émile, o homem magro, de capa, com a mulher alta, passou outra vez por nós, na calçada. Seu olhar vagou em direção à mesa e depois para fora.

— Aquele é Hilaire Belloc — expliquei a meu amigo. — Ford estava aqui esta tarde e fingiu não vê-lo.

— Não seja idiota — disse meu amigo. — Aquele é Aleister Crowley, o satanista. Acredita-se que ele seja o homem mais safado deste mundo.

— Desculpe-me — disse eu.

O NASCIMENTO DE UMA NOVA ESCOLA

Os cadernos de capa azul, os dois lápis, o apontador de lápis (com o canivete desperdiçaria muito dos lápis), as mesas com seus tampos de mármore, o aroma de *café crèmes*, o perfume das primeiras horas da manhã, apagar aqui, corrigir ali, mais um bocado de sorte — eis tudo o que era necessário. Para ter sorte, levava no bolso direito uma castanha-da-índia e um pé de coelho. O pé de coelho já perdera o pelo há muito tempo e seus ossos e tendões estavam puídos pelo uso. As unhas arranhavam o forro do bolso, indicando que a sorte ainda estava ali.

Em certos dias tudo corria tão bem e a natureza era recriada com tal nitidez, em meus cadernos, que eu me sentia atravessando o bosque, chegando à clareira, subindo uma colina e de lá vendo as montanhas que se erguiam para além do braço do lago. Às vezes, a ponta do lápis se quebrava no cone do apontador e então me valia da pequena lâmina do canivete para desobstruí-lo ou aparar cuidadosamente o lápis. Feito isso, passava um braço pelo couro salgado de suor das correias de minha mochila para levantá-la de novo, passava o outro braço e sentia o peso bem apoiado nas costas. As agulhas de pinheiro rangiam sob meus mocassins quando começava a descer rumo ao lago.

Era nesses momentos que um intruso poderia estragar tudo:

— Olá, Hem! Mas que negócio é esse? Agora deu para escrever em cafés?

Lá se ia embora a minha sorte, e o melhor era fechar o caderno. Nada pior do que isso. Se conseguisse manter a calma, melhor, mas naquele tempo eu não tinha a capacidade de me conter e estourava logo:

— Seu grandessíssimo filho da puta! O que é que lhe deu de vir parar aqui, longe do seu esgoto?

— Ora, não me insulte apenas porque gosta de bancar o excêntrico.

— Feche essa latrina e dê o fora daqui.

— Este é um lugar público. Tenho tanto direito de frequentá-lo quanto você.

— Por que não vai para o Petite Chaumière, que é o seu ambiente?

— Oh, meu caro, não seja chato.

Em circunstâncias como essa, ainda se podia dar o fora e esperar que o encontro não tivesse passado de acidente, que o importuno entrara ali por acaso aquela vez e não infestaria mais o local com sua presença. Havia outros cafés onde também seria bom trabalhar, mas ficavam longe e este era o café do meu coração. Era o diabo ser expulso do Closerie des Lilas. Mas eu teria de resistir ou mudar-me. O melhor, como já disse, seria entregar os pontos; a raiva me dominou, porém, e decidi topar a parada:

— Escute aqui. Um calhorda como você tem uma infinidade de lugares aonde ir. Por que é que escolheu logo este, vindo emporcalhar um café decente?

— Entrei só para tomar uma bebidinha. Que mal há nisso?

— Se fosse na minha terra, quebrariam o copo em que você bebesse.

— Sua terra? Onde fica? Deve ser um lugar encantador.

O chato ocupava uma mesa próxima da minha. Era um rapaz alto e gordo que usava óculos. Tinha pedido uma cerveja. Decidi ignorá-lo e tentar escrever de novo. Assim, ignorei-o e escrevi duas frases.

— Tudo o que fiz foi dirigir-lhe a palavra.

Não lhe dei atenção e escrevi outra frase. Isso é possível quando se está realmente embalado e concentrado no trabalho.

— Suponho que você ficou tão importante que ninguém pode lhe falar.

Escrevi outra frase, terminando um parágrafo, e reli-a. Pareceu--me que estava bem, e escrevi a primeira frase do seguinte.

— Você nunca pensa nas outras pessoas, nem acha que elas também possam ter problemas?

Tinha ouvido queixas durante toda a minha vida. Achei que podia continuar escrevendo e que a conversa do chato não era pior do que outros ruídos. Era certamente melhor do que Ezra aprendendo a tocar fagote.

— Suponha que você desejasse ser escritor, sentisse isso em cada parte do corpo e a coisa simplesmente não viesse?

Continuei escrevendo e vi que não apenas a sorte, mas a inspiração também haviam regressado.

— Suponha que isso lhe tenha vindo uma vez como torrente irresistível e depois o tenha deixado mudo e silencioso.

Melhor do que mudo e barulhento, pensei, continuando a escrever. Ele estava agora praticamente berrando, e as frases inacreditáveis eram tão calmantes como o ruído de uma tábua sendo violada na serraria.

— Fomos à Grécia — ouvi-o dizer pouco depois. Não o tinha escutado por algum tempo, a não ser como ruído. Estava adiantado agora, podia deixar o trabalho para amanhã.

— Nota-se que você gosta da comida grega.

— Não seja vulgar — disse ele. — Não quer que lhe conte o resto?

— Não — disse eu. Fechei o caderno e botei-o no bolso.

— Você não se interessa em saber como aconteceu?

— Não.

— Não se interessa pela vida e pelo sofrimento de seu semelhante?

— Não, quando se trata de você.

— Você é horrível.

— Sou mesmo.

— Pensei que pudesse me ajudar.

— Ficaria satisfeito se lhe desse um tiro.

— Seria capaz disso?

— Não. Há uma lei que me impede.

— Pois eu faria tudo por você.

— Faria, mesmo?

— Faria, sem dúvida.

— Então dê o fora deste café. Agora mesmo. Comece por aí.

Levantei-me, o garçom aproximou-se e paguei a conta.

— Posso acompanhá-lo até a serraria?

— Não.

— Bem, então o verei noutra ocasião qualquer.

— Desde que não seja aqui.

— Perfeitamente — disse ele. — Prometido.

— Eu tenho de escrever.

— Eu também preciso escrever.

— O que é que você está escrevendo? — cometi o erro de perguntar.

— Estou escrevendo o melhor que posso. O mesmo que você faz. Mas é tão terrivelmente difícil.

— Não deveria escrever, se não consegue fazê-lo. Por que motivo há de se preocupar por isso? Volte para casa. Arranje um trabalho. Enforque-se. Apenas não fale nisso. Nunca poderá escrever.

— Por que me diz isso?

— Você já se ouviu alguma vez, quando fala?

— Mas é de escrever que estou falando.

— Então, cale-se.

— Você é cruel — disse ele. — Todo mundo me dizia que você era cruel, sem coração e presunçoso. Sempre o defendi. Mas agora não o farei mais.

— Ótimo!

— Como pode ser tão cruel para com o seu semelhante?

— Não sei — eu disse. — Olhe, se você não pode escrever, por que não se dedica à crítica?

— Acha que daria certo?

— Creio que sim — assegurei. — Você teria sempre o que escrever. Não precisaria incomodar-se pela tal coisa não vir, nem por ficar mudo e silencioso. As pessoas leriam e respeitariam o que escrevesse.

— Acha que eu poderia ser um bom crítico?

— Não sei até que ponto seria bom. Mas seria um crítico. Haverá sempre pessoas que o ajudarão e você poderá ajudar a sua gente.

— O que entende por minha gente?

— Essa fauna com que você anda.

— Oh, eles. Eles já têm os seus críticos.

— Você não precisa criticar apenas livros — disse eu. — Há quadros, peças, balé, cinema.

— Você faz a coisa parecer fascinante. Muito obrigado. É tão estimulante. E é também um trabalho criativo.

— Esse negócio de criação é provavelmente exagerado. Afinal de contas, Deus fez o mundo em apenas seis dias e descansou no sétimo.

— Bem, não há nada que me impeça de fazer um trabalho literário de criação.

— Não há coisa nenhuma. A não ser que você se imponha padrões excessivamente altos devido a seu espírito crítico.

— Serão altos. Pode contar com isso.

— Estou certo de que serão.

Ele já se transformara num crítico e, sendo assim, perguntei-lhe se gostaria de tomar uma bebida e ele aceitou.

— Hem — falou ele, e vi que já era mesmo um crítico. Esses tipos, numa conversa, botam nosso nome no começo da frase em vez de no fim. — Tenho de lhe dizer que acho sua obra um pouquinho seca.

— Que pena! — disse eu.

— Hem, é demasiado despida, demasiado magra.

— Falta de sorte.

— Hem, é seca demais, despida demais, magra demais, demasiadamente dura.

Apalpei o pé de coelho no meu bolso.

— Vou me esforçar por engordá-la um pouco.

— Mas veja lá, não desejo que fique obesa.

— Hal — disse eu, praticando falar como um crítico —, evitarei isso enquanto puder.

— Ainda bem que estamos perfeitamente afinados — disse ele com firmeza.

— Vai se lembrar de não vir aqui, quando eu estiver trabalhando?

— Naturalmente, Hem. Sem dúvida. Eu terei agora meu próprio café.

— Você é muito gentil.

— Faço força para sê-lo — declarou.

Teria sido interessante e instrutivo se o rapaz se tivesse tornado mesmo um crítico famoso, mas não se tornou, embora por algum tempo eu tivesse grandes esperanças disso.

Estava seguro de que ele não voltaria no dia seguinte, mas não quis arriscar e decidi dar um dia de descanso ao Closerie. Assim, na manhã seguinte, acordei cedo, fervi os bicos de borracha e as mamadeiras, fiz a mistura, engarrafei-a, dei a Mr. Bumby uma mamadeira e trabalhei na mesa da sala de jantar enquanto apenas ele, F. Puss, o gato, e eu estávamos acordados. Os dois eram uma boa e tranquila companhia e trabalhei melhor do que jamais tinha feito. Naqueles dias realmente não necessitava de nada, nem mesmo do pé de coelho, mas era bom senti-lo no bolso.

COM PASCIN
NO DÔME

Era uma tarde encantadora e eu tinha trabalhado intensamente o dia inteiro. Saí do apartamento que ficava por cima da serraria, cruzei o pátio onde havia madeira empilhada, fechei a porta, atravessei a rua, entrei pela porta dos fundos da padaria que dava frente para o Boulevard Montparnasse e, envolvido pelo bom cheiro de pão que saía dos fornos, cheguei à rua. As luzes já estavam acesas no interior da padaria e lá fora o dia chegava ao fim. Segui pelo *boulevard* naquele início de crepúsculo e fui parar em frente do terraço ao ar livre do restaurante Nègre de Toulouse, onde nossos guardanapos de xadrez vermelho e branco eram metidos em argolas de madeira no armário, em sua prateleira própria, esperando que chegássemos para jantar. Li o cardápio mimeografado em tinta violeta e vi que o *plat du jour* era *cassoulet*. Fiquei com fome só de ler o nome.

Monsieur Lavigne, o proprietário, perguntou-me como tinha corrido meu trabalho e eu lhe respondi que tinha ido muito bem. Explicou que me tinha visto trabalhando no terraço do Closerie des Lilas de manhã cedo, mas que não falara comigo porque eu parecia muito ocupado.

— Tinha o ar de um homem sozinho no meio de uma floresta — disse ele.

— Sou como um porco cego quando trabalho.

— Mas não se sentia numa floresta, *Monsieur*?

— Creio que num bosque — respondi.

Continuei meu passeio, olhando as vitrines, feliz com aquele entardecer de primavera e com o movimento da rua. Nos três cafés principais havia pessoas que conhecia de vista e outras que conhecia de falar. Mas à noite, quando as luzes se acendiam, havia sempre pessoas muito mais simpáticas que eu não conhecia, correndo pelas ruas em busca de algum lugar onde pudessem beber e comer juntas para depois fazerem amor. Os frequentadores dos cafés principais poderiam estar fazendo a mesma coisa ou, então, bebendo, conversando e amando para serem vistos pelos outros. As pessoas de quem eu gostava, mas que não conhecia, iam aos grandes cafés porque se podiam perder neles; ninguém as notava e, assim, podiam estar sós e ao mesmo tempo acompanhadas. Além disso, os grandes cafés eram baratos, então tinham boa cerveja e *apéritifs* a preços razoáveis, claramente marcados nos pires que os acompanhavam.

Nessa noite, vinham-me à cabeça estes pensamentos salutares, mas não originais, e eu me sentia extraordinariamente virtuoso porque tinha trabalhado bem e com afinco num dia em que desejara mandar tudo às favas e ir às corridas. Mas, nesse tempo, não me podia permitir o luxo de ir às corridas, mesmo sabendo que podia ganhar algum dinheiro nelas se realmente me empenhasse nisso. Não estavam ainda na moda os testes de saliva e outros processos para se descobrir quais os cavalos artificialmente estimulados; o *doping* era, por isso, aplicado em larga escala. Mas jogar certo nos animais dopados, depois de verificar os sintomas no *paddock* e agir de acordo com nossas percepções que às vezes confinavam com o extrassensorial, cobrindo-as com dinheiro muito contadinho, não era exatamente o que deveria fazer um homem com mulher e filho para sustentar e uma carreira de escritor a que se desejava dedicar.

De qualquer maneira, éramos ainda muito pobres e eu vivia obrigado a enganar minha mulher, inventando que recebera convites para almoçar fora. Passava duas horas andando pelos jardins do Luxembourg e, depois, voltava para contar-lhe maravilhas dos tais almoços. A economia era pequena, mas quando se tem vinte e cinco anos e a compleição de um peso-pesado, a falta de uma refeição sólida nos dá uma fome tremenda. Em contrapartida, nosso sentido de percepção se aguça, e eu descobri que muitos dos meus personagens tinham apetite formidável, uma grande paixão pelas corridas e viviam procurando oportunidade para tomar uma bebida.

No Nègre de Toulouse bebia-se o bom vinho de Cahors em garrafas de um quarto, meias garrafas e garrafas inteiras, geralmente o diluindo em um terço de água. Em minha casa, por cima da padaria, bebíamos um vinho da Córsega que tinha duas qualidades: era forte e barato. Era um vinho tão genuinamente corso que, mesmo misturado com água em partes iguais, ainda conseguia dar conta do recado. Em Paris, por essa época, ainda era possível viver bem gastando muito pouco, suprimindo-se uma refeição aqui e ali, e jamais comprando roupas novas. Era até possível guardar algum dinheirinho para coisas de puro luxo.

Cheguei até The Select, de onde me desviei rapidamente ao vislumbrar a figura de Harold Stearns. Se me agarrasse, iria começar logo uma conversa sobre cavalos de corrida, e eu no momento queria distância desses bons animais, para manter intacta a minha virtude. Foi com essa mesma virtude que passei incólume pelos frequentadores do Rotonde e, desprezando o vício e o instinto gregário, atravessei o *boulevard* em direção ao Dôme. O Dôme também estava cheio, mas alguns dos frequentadores eram pessoas que tinham trabalhado o dia inteiro como eu.

Havia por lá modelos profissionais e pintores que tinham trabalhado até escurecer e escritores que haviam terminado, bem ou mal, suas tarefas cotidianas. É certo que também lá se encontravam bebedores puramente ociosos, bem como alguns conhecidos meus e outras pessoas que não passavam de figuras decorativas.

Entrei e sentei-me à mesa de Pascin, que estava acompanhado de duas modelos, que eram irmãs. Pascin acenara-me ao me ver parado na Rue Delambre, indeciso entre tomar ou não um drinque. Ele era um pintor excelente e estava bêbedo, deliberadamente bêbedo, mas ainda bastante lúcido. As duas irmãs eram jovens e belas. Uma era muito morena, baixa, bem-feita de corpo, com um ar suavemente depravado. Era uma lésbica que também gostava de homens. A outra tinha um aspecto infantil, meio boboca, embora também bonita, dessa beleza infantil que logo se acaba. Não tinha o corpo tão bem-feito quanto sua irmã, mas naquela primavera os corpos bonitos andavam um tanto escassos.

— A boazinha e a chatinha — disse Pascin. — Estou com algum dinheiro. Que é que você vai tomar?

— *Une demi-blonde* — disse eu ao garçom.

— Beba um uísque. Já lhe disse que tenho dinheiro.

— Obrigado, prefiro uma cerveja.

— Ora, deixe de besteira. Se você realmente quisesse cerveja não estaria aqui, e sim no Lipp's. Suponho que esteve trabalhando.

— Estive, sim.

— E como vai indo a coisa?

— Vai indo.

— Ótimo! Fico satisfeito com isso. E quanto ao resto, tudo em ordem?

— Tudo em ordem.

— Quantos anos tem você?

— Vinte e cinco.

— Não quer dar uma voltinha com ela? — perguntou Pascin, olhando com um sorriso para a irmã morena. — Ela bem que gostaria disso.

— Não exagere. Você já deve ter cuidado dela por hoje. — A morena sorriu para mim com os lábios entreabertos.

— Ele é um safado — disse ela —, mas é bonzinho.

— Você pode levá-la para o estúdio, se quiser.

— Vamos deixar de safadeza — disse a loura.

— Quem é que pediu sua opinião? — perguntou Pascin.

— Ninguém. Mas eu digo o que quero.

— Está bem, está bem — disse Pascin. — Não vamos discutir por isso. Aqui estamos nós, o jovem escritor sério, o velho pintor experiente e duas belas meninas, todos com a vida que Deus lhes deu.

Ficamos por ali, as meninas bebericando, Pascin pedindo outro *fine à l'eau* e eu bebendo uma cerveja. Ninguém parecia à vontade, exceto Pascin. A morena estava impaciente, virava a cabeça para lá e para cá, colocando-se de perfil de modo que a luz lhe realçasse a superfície côncava do rosto e eu pudesse ver o contorno dos seios sob a blusa de malha preta. Seus cabelos cortados rente eram lisos e escuros como os de uma oriental.

— Você já posou o dia inteiro — disse-lhe Pascin. — Precisa exibir o corpo também aqui?

— Faço o que me apetece — respondeu-lhe a morena.

— Você me lembra de um brinquedo javanês — insistiu ele.

— Menos os olhos — disse ela. — Vê como é mais complicado?

— Então você parece uma pobre bonequinha pervertida.

— Talvez — disse ela —, mas estou viva, muito mais do que você.

— Daqui a pouco vamos tirar a prova disso.

— Ótimo! — disse ela. — Gosto de provas.

— Você não se contenta com as provas que já teve hoje?

— Provas? Hoje? — disse ela, colocando-se de perfil a fim de que o último raio de luz da tarde incidisse sobre seu rosto. — Você estava era excitado pelo seu trabalho. — Voltou-se para mim e explicou: — Ele está apaixonado pelas telas. Há qualquer coisa de pervertido nisso.

— Você quer que eu pinte seu retrato, que lhe pague bom dinheiro por isso, que trepe com você para espairecer e que, ainda por cima, me apaixone — disse Pascin. — Pobre bonequinha...

— O *Monsieur* aqui gosta de mim, não gosta? — perguntou-me ela.

— Muitíssimo.

— Mas é muito alto — continuou ela com ar tristonho.

— Na cama somos todos da mesma altura.

— Isso não é verdade — disse a loura. — E querem saber de uma coisa? Já estou cheia dessa conversa mole.

— Escute — disse Pascin —, se você acha que estou apaixonado pelas telas, amanhã faço o seu retrato em aquarela.

— Quando é que vamos comer? — perguntou a irmã. — E onde?

— Jantará conosco? — perguntou-me a morena.

— Não. Vou jantar com a minha *légitime*.

Naquela época era assim que se dizia. Hoje a expressão seria minha *régulière*.

— Que pena! Tem mesmo de ir?

— Tenho e quero.

— Então vá — disse Pascin. — E não se apaixone pela máquina de escrever.

— Se isso acontecer, escreverei a lápis.

— Pois é, amanhã vai ser na base da aquarela — disse Pascin. Voltou-se para as meninas e prometeu: — Tomarei mais um e depois levarei vocês para jantar onde quiserem.

— Chez Viking! — sugeriu a morena.

— Perfeito! — exclamou a loura.

— Muito bem — disse Pascin. — Boa noite, *jeune homme*. Durma bem.

— Desejo-lhe o mesmo.

— Elas não me deixam descansar — disse ele. — Não durmo nunca.

— Durma hoje.

— Depois de Chez Les Vikings? — Fez uma careta, com o chapéu escorregando para trás. Parecia mais um tipo da Broadway no fim do século do que o excelente pintor que era. Tempos depois, quando se enforcou, não me saía dos olhos essa imagem de Pascin, quando estivemos juntos no Dôme. Dizem que as sementes do que seremos um dia nascem conosco, mas sempre me pareceu que aqueles que não levam a vida totalmente a sério têm as sementes cobertas por um solo generoso e bem-adubado.

EZRA POUND E O SEU BEL ESPRIT

Ezra Pound foi sempre um amigo generoso e vivia procurando ajudar a todo mundo. O estúdio em que morava com Dorothy, sua mulher, na Rue Notre-Dame-des-Champs, era tão pobre quanto o de Gertrude Stein era rico. Mas possuía ótima luz, tinha uma boa estufa para aquecê-lo, e nas paredes havia quadros de pintores japoneses, que Ezra apreciava. Creio que esses artistas eram todos nobres, lá em sua terra, e usavam cabelos compridos. Compridos e de um negro brilhante, cabelos que se derramavam para a frente quando os japoneses se curvavam em suas mesuras. Confesso que esses orientais me impressionavam muito mais do que suas pinturas. Eu não as entendia bem, mas descobri que não tinham qualquer mistério, quando acabei por compreendê-las. Verifiquei que não me diziam coisa alguma. Não gostei de chegar a essa conclusão, mas foi assim mesmo e não teve remédio.

Já os quadros que Dorothy pintava me agradavam bastante. Além disso, era uma mulher bonita e tinha um corpo perfeito. No estúdio havia ainda uma cabeça de Ezra, modelada por Gaudier-Brzeska, que eu apreciava, assim como gostava das fotografias de outras obras desse escultor, que ilustravam o livro que Ezra escrevera sobre ele. O poeta gostava também da pintura de Picabia, mas eu naquela época a considerava destituída de qualquer valor. O mesmo acontecia com relação aos quadros de Wyndham Lewis, que Ezra amava tanto. Mas a verdade é que ele gostava de tudo o que seus amigos fizessem; a lealdade, porém, sendo um belo sentimento humano, pode levar a julgamentos críticos desastrosos. Ezra e eu jamais discutíamos a respeito dessas coisas porque eu me calava sobre aquilo de que não gostasse. Se um homem gosta da literatura ou da pintura que seus amigos fazem, pensava eu, é como certas pessoas que gostam de suas famílias. Não seria delicado falar mal delas. Às vezes é preciso um tempo enorme de sofrimento para que se possa analisar criticamente as famílias, tanto a nossa própria como a que formamos pelo casamento, mas o mesmo não se dá quanto aos maus pintores: eles não nos fazem tanto mal, nem criam tragédias íntimas como ocorre com as famílias. Aos maus pintores, basta-nos ignorá-los, mas mesmo quando aprendemos a ignorar as famílias, a não ouvir seus reclamos, a não dar resposta às suas cartas, ainda assim dispõem de muitas formas de nos afligir.

Ezra era muito melhor e demonstrava ter mais caridade cristã com as pessoas do que eu. Seus próprios escritos, quando ele acertava a mão, eram tão perfeitos e ele se mostrava tão sincero em seus equívocos, tão enamorado de seus erros e tão gentil com seus semelhantes que sempre o considerei uma espécie de santo. Às vezes chegava a ser dominado pela cólera, mas qual o santo que jamais a conheceu?

Ezra quis um dia que eu o ensinasse a lutar boxe. Foi quando estávamos treinando em seu estúdio, ao fim de uma tarde, que vi Wyndham Lewis pela primeira vez. Ezra estava ainda muito verde na arte de boxear e eu me senti envergonhado por ele, a exibir-se assim na presença de um conhecido. Esforcei-me para que se mostrasse tão eficiente quanto possível, mas sem muito resultado. Ezra tinha uma certa prática da esgrima, e eu tentava treiná-lo no sentido de trabalhar com a mão esquerda e de mover o pé esquerdo para a frente, colocando o direito, logo a seguir, numa posição paralela a ele. Eram movimentos básicos, elementares, mas jamais consegui ensiná-lo a desfechar um gancho de esquerda e a encolher a direita.

Wyndham Lewis usava um chapéu preto de abas largas, que lhe dava o aspecto de uma figura típica do bairro, e vestia-se como uma personagem de *La Bohème*. Seu rosto me lembrava uma rã, não uma rã grande, mas uma rã vulgar, e Paris devia ser como que um charco gigantesco para ele. Nessa época de nossas vidas, acreditávamos que tanto os escritores como os pintores deviam usar as roupas que tivessem, pois não havia uniforme especial para artistas, mas Lewis usava ainda o figurino dos artistas de antes da guerra. Era embaraçoso vê-lo trajado de maneira tão ridícula, mas ele é que parecia olhar nosso treino com ar irônico, vendo-me esquivar dos golpes de esquerda de Ezra ou bloqueá-los com a luva direita aberta.

Quis interromper o treino, mas Lewis insistiu para que continuássemos e percebi que ele, embora não tivesse a menor ideia do que estávamos fazendo, esperava que Ezra acabasse levando um soco. Nada disso aconteceu. Sem nunca contra-atacar, eu mantinha Ezra dançando em torno de mim, provocando-me com a esquerda estendida e atirando leves *jabs* de direita. Quando nos cansamos, por fim, lavamo-nos com um balde d'água, enxugamo-nos vigorosamente com uma toalha e tratei logo de vestir minha camiseta de algodão.

Tomamos uma bebida qualquer e me pus a ouvir a conversa dos dois sobre seus conhecidos de Londres e de Paris. Sem dar impressão disso, eu não tirava os olhos de Lewis, como se faz quando se luta boxe, e acabei por concluir que jamais conhecera um sujeito tão antipático quanto aquele. Algumas pessoas têm a maldade na cara, assim como um cavalo de corridas mostra logo sua classe. Têm a dignidade de um cancro venéreo. Lewis não mostrava maldade: era todo antipatia.

A caminho de casa tentei descobrir o que é que ele realmente me fazia lembrar, e eram várias coisas, todas de caráter médico, exceto uma, que se resume num palavrão. Tentei dissecar sua face e analisá-la, minuciosamente, mas somente seus olhos sobressaíam. Quando os vi pela primeira vez, sob as abas largas de seu chapéu preto, pareceram-me os olhos de um estuprador frustrado.

— Conheci hoje o homem mais antipático que já vi — disse à minha mulher.

— Nesse caso, Tatie, não me conte nada. Não me conte nada porque já vamos jantar.

Uma semana mais tarde encontrei-me com Miss Stein, contei-lhe que conhecera Wyndham Lewis e perguntei-lhe se já estivera com ele alguma vez.

— Claro que sim, e eu o apelidei de *verme medidor*. Ele chega de Londres, vê um bom quadro numa exposição, puxa logo um lápis do bolso e é engraçadíssimo vê-lo tirar a perspectiva com o polegar deslizando sobre o lápis. Mede pra cá, mede pra lá, procura *descobrir* como é que o quadro foi pintado. Depois, volta para Londres, procura reproduzi-lo, mas não dá certo. Não dá certo porque ele não entendeu coisa alguma.

E foi assim que eu adotei o apelido que Miss Stein aplicara a Lewis: *verme medidor*. Era por certo designação mais suave e mais cristã do que a imagem que eu criara dele. Mais tarde, confesso que fiz força para gostar dele e tratá-lo com a cordialidade que usava com quase todos os amigos de Ezra quando ele os *traduzia* para mim. Mas a primeira lembrança é que conta e foi exatamente assim que ele me pareceu, quando o vi pela primeira vez no estúdio de Ezra: o homem mais antipático do mundo.

Ezra foi o mais generoso e desinteressado dos escritores que já conheci. Vivia ajudando a poetas, pintores, escultores e novelistas em cujo valor acreditasse, mas ajudaria igualmente àqueles cuja obra nada lhe inspirasse, desde que estivessem em dificuldades. Preocupava-se com todas as pessoas e, quando me tornei seu amigo, suas preocupações mais sérias envolviam a pessoa de T. S. Eliot, que, segundo Ezra me contou, tinha de trabalhar num banco em Londres e, por isso, pouco tempo lhe restava para realizar sua missão de poeta.

Ezra havia fundado com Miss Natalie Barney, uma americana muito rica e protetora das artes, algo que se chamava *Bel Esprit*. Miss Barney fora amiga de Rémy de Gourmont, um vulto da geração anterior à minha, e mantinha em sua casa um salão literário que se reunia periodicamente. Além disso, tinha um pequeno templo grego no jardim. Muitas senhoras americanas e francesas, com dinheiro sobrando, mantinham salões literários como esse, e eu cheguei logo à conclusão de que eram lugares excelentes para eu me manter afastado deles. Mas o *Salon* de Miss Barney, ao que eu saiba, era o único a possuir um templo grego no jardim.

Ezra mostrou-me o prospecto que mandara fazer a respeito do *Bel Esprit*. Na capa, com a devida autorização de Miss Barney, a fotografia do tal templo. A ideia geral do *Bel Esprit* era a de que todos contribuíssem com uma pequena parcela do que ganhassem para constituir um fundo para o resgate de Mr. Eliot do banco em que trabalhava, a fim de que ele pudesse dedicar-se exclusivamente à poesia, sem preocupações de ordem financeira. A ideia me pareceu boa e, quando conseguimos arrancar Eliot do seu banco, Ezra achou que deveríamos continuar nossa cruzada e arrumar a vida de todo mundo.

Lembro-me de que causei um certo mal-estar na ocasião, referindo-me sempre a Eliot como Major Eliot, fingindo confundi-lo com o Major Douglas, economista cujas ideias Ezra apoiava com o maior entusiasmo. Mas Ezra sempre soube que o meu coração estava no lugar certo e que eu havia absorvido bem a ideia do *Bel Esprit*, mesmo que lhe desagradasse quando eu solicitava contribuições financeiras a meus amigos para retirar aquele que eu chamava de *Major Eliot* do banco, e ninguém entendia o que é que um major tinha a ver com um banco e, caso estivesse na reserva, por que não lhe davam uma pensão ou, pelo menos, um soldo qualquer.

Quando me perguntavam a respeito, eu recomendava a meus amigos que não se preocupassem. O importante era ter ou não ter o *Bel Esprit*. Se tivessem, deveriam contribuir para tirar o major do banco. Se não tivessem, azar deles. Não entendiam o significado do pequeno templo grego? Era o que eu pensava. "Não faz mal, meu caro, conserve o seu dinheiro, não poderíamos aceitá-lo nessas condições."

Na minha qualidade de membro do *Bel Esprit*, trabalhei com o maior empenho, e meus sonhos mais felizes desse tempo eram os de ver o major sair do banco como um homem livre. Não me lembro bem de como é que a cruzada terminou, mas parece-me que foi depois da publicação de *The Waste Land* e do prêmio Dial que o major recebeu com esse poema. Uma senhora da nobreza britânica decidiu financiar uma revista dirigida por Eliot, *The Criterion*, de modo que Ezra e eu não precisávamos preocupar-nos mais com ele.

O pequeno templo grego de Miss Barney deve continuar em seu jardim, creio eu. Foi uma pena que não tivéssemos conseguido tirar o major do banco apenas com os esforços do *Bel Esprit*, pois eu sempre sonhara vê-lo chegar ao templo, para ali passar a viver, e nos imaginava — a Ezra e a mim — colocando em sua cabeça uma coroa de louros. Eu até já sabia onde conseguir os melhores ramos de louro e iria apanhá-los em minha bicicleta para coroá-lo, em companhia de Ezra, sempre que o major se sentisse abandonado, ou quando Ezra tivesse terminado a leitura dos originais ou das provas tipográficas de outro poema tão importante quanto *The Waste Land*.

O episódio terminou mal para mim, no terreno moral — como tantos outros episódios, aliás —, pois gastei em Enghien, em corridas de cavalos dopados, o dinheiro que guardara para tirar o major do banco. Em dois páreos, os cavalos em que eu apostara ultrapassaram seus competidores não dopados, ou dopados insuficientemente; mas, num terceiro, o animal em que eu pusera minhas esperanças foi estimulado de tal maneira que, antes do *start*, derrubou seu jóquei e fez sozinho a pista completa, ultrapassando todos os obstáculos em saltos divinos, como só nos sonhos podemos ver. Apanhado finalmente e remontado, começou a corrida de acordo com as normas oficiais, mas apenas conseguiu uma participação honrosa — como se costuma dizer nos hipódromos franceses — e levou todo o meu dinheiro.

É claro que eu teria preferido destinar o total da aposta ao *Bel Esprit*, que a essa altura não mais existia. Mas me consolei com a ideia de que, pelas apostas ganhas nos páreos anteriores, eu poderia ter contribuído muito mais substancialmente para a realização dos projetos do *Bel Esprit* do que a princípio fora minha intenção.

UM FINAL BASTANTE ESTRANHO

O modo como minhas relações com Gertrude Stein chegaram a seu fim foi bastante estranho. Nós nos havíamos tornado grandes amigos, eu vivia prestando-lhe uma série de favores práticos, tais como conseguir com Ford Madox Ford a publicação em fascículos de seu longo livro, ajudar a bater à máquina os originais, rever as provas tipográficas. Tudo indicava, portanto, que seríamos cada vez mais amigos, mais do que eu pudesse imaginar. Reconheço, porém, que não há muito futuro nessas amizades entre homens e mulheres famosas, embora possam até ser agradáveis antes de se encaminharem para melhor ou pior. Sei agora que há menos futuro ainda quando se trata de escritoras verdadeiramente ambiciosas. Quando um dia lhe expliquei minha ausência temporária da Rue de Fleurus, 27, com a desculpa algo esfarrapada de não saber se ela tinha estado em casa ou não, Miss Stein me disse: "Mas, Hemingway, você é dono desta casa, não sabe disso? Meu convite foi sincero. Venha aqui quando quiser, e a empregada (ela mencionou seu nome, mas já me esqueci dele) cuidará de você e tudo fará para que se sinta como em sua própria casa até que eu chegue."

Nunca abusei, apesar disso, mas de quando em quando dava um pulo até lá e, se Miss Stein não se encontrasse em casa, a empregada sempre me oferecia um drinque e eu ficava contemplando os quadros.

Se, depois de algum tempo, Miss Stein não voltasse, deixava-lhe minhas saudações com a empregada e dava o fora. Lembro-me mais vivamente do dia em que Miss Stein se preparava para uma viagem ao sul, que faria em seu carro, com uma amiga, e me convidou para ir lá pela manhã, para que nos despedíssemos. Fora gentilíssima, quando me convidara, dizendo que Hadley e eu — nessa época estávamos morando num hotel — poderíamos ficar hospedados em sua casa enquanto ela estivesse fora. Hadley e eu, porém, tínhamos outros planos e desejávamos cuidar de nós à nossa maneira. É claro que não dei essa explicação a Miss Stein, mas aceitar aquele convite, por mais amável que fosse, tornaria impossível realizar nossos projetos particulares. Eu sabia mais ou menos como me livrar dessas coisas e precisava aprender mais. Conversando com Picasso, muito tempo depois, ele me disse que sempre aceitava os convites que os grã-finos lhe faziam, porque isso os tornava muito felizes, mas que sempre arranjava uma boa desculpa para não aparecer. Preciso esclarecer que ele não se referia a Miss Stein quando me contou isso.

Mas, voltando ao que eu contava, era um belo dia de primavera aquele, e caminhei até a casa de Miss Stein, vindo da Place de l'Observatoire através dos jardins do pequeno Luxembourg. Os castanheiros-da-índia estavam floridos, havia muitas crianças brincando nas aleias cobertas de saibro, suas babás se espalhavam pelos bancos do parque, vi pombos silvestres nas árvores e ouvi o canto daqueles que a folhagem escondia.

A empregada abriu a porta antes que eu tivesse tocado a campainha, fez-me entrar e pediu-me que esperasse um pouco, pois Miss Stein desceria em seguida. Ainda não era meio-dia, mas a criada serviu-me um copo de *eau-de-vie* e deu um sorriso matreiro. O álcool incolor produziu uma sensação agradável em minha língua e eu nem tinha tomado um gole inteiro ainda, quando vi a voz de alguém que conversava com Miss Stein num tom que eu jamais ouvira, usado entre duas pessoas, fosse qual fosse o lugar, fosse qual fosse o tempo.

Ouvi depois a voz da própria Miss Stein, chorosa, implorando: "Não, gatinha. Não, por favor, não. Farei o que você quiser, gatinha, mas não faça isso. Não, por favor... Não, gatinha!"

Engoli a bebida de uma só vez, coloquei o copo na mesa e dirigi-me para a porta. A empregada sacudiu o dedo para mim, dizendo-me baixinho:

— Não vá embora, ela desce já, já.

— Sinto muito, mas preciso sair imediatamente.

Esforcei-me por não ouvir mais palavra alguma daquela conversa, mas o diálogo continuava e o único meio de não tomar conhecimento era mesmo dar o fora o quanto antes. Se o tom em que falava a desconhecida era desagradável, as respostas de Miss Stein eram ainda mais constrangedoras.

No pátio, à saída, recomendei à criada:

— Diga a Miss Stein que eu vim até aqui, mas não passei do pátio porque um amigo está muito doente e tenho de cuidar dele. Deixo-lhe o meu *bon voyage* e lhe escreverei depois.

— *C'est entendu, Monsieur.* É uma pena que o senhor não possa esperar.

— É verdade. Uma pena — retruquei.

Foi assim que terminou nossa amizade, dessa forma estúpida, pelo menos no que me diz respeito. É verdade que continuei a desincumbir-me das tarefas práticas a que já me referi, a aparecer de quando em quando, a trazer-lhe as pessoas que ela desejava ver, a esperar que mais cedo ou mais tarde eu fosse despedido, como a maioria de seus amigos homens, para dar lugar às novas amizades que ela iria fazer. Foi lastimável ver que ao lado dos grandes mestres da pintura moderna nas paredes de sua casa começavam a aparecer novos quadros, medíocres em sua maioria, mas isso já não tinha importância. Pelo menos para mim. Miss Stein vivia discutindo, agora, com quase todos nós, seus velhos amigos, menos com Juan Gris. Bem, com Juan ela não podia discutir mesmo, porque ele já havia morrido. E além do mais, se estivesse vivo, talvez nem se importasse com isso, porque há muito deixara de dar importância às coisas, como sua pintura demonstrava.

Finalmente, ela iniciava discussões até mesmo com as novas amizades, mas já não podíamos acompanhá-la nisso. Miss Stein começou a ficar parecida com um imperador romano, o que não tem nada de mais se a gente não se incomoda com o fato de nossas amigas ficarem parecidas com imperadores romanos. Mas eu me lembrava do tempo em que Picasso fez o seu retrato, da época em que ela nos lembrava uma robusta camponesa de Friuli.

Mas o coração é fraco, e seus velhos amigos de novo se aproximaram dela. Ninguém gosta de ser metido a besta ou a moralista. Eu também não gosto. No entanto, já não era a mesma coisa, nem em meu coração, nem em meu espírito. Quando uma antiga amizade não se refaz por completo, é na cabeça que a gente sente mais. Mas de que servem estas palavras? A coisa toda era muito mais complicada do que pude contar e jamais conseguirei explicá-la direito.

O HOMEM MARCADO PARA MORRER

Na tarde em que conheci o poeta Ernest Walsh, no estúdio de Ezra, ele estava acompanhado de duas moças que usavam longos casacos de *vison*. À frente do pátio de Ezra estacionara um automóvel enorme e brilhante, alugado no Claridge's, com chofer uniformizado e tudo. As duas moças eram louras e tinham feito a travessia do Atlântico no mesmo navio em que Walsh viera. Haviam chegado na véspera, e ele fizera questão de levá-las ao estúdio de Ezra.

Ernest Walsh era moreno, agitado, impecavelmente irlandês, tinha ar poético e estava tão marcado para morrer como certos tipos que a gente vê no cinema. Enquanto ele conversava com Ezra, eu conversava com as louras, que desejavam saber se eu já lera os poemas de Mr. Walsh. Nunca os tinha lido, e uma delas exibiu logo um exemplar de *Poetry – A Magazine of Verse*, dirigida por Harriet Monroe, mostrando-me alguns trabalhos de Walsh.

— Sabe que ele recebe mil e duzentos dólares por poema publicado? — perguntou ela.

— Por poema! — frisou a outra.

Ora, do que me lembrava é que eu recebia apenas doze dólares, se tanto, por página dessa mesma revista.

— Ele deve ser um grande poeta — retruquei.

— Ganha mais do que Eddie Guest — explicou-me a primeira.

— Mais também do que aquele outro... Como é mesmo o nome dele? — disse a outra.

— Kipling — informou a amiga.

— Vocês pretendem passar uma temporada em Paris? — perguntei-lhes.

— Bem, não sei, creio que não. Estamos com uma turma de amigos.

— Chegamos nesse navio, você sabe — disse a outra —, mas não havia ninguém realmente interessante a bordo, a não ser Mr. Walsh.

— Ele não joga cartas? — perguntei.

Recebi um olhar cheio de desapontamento, mas também de tolerância.

— Não. Nem precisa jogar, enquanto puder escrever poemas tão bonitos.

— Em que navio pretendem voltar?

— Bem, depende do navio e de uma série de outras coisas. Você vai voltar também?

— Não pretendo. Estou me arrumando muito bem por aqui.

— Diga-me uma coisa: este bairro não é um dos mais pobres de Paris?

— É. Mas é muito bom. Faço a ronda dos cafés e depois me divirto nas corridas de cavalo.

— Mas você pode ir às corridas com esses trajes?

— Não. Esta é a roupa de fazer a ronda dos cafés.

— Que engraçado! — disse uma delas. — Eu bem que gostaria de dar uma volta por esses cafés. Você não gostaria também, querida?

— Claro — respondeu a outra.

Anotei o nome delas no meu caderninho e prometi visitá-las no Claridge's. Eram boas meninas. Despedi-me delas, de Walsh e de Ezra. Walsh continuava sua longa conversa com Ezra, na mesma agitação inicial.

— Não se esqueça de nós — advertiu a mais alta.

— Como poderia? — respondi. E apertei novamente as mãos das duas.

A próxima notícia que tive de Walsh foi ainda por intermédio de Ezra. Um grupo de senhoras, amantes da poesia e protetoras de jovens poetas marcados para morrer, tivera de safá-lo do Claridge's, onde ele estava com as contas atrasadas. Tempos depois ouvi contar que ele conseguira financiamento numa outra fonte e iria publicar uma nova revista em nosso bairro da qual seria codiretor.

Por essa época, se não me engano, a *Dial* – a revista literária norte-americana dirigida por Scofield Thayer – concedia um prêmio anual de mil dólares àquele de seus colaboradores que mais se tivesse distinguido no campo das letras. Mil dólares, naqueles tempos, era uma soma formidável para quem vivesse exclusivamente de sua carreira de escritor e, além disso, havia o prestígio decorrente da premiação. Várias pessoas já o tinham ganho, todas elas merecidamente, creio eu. Para se ter uma ideia de como era a coisa, basta dizer que um casal podia viver confortavelmente na Europa com cinco dólares diários e, ainda por cima, fazer de quando em quando algumas viagens.

Seguindo o exemplo da *Dial*, dizia-se, a nova revista de que Walsh seria um dos diretores resolvera dar também um prêmio vultoso ao seu colaborador cujo trabalho fosse considerado o melhor ao fim dos quatro primeiros números.

Não me recordo como é que esse rumor começou a circular, se por indiscrição de alguém ou se por confidência dos próprios diretores. Esperemos e acreditemos que a coisa tenha sido completamente correta em todos os sentidos, porque jamais foi possível imputar e muito menos provar qualquer coisa menos digna quanto à colega de Walsh na direção da revista.

Pouco depois de o boato ter me chegado aos ouvidos, Walsh me convidou um dia para almoçar com ele num restaurante que era o melhor e o mais caro das vizinhanças do Boulevard Saint-Michel. Logo após as ostras, que eram também das mais caras – *marennes* alongadas, de cor ligeiramente acobreada, em lugar das comuns e côncavas, as *portugaises* –, e de uma garrafa de Pouilly-Fuissé, Walsh começou a conduzir a conversa, delicadamente, para o tal prêmio.

Tive logo a impressão de que me queria levar no bico, como fizera com as duas bobocas que conhecera no navio — admitindo-se que elas fossem de fato bobocas e que ele as tivesse levado na conversa. Perguntou-me se eu queria outra porção daquelas ostras alongadas, pois era assim que se referia a elas, e eu disse que sim, pois estavam ótimas. Notei que não se esforçava por me apresentar aquele ar de marcado para morrer, o que já era um alívio. Eu sabia — e Walsh não ignorava isso — que ele estava com tuberculose, e não daquele tipo da qual ainda naquele tempo se poderia tirar alguma notoriedade, mas do tipo que leva o sujeito para a cova. Por isso, também, não fez força para tossir, coisa que muito me agradou, já que estávamos à mesa. Perguntei-me se ele comia as tais ostras alongadas pelo mesmo motivo por que as prostitutas de Kansas City, quando estavam marcadas para morrer ou para o que desse e viesse, sempre engoliam esperma como o melhor remédio para a tuberculose, mas achei que não seria delicado investigar esse ponto. Ataquei minha segunda dúzia de ostras, tirando-as uma a uma de seu leito de gelo moído sobre uma bandeja de prata e notando que seus contornos, de um castanho inacreditavelmente delicado, se contraíam quando eu espremia limão sobre elas e as soltava da casca, para comê-las, também delicadamente.

— Ezra é um grande, um genial poeta — disse Walsh, olhando-me com seus olhos escuros de poeta.

— Sem dúvida — concordei. — E, além disso, um ótimo sujeito.

— Um caráter nobre — insistiu Walsh. — Verdadeiramente nobre.

Comemos e bebemos em silêncio durante alguns momentos em homenagem à nobreza de Ezra. Senti pena que ele não estivesse conosco, pois as *marennes* também estavam fora de seu gabarito financeiro.

— Joyce é excelente — disse Walsh. — Grande escritor, verdadeiramente grande.

— Verdadeiramente! — repeti. — E um bom amigo.

Eu era de fato amigo de Joyce, tendo-me aproximado dele naquela fase magnífica por que passou, depois de terminar o *Ulisses* e antes de iniciar o livro a que durante muito tempo se referiu apenas como *trabalho em execução*. A menção de seu nome me trouxe à lembrança uma série de coisas a seu respeito.

— Gostaria que ele estivesse melhor da vista — continuou Walsh.

— Eu também — repliquei.

— É a tragédia do nosso tempo — afirmou Walsh.

— Não há quem não tenha qualquer coisa fora dos eixos — respondi, querendo animar um pouco o almoço.

— Você não me parece ter problema algum. — Jogou sobre mim todo o seu charme, mas fez logo a cara de quem está marcado para morrer.

— Você quer dizer que eu não estou marcado para morrer? — perguntei, não tendo podido conter minha maldade.

— Exatamente! Você está marcado para Viver! — Senti que ele disse *Viver* com V maiúsculo.

— Tudo chegará a seu tempo — disse eu.

Walsh quis comer depois uma carne malpassada, e encomendei dois *tournedos* com *sauce Béarnaisse*, certo de que a manteiga lhe faria bem.

— Que tal bebermos um bom vinho tinto? — perguntou-me. Fiz sinal ao *sommelier* e encomendei um Châteauneuf du Pape. Depois do almoço andaria um pouco para neutralizar-lhe o efeito. Walsh poderia dormir ou fazer o que melhor lhe parecesse, pensei eu, porque só cuidarei de mim e de mais ninguém.

As negaças terminaram quando chegávamos ao fim dos *tournedos* e das batatas fritas, tendo bebido já uns dois terços do Châteauneuf du Pape, que, a propósito, não é um vinho adequado para almoço.

— Não adianta esconder o jogo — disse Walsh. — Você já deve ter percebido que o prêmio será seu, não é?

— Meu? — estranhei. — Por que meu?

— Porque sim. — Desandou a falar sobre meus trabalhos, mas desliguei-me completamente. Constrangia-me ouvir comentários sobre minha obra literária e olhei para ele, com a sua cara de homem marcado para morrer, pensando: "Lá vem você, seu chato, querendo levar-me na conversa, com sua encenação de condenado e tudo mais. Já vi um batalhão de soldados comendo poeira numa estrada, e um terço deles, pelo menos, sabia que a morte estava próxima, mas ninguém fazia essa cara, ao passo que você, que está marcado para morrer, vive cavando a vida à custa da morte. Pensa que vai me levar no bico agora, não é? *Não tapeie, para não ser tapeado.*" Mas a morte não estava brincando com Walsh. Ela o pegaria para valer, mais cedo ou mais tarde.

— Não creio que o mereça, Ernest — disse, gostando de usar meu próprio nome, que eu detestava, ao me dirigir a ele. — Além disso, Ernest, não ficaria bem, Ernest.

— É curioso que tenhamos o mesmo nome, não lhe parece? — perguntou-me ele.

— De fato, Ernest. Devemos estar à altura do nosso nome. Você compreende o que quero dizer, não compreende, Ernest?

— Sim, Ernest — disse ele. Deu-me sua infinita e triste expressão irlandesa de compreensão e posicionou de novo o seu charme.

A partir desse dia, fui sempre muito amável com ele e a revista, tanto assim que acabei tomando conta de sua produção, já que os tipógrafos não conheciam inglês, quando as hemoptises começaram e Walsh teve de deixar Paris. Fui testemunha de uma das hemoptises e posso assegurar que foi legítima, tão legítima e honesta que a morte dessa vez não falharia. Agradou-me ter sido amável com ele, sobretudo porque aquela era uma das épocas mais difíceis de minha vida, da mesma forma que me agradara tê-lo chamado pelo nome Ernest. Aprendi a gostar de sua colega de direção na revista. Ela jamais me prometeu prêmio algum; tudo o que queria era lançar uma boa revista e pagar bem aos seus colaboradores.

Um dia, muito tempo depois, encontrei-me com Joyce no Boulevard Saint-Germain, quando ele regressava de uma matinê teatral. Joyce gostava de escutar os atores, já que não mais podia vê-los representar. Convidou-me a tomar um drinque com ele e fomos ao Deux Magots beber um xerez seco, embora circule por aí a lenda de que ele somente bebia vinhos brancos suíços.

— Que notícias tem de Walsh? — perguntou-me Joyce.

— Quem vive como ele — respondi — está sempre mais ou menos morto.

— Ele chegou a lhe prometer o tal prêmio? — perguntou Joyce.

— Sim.

— Era o que eu pensava...

— Também lhe prometeu?

— Também — disse Joyce. Depois de alguns momentos em silêncio, perguntou: — Teria prometido a Pound também?

— Sei lá — respondi.

— É melhor nem lhe perguntar — disse Joyce. Não tocamos mais no assunto. Contei-lhe como conhecera Walsh, no estúdio de Ezra, acompanhado das louras em seus casacos de *vison*, e ele se divertiu muito com a história.

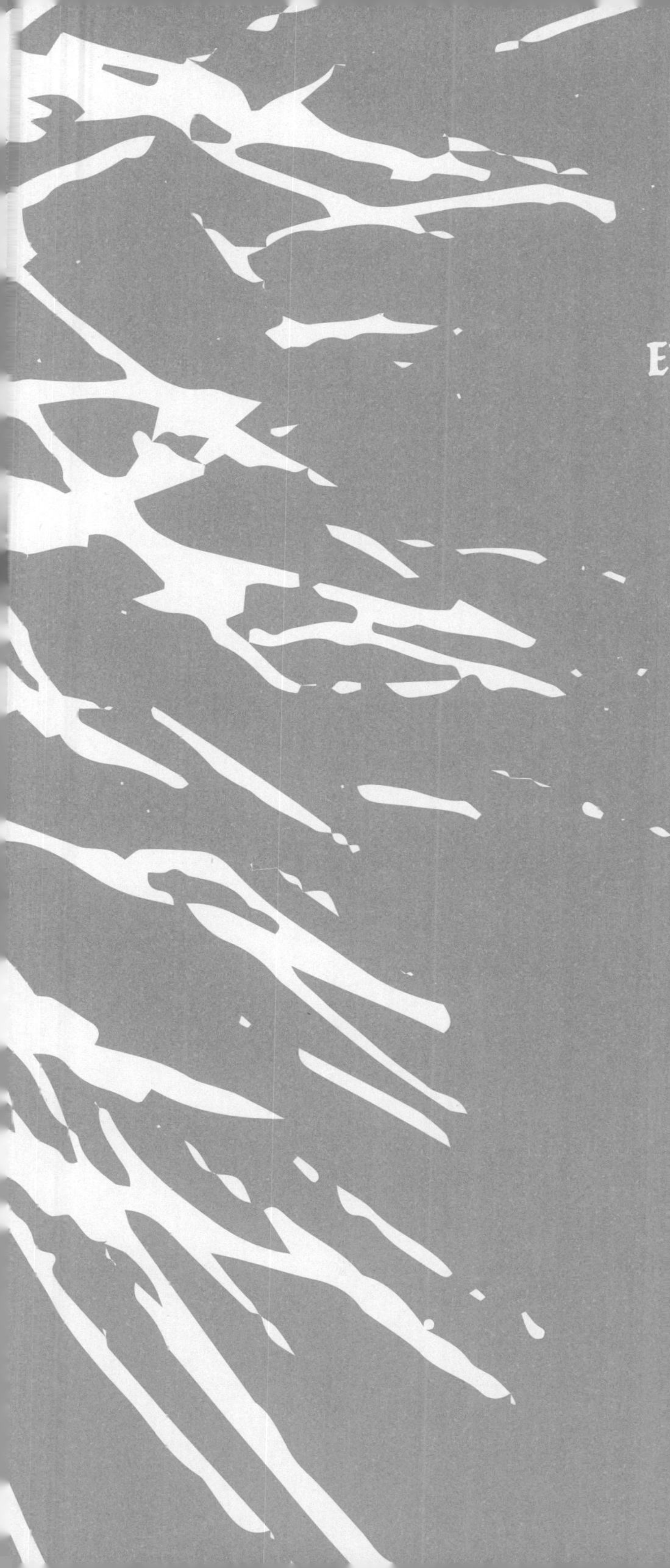

EVAN SHIPMAN
NO LILAS

A partir do dia em que descobri a biblioteca de aluguel de Sylvia Beach, li todo o Turgueniev, tudo o que havia de Gogol em inglês, as traduções de Tolstói feitas por Constance Garnett e as traduções de Tchekhov publicadas na Inglaterra. Em Toronto, muito antes de virmos para Paris, haviam-me dito que Katherine Mansfield era uma boa contista, talvez mesmo uma grande contista; o diabo é tentar lê-la depois de Tchekhov. É como comparar as histórias bem arrumadinhas de uma solteirona com os contos de um clínico que fosse também bom escritor e tivesse estilo simples e direto. Antes beber água do que tomar a cerveja choca de Mansfield. Não quero dizer com isso que Tchekhov fosse como água, a não ser pela clareza. Se alguns de seus contos têm muito de jornalístico, outros há que são obras-primas.

Na obra de Dostoievski também há disso: coisas verossímeis e outras nem tanto, mas algumas de suas páginas são de tal maneira realistas que nos modificam à sua simples leitura. Fraqueza e loucura, crime e santidade, a insensatez do jogo, tudo está lá, descrito com a minúcia com que Turgueniev retrata paisagens e caminhos, e Tolstói nos apresenta movimentos de tropas, terrenos de operações, soldados, oficiais, batalhas. Perto da obra de Tolstói, o trabalho de Stephen Crane sobre a Guerra Civil nos Estados Unidos reduz-se a meros esforços de uma brilhante imaginação, páginas de um jovem doentio que jamais vira uma guerra de perto, conhecendo-a apenas da leitura de relatórios e do exame das fotografias de Brady, material esse que eu também tivera ao meu alcance, na casa de meus avós. Até ler *A Cartuxa de Parma*, de Stendhal, nunca vira a guerra descrita em termos tão convincentes quanto em Tolstói, mas devo dizer que as páginas fascinantes de Stendhal sobre Waterloo são mero acidente num livro que é tedioso em sua maior parte. Ter descoberto esses novos mundos da literatura, com tempo de sobra para percorrê-los e morando numa cidade como Paris, onde havia possibilidades de trabalhar e viver como eu queria, independentemente de ter ou não dinheiro, era como ter recebido um grande tesouro. E um tesouro que eu poderia levar comigo para onde fosse. Nas montanhas da Suíça e da Itália, onde passávamos as férias antes de conhecer Schruns, no planalto austríaco do Vorarlberg, havia sempre livros em torno de nós. Vivíamos encantados nesses mundos novos recém-descobertos: a neve e as florestas, as geleiras e seus problemas de inverno, nosso abrigo durante o dia no Hotel Taube e, à noite, as viagens pelos horizontes maravilhosos que os escritores russos abriam diante de nós. A princípio apenas os russos, depois todos os outros. Mas os russos, por muito tempo, foram os nossos guias.

Lembro-me de que um dia, quando voltávamos de nosso jogo de tênis no Boulevard Arago e Ezra me convidara para tomar um drinque em seu estúdio, perguntei-lhe o que achava de Dostoievski.

— Para lhe ser franco, Hem — disse ele —, nunca li os *rússios*.

Era uma resposta honesta como todas as respostas de Ezra, mas confesso que fiquei desapontado. Ele era o amigo em quem eu mais confiava como crítico, o homem que acreditava no *mot juste* — a palavra, a *única palavra* adequada e correta —, que me ensinara a desconfiar de adjetivos como eu mais tarde iria desconfiar de certas pessoas em certas situações. Gostaria que ele me tivesse dado sua opinião sobre um escritor que quase nunca usara o *mot juste* e, no entanto, dera vida a alguns de seus personagens como pouquíssimos de seus colegas o tinham conseguido.

— Mantenha-se em contato com os franceses — disse Ezra. — Você tem muito a aprender com eles.

— Sei disso — concordei. — Tenho muito a aprender com todos os bons escritores.

Saí do estúdio de Ezra e tomei o caminho de casa, percorrendo a rua inclinada ao fim da qual, atrás das árvores, podia vislumbrar a fachada lateral do Bal Bullier ocupando toda a largura do Boulevard Saint-Michel. Chegando ao pátio, que estava cheio de tábuas serradas há pouco, abri o portão, atravessei-o e deixei minha raquete em seu cabide ao pé da escada que conduzia ao nosso apartamento. Chamei minha mulher, mas ninguém respondeu.

— *Madame* saiu com a babá e o garoto — informou-me a mulher do dono da serraria. Era uma mulher muito gorda, algo agressiva, de cabelos espetados, e eu lhe agradeci a informação.

— Um jovem esteve aqui à sua procura — continuou ela, usando a expressão *jeune homme* em lugar de *Monsieur*. — Como o senhor não estava, disse que iria aguardá-lo no Lilas.

— Muito obrigado — disse. — Se *Madame* voltar logo, diga-lhe que dei um pulo até o Lilas.

— Ela saiu com alguns amigos — completou a mulher do serrador, recolhendo a ponta do *peignoir* encarnado e marchando resolutamente, com saltos altos, para dentro de seu *domaine*, cuja porta deixou aberta.

Desci à rua, segui por entre as casas altas e esbranquiçadas cuja pintura apresentava manchas e riscas, virei à direita na esquina banhada de sol e entrei na penumbra raiada de luz do Lilas.

Não vendo nenhuma cara conhecida, dirigi-me ao terraço e lá estava a figura de Evan Shipman, esperando por mim. Evan era um bom poeta e um homem apaixonado por cavalos, literatura e artes plásticas. Levantou-se ao me ver, alto, pálido, magro, a camisa branca encardida e rota no colarinho, o nó de gravata bem dado, o terno cinza todo amassado e muito surrado, os dedos com manchas mais escuras do que seus cabelos, as unhas sujas, o sorriso encantador, mas algo irônico, que ele conseguia dar com os lábios cerrados, para não mostrar os maus dentes.

— Que prazer vê-lo de novo, Hem — exclamou ele.

— Como vai você, Evan? — perguntei com afeto.

— Um pouco por baixo — disse ele. — Creio que já liquidei o "Mazeppa", porém. E você? Como vai?

— Vou bem, felizmente. Estava jogando tênis com Ezra quando você passou pela minha casa.

— Ezra vai bem?

— Muito!

— Estou contente de tê-lo aqui, Hem. A mulher do seu proprietário parece que não vai com a minha cara. Imagine que não permitiu que eu subisse ao seu apartamento, para esperá-lo lá.

— Vou dar-lhe uma chamada — prometi.

— Não perca tempo com isso. Posso esperar sempre aqui. É muito agradável com um sol destes, não é?

— Não está tão quente assim — respondi. — E não creio que você esteja com a roupa adequada. Afinal de contas, estamos no outono.

— Só faz frio à noite — disse Evan — e aí visto o sobretudo.

— Ah, então já localizou o sobretudo?

— Bem, ainda não... Mas deve estar guardado em algum lugar.

— Como é que você sabe disso?

— Porque deixei um poema num dos bolsos — riu-se animadamente, mas cobrindo sempre os dentes com os lábios. — Tome um uísque comigo, Hem.

— Boa pedida!

— Jean! — Evan levantou-se e chamou o garçom. — Dois uísques, por favor.

Jean trouxe a garrafa, os copos, o sifão e os dois pires de dez francos. Não usou qualquer medida para servir nossas doses e botou uísque nos copos, enchendo-os até três quartos de sua capacidade. Jean adorava o Evan, pois ele às vezes o acompanhava até sua casinha em Montrouge, além da Porte d'Orléans, para ajudá-lo a cuidar do jardim nos dias de sua folga no Lilas.

— Não precisa exagerar — disse Evan ao garçom velho e alto.

— Não pediu dois uísques? Isto é o que entendo por dois uísques.

Botamos um pouco de soda, e Evan me disse:

— Tome o primeiro gole devagarinho, Hem. Com jeito a gente consegue um efeito prolongado.

— Você tem cuidado da saúde, Evan?

— Claro, Hem. Mas vamos falar de outro assunto, está bem?

Estávamos só nós dois no terraço e o uísque começou logo a nos aquecer, embora eu estivesse mais bem agasalhado do que ele para a temperatura do outono, com uma camiseta de algodão, uma camisa e, por cima de tudo, uma suéter de lã grossa como a que os marinheiros franceses usam.

— Tenho meditado muito sobre Dostoievski ultimamente — disse eu. — Como é possível alguém escrever tão mal, tão incrivelmente mal, e ainda assim comunicar tanta emoção a quem o lê?

— Não creio que seja culpa da tradutora — respondeu Evan. — Constance Garnett nos dá um Tolstói bem legível.

— É verdade. Tentei ler *Guerra e paz* não sei quantas vezes, até encontrar uma tradução de Constance.

— Há quem diga que ainda poderia ser melhor — disse Evan — e acredito que sim, embora não conheça russo, para opinar com segurança. Mas nós dois conhecemos muito bem esse negócio de traduções, e não há dúvida de que ela trabalhou direito. É um romance fenomenal, talvez o melhor de todos os romances, penso eu. Tão bom que é possível relê-lo várias vezes.

— Exatamente — disse eu. — Mas ninguém consegue reler Dostoievski nesse ritmo. Numa de minhas férias em Schruns já havia lido todos os livros que levara e então descobri num canto o *Crime e castigo*. Fiz força, mas foi impossível relê-lo. Passei a ler jornais austríacos e a estudar alemão, até que fui salvo por algumas obras de Trollope, em edição da Tauchnitz.

— Que Deus abençoe as edições da Tauchnitz — disse Evan.

O uísque já perdera sua qualidade estimulante do início e agora, quando se lhe acrescentava um pouco de soda, era apenas uma bebida forte.

— Dostoievski era um merda, Hem — continuou Evan. — Os melhores heróis de sua literatura são os santos e uns merdas como ele. Não há dúvida de que conseguiu criar uns santos admiráveis. É pena que a gente não consiga reler seus livros.

— Tentarei de novo reler *Os irmãos*. Talvez a culpa seja minha.

— É claro que se consegue reler algumas partes. Uma boa parte, aliás. Mas logo começa a irritar-nos, apesar de sua qualidade.

— Bem, tivemos sorte de poder lê-lo pelo menos uma vez. Quem sabe se um dia haverá traduções melhores?

— Não se deixe tentar pela ideia, Hem.

— Não se preocupe. A coisa virá no seu momento oportuno, sem que eu me esforce demais. E ler, é reler, e um dia acabarei descobrindo tudo o que ele quis dizer.

— Então persista, meu caro, que eu lhe darei apoio com o uísque de Jean.

— Jean ainda se dará mal, protegendo-nos assim — disse eu.

— Ele já está encrencado, o nobre!

— Como assim?

— A direção do Lilas mudou, você sabe. Os novos donos querem uma freguesia diferente, que gaste mais do que os velhos *habitués*. Ouvi dizer que pretendem até instalar um *american bar*. Os garçons serão obrigados a usar jaquetas brancas, Hem, e receberam ordem de raspar os bigodes.

— Mas que loucura! Eles não podem cometer esse crime contra o André e o Jean.

— Não podem, mas vão.

— Jean usou esse bigode toda a sua vida. É um bigode militar. Do regimento dos Dragões de Cavalaria.

— Dragão ou não, vai ter de raspar o bigode.

Bebi o resto do uísque.

— Outro uísque, *Monsieur*? — perguntou Jean. — Outro uísque, *Monsieur* Shipman? — Seu bigode espesso e caído fazia parte do rosto magro e gentil, e sua careca brilhava sob os poucos fios de cabelo que a cobriam.

— Não permita essa violência contra você, Jean — disse eu. — Não lhes dê esse gosto.

— Não há remédio, *Monsieur* — respondeu discretamente. — Há uma confusão geral, muitos estão indo embora.

— Não faça isso, Jean.

— *Entendu, Messieurs* — disse numa voz alta para os donos ouvirem. Ele foi para o interior do café e voltou com a garrafa de uísque, dois copos grandes, dois pires de dez francos, com as bordas douradas, e a garrafa de soda.

— Não faça isso, Jean — disse eu uma vez mais. Ele colocou os copos nos pires e encheu-os até quase as bordas, levando de volta a garrafa quase vazia. Evan e eu botamos um jato de soda em cada copo.

— Foi bom que Dostoievski não tivesse conhecido o Jean — disse Evan. — Poderia ter morrido de tanto beber.

— E nós, o que vamos fazer com estas doses brutais?

— Bebê-las. É uma forma de protesto. Ação direta.

No dia seguinte voltei ao Lilas pela manhã para trabalhar. André serviu-me um *bovril*, que é um copo de caldo de carne diluído em água. André era baixo e louro. Onde antes se via seu bigode espetado estava o lábio nu, nu como o lábio de um padre. E ele usava a jaqueta branca de barman americano.

— Onde está o Jean?

— Hoje é seu dia de folga. Só voltará amanhã.

— Como é que ele se sente com a operação?

— Ainda não se acostumou bem. Como o senhor sabe, ele serviu num regimento de cavalaria pesada durante toda a guerra. Foi condecorado com a Croix de Guerre e a Médaille Militaire.

— Nunca soube que ele tivesse sido ferido tão gravemente assim.

— Não foi por isso. Claro que foi ferido, mas as medalhas foram por atos de bravura em combate.

— Diga-lhe que perguntei por ele.

— Pois não — disse André. — Espero que ele não leve muito tempo para conformar-se.

— Diga-lhe que *Monsieur* Shipman também perguntou por ele.

— Não será necessário. *Monsieur* Shipman está em companhia dele neste momento. Cuidam do jardim, lá em Montrouge.

UM AGENTE DO MAL

A última coisa que Ezra me disse, antes de deixar a Rue Notre--Dame-des-Champs rumo a Rapallo, foi precisamente isto:

— Hem, guarde este pote de ópio e só o entregue a Dunning quando ele estiver precisando.

Era um grande pote de creme facial, mas verifiquei que seu conteúdo era escuro e pegajoso, tendo o odor forte de ópio bruto. Ezra o havia adquirido de um pele-vermelha, na Avenue de l'Opéra perto do Boulevard des Italiens, segundo me contou, pagando bom preço por ele. O mais provável, pensei, é que tenha vindo do Hole in the Wall, um velho bar que se tornara notório como ponto de reunião de desertores e traficantes de tóxicos, durante e logo depois da Primeira Grande Guerra. O Hole in the Wall não era mais do que um estreito corredor, com uma fachada vermelha, na Rue des Italiens. Durante algum tempo chegou a ter uma saída pelos fundos que dava para os esgotos de Paris e de onde se chegava, pelo que diziam, às catacumbas. Dunning — Ralph Cheever Dunning — era um poeta que fumava ópio e se esquecia de comer. Quando fumava demais, não conseguia engolir coisa alguma, a não ser leite, e escrevia seus versos em *terza riruce*, o que o tornava encantador aos olhos de Ezra, grande apreciador de sua poesia. Dunning morava no mesmo pátio onde Ezra tinha seu estúdio. Eu estivera lá a pedido de Ezra, semanas antes, para ajudá-lo a assistir Dunning, que agonizava:

"Dunning está morrendo", informava o recado de Ezra. "Venha imediatamente."

Dunning parecia um cadáver quando o vi estirado em seu catre e certamente teria morrido de inanição se eu não tivesse conseguido convencer Ezra de que poucas pessoas morrem fazendo frases tão bonitas, de que jamais vira um agonizante falando em *terza riruce* e de que duvidava que até mesmo Dante conseguisse fazê-lo. Ezra corrigiu-me logo, esclarecendo que ele não estava falando em *terza riruce*, ao que eu respondi que se me parecia *terza riruce* é porque ainda estava meio tonto, tendo sido acordado naquele instante para vir auxiliá-lo. Finalmente, depois de uma noite toda ao lado de Dunning, esperando que a morte viesse buscá-lo, o caso foi confiado a um médico e o poeta transportado para uma clínica particular, a fim de ser desintoxicado. Ezra se responsabilizou pelas despesas e mobilizou não sei quantos amantes de poesia para o salvamento de Dunning. A mim coube apenas a tarefa de guardar o pote de ópio para as emergências futuras. Era uma incumbência sagrada, partindo de Ezra, e esperei estar à altura da missão, principalmente para saber identificar um real estado de emergência. Esse estado chegou mais cedo do que eu esperava, na pessoa da *concierge* de Ezra, que me foi procurar na serraria, um domingo pela manhã, gritando para a janela aberta, ao pé da qual eu estudava com afinco o programa das corridas de cavalo:

— *Monsieur Dunning est monté sur le toit et refuse catégoriquement de descendre.*

Dunning ter subido ao teto do estúdio e se recusar categoricamente a descer pareceu-me um estado de emergência perfeitamente caracterizado. Apanhei correndo o pote de ópio e acompanhei a *concierge*, uma mulher de pequena estatura, que se mostrava nervosíssima com aquela situação.

— *Monsieur* trouxe o que é necessário? — perguntou-me aflita.

— Claro — disse eu. — Resolveremos o problema num instante.

— *Monsieur* Pound pensa em tudo — disse ela. — É a bondade em pessoa.

— Tem toda razão — repliquei. — E sinto falta dele todos os dias.

— Vamos esperar que *Monsieur* Dunning não complique as coisas ainda mais.

— Não há perigo. Tenho aqui o remédio que simplificará tudo — garanti.

Quando chegamos ao pátio, a *concierge* exclamou:

— Veja só! Ele já desceu!

— Deve ter pressentido minha chegada — expliquei. Galguei a escada externa, que conduzia ao estúdio de Dunning, e bati à porta. Ele a entreabriu, pálido, parecendo mais alto do que era.

— Ezra pediu-me que lhe trouxesse isto — disse eu, entregando-lhe o pote. — Você já deve saber do que se trata.

Dunning apanhou o pote, examinou-o por instantes, depois o atirou contra mim, em fúria. O pote atingiu-me no peito e rolou escada abaixo.

— Seu filho da puta! — disse ele. — Filho da puta! — repetiu.

— Ezra me disse que você talvez precisasse disso — tentei explicar. Sua resposta foi atirar-me uma garrafa de leite. — Tem certeza de que não necessita do pote? — insisti. Atirou-me outra garrafa de leite. Recuei, e ele me atirou ainda uma terceira, que me atingiu nas costas, e fechou a porta.

Apanhei o pote, que estava apenas trincado apesar da queda, e o coloquei no bolso.

— Parece que ele não quer o presente de *Monsieur* Pound — informei à *concierge*.

— Quem sabe se já se acalmou? — respondeu ela.

— É... Talvez se tenha arranjado de outra maneira — observei.

— Pobre *Monsieur* Dunning — exclamou.

Os amantes de poesia mobilizados por Ezra acabaram cuidando de Dunning. Minha intervenção, secundado pela *concierge*, fora malsucedida. Embrulhei o pote em papel parafinado e o guardei, cuidadosamente amarrado, numa de minhas botas de montaria. Alguns anos mais tarde, quando Evan Shipman me ajudava a empacotar alguns objetos, pois eu estava mudando de apartamento, encontrei as botas no mesmo lugar — mas o pote desaparecera. Até hoje não sei por que Dunning me atirou as garrafas de leite. Talvez se recordasse de minha falta de credulidade na noite de sua primeira agonia, talvez, ainda, porque me tivesse detestado à primeira vista. Lembro-me, porém, de que a frase *Monsieur Dunning est monté sur le toit et refuse catégoriquement de descendre* causou grande satisfação a Evan Shipman. Parece-me que descobriu nela um sentido simbólico. Sei lá! É possível que Dunning me tenha tomado por um agente do mal ou da polícia. O que sei ao certo é que Ezra fez força para ajudar Dunning; aliás, vivia tentando ajudar todas as pessoas. Sempre desejei que Dunning fosse tão bom poeta quanto Ezra dizia que ele era. Não posso testemunhar sobre isso, mas garanto que, como poeta, tinha pontaria certeira quando atirava garrafas. Por outro lado, Ezra — um poeta excepcional — não deixava de ser bom jogador de tênis. Evan Shipman, outro bom poeta, embora displicente quanto à publicação de seus versos, achou melhor que essas indagações permanecessem envoltas em mistério.

— Necessitamos de um pouco mais de mistério em nossas vidas, Hem — disse-me ele certa vez. — O escritor completamente desambicioso e o bom poema inédito, eis duas coisas que muita falta nos fazem hoje em dia. Mas o problema da subsistência é de uma realidade desgraçada...

SCOTT FITZGERALD

Seu talento era tão espontâneo como o desenho que o pó faz nas asas de uma borboleta. Houve uma época em que ele tinha tanta consciência disso quanto a borboleta, não ligando para o fato de que seu talento podia apagar-se ou desaparecer de todo. Mais tarde começou a preocupar-se com as asas feridas e sua estrutura. Aprendeu a refletir, mas já não conseguia voar porque o amor ao voo o abandonara. Restava-lhe apenas a lembrança dos dias em que voar fora um ato natural.

Uma coisa muito estranha aconteceu quando travei conhecimento com Scott Fitzgerald. Muitas coisas estranhas aconteciam com Scott, mas jamais me poderia esquecer daquela primeira vez. Ele entrara no Dingo, um bar na Rue Delambre, onde eu bebericava com alguns tipos totalmente inexpressivos, apresentou-se e apresentou-nos a um sujeito alto e simpático que o acompanhava, informando que ele era Dunc Chaplin, o grande craque de beisebol. Eu jamais acompanhara o beisebol de Princeton, mas ele era extraordinariamente simpático, calmo, despreocupado e simples, o que de pronto me levou a gostar mais dele do que de Scott.

Scott era nessa época um homem de aspecto juvenil, com um rosto entre simpático e bonito. Seus cabelos eram claros e ondulados, a testa era alta, erguendo-se acima de olhos matreiros e cordiais e de uma boca de lábios tão delicados e longos como os de um irlandês; se fossem de moça, seriam os lábios da própria beleza. O queixo era bem-construído, as orelhas eram perfeitas e o nariz, de linhas finas, era quase elegante. Tudo isso não bastaria para compor um rosto bonito, mas a impressão de beleza era acentuada pelos cabelos muito claros e pela boca delicada. Tão delicada que nos intrigava enquanto não o conhecíamos e, depois, nos intrigava ainda mais.

Há muito que desejava conhecer Scott, e tive muita satisfação de o encontrar ali, depois de um duro dia de trabalho, acompanhado logo do grande Dunc Chaplin — de quem jamais ouvira falar, mas que já ficara meu amigo. Scott estava com a língua solta e, como eu ficasse embaraçado pelo que ele dizia — elogios rasgados à minha obra literária —, aproveitei para analisá-lo bem em lugar de prestar maior atenção às suas palavras. Nessa época ainda não havia o hábito de lançar elogios assim na cara dos outros, e a coisa ia se tornando mais e mais constrangedora. Scott pedira champanhe, que ele, Dunc e eu bebíamos, com a cooperação, creio, de alguns dos tipos inexpressivos com quem me encontrava quando eles chegaram. Dunc e eu não prestávamos muita atenção ao discurso — era de fato um longo discurso — e eu continuava a analisar Scott com todo o cuidado. Não era gordo, mas seu rosto me deu a impressão de estar um pouco inchado. Vestia-se bem, num terno da casa Brooks Brothers, sua camisa era branca, com as pontas do colarinho abotoadas, e usava uma gravata com as cores características de um regimento de guardas do exército britânico. Desejei falar com ele sobre a gravata, porque havia muitos ingleses em Paris e algum poderia entrar no Dingo — já estavam lá uns dois —, mas abandonei a ideia a tempo, porque não tinha nada com isso e fiquei a estudá-lo um pouco mais. Vim a saber, mais tarde, que ele comprara a tal gravata em Roma.

Mas a verdade é que eu não conseguia fazer um retrato claro de Scott apenas com esse exame superficial, embora notasse que suas mãos eram elegantes e decididas, não muito pequenas. Quando ele se sentou num dos tamboretes do bar, observei que tinha as pernas bastante curtas. Com pernas de tamanho adequado, ele seria uns oito centímetros mais alto. Acabamos a primeira garrafa de champanhe, abrimos a segunda, e o discurso, felizmente, diminuiu um pouco de intensidade.

Tanto Dunc como eu já nos sentíamos ainda melhor do que antes do champanhe, e era ótimo que a conversa começasse a escorregar mais lentamente. Eu imaginava, até então, que ninguém mais, além de minha mulher e de mim mesmo, soubesse que eu era de fato um grande escritor. Isso era um segredo que guardávamos cuidadosamente entre nós — entre nós e as pessoas de quem ambos gostávamos. Agradava-me que Scott tivesse chegado também a essa feliz conclusão, mas me agradava ainda mais que ele tivesse perdido o fôlego. Engano meu! Depois do longo discurso começou o interrogatório, e as perguntas eram mais difíceis de evitar do que o discurso. Vim a saber mais tarde que Scott era um desses romancistas que acreditavam descobrir dados interessantes por meio de perguntas diretas a seus amigos e conhecidos. O interrogatório a que me submeteu foi diretíssimo.

— Ernest... — começou ele. — Você não se incomoda se eu o chamar assim, não é?

— Pergunte ao Dunc — disse eu.

— Ora, deixe de brincadeira. Isto é uma coisa séria. Diga-me uma coisa, você e sua mulher já dormiam juntos antes de se casarem?

— Não sei.

— Como não sabe?

— Não me recordo.

— É incrível! Como é que não se recorda de algo tão importante?

— Sei lá! Não é uma coisa estranha?

— É pior do que estranho — disse Scott. — Faça força para se lembrar.

— Não consigo. É uma coisa danada, não é mesmo?

— Não banque o débil mental. Isto é uma coisa séria, já lhe disse. Faça força para se lembrar.

— Não adianta — disse eu. — Não consigo.

— É uma pena... Você bem que podia fazer um esforço.

Que conversa chata, pensei eu. Será que ele faz essa pergunta a todo mundo? Mas achei logo que não, porque ele transpirara um pouco ao me interrogar. Gotinhas de suor tinham aparecido em seu elegante lábio irlandês superior e eu pude notá-las num relance, quando desviei os olhos de seu rosto para examinar-lhe as pernas curtas, parecendo ainda mais encolhidas com ele sentado no tamborete do bar. Foi quando voltei a encará-lo que aconteceu a coisa estranha a que me referi no começo.

Sentado ali no tamborete, segurando a taça de champanhe, a pele de seu rosto pareceu esticar-se de tal modo que todo o inchaço desapareceu. Segundos depois ele parecia a própria máscara da morte. Os olhos afundaram e perderam todo o brilho, os lábios ficaram cerrados, as cores abandonaram sua face, que ficou desse branco opaco das velas de cera. Não, não podia ser imaginação minha. Seu rosto era agora uma verdadeira máscara mortuária, quase uma face cadavérica diante dos meus olhos estupefatos.

— Scott — chamei. — Você está bem?

Não me deu qualquer resposta, e seu rosto ficou ainda mais contraído.

— Creio que devemos levá-lo com urgência a um pronto-socorro — disse eu a Dunc Chaplin.

— Não é preciso. Ele está bem.

— Bem? Parece agonizante.

— Não é nada. Isso acontece frequentemente. — Colocamos Scott num táxi e eu continuei muito preocupado, mas Dunc insistia em afirmar que não era nada. — É bem provável que já esteja em forma quando chegar à sua casa — disse ele.

Deve ter sido assim, porque dias depois eu me encontrei com ele no Closerie des Lilas e estava muito animado. Disse-lhe que sentia muito o que acontecera no Dingo, que talvez tivéssemos bebido depressa demais, enquanto conversávamos.

— Sente muito, por quê? Não me aconteceu coisa alguma. Você está maluco, Ernest?

— Você não se lembra de que passou mal, lá no Dingo?

— Mal? Mas do que é que você está falando? O que houve é que eu me chateei com aqueles ingleses que estavam com você e fui para casa.

— Mas que ingleses? Não havia inglês algum comigo. A não ser que você esteja pensando no barman.

— Já vem você com os seus mistérios. Você bem sabe a que ingleses me refiro...

— Ah... — exclamei. E pensei comigo mesmo: "Ele deve ter voltado ao Dingo mais tarde ou, quem sabe, num outro dia." Bem, logo recordei que havia de fato dois ingleses no bar. E eu até os conhecia de vista. Scott tinha razão em parte.

— Sim, agora me lembro deles.

— E havia também aquela moça bancando a aristocrata que foi tão indelicada comigo. Ela e aquele bêbedo cretino que a acompanhava. Dois amigos seus, segundo me informaram.

— Sim, são de fato amigos meus. E ela costuma ser indelicada de vez em quando.

— Está vendo só? Por que fazer tanto mistério, apenas porque tomou uns copos de vinho a mais. Você precisa abandonar essa mania de fazer mistério. Nunca imaginei que fosse capaz disso.

— Está bem — disse eu, querendo mudar de assunto. Mas algo me veio à cabeça e continuei: — Eles foram indelicados por causa de sua gravata?

— Não. E por que o seriam? Eu estava com uma gravata perfeitamente comum, preta, de tricô. Combina bem com uma camisa branca, de colarinho redondo.

Não adiantava. Fugi da discussão. Aí ele me perguntou por que eu frequentava o Lilas e lhe contei algumas histórias dos bons tempos. Scott se interessou e ficamos por ali batendo um papo, eu apreciando o Lilas e ele tentando fazer o mesmo.

Fez-me muitas perguntas, contou-me uma série de casos a respeito de escritores, de editores, de agentes e de críticos literários, e de George Horace Lorimer, ao mesmo tempo em que me explicava alguns truques profissionais e me dava lições sobre como deve proceder um escritor de sucesso. Foi cínico e encantador, divertido e simpático, mesmo levando em conta certa desconfiança que eu tenho de pessoas encantadoras e cínicas. Falou com desprezo, mas sem irritação, sobre tudo o que havia escrito até o momento, e senti logo que seu novo livro deveria ser muito bom para que pudesse referir-se com tanta isenção crítica aos trabalhos anteriores. Demonstrou interesse em ter minha opinião sobre esse novo livro — tratava-se de

O grande Gatsby — e prometeu que me emprestaria o último e único exemplar que possuía, tão logo fosse devolvido por uma pessoa a quem o emprestara. Ouvindo-o falar assim tão displicentemente de *O grande Gatsby*, ninguém pensaria que se tratasse de um romance tão bom, a não ser que estivesse familiarizado com essa maneira que os escritores de verdade têm de se referir com certa vergonha a seus melhores trabalhos. Assegurei-lhe que leria *O grande Gatsby* com o maior interesse, assim que ele me conseguisse o exemplar.

Scott me contou que Maxwell Perkins lhe escrevera para dizer que o livro não estava tendo grande sucesso de venda a despeito das críticas excelentes. Não me lembro se foi naquele dia, ou muito tempo depois, que ele me mostrou um recorte da crítica de Gilbert Seldes. Não podia ser melhor. Isto é, seria melhor se Gilbert Seldes fosse também melhor crítico. Scott estava um pouco desapontado com a vendagem fraca de seu livro, mas, como já contei antes, não havia qualquer irritação em suas palavras, e ele até se mostrava entre envergonhado e feliz com a qualidade do romance.

Nesse dia, enquanto nos deixamos ficar ali no terraço do Lilas, à espera da noite, vendo a multidão passear pelas calçadas e sentindo a gradual transformação da luz cinzenta da tarde, não houve qualquer modificação de natureza química em sua personalidade, mesmo depois dos uísques com soda que tomamos. Eu estava preparado para qualquer eventualidade, mas felizmente não aconteceu coisa alguma, nem ele me fez perguntas embaraçosas ou discursos como naquela outra noite. Agiu como uma pessoa normal, inteligente e encantadora.

Contou-me que ele e Zelda, sua mulher, tinham sido obrigados a abandonar o automóvel deles, um Renault pequeno, em Lyon, devido ao mau tempo. Convidou-me a fazer uma viagem de trem até lá para trazermos o carro de volta a Paris. Os Fitzgerald tinham alugado um apartamento mobiliado na Rue de Tilsitt, 14, próximo à Etoile. Estávamos no fim da primavera e pensei logo que seria a melhor época para uma viagem pelo interior da França. Scott bebera dois uísques bem servidos e nada lhe acontecera. Era como se aquela noite no Dingo não tivesse passado de um pesadelo. Em face disso, aceitei o convite, perguntando-lhe apenas quando tencionava partir.

Marcamos encontro no dia seguinte e compramos as passagens para Lyon no expresso que partiria na outra manhã, num horário conveniente. Era um trem muito rápido, e faria uma única parada, creio que em Dijon. Nosso plano era chegar a Lyon, mandar fazer uma verificação completa no carro, abastecê-lo e, depois de um jantar excelente, partir de madrugada de volta a Paris.

Eu estava cheio de entusiasmo com essa excursão. Além da viagem em si e dos seus encantos, teria a companhia de um escritor mais velho e muito mais bem-sucedido do que eu, com tempo bastante, nas estradas da França, para que ele me ensinasse uma série de coisas que eu queria saber. Noto agora como é estranho eu me referir a Scott como um escritor mais velho do que eu, mas naquela época, antes de ter lido *O grande Gatsby*, eu o julgava de fato um escritor muito mais velho, em todos os sentidos. Fazia três anos, havia lido alguns contos seus, no *Saturday Evening Post*, que me pareceram passáveis, mas que não me faziam julgá-lo um escritor sério, importante. Ele me contara no Closerie des Lilas que, quando escrevia contos que julgava bons, talvez bons demais para o *Post*, fazia modificações neles, piorando-os para que se tornassem comerciais e pudessem ser aceitos pela revista. Escandalizei-me quando ouvi isso e lhe disse francamente que me parecia uma forma de prostituição. Não há dúvida de que é prostituição, concordara ele, mas é assim que consigo o dinheiro que me permite a tranquilidade necessária para escrever bons livros. Insisti, dizendo que não acreditava ser possível a um escritor realizar sua obra a não ser de uma única maneira: a melhor que pudesse. De outra forma estaria malbaratando o seu talento. Scott não aceitou meus argumentos. Se escrevia o conto da melhor forma, inicialmente, não haveria prejuízo algum em modificá-lo para pior depois de pronto. Quis convencê-lo a abandonar essa prática, que me parecia abominável, mas somente teria base se lhe pudesse mostrar um romance meu em que tivesse me esmerado, e àquela altura eu ainda não o havia escrito. Como eu vinha de há algum tempo tentando despojar minha literatura, libertando-a de toda e qualquer concessão, procurando antes construir do que descrever, o trabalho literário me fascinava. Mas era uma tarefa difícil e penosa e eu não sabia quando me sentiria encorajado a tentar uma obra tão longa como um romance. Às vezes, escrever um único parágrafo tomava-me uma manhã inteira.

Hadley, minha mulher, ficou muito satisfeita com a ideia da viagem, embora também não levasse a sério a literatura de Scott Fitzgerald, pelo que já lera dele. Seu modelo de bom escritor era Henry James. Mas achou que seria ótimo eu me afastar do trabalho um pouco para espairecer, embora o ideal fosse que tivéssemos dinheiro sobrando para comprar um carrinho e fazermos a viagem nós dois. Esse ideal, no entanto, era algo com que eu nem sequer podia sonhar naqueles tempos. Os editores Boni and Liveright me tinham pago um adiantamento de duzentos dólares pelo meu primeiro livro de contos, que publicariam dentro de alguns meses nos Estados Unidos, e eu conseguia de quando em quando colocar alguns contos no *Frankfurter Zeitung* e no *Der Querschnitt*, de Berlim, e nas revistas *This Quarter* e *The Transatlantic Review*, que se publicavam em Paris. Vivíamos na base da maior economia, gastando o mínimo possível, guardando algum dinheirinho para uma viagem que faríamos no verão à *feria* de Pamplona, seguindo depois para Madri e visitando também a *feria* de Valência.

Na manhã da viagem para Lyon, cheguei à estação com bastante antecedência e fiquei à espera de Scott na porta da plataforma, pois as passagens estavam com ele. O tempo foi correndo e, quase na hora de o trem partir, comprei um ingresso e entrei na *gare*, para ver se ele já não estava em algum vagão. Não o consegui descobrir e, quando a longa composição já se punha em marcha, entrei num dos carros e percorri o trem de ponta a ponta, procurando Scott. Era um trem danado de comprido, e Scott não estava mesmo nele. Expliquei a situação ao chefe do trem, comprei uma passagem de segunda classe (não havia terceira)... e pedi-lhe que me indicasse um bom hotel em Lyon. Não havia nada mais a fazer: quando parássemos em Dijon, telegrafaria a Scott, indicando-lhe o hotel e pedindo que fosse me procurar lá. Era quase certo que o telegrama chegaria depois de ele ter partido, mas sua mulher daria um jeito qualquer de se comunicar com ele. Nunca tinha visto, até então, um homem adulto perder um trem, mas a verdade é que iria descobrir muita coisa nova nessa viagem.

Meu gênio era bastante explosivo naquela época, mas, quando atingimos Montereau, eu já estava mais calmo, tão bela era a paisagem vista do trem. Ao meio-dia almocei no carro-restaurante e tomei uma garrafa de St.-Émilion, pensando que bem merecia aquela lição, pois aceitara estupidamente o convite para uma viagem que ia ser paga por outrem e ali estava, gastando o precioso dinheirinho que reservava para minha mulher e eu irmos à Espanha. A verdade é que eu jamais aceitara antes um convite assim, com tudo pago. Geralmente rachávamos as despesas, e eu insistira em vão com Scott para que fosse assim também desta vez, pelo menos com as contas de hotel e de refeições. Mas a essa altura eu já começava a duvidar de que Fitzgerald aparecesse. Durante meu acesso de mau humor eu o rebaixara de Scott para Fitzgerald. Mas foi ótimo que minha raiva se gastasse logo no começo porque aquela viagem, como eu iria verificar na prática, não seria adequada a quem estivesse em constante estado de mau humor.

Em Lyon consegui saber que Scott deixara Paris rumo àquela cidade, embora não tivesse dado qualquer indicação do local onde poderia ser encontrado. Confirmei o endereço dado no telegrama, mas a empregada me informou que só poderia comunicar-se com ele se Scott telefonasse para casa. Não, não poderia chamar a *Madame* porque ela passara mal à noite e ainda estava dormindo. Que remédio!... Telefonei para todos os bons hotéis de Lyon deixando um recado, no caso de ele aparecer. Nada de Scott! Saí para dar uma volta e entrei num café para tomar um aperitivo e ler os jornais. Encontrei lá um sujeito que era engolidor de fogo profissional e entortava moedas com as gengivas, nas quais não havia um só dente sobrando. Estavam inflamadas, mas pareciam mesmo firmes, a um exame ligeiro, quando ele abriu a boca e as exibiu, dizendo que, afinal de contas, não era um mau *métier*. Convidei-o a tomar um trago comigo, o que ele aceitou prazerosamente. Seu rosto moreno, de feições marcantes, brilhava quando ele engolia fogo. Conversando comigo, disse-me que em Lyon já não havia muito futuro para um engolidor de fogo e para alguém que entortasse moedas com as gengivas. A cidade tinha sido invadida por falsos engolidores de fogo, esclareceu, e o negócio estava desacreditado. Se não tomassem providências, acabaria por ser desacreditado em toda a França. Contou-me que engolira fogo a tarde inteira e que não tinha conseguido dinheiro que desse para engolir o jantar. Convidei-o a tomar mais um trago para tirar da boca o gosto de querosene e disse que ele poderia jantar comigo se me indicasse um restaurante onde pudéssemos jantar bem e barato.

Comemos de fato muito bem e barato num restaurante argelino para onde me conduziu. A comida era saborosa e o vinho perfeitamente bebível. O engolidor de fogo mostrou-se companhia bastante agradável e eu achei interessante vê-lo mastigar tão bem com as gengivas, como a maioria das pessoas consegue apenas fazê-lo com seus dentes. Lá pelas tantas, perguntou-me o que é que eu fazia para viver e lhe disse que estava iniciando uma carreira de escritor. Quis saber que tipo de coisas eu escrevia; contos — informei. Ótimo, disse ele, poderia contar-me histórias sensacionais, mais incríveis e horripilantes do que qualquer outra jamais publicada. E me propôs um trato: ele contaria as histórias, eu lhes daria forma literária e, se conseguisse algum dinheiro com elas, lhe daria a parte que me parecesse justa. Melhor ainda, ele poderia ir comigo à África do Norte e me conduziria aos domínios do Sultão Azul, onde colheria histórias que homem algum jamais ouvira.

Perguntei-lhe que histórias seriam essas, e ele me deu uma pequena ideia: batalhas, torturas, estupros, costumes estranhos, práticas indescritíveis, orgias colossais, tudo o que eu quisesse, em suma. Mas estava chegando a hora de regressar ao hotel e reiniciar a procura por Scott, de modo que paguei a conta do restaurante e lhe disse que esperava encontrar-me de novo com ele, um dia desses, para combinarmos nossas viagens pelo Norte da África. O engolidor de fogo informou-me que estava seguindo para Marselha para ver se o mercado de engolidores de fogo estava bom por lá. Despedi-me dele, dizendo que tinha sido um prazer jantar em sua companhia e que mais cedo ou mais tarde nos encontraríamos outra vez. Deixei-o no restaurante, desentortando moedas e empilhando-as sobre a mesa, e voltei para o hotel.

Lyon não era propriamente uma cidade de vida noturna alegre. Grande, pesadona, rica, seria talvez boa para quem tivesse dinheiro sólido e soubesse apreciar aquele tipo de cidade. Há muitos anos que ouvira falar no célebre frango à moda de Lyon, mas naquela noite comi carneiro no restaurante argelino. Excelente carneiro, posso garantir.

Na portaria do hotel não havia qualquer recado de Scott. Subi para o quarto, estranhando um pouco o contraste daquele luxo todo com a modéstia de meu apartamento em Paris e comecei a ler o primeiro volume das *Histórias de um caçador*, de Turgueniev, que tomara de aluguel à biblioteca de Sylvia Beach. Havia três anos que não experimentava o conforto de um grande hotel. Escancarei as janelas, acomodei os travesseiros sob os ombros e a cabeça, e deliciei-me em companhia de Turgueniev, na Rússia, até dormir com o livro no colo. Estava fazendo a barba pela manhã, antes de descer para o café, quando me telefonaram da portaria, informando que um senhor estava lá à minha espera.

— Peça-lhe que suba — disse eu, e continuei a me barbear, escutando os ruídos da cidade, que já despertara de todo àquela hora.

Scott não subiu. Encontrei-me com ele embaixo, minutos depois.

— Mil desculpas por esta trapalhada, meu caro, mas se tivesse sabido logo em que hotel você estava hospedado a coisa seria muito mais simples.

— Não faz mal — disse eu. Lembrei-me de que íamos fazer uma longa viagem juntos e me decidi pela paz incondicional. — Mas em que trem veio você afinal? — perguntei.

— Num que saiu logo depois do seu. Muito confortável. Bem podíamos ter vindo juntos.

— Já tomou seu desjejum?

— Ainda não. Rodei a cidade toda à sua procura.

— Sinto muito. Mas não lhe disseram em sua casa onde eu estava? Telefonei para lá.

— Não. Zelda não está passando bem e eu até me arrependo de ter vindo. Esta viagem começou meio azarada, meu caro.

— Bem, então vamos tomar o desjejum, localizar o carro e dar o fora o quanto antes.

— Perfeito! Mas por que não comemos aqui mesmo?

— Num café será mais rápido.

— Mas aqui será bem melhor.

— Está bem. Não vamos discutir por isso.

Foi de fato um excelente *breakfast* à americana, com ovos e presunto. Mas gastamos quase uma hora do momento em que pedimos até pagar a conta. E foi só quando o garçom trouxe a nota que Scott se lembrou de que seria bom encomendar ao hotel um lanche para a nossa viagem. Tentei dissuadi-lo, pois estava seguro de que poderíamos comprar uma boa garrafa de Mâcon em Mâcon e mandar fazer uns sanduíches em qualquer *charcuterie*. Ainda que não encontrássemos uma loja aberta, sempre haveria muitos restaurantes ao longo da estrada. Mas Scott fincou pé, dizendo que eu mesmo lhe contara maravilhas sobre o tal frango à moda de Lyon e não ficaria bem partirmos sem levar uma porção conosco. O hotel nos preparou o tal lanche, a um preço que deve ter sido pelo menos quatro ou cinco vezes maior do que se o tivéssemos providenciado nós mesmos.

A cara de Scott indicava que ele tinha bebido umas e outras antes de se encontrar comigo, e o seu jeito era de quem tomaria mais um gole. Perguntei-lhe, então, se não queria dar um pulo até o bar, para uma saideira. Respondeu-me em tom solene que não tinha o hábito de beber pela manhã e ainda perguntou se eu o fazia. Disse-lhe que dependia de como eu me sentisse ou do que tivesse de fazer.

— Bem, não precisa ficar constrangido. Se quer tomar um gole agora, vamos lá, que eu lhe farei companhia. É muito chato beber sozinho — disse-me, com a maior candura.

Fomos ao bar e tomamos uísque com água Perrier, enquanto esperávamos que nosso lanche ficasse pronto. Bebemos e nos sentimos muito melhor.

Paguei a conta do hotel e do bar, embora Scott me dissesse que a despesa seria dele. Desde o começo da viagem, aliás, eu me sentia um pouco embaraçado com esse capítulo, e achei que me sentiria melhor se pagasse o máximo possível. Estaria gastando o dinheiro reservado para a Espanha, mas Sylvia Beach me daria crédito e eu mais tarde a reembolsaria do que estivesse jogando fora nessa aventura com Scott.

Chegamos finalmente à garagem onde Scott deixara o carro. Fiquei estupefato ao verificar que o pequeno Renault não tinha capota. Parece que se danificara no desembarque, em Marselha, e Zelda mandara cortá-la de uma vez, recusando-se a colocar outra. Sua mulher detestava capotas de automóvel, informou-me Scott, e de Marselha a Lyon tinham vindo assim, parando ali apenas por causa da chuva. Fora isso, porém, o carro estava em ordem e Scott pagou a conta depois de discutir item por item: lubrificação, lavagem, dois litros de óleo. O mecânico me explicou que o carro precisava mudar os anéis de pistão, pois tudo indicava que ele andara sendo rodado sem água nem óleo suficientes. Fez questão de abrir o capô e mostrar-me um ponto, no bloco, onde o aquecimento fora tanto que a pintura se queimara. Disse-me que, se eu conseguisse convencer *Monsieur* a trocar os anéis em Paris, o carrinho — que era muito bom — poderia dar seu rendimento ideal.

— *Monsieur* não quis que eu colocasse uma capota nova — disse-me ele.

— Não quis?

— Não. E um carrinho como esse pede bom tratamento.

— Não há dúvida — repliquei.

— Os senhores não trouxeram seus impermeáveis?

— Não — disse eu. — Ninguém me disse que o carro não tinha capota.

— Faça força para *Monsieur* levar as coisas a sério — implorou. — Pelo menos no que se refere ao carrinho.

— Conte comigo — respondi.

Uma hora depois, ao norte de Lyon, a chuva interrompeu nossa viagem.

Fomos obrigados a parar umas dez vezes, só naquele dia, por causa da chuva. Eram pancadas rápidas, mas algumas não tão rápidas assim. Se tivéssemos trazido nossos impermeáveis até que seria agradável viajar refrescados pelas chuvas leves da primavera. Como estávamos sem eles, porém, procurávamos abrigo sob as árvores ou corríamos para o primeiro café de beira de estrada que encontrássemos. Comemos nosso lanche, preparado no hotel de Lyon, que estava mesmo sensacional: frango assado com recheio de trufas, pão delicioso e uma admirável garrafa de Mâcon branco. Scott estava no melhor dos humores, e começamos a tomar o generoso Mâconnais cada vez que parávamos. Quando chegamos a Mâcon, compramos mais quatro garrafas, para que não nos faltasse combustível na viagem.

Não creio que Scott já tivesse bebido antes vinho do gargalo de uma garrafa, e isso lhe dava um prazer imenso, como se atravessasse sozinho um bairro miserável e perigoso, ou como certas garotas, quando tomam seu primeiro banho de mar nuas. Ao entardecer, porém, Scott começou a preocupar-se com a saúde. Dois amigos seus, contou-me, tinham morrido recentemente de congestão pulmonar. Foi na Itália, e isso o abalara muitíssimo.

Comentei que congestão pulmonar era o nome que antigamente se dava à pneumonia, o que o irritou bastante, pois respondeu que eu não entendia coisa alguma desse assunto. Congestão pulmonar, esclareceu ele em tom didático, era uma doença típica da Europa e eu nada poderia saber sobre ela, mesmo que tivesse lido todos os livros médicos de meu pai, pois só tratavam de doenças americanas. Expliquei-lhe que meu pai também estudara na Europa, mas

Scott não se deu por achado, informando que a congestão pulmonar surgira na Europa muito recentemente e que meu pai não podia conhecê-la, portanto. Além disso, continuou, há doenças que ocorrem de modo diverso conforme a região dos Estados Unidos. Se meu pai tivesse clinicado em Nova York, por exemplo, não poderia estar familiarizado com as doenças dos estados centrais, tal era a gama de diferenças entre elas. Juro que Scott usou mesmo a palavra *gama*.

Como queria dar corda, concordei com ele quanto a esse ponto, dizendo que certas doenças, efetivamente, ocorrem mais em certos pontos dos Estados Unidos do que em outros. E dei como exemplo o caso da lepra, que era marcante em Nova Orleans e quase inexistente em Chicago. Mas não nos devíamos esquecer, acrescentei, do fato de que os médicos trocavam informações entre si. A propósito, lembrava-me de ter lido um artigo muito esclarecedor sobre congestão pulmonar na Europa, publicado no *Journal of the American Medical Association*. Um artigo tão preciso e erudito que traçava a história da congestão pulmonar desde os tempos do próprio Hipócrates. O tom sério com que eu falava fez com que ele perdesse a segurança; disso me aproveitei logo para lhe recomendar outro gole de Mâcon, informando que por ser um vinho branco de bom corpo, mas de baixo teor alcoólico, era um santo remédio para a doença.

Esse gole lhe deu vida nova por mais alguns instantes. Mas logo ele caía de novo em depressão e me perguntou se chegaríamos em breve a alguma cidade grande, antes que a febre e o delírio (que eu lhe informara serem sintomas infalíveis da verdadeira congestão pulmonar do tipo europeu) tomassem conta dele. Essa informação, disse-lhe eu, fora colhida num artigo publicado numa revista médica francesa, que eu traduzira para o inglês enquanto estivera internado num hospital em Neuilly à espera de que me cauterizassem a garganta. A palavra *cauterizassem* produziu salutar e confortador efeito em Scott, mas ele voltou a perguntar-me quando chegaríamos a uma cidade grande. Dentro de vinte e cinco minutos a uma hora, se puxarmos bem, respondi.

Scott me perguntou, então, se eu tinha medo de morrer e lhe respondi que havia momentos em que tinha mais medo do que em outros.

Começou a chover pesadamente e procuramos refúgio num café, na primeira aldeia que encontramos. Não me recordo bem de todos os pormenores daquela tarde, mas o fato é que chegamos finalmente a um hotel, numa cidade que talvez fosse Châlon-sur-Saône. Mas era tão tarde que todas as farmácias estavam fechadas. Scott tirou a roupa e caiu na cama assim que entramos no hotel. Morrer de congestão pulmonar não era nada, informou-me. O doloroso era perguntar-se quem iria tomar conta de Zelda e da pequena Scotty. Não sei o que me deu, porque já tinha o tempo inteiramente ocupado com a minha própria mulher, Hadley, e meu filho Bumby, mas prometi que faria o possível para que eles não ficassem abandonados. Scott me agradeceu muito, recomendando que eu não deixasse Zelda beber demais e que arranjasse uma governanta inglesa para Scotty.

Mandamos secar nossas roupas e ficamos de pijamas. Lá fora chovia ainda, mas dentro do quarto estava bastante agradável, com as luzes acesas. Scott permanecia na cama, a fim de conservar as forças e resistir melhor em sua batalha contra a doença. Tomei-lhe o pulso, que estava a setenta e dois, e coloquei a mão em sua testa, que estava fresca. Auscultei-lhe o peito, pedi que respirasse profundamente, e tudo me pareceu normal.

— Ouça, Scott, você está perfeitamente bem. Se quiser evitar um resfriado, que é o máximo que lhe pode acontecer, fique na cama e eu pedirei um uísque e uma limonada para nós dois. Beba isso, tome uma aspirina, e amanhã cedo estará pronto para outra.

— Isso é mezinha de comadres — disse Scott.

— Mas você não tem febre alguma. Pelos infernos, como é que alguém pode ter congestão pulmonar sem febre?

— Não precisa praguejar comigo — disse Scott. — E quem é que lhe disse que não estou com febre?

— Seu pulso está normal e sua testa está fresca.

— Ora, deixe disso. Só acredito num termômetro. Se você é mesmo meu amigo, arranje-me um termômetro.

— Não posso sair agora. Estou de pijama.

— Mande buscar numa farmácia.

Toquei a campainha, chamando o camareiro. Nada! Toquei de novo e, afinal, acabei saindo pelo corredor à procura dele. Scott ficou prostrado na cama, com os olhos cerrados, respirando devagar, com cuidado. Aquele rosto pálido, aquelas belas feições, aquela postura, tudo me trouxe a imagem de um jovem cruzado em seu leito de morte. A coisa toda começava a me aborrecer, porém; se aquilo era a tal vida literária, para as favas com ela! Preferia ter ficado no meu canto, trabalhando, em lugar de estar sentindo aquele vazio mortal que se abate sobre nós depois de um dia completamente perdido. Estava cansado de Scott e daquela comédia idiota, mas consegui encontrar o camareiro e lhe dei dinheiro para comprar um termômetro e um tubo de aspirina, encomendando ao mesmo tempo dois uísques duplos e dois *citron pressés*.

Preferia ter comprado logo uma garrafa de uísque, mas eles somente serviam doses.

Voltei ao quarto, Scott lá estava, deitado como se estivesse em seu túmulo, ou esculpido como um monumento a si próprio, olhos fechados, respirando com dignidade exemplar.

Ouvindo-me entrar, perguntou em voz baixa:

— Conseguiu o termômetro?

Dirigi-me até ele, coloquei-lhe de novo a mão na testa. Não estava fria como a de um morto em seu túmulo, mas continuava fresca e seca.

— Ainda não — respondi.

— Pensei que você o tivesse trazido.

— Mandei o camareiro comprar um na farmácia.

— Não é a mesma coisa.

— Claro que não é.

Era tão insensato zangar-me com Scott quanto irritar-me com um louco, mas estava ficando irritado comigo mesmo, por ter me envolvido naquela xaropada. Scott, no entanto, tinha certa razão para estar assim apreensivo — muitos bêbedos morriam de pneumonia naqueles tempos, embora hoje a doença seja bem menos frequente. Mas, em contrapartida, não seria justo considerá-lo um bêbedo, pois uma pequena dose de álcool já o colocava fora de si.

Na Europa, então, todos consideravam o vinho tão normal e sadio como qualquer bom alimento, além de grande fonte de alegria e bem-estar. Beber vinho não era esnobismo ou sinal de sofisticação, nem uma espécie de culto. Era tão normal como comer e, para mim, igualmente necessário. Jamais me ocorrera fazer uma refeição sem tomar vinho, sidra ou cerveja. E eu gostava de todos os vinhos, exceto dos que eram doces ou encorpados, e não podia imaginar que o simples fato de Scott ter tomado comigo algumas garrafas daquele esplêndido Mâcon branco, suave e seco, pudesse produzir nele alterações químicas que o transformassem num imbecil. É verdade que tínhamos tomado aquele uísque com água Perrier pela manhã, mas minha grande ignorância em matéria alcoólica não me permitia supor, então, que isso pudesse fazer mal a quem dirigia um carro sem capota na chuva. O álcool devia ter-se oxidado em pouco tempo.

Enquanto esperava que o camareiro trouxesse o que lhe pedira, fiquei lendo um jornal e acabei com uma das garrafas de Mâcon que havíamos aberto em nossa última parada. Há sempre alguns crimes esplêndidos noticiados nos jornais franceses, crimes que se pode acompanhar por dias, como se fossem folhetins. O único problema é que se a gente perde o primeiro capítulo fica um pouco no ar, porque os jornais franceses não têm o hábito, como os americanos, de dar sempre um resumo dos capítulos anteriores. Mas, afinal de contas, mesmo nos Estados Unidos, os folhetins perdem todo o sabor para quem não leu o primeiro capítulo. Quem está em viagem pelo interior da França, como estávamos, perde assim a continuidade dos diferentes crimes, *affaires* ou *scandales* que constituem a delícia de quem está habituado a acompanhá-los lendo os jornais com toda calma, em seu café preferido. Eu bem que gostaria de estar em Paris naquela noite, lendo as edições matutinas, vendo o povo passar e tomando algo mais substancioso do que um Mâcon antes do jantar. Mas estava acorrentado a Scott e procurei distrair-me como possível.

Quando o camareiro chegou com os dois copos de suco de limão, gelo, os uísques e a garrafa de água Perrier, foi logo informando que a farmácia estava fechada e que ele não conseguira comprar o termômetro. Mas alguém lhe emprestara aspirinas. Pedi-lhe que visse se alguém lhe emprestava também um termômetro. Scott abriu os olhos e lançou um funesto olhar irlandês na direção do camareiro.

— Você já lhe disse que o meu caso é grave? — perguntou-me.

— Creio que ele já sabe disso.

— Dê-lhe todos os detalhes.

Procurei fazer isso, e o camareiro disse:

— Vou ver o que posso arranjar.

— Será que você lhe deu a gorjeta adequada? — perguntou Scott. — Essa gente só trabalha por isso.

— Eu não sabia disso — respondi. — Pensei que o hotel lhes pagasse um extra pelo trabalho fora de hora.

— O que quero dizer é que eles só se mexem, mesmo, se a gente lhes der uma boa gorjeta. A maior parte deles não presta para nada.

Lembrei-me de Evan Shipman, lembrei-me também do garçom do Closerie des Lilas, que fora obrigado a raspar o bigode quando instalaram o *american bar*, lembrei-me de que Evan ia ajudá-lo em seu jardim de Montrouge muito antes de eu ter conhecido Scott, de que todos éramos amigos e felizes frequentadores do Lilas, de que tínhamos uma porção de coisas em comum, tanto boas quanto más. Pensei em contar essa história do Lilas a Scott, embora creia que já lhe tivesse contado, mas vi que seria inútil. Ele não se dignava de ocupar-se de garçons e seus problemas, nem sequer acreditava que pudessem ter sentimentos e grandes amizades. Scott atravessava uma fase de ódio aos franceses e, como os únicos franceses com quem mantinha contato eram garçons, motoristas de táxi, empregados de garagem e proprietários de apartamento, não perdia oportunidade para desancá-los.

É verdade que detestava os italianos ainda mais do que aos franceses, e não podia falar deles em tom calmo mesmo quando estivesse sóbrio. Aos ingleses odiava também, embora ocasionalmente os tolerasse e até mesmo os admirasse. Não sei o que pensava dos alemães e dos austríacos. Talvez não tivesse conhecido nenhum até então e nenhum suíço também.

Era surpreendente que Scott estivesse tão calmo essa noite. Misturei a limonada e o uísque, fiz com que ele tomasse duas aspirinas. Engoliu-as sem protestar, bebericando o *remédio* que eu lhe preparara. Seus olhos estavam abertos, agora, mas o olhar vagava, distante. Eu continuava lendo o noticiário policial e sentia um certo contentamento interior. *Certo*, não. Um grande contentamento, talvez até exagerado.

— Você é um tipo bastante frio, não é? — perguntou Scott. Olhando para ele, vi que meu tratamento tinha dado errado: o uísque começava a agir contra nós.

— O que quer dizer com isso, Scott?

— Que você pode ficar aí lendo esse pasquim francês, enquanto eu agonizo nesta cama.

— Você quer que eu chame um médico?

— Imagine só! Então você acha que me deixaria examinar por um curandeiro do interior?

— Que é que você quer que eu faça, então?

— Que arranje logo um termômetro para ver se estou com febre. Que mande secar imediatamente nossas roupas. Que providencie passagens no primeiro trem expresso para Paris, onde me internarei no Hospital Americano, em Neuilly.

— Não é possível, meu caro. Nossas roupas não estarão secas antes da manhã e não há trens expressos a esta hora. Por que não descansa um pouco mais e janta na cama?

— Quero um termômetro, e já!

A lenga-lenga continuou por algum tempo, até que o camareiro trouxe afinal o termômetro.

— Foi *isso* o que você conseguiu? — perguntei-lhe. Scott tinha fechado os olhos pouco antes e parecia tão sucumbido quanto Camille. Nunca vi um homem perder as cores tão rapidamente como ele.

— É o único que há em todo o hotel — disse-me o camareiro, entregando o termômetro. Era um termômetro de banho, com cabo de madeira e longo o bastante para ser mergulhado em água. Tomei um gole rápido de uísque e abri a janela para ver se ainda estava chovendo. Quando me voltei, Scott tinha os olhos fixados em mim.

Sacudi o termômetro, com ar profissional, e lhe disse:

— Você tem sorte de não ser um termômetro para uso anorretal.

— E onde o colocarei?

— Debaixo do braço — respondi, e o coloquei debaixo do meu para mostrar-lhe como se fazia.

— Cuidado — disse Scott. — Assim você vai atrapalhar o exame.

Sacudi novamente o termômetro, com bastante vigor, abri seu paletó de pijama e coloquei o termômetro. Pus de novo a mão em sua testa e tomei-lhe o pulso: setenta e duas batidas por minuto, outra vez. Os olhos de Scott estavam imobilizados num ponto distante. Mantive o termômetro uns quatro minutos sob seu braço.

— Sempre pensei que bastava um minuto — disse Scott.

— É porque este termômetro é maior — expliquei. — Multiplica-se o tempo pelo quadrado do tamanho do aparelho. E, além do mais, é na escala em centígrados.

Retirei o termômetro, finalmente, e o levei para perto da luz.

— Qual é a temperatura?

— Trinta e sete e seis décimos.

— Qual é a normal?

— Essa mesma.

— Tem certeza?

— Absoluta.

— Meça a sua temperatura. Quero ver se é essa também.

Sacudi novamente o termômetro, abri meu pijama e o coloquei debaixo do braço, marcando o tempo no relógio.

— Então? Qual a sua temperatura?

— Exatamente a mesma.

— E como é que você se sente?

— Não podia estar melhor — respondi, embora perguntasse a mim mesmo se trinta e sete e seis décimos era realmente normal ou não.

Mas a pergunta era ociosa, pois aquele termômetro, fossem quais fossem as condições, não saía de trinta graus.

Scott ainda se mostrava um pouco desconfiado, de modo que lhe perguntei se queria que lhe colocasse o termômetro de novo.

— Não é necessário — respondeu. — Podemos nos dar por felizes que a coisa tenha acabado tão rapidamente. Sempre tive um grande poder de recuperação, sabe disso?

— É formidável — disse eu. — Mas, de qualquer maneira, creio que será bom você ficar na cama e fazer uma refeição leve, para que possamos partir amanhã bem cedo. — Eu tinha a ideia de comprar dois impermeáveis para nós, mas precisaria pedir dinheiro emprestado a Scott e não desejava iniciar outra discussão.

Scott não quis ficar na cama. Insistia em vestir-se, descer e telefonar à sua mulher para informar que tudo corria bem.

— Mas por que é que ela poderia pensar o contrário? — perguntei.

— Desde que nos casamos, esta é a primeira noite que passo longe dela. Por isso preciso telefonar-lhe. Será que você não entende o que isso significa para nós dois?

Entender, eu entendia, embora não conseguisse imaginar como é que eles poderiam ter dormido juntos na noite anterior. Mas as coisas com Scott eram sempre fora do comum, de modo que nem valia a pena perguntar-lhe sobre isso. Scott bebeu o resto do uísque *sour* com grande rapidez e quis tomar outro. Chamei o camareiro, devolvi-lhe o termômetro e perguntei se nossas roupas já estavam secas. Ele informou que talvez ficassem prontas dentro de uma hora, mais ou menos.

— Pois bem, mande passá-las mesmo que não estejam completamente secas. Assim ficarão prontas mais depressa.

Daí a momentos trouxe-nos os dois drinques contra resfriados. Provei o meu e recomendei a Scott que bebesse o seu em pequenos goles, pois daria mais resultado assim. Preocupava-me agora que ele apanhasse uma constipação, pois isso já seria motivo bastante para que ele quisesse se hospitalizar imediatamente. Mas a bebida lhe deu melhor ânimo, por algum tempo, e ele estava até alegre com o fato de ser essa a primeira noite que passava longe de Zelda, depois de seu casamento. No entanto, essa lembrança foi-lhe dando nos nervos, até que não aguentou mais. Pôs um roupão e desceu para pedir uma ligação interurbana para Paris.

A telefonista informou que demoraria um pouco para completar a chamada, e Scott voltou para o quarto, seguido logo depois pelo camareiro, com mais dois uísques *sour* duplos. Notei que ele estava bebendo como nunca o vira beber antes, mas o efeito era excelente. Ele se animava, soltava a língua, e começou a fazer confidências sobre sua vida com Zelda. Conhecera-a durante a guerra, depois a perdera de vista, depois a conquistara de uma vez, pelo casamento. Contou-me que no ano anterior tinha havido um problema sério entre eles, quando passaram as férias em Saint-Raphael. Zelda teve um caso com um aviador naval francês, uma coisa muito triste e dramática. Bem, triste e dramática nessa primeira versão. Com o correr do tempo foi-me contando outras versões, embora nenhuma tão triste e convincente quanto a primeira. Todas poderiam ser verdadeiras e a rigor eram cada vez mais bem contadas, como se ele burilasse um trecho de romance. Mas impacto, mesmo, só a primeira me causou.

Scott era um homem eloquente, e ninguém contava uma história como ele. Não vacilava na escolha das palavras, nem emprestava ênfase desnecessária às frases, sensação que nos ocorreria se lêssemos seus originais antes de revistos. Foram necessários dois anos de convivência para que ele aprendesse a escrever corretamente meu nome, mas reconheço que meu nome é um tanto quanto longo e complicado para se escrever corretamente todo o tempo, de modo que passei a admirá-lo ainda mais quando o conseguiu. Mas havia coisas muito mais importantes que ele sabia escrever sem erro e muitas outras coisas sobre as quais tentava pensar de modo objetivo.

Nessa noite, porém, ele quis que eu soubesse, compreendesse e apreciasse bem o que se passara em Saint-Raphael. Sua descrição dos incidentes foi tão viva que eu até podia ver o hidroplano de um só lugar a fazer voos rasantes sobre o pontão em que Scott e Zelda se achavam boiando em pleno mar azul, lançando-lhes sobre as peles queimadas de sol a sombra de seus flutuadores, a pele bronzeada de Zelda, a pele bronzeada de Scott, os cabelos louro-escuros da mulher, os cabelos louro-claros do marido, o rosto bem moreno do piloto que estava apaixonado por Zelda. Apesar de todos os pormenores minuciosos, havia uma pergunta que eu gostaria de fazer, mas que não fiz: se tudo aquilo foi verdade, como é que Scott e Zelda podiam ter dormido juntos todas as noites? Mas talvez a resposta a essa pergunta não feita e a dúvida não esclarecida fossem precisamente aquilo que tornava a história contada por Scott mais triste do que qualquer outra que eu tivesse ouvido antes. E era provável que ele sequer se lembrasse desse detalhe, como já se esquecera por completo da noite anterior.

Nossas roupas foram devolvidas antes que se completasse a ligação telefônica de Scott, de modo que nos vestimos e descemos para jantar no salão do hotel. Scott estava ligeiramente instável, de tanto que bebera, e olhava provocativamente para as pessoas, com o canto dos olhos. Comemos uns *escargots* geniais e tomamos uma garrafa de Fleury, para começar. Estávamos na metade quando se completou a ligação pedida por Scott. Ele demorou quase uma hora, que aproveitei para comer os *escargots* do seu prato, molhando pedacinhos de pão no molho delicioso de manteiga, alho e salsa. Quando Scott voltou, eu quis pedir outra porção para ele, mas ele recusou. Desejava comer qualquer coisa simples, disse, desde que não fosse bife, fígado, presunto defumado ou omelete. Preferia um bom frango. Já tínhamos comido frango, na viagem, mas, como ainda estávamos numa região da França que era famosa pelas suas galinhas, pedi como ele uma *poularde de Bresse* e, para acompanhá-la, uma garrafa de Montagny, um vinho branco muito leve, das redondezas. Scott comeu pouquíssimo e tomou um gole de vinho, mas de um momento para outro desmaiou, a cabeça entre as mãos. Desta vez não era teatro: desmaiara mesmo, mas parece que com o cuidado de não derramar ou quebrar coisa alguma. O garçom e eu o levamos para o quarto, e o despimos, depois o colocamos na cama, penduramos suas roupas e cobrimos seu corpo com a colcha. Abri uma janela e, como o tempo estava bom, deixei-a aberta.

Voltei sozinho ao restaurante e terminei meu jantar, pensando em Scott. Era óbvio que ele não tinha condições de beber coisa alguma, e eu não cuidara bem dele. Qualquer gota de álcool que ingerisse parecia estimulá-lo, inicialmente, mas depois o envenenava. Em face disso, decidi que limitaria ao máximo nossos drinques no dia seguinte para que ele se controlasse. Daria a desculpa de que estávamos prestes a chegar a Paris e de que eu necessitaria estar em forma para retomar meu trabalho. Isso não era exatamente verdade: estar em forma para mim significava não beber depois do jantar, nem antes de escrever. Enquanto escrevia, então, nem falar! Voltei ao quarto, abri as outras janelas, despi-me e adormeci quase que instantaneamente.

A manhã seguinte estava belíssima, e prosseguimos nossa viagem rumo a Paris, percorrendo a maravilhosa paisagem da Côte d'Or e refrescados pela brisa suave que varria as colinas e as vinhas recém-plantadas. Scott estava perfeito, saudável, e se deu ao cuidado de me contar o enredo de cada um dos livros de Michael Arlen. Michael Arlen, recomendou-me, era um escritor a ser estudado com atenção, pois tanto ele como eu poderíamos aprender muito com a sua obra. Respondi que não tinha tempo para ler esses livros, mas Scott me disse que não seria necessário: daria um resumo de cada um e analisaria suas personagens principais. E passou a fazer uma verdadeira defesa de tese sobre a literatura de Michael Arlen.

Aproveitando uma pausa, perguntei como tinha sido a ligação da noite anterior para Zelda. Ele disse que haviam conversado longamente, pois tinham muito o que dizer um ao outro. Nas refeições daquele dia fiz questão de tomar o vinho mais leve que encontrasse, pedindo a Scott, ao mesmo tempo, que me controlasse a bebida, pois eu queria chegar a Paris em forma. Em nenhuma hipótese, deveria beber mais do que meia garrafa. Scott cooperou admiravelmente e, quando me viu olhando com tristeza para o fim de uma garrafa, foi generoso a ponto de me dar um pouco da parte que lhe cabia.

Deixei-o finalmente à porta de sua casa e tomei um táxi rumo à serraria. Foi maravilhoso encontrar minha mulher e sair correndo com ela para tomarmos uma bebidinha qualquer no Closerie des

Lilas. Estávamos felizes como crianças que se reencontram depois de estarem separadas durante algum tempo, e eu lhe contei algumas particularidades de nossa viagem.

— Então quer dizer que não foi muito divertida, nem lhe foi útil para coisa alguma, Tatie?

— Até que foi útil, meu bem. Aprenderia um bocado a respeito de Michael Arlen se tivesse prestado atenção à conferência de Scott, mas também fiquei sabendo uma série de outras coisas que ainda preciso classificar.

— Você não acha que Scott é um homem infeliz?

— Talvez.

— Coitado!

— Ah, uma coisa eu aprendi bem.

— O quê?

— Que nunca se deve viajar com uma pessoa a quem não se ame.

— E não é bom ter descoberto isso, Tatie?

— Claro que é. E iremos à Espanha, nós dois.

— Ótimo. Faltam apenas seis semanas para partirmos. E ninguém nos atrapalhará este ano, não é?

— Ninguém. Depois de Pamplona iremos para Madri e, de lá, para Valência.

— Hum, hum... — ronronou ela.

— Pobre Scott — disse eu.

— Pobre todo mundo — disse Hadley. — Pobres tipos cheios de si e de vento.

— Nós é que somos felizes, meu bem.

— Vamos fazer força para continuar assim.

Batemos em madeira, na mesa do café, e o garçom veio anotar nossos pedidos. Mas o que realmente queríamos, nem ele, nem ninguém, nem bater em madeira ou em mármore (o tampo da mesa, em verdade, era de mármore), poderia trazer-nos. Não sabíamos exatamente o que era, naquela noite, mas estávamos felizes, muito felizes.

Um dia ou dois depois de nossa volta, Scott trouxe-me seu livro. Tinha uma capa extravagante, que me embaraçou pela sua violência, pelo mau gosto e a vulgaridade. Seria a capa adequada a um mau livro de ficção científica. Scott pediu-me que não me deixasse assustar por ela; o desenho reproduzia um cartaz que vira numa estrada a caminho de Long Island, e era importante dentro do contexto do romance. Confessou-me, porém, que, se no início gostara dela, agora não a suportava. A primeira coisa que fiz, antes de ler o livro, foi arrancar-lhe a capa.

Quando terminei a leitura, compreendi logo que as extravagâncias e impertinências de Scott eram como que uma doença e que eu deveria fazer o possível para ajudá-lo e procurar ser seu amigo. Scott tinha mais e melhores amigos do que qualquer outra pessoa que eu conhecia, mas ainda assim decidi incorporar-me a essa tropa, pudesse ou não ser de alguma utilidade para ele. Quem escreveu um livro tão bom como *O grande Gatsby* seria capaz de escrever outros, melhores até. Como eu não conhecera Zelda ainda, não podia imaginar com que dificuldades terríveis teria de lutar. Mas em breve teríamos contato com esse lado do problema.

OS FALCÕES NÃO PARTILHAM SUA PRESA

Scott Fitzgerald convidou-nos para almoçar com sua mulher, Zelda, e sua filhinha no apartamento mobiliado que alugara no prédio número 14 da Rue de Tilsitt. Não me recordo bem dos detalhes desse apartamento, mas sei que era sombrio e abafado, nada havendo nele que tivesse qualquer afinidade com seus inquilinos, a não ser os primeiros livros de Scott, encadernados em couro azul-claro, com os títulos em dourado. Scott mostrou-nos também uma grande agenda onde anotara ao longo do tempo todos os contos que havia publicado, indicando o pagamento que recebera em cada caso, assim como os direitos autorais dos livros e dos roteiros cinematográficos que escrevera. Os registros eram precisos como anotações num livro de bordo, e Scott os exibia com o orgulho impessoal de um conservador de museu. Scott estava nervoso, embora amável, apresentando-nos aquela contabilidade toda como quem mostra o panorama visto da casa. Só que não havia panorama algum.

Zelda estava com uma ressaca terrível. Na noite anterior tinham ficado até tarde em Montmartre e discutido muito porque Scott não quis se embriagar. Decidira trabalhar com afinco — explicou-me — e Zelda reagira como se ele fosse um chato, um desmancha-prazeres. Eram esses os qualificativos com que ela costumava tratá-lo, e Scott ficara magoado, mas Zelda não admitia tê-los dito:

— Não disse semelhante coisa. Não disse nada disso. Não é verdade, Scott. — Mas seus olhos brilhavam de quando em quando, como se se lembrasse de algo, e punha-se a rir alegremente.

Todas as pessoas têm seus dias melhores, mas aquele não era o melhor dia de Zelda. Seus belos cabelos, de um louro escuro, tinham sido prejudicados por uma permanente malfeita, em Lyon, quando a chuva os obrigara a abandonar o carro. Tinha os olhos fatigados e o rosto tenso e franzido. Zelda mostrou-se cerimoniosamente amável com Hadley e comigo, embora sentíssemos logo que seu pensamento estava muito distante de nós, talvez permanecendo ainda na noitada da véspera. Tanto ela quanto Scott pareciam supor que eu me divertira imensamente na viagem que fizera com ele de Lyon a Paris, e Zelda não escondia sua inveja.

— Você pode sair por aí com o Hemingway, numa farra danada, e não acha justo que eu me divirta um pouquinho, aqui em Paris, com nossos amigos? — perguntou ela a Scott.

Scott fazia tudo para ser um anfitrião perfeito, mas o almoço estava tão medíocre que somente o vinho conseguiu melhorá-lo um pouco. A filhinha deles era loura, bochechuda, tinha aspecto sadio e falava inglês com um forte sotaque *cockney*. Scott explicou-me que contratara uma babá inglesa porque desejava que a filha falasse como uma *lady* quando crescesse.

Zelda tinha olhos de falcão, lábios finos, maneiras e sotaque característicos do Sul dos Estados Unidos. Observando-a, podíamos notar quando seu pensamento se afastava da mesa e se dirigia para a noitada da véspera, o que lhe trazia aos lábios um rápido e quase imperceptível sorriso, embora os olhos continuassem impassíveis como os de um gato. Scott procurava animar o almoço com sua conversa jovial, e Zelda sorria com os olhos e os lábios quando o via beber mais um copo de vinho. Com o tempo aprendi a conhecer o sentido daquele sorriso: ela sabia que, abusando do álcool, Scott não iria escrever coisa alguma.

Zelda tinha ciúmes do trabalho de Scott e à medida que os conhecíamos melhor percebemos que as crises se desenvolviam numa sequência regular. Scott decidia deixar de lado as noitadas em que se embriagava, a fim de iniciar um programa de vida sadia e produtiva. Começava então a dedicar-se ao trabalho, mas Zelda imediatamente se declarava infeliz e entediada, lastimando-se tanto que acabava por arrastá-lo a mais uma noite de dissipação. No dia seguinte brigariam como cão e gato, mas fariam as pazes depois. Daí, Scott (tendo eliminado o álcool em longas caminhadas comigo) novamente se dispunha a trabalhar de verdade. Dias depois tudo ia por água abaixo e o ciclo recomeçava exatamente igual ao anterior.

Scott estava apaixonado por sua mulher e tinha grande ciúme dela. Durante nossas caminhadas, falou-me muitas vezes do tal romance que ela tivera com o piloto naval francês, mas, depois desse caso, parece que ela jamais tivera outro. Naquela primavera, porém, o problema era em relação a outras mulheres. Nas noitadas em Montmartre, Scott receava ficar inconsciente e tinha horror de que isso acontecesse com ela também. No entanto, tornarem-se inconscientes pela bebida sempre fora o mecanismo de defesa que ambos usavam. Embora a quantidade de uísque ou de champanhe que ingeriam fosse inócua para qualquer pessoa acostumada a beber, era o bastante para derrubá-los e eles dormirem como crianças. Muitas vezes eu os vi inconscientes, parecendo antes anestesiados do que bêbedos, e seus amigos — ou por vezes um motorista de táxi — tinham que botá-los na cama. Quando despertavam, no dia seguinte, sentiam-se felizes e descansados, pois a dose de álcool que os derrubava não era suficientemente grande para afetar seus organismos.

Mas, àquela altura, essa defesa natural já não funcionava mais. Zelda estava bebendo muito mais, agora, do que Scott, e ele temia que ela ficasse inconsciente depois dele, na companhia das pessoas com as quais andavam e nos lugares aonde iam. Scott detestava tanto as pessoas quanto os lugares e, ainda mais, o fato de ter de engolir quantidades crescentes de álcool para suportar a uns e a outros, tendo de manter-se firme. Assim, foi aprendendo a beber sempre mais e mais, já agora para ficar acordado depois de doses que habitualmente o teriam derrubado há muito tempo. Finalmente, eram cada vez mais raros os momentos que podia dedicar ao trabalho.

E Scott queria trabalhar. Tentava todos os dias, e todos os dias falhava. Atribuía a culpa a Paris, o que é uma injustiça, pois não há cidade que ofereça melhores condições a um escritor, e vivia sonhando com um lugar qualquer onde ele e Zelda pudessem outra vez levar uma vida normal. Pensou na Riviera, que ainda não tinha sido totalmente invadida como hoje, com seu mar azul, as belas praias de areia, os bosques de pinheiros, as montanhas do Esterel avançando mar adentro. Lembrava-se da Riviera tal como a conhecera em companhia de Zelda, bem antes de os veranistas a terem conquistado.

Scott disse maravilhas da Riviera. Insistiu para que minha mulher e eu fôssemos passar o verão lá. Ele nos arranjaria acomodações boas e baratas, nós dois trabalharíamos bastante todos os dias, nadaríamos, bronzearíamos nossas peles, tomaríamos um, *e apenas um*, aperitivo antes do almoço, e outro antes do jantar. Zelda se sentiria muito feliz na Riviera, garantiu-me ele. Ela gostava de nadar, mergulhava muito bem, adorava esse tipo de vida e o estimularia a trabalhar, a botar as coisas nos eixos. Estava decidido: ele, Zelda e a filhinha passariam lá o verão seguinte.

Eu insistia muito para que ele escrevesse seus contos tão bem como podia e sabia fazê-lo, pedindo-lhe que não os fabricasse de acordo com uma fórmula, como me confessara um dia.

— Você já escreveu um bom romance. Não pode mais escrever essas drogas.

— Mas o romance não está tendo sucesso — argumentou ele. — Preciso escrever contos, e devem ser contos que eu possa vender.

— Então escreva bons contos, escreva-os tão honestamente como puder.

— Farei isso — prometia ele.

Mas, no pé em que as coisas estavam, já era um milagre ele poder terminar qualquer trabalho. Zelda dizia não encorajar os homens que andavam atrás dela, assegurando que não os levava a sério. Divertia-se com eles, porém, e provocava ciúmes em Scott, obrigando-o a seguir com ela para todas as reuniões. Seu trabalho era sempre prejudicado, e nada provocava mais ciúme em Zelda do que o trabalho de Scott.

Durante o fim daquela primavera e o princípio do verão, Scott lutou para prosseguir seu trabalho, mas só conseguia fazê-lo esporadicamente. Em nossos encontros, procurava mostrar-se alegre e otimista, desesperadamente otimista. Contava boas anedotas e era um excelente companheiro. Quando os problemas que o afligiam eram muito sérios, e ele não podia esconder sua preocupação, eu procurava aconselhá-lo, assegurando que só a morte é irremediável, e dizendo-lhe que, se fizesse força para se controlar, acabaria escrevendo tão bem quanto já pudera fazê-lo antes. Scott caía em si, recuperava seu *sense of humour* e eu concluía que enquanto ele fosse capaz disso estaria salvo. Nesse período de crise conseguiu escrever um bom conto, "O menino rico", e eu tinha certeza de que poderia escrever coisas ainda melhores, como realmente veio a fazer mais tarde.

Com a chegada do verão, fui com Hadley para a Espanha, onde comecei o primeiro esboço de um romance, que acabei em setembro, ao regressar a Paris. Scott e Zelda tinham passado as férias em Cap d'Antibes e, quando voltei a encontrar-me com ele, no outono, achei-o bastante mudado. Não havia conseguido se livrar do álcool na Riviera, como pretendia. Aliás, estava bebendo mais do que nunca, tanto de dia como de noite. O respeito pelo trabalho — seu ou dos outros — desaparecera, e ele costumava chegar de um momento para outro ao meu apartamento no número 113 da Rue Notre-Dame-des-Champs sempre que estivesse bêbedo. Seu bom humor também desaparecera, e ele se mostrava bastante grosseiro para com os inferiores ou qualquer pessoa que ele considerasse como tal.

Numa dessas visitas inesperadas, entrou pelo portão da serraria acompanhado de sua filhinha — era o dia de folga da babá inglesa — e, antes de subir a escada, a menina lhe disse que queria ir ao banheiro. Scotty começou a tirar as calcinhas ali mesmo e, nesse instante, o senhorio, que morava no andar logo abaixo do nosso, apareceu e disse-lhe:

— *Monsieur*, há um *cabinet de toilette* bem à sua frente, à esquerda da escada.

— Sei disso, mas se você der mais um pio lhe meto a cabeça lá dentro — retrucou Scott.

Ele estava verdadeiramente impossível naquele outono, mas conseguira iniciar um romance nos raros momentos de sobriedade. Tão raros, que eu mal o via nesse estado. Quando sóbrio, porém, ele ainda se mostrava o velho Scott gentil e alegre, capaz de contar piadas a respeito dos outros e de si próprio. Bastava beber, no entanto, para que me viesse procurar, dando-me a impressão de que tinha tanto prazer em perturbar meu trabalho quanto Zelda em perturbar o dele. Esse estado de coisas se arrastou por vários anos, mas nesse período poucos amigos meus foram tão leais quanto Scott — isto é, quanto Scott nos seus momentos de lucidez.

Uma de suas irritações naquele outono de 1925 era causada pela minha recusa em lhe mostrar os originais incompletos de *O sol também se levanta*. Expliquei-lhe que o manuscrito não significava nada enquanto eu não o revisse completamente; antes disso não desejava discuti-lo nem mostrá-lo a quem quer que fosse. Assim que a primeira neve caísse, eu iria com minha mulher para Schruns, na região austríaca do Vorarlberg, para terminar o trabalho.

E foi lá, de fato, que reescrevi a primeira metade do romance, trabalho que terminei em janeiro, se me lembro bem. Levei-o nessas condições para Nova York e o submeti a Max Perkins, da Editora Scribner. Regressando a Schruns, completei o livro. Scott só foi ler o romance quando os originais definitivos, totalmente reescritos, já haviam sido encaminhados à editora, lá pelo fim de abril. Brinquei com ele a respeito do fato e me recordo de sua preocupação: queria auxiliar-me com seus conselhos e sugestões, agora que a missão estava cumprida. Mas eu havia mesmo feito tudo para que ele não me auxiliasse enquanto eu retrabalhava meus originais.

Durante nossa permanência no Vorarlberg, quando o romance ainda não estava terminado, Scott, Zelda e a menina haviam deixado Paris rumo a uma estação de águas nos Baixos Pireneus. Zelda estava doente, com aquela complicação intestinal que o abuso de champanhe provoca e que na época se diagnosticava como colite. Scott estava num dos seus períodos de seca, recomeçara a trabalhar e queria que fôssemos ter com eles em Juan-les-Pins, no mês de junho. Providenciaria uma boa casa para nós e, desta vez, seria rigorosamente observado um compromisso de abstinência. Como nos bons tempos, levaríamos uma vida saudável, nadando, tomando banhos de sol, bebendo *apenas um aperitivo* antes do almoço e outro antes do jantar. Zelda já estava curada, os dois se sentiam muito bem e seu romance ia de vento em popa. Além disso, tinham dinheiro também: a adaptação para teatro de *O grande Gatsby* estava alcançando bastante sucesso e ele ainda esperava negociar os direitos cinematográficos. O horizonte estava limpo de preocupações. Zelda estava tranquila e tudo entraria nos eixos.

Eu tinha ido sozinho a Madri, no mês de maio, onde trabalhara num projeto literário. Tomei um trem de Bayonne a Juan-les-Pins, viajando em terceira classe, pois havia gasto estupidamente todo o dinheiro que levara. Minha última refeição foi feita em Hendaye, na fronteira franco-espanhola, de modo que cheguei faminto. A vivenda que Scott arranjara para nós era bem agradável, perto da bela casa que ele havia alugado. Fiquei satisfeitíssimo com tudo, alegre com minha mulher, que cuidara tão bem de nossa casa enquanto eu viajava, alegre com meus amigos, alegre com o tal aperitivo antes do almoço, tão bom que tomamos vários, apesar do compromisso de honra. Nessa noite houve uma festa no cassino para comemorar minha chegada. Éramos um grupo pequeno: os MacLeish, os Murphy, os Fitzgerald e nós dois. Champanhe foi a bebida mais forte que se tomou. O clima geral era de alegria e tudo indicava que Juan-les-Pins seria um excelente lugar para quem quisesse escrever. Havia ali as condições ideais para um escritor produzir, exceto o isolamento.

Zelda estava encantadora, queimada de sol, os cabelos louros um pouco mais escuros, resplandecente de alegria e afeto. Seus olhos de falcão estavam claros e calmos. Tive a impressão de que tudo se arranjara maravilhosamente bem entre eles e que as coisas continuariam assim, quando ela, inclinando-se para o meu lado, perguntou-me num tom de segredo:

— Ernest, você não acha que Al Jolson é mais importante do que Jesus?

Não dei muita importância a essa pergunta naquele momento. Era apenas um segredo que Zelda compartilhara comigo, como a presa que um falcão compartilhasse com um homem. Mas os falcões jamais compartilham sua presa. Scott Fitzgerald não escreveu coisa alguma de real valor até descobrir, certo dia, que Zelda havia perdido a sanidade.

UMA QUESTÃO DE MEDIDAS

Bem mais tarde, depois de Zelda ter tido o que então se chamou de seu primeiro colapso nervoso, estando todos nós outra vez em Paris, Scott convidou-me um dia para almoçar com ele no Michaud, restaurante que ficava na esquina da Rue Jacob com a Rue des Saints-Pères. Disse que desejava fazer-me uma pergunta importantíssima, sobre um assunto que era mais sério para ele do que qualquer outro, e esperava que eu fosse absolutamente honesto na resposta. Prometi-lhe que seria o mais honesto possível, mas fiquei logo arrependido, pois toda vez que Scott me pedia respostas absolutamente honestas e francas — o que já é coisa bastante difícil — irritava-se com o que ouvia e não necessariamente quando o ouvia, mas depois, às vezes muito depois, após ter meditado sobre a resposta. Minhas palavras se transformavam então em algo que precisava ser destruído e, se possível, eu com elas.

Scott bebeu vinho no almoço, mas não se mostrou afetado, e não se preparara para o encontro bebendo antes.

Conversamos animadamente sobre nosso trabalho e pessoas de nossas relações. Ele me perguntou por alguns amigos que há tempo não víamos. Eu sabia que ele estava escrevendo algo de muito bom e que, por vários motivos, enfrentava grandes dificuldades para fazê-lo, mas vi logo que o assunto a ser discutido comigo não era esse. Esperei pacientemente que Scott o revelasse, e que me fizesse a tal pergunta a que eu deveria responder com absoluta honestidade e franqueza, mas ele negaceava e somente abordaria o assunto no fim da refeição, como se estivéssemos tendo um almoço de negócios.

Já estávamos comendo a torta de cerejas e bebíamos a última garrafa de vinho, quando, sem nenhuma preparação, ele me disse:

— Você sabe que jamais dormi com outra mulher além de Zelda?

— Não, não sabia.

— Pensei que lhe tivesse dito.

— Não. Você me contou muitas coisas, mas isso nunca.

— Pois é sobre isso que eu quero saber sua opinião.

— Está bem. Então faça a pergunta.

— Zelda me disse que um homem como eu jamais poderá fazer a felicidade de mulher alguma e que era essa, precisamente, a causa dos seus problemas... uma questão de medidas, segundo ela. A coisa me abalou muito e nunca mais fui o mesmo depois disso. Quero que você me esclareça este ponto objetivamente.

— Passemos então ao consultório — disse eu.

— Que consultório?

— *Le water* — disse eu.

Fiz o exame e voltamos para nossa mesa.

— Você é perfeitamente normal — declarei. — Tudo OK. Não há nada errado com você. Olhando-se de cima para baixo você tem a impressão errada de que suas medidas são pequenas. Dê um pulo ao *Louvre* e examine as estátuas. Depois vá para casa e olhe-se de perfil num espelho.

— Bem, mas as estátuas podem não ter as proporções exatas.

— Não creio. Muita gente chega a invejá-las.

— Nesse caso, por que é que Zelda diria uma coisa dessas?

— Só para perturbá-lo. Essa é uma das maneiras mais antigas que se conhecem de perturbar um homem. Scott, você me pediu que lhe dissesse a verdade e eu poderia inventar uma porção de histórias, mas para mim a verdade é essa mesmo, nem mais nem menos. Mas você poderia ter consultado um médico.

— Nada de médicos. Queria apenas que você me dissesse a verdade.

— Quer dizer que aceita o que lhe disse?

— Não sei — respondeu ele.

— Está bem. Então vamos até o Louvre. *Agora!* É só descer a rua e cruzar o rio.

Fomos ao Louvre e examinamos várias estátuas, mas notei que ele ainda não se convencera.

— O problema não é exatamente o tamanho no estado de repouso — disse-lhe eu. — A questão toda é o tamanho que depois adquire. E é, também, um problema de ângulo, de técnica. — Expliquei-lhe a conveniência de usar um travesseiro e indiquei outros recursos que podiam ser úteis.

— Conheço uma pequena — começou ele — que tem sido muito boazinha comigo. Mas, depois do que Zelda disse...

— Ora, que bobagem! Esqueça o que ela disse. Zelda está é louca. Não há nada de errado com você. Tenha confiança em si mesmo e faça a felicidade dessa tal pequena. Zelda quer destruir você.

— Você não sabe coisa alguma a respeito de Zelda.

— Está bem — disse eu. — Pode ser que tenha razão. Mas você veio almoçar comigo para me fazer uma pergunta e tentei dar-lhe uma resposta honesta.

Scott, porém, continuava na dúvida.

— Já que estamos aqui — sugeri —, por que não vamos ver alguns quadros? Você sabe que há muito o que ver além da *Mona Lisa*?

— Não estou com disposição para ver quadros. Além disso, prometi encontrar-me com alguns amigos no bar do Ritz.

Muitos anos mais tarde, no mesmo bar do Ritz, bem depois do fim da Segunda Guerra Mundial, Georges — que é atualmente o barman-chefe, mas era apenas *chasseur* quando Scott vivia em Paris — perguntou-me:

— *Papá*, quem foi esse *Monsieur* Fitzgerald sobre quem tanta gente hoje me pergunta?

— Você não o conheceu pessoalmente?

— Não, lembro-me de toda a gente que vinha aqui naquele tempo. Mas, atualmente, só me perguntam sobre ele.

— E o que você responde?

— Invento algo interessante que possa agradar aos curiosos. Mas, fora de brincadeira, quem foi ele?

— Foi um escritor americano da década de 1920, e de um pouco mais tarde, que viveu algum tempo em Paris e no estrangeiro.

— É estranho que não me lembre dele. Era um bom escritor?

— Tem dois livros realmente muito bons, e um terceiro, incompleto, que seria ótimo na opinião dos que conheciam de perto seu trabalho. Escreveu também alguns contos excelentes.

— Frequentava muito este bar?

— Creio que sim.

— Mas, *Papá*, você não aparecia por aqui na década de 1920. Lembro-me de que era pobre e morava noutro bairro.

— Quando tinha dinheiro, ia ao Crillon.

— Sei disso. Recordo-me bem do dia em que nos vimos pela primeira vez.

— Eu também.

— Mas é curioso que eu não tenha a menor ideia dele — disse Georges.

— Toda aquela gente já morreu.

— É verdade, mas ninguém se esquece das pessoas só porque morreram. E todo dia me fazem perguntas sobre ele. Você precisa me dar outras informações para quando eu escrever minhas memórias.

— Pois não.

— Lembro-me da noite em que você e o barão Von Blixen vieram até aqui... Em que ano foi isso? — Sorriu.

— Esse também já se foi.

— É mesmo. Mas não me esqueço dele, está vendo?

— A primeira mulher de Von Blixen escrevia admiravelmente — disse eu. — Seu livro sobre a África é dos melhores que conheço, excluindo o trabalho de Sir Samuel Baker sobre os afluentes do Nilo, na Abissínia. Convém botar isso nas suas memórias, já que está tão interessado em escritores.

— Ótimo — disse Georges. — O barão era um tipo inesquecível. Qual é o título do livro?

— *A fazenda africana* — respondi. — Blickie tinha grande orgulho do trabalho de sua primeira mulher. Mas nós nos tornamos amigos muito antes de ela tê-lo escrito.

— Mas diga alguma coisa sobre *Monsieur* Fitzgerald, sobre quem tanto me perguntam.

— Ele foi do tempo em que Frank era o barman.

— Sim. Mas eu era apenas *chasseur* nessa época. E você sabe como são os *chasseurs*.

— Vou botar tudo o que me lembro dele num livro que pretendo escrever sobre meus primeiros tempos aqui em Paris. Prometi a mim mesmo que o faria.

— Muito bem — disse Georges.

— Irei descrever com precisão meu primeiro encontro com ele.

— Ótimo — replicou Georges. — Depois que fizer isso, poderei dar algumas informações aos curiosos. Se ele vinha aqui, vou acabar me lembrando dele. No fim das contas, a gente não se esquece assim das pessoas.

— A não ser que sejam turistas, não é?

— Claro! Mas você tem certeza mesmo de que ele frequentava este bar?

— Tenho. Vir aqui era muito importante para ele.

— Então escreva as recordações que tem dele e assim, se ele tinha o hábito de vir aqui, conseguirei lembrar-me dele.

— É o que quero ver — respondi.

PARIS CONTINUA DENTRO DE NÓS

Já que éramos três agora, e não mais apenas dois, o frio e o mau tempo acabavam por nos expulsar de Paris, durante o inverno. Quando se está só e disposto a tudo, não há problema que não se resolva. Eu podia instalar-me em um café, para escrever, e trabalhar a manhã inteira diante de um *café crème*, enquanto os garçons limpavam e varriam o salão que pouco a pouco se aquecia. Minha mulher podia ir às suas aulas de piano, num lugar frio, desde que estivesse agasalhada, para sentir-se confortável enquanto tocasse, até chegar a hora de voltar para casa e cuidar de Bumby. Mas é evidente que eu não poderia levar um bebezinho aos cafés, em pleno inverno, mesmo que se tratasse de Bumby, um bebê que não chorava nunca, que se entretinha com tudo o que se passasse ao seu redor e jamais se aborrecia com coisa alguma. Não podíamos contratar amas-secas naquele tempo, e Bumby ficava sozinho em seu berço de grades altas, isto é, acompanhado apenas de seu amigo, nosso grande e manso gato F. Puss. Muitas pessoas nos diziam que era perigoso deixar uma criança sozinha com um gato. As mais ignorantes e preconceituosas informavam que os gatos lhe chupariam a respiração, matando-a. Outras nos alertavam para o perigo de o gato deitar-se em cima do bebê, esmagando-o. Mas F. Puss não nos causava qualquer receio. Deitava-se na caminha, ao lado de Bumby, e ficava vigiando a porta com seus grandes olhos amarelados, não deixando que ninguém se aproximasse, enquanto eu e minha mulher estivéssemos fora, e Marie, a *femme de ménage*, fosse fazer alguma compra. Não podíamos ter uma ama-seca, mas era absolutamente desnecessário. F. Puss exercia essa função.

Quando se é pobre, e éramos realmente muito pobres naquela época (eu renunciara ao jornalismo quando regressamos do Canadá e ainda não conseguira publicar meus contos em revista alguma), o inverno em Paris é um problema muito sério para quem tem uma criancinha de berço. Aos três meses de idade, Mr. Bumby tinha feito a travessia do Atlântico Norte num pequeno navio da Cunard, que levara doze dias, vindo de Nova York via Halifax. Não chorou uma só vez durante a viagem e ria alegremente quando o barricávamos em seu beliche para que não caísse quando o mar estivesse agitado. Mas Paris, a nossa Paris, era fria demais para ele durante o inverno.

Íamos então para Schruns, na região austríaca do Vorarlberg. Atravessávamos a Suíça e chegávamos à fronteira da Áustria, em Feldkirch. O trem cruzava o Liechtenstein e fazia uma parada em Bludenz, onde tomávamos um ramalzinho que seguia ao longo dum rio pedregoso e repleto de trutas, atravessando um vale cheio de fazendas e bosques até chegar a Schruns, uma pequena povoação ensolarada, com seu mercado, serrarias, lojas, hospedarias e o bom Hotel Taube, aberto o ano inteiro, onde ficávamos.

Os quartos do Taube eram amplos e confortáveis, com boas lareiras, grandes janelas e grandes camas, com bons cobertores e acolchoados de penas. As refeições eram simples e excelentes, o salão de jantar e o bar público, com lambris de madeira, eram aquecidos e acolhedores. O vale que se estendia à nossa frente era aberto e desimpedido, de modo que quase sempre tínhamos bom sol. A diária no Taube era de aproximadamente dois dólares para nós três e, como a inflação desvalorizava a moeda austríaca, cada dia pagávamos menos pelos quartos e a comida. Não se tratava de uma inflação galopante e desoladora como a que se abateu sobre a

Alemanha, pois o *schilling* tinha seus altos e baixos. Mas, na maior parte das vezes, sua tendência era cair.

Não havia em Schruns o conforto de funiculares ou ascensores para os que quisessem esquiar, mas havia trilhas para transporte de madeira ou as que o gado abria, conduzindo-nos dos vales até a parte mais alta das montanhas. A escalada se fazia mais fácil quando protegíamos a base dos esquis com couro de foca. No topo dos planaltos havia grandes cabanas do Clube Alpino, destinadas aos montanhistas que vinham no verão, onde sempre podíamos dormir, pagando apenas a lenha que se tivesse consumido. Nalgumas delas enfeixávamos e carregávamos a madeira para as nossas excursões. Noutras, quando nos preparávamos para ir mais longe, aos picos das montanhas ou às geleiras, podíamos contratar alguém para preparar os feixes de lenha e carregá-los, com os mantimentos, até o ponto onde estabelecêssemos nossa base. As mais famosas dessas cabanas eram a Lindauer-Hütte, a Madlener-Haus e a Wiesbadener-Hütte.

Aos fundos do Taube encontrava-se uma espécie de rampa para treinamento, na qual esquiávamos por entre pomares e campos. Outra boa pista era a que se achava atrás de Tschagguns, do outro lado do vale, onde havia uma bonita pensão, ostentando nas paredes do bar uma excelente coleção de troféus de cabritos monteses. Era por detrás da aldeia de Tschagguns, um centro madeireiro situado no ponto extremo do vale, que as boas pistas de esqui se estendiam até além das montanhas, penetrando na área de Klosters depois de passar por Silvretta.

Schruns era uma região saudável para Bumby, e podíamos confiá-lo a uma linda ama-seca de cabelos escuros que o levava a passear ao sol no seu trenozinho enquanto nos dedicávamos, Hadley e eu, à descoberta de novas terras, novas aldeias, sempre recebidos com a maior cordialidade pelos habitantes. *Herr* Walther Lent, um pioneiro do esqui em montanhas e, em seu tempo, companheiro de Hannes Schneider, o famoso campeão de Arlberg, fabricava agora uma cera especial para dar maior aderência aos esquis, nas escaladas, e acabara de abrir uma escola de esqui alpino, na qual logo nos inscrevemos. O sistema de Walther Lent consistia em tirar seus alunos das rampas de treinamento o mais rapidamente possível, colocando-os na prática de excursões às altas montanhas.

Naquele tempo, não se praticava o esqui com a sofisticação de hoje e raramente se ouvia falar nas fraturas em espiral, comuníssimas agora. Quebrar uma perna era coisa muito séria, pois não havia qualquer patrulha de socorro. Para deslizar do alto das montanhas para baixo era necessário escalá-las antes, e a duras penas. Mas isso constituía excelente exercício, que nos dava firmeza e rigidez às pernas.

Walther Lent achava que uma das maiores delícias do esporte era precisamente alcançar os planaltos mais elevados, onde não se encontraria quase ninguém, e a neve, por isso mesmo, estaria em condições ideais, marchando de uma cabana do Clube Alpino até outra, através dos desfiladeiros e das geleiras altíssimas. Não amarrávamos os esquis aos nossos pés, pois isso é que produz fraturas de perna. Os esquis ficavam praticamente soltos e escapavam ao mais leve tombo. A grande paixão de Walther era esquiar livremente nas geleiras, sem estarmos presos por corda uns aos outros, mas somente era possível fazermos isso na primavera, quando as fendas se enchiam de neve.

Hadley e eu tínhamos ficado loucos pelo esqui desde o dia em que o praticamos pela primeira vez na Suíça e, mais tarde, em Cortina d'Ampezzo, na região dos Dolomitas, quando ela estava esperando o Bumby. Seu médico, em Milão, lhe dera licença para esquiar, desde que eu assumisse o compromisso solene de não deixá-la cair. Para cumpri-lo, eu me via obrigado a escolher cuidadosamente o terreno e as rampas, controlando as descidas, mas Hadley tinha pernas bem fortes e sabia dominar perfeitamente os esquis, de modo que jamais levou um tombo. Depois de algum tempo, aprendemos a conhecer bem todos os tipos de neve e sabíamos até deslizar em camadas profundas de neve esfarelada.

Adoramos o Vorarlberg e adoramos Schruns também. Costumávamos ir para lá por volta do Dia de Ação de Graças e ficávamos até a Páscoa. Esquiava-se em qualquer época, embora a altitude relativamente baixa de Schruns não lhe conferisse renome de centro de esportes de inverno a não ser quando a estação fosse rigorosa e houvesse grandes nevadas. Escalar as montanhas era muito divertido, e ninguém se queixava de falta de comodidade naquele tempo. O segredo era não dar muita velocidade à ascensão. Não nos cansávamos muito, a batida do coração pouco se alterava e sentíamos um certo orgulho do peso da mochila que carregávamos. Até a Madlener-Haus, o caminho era bastante íngreme e difícil, mas, à segunda escalada, já o sentíamos mais fácil e, com o tempo, conseguíamos percorrê-lo carregando o dobro do peso transportado inicialmente.

Essa movimentação toda nos abria o apetite e celebrávamos as horas de refeição como se fossem acontecimentos especiais. Bebíamos cerveja clara ou escura, vinho novo e, às vezes, vinho de um ano. Os vinhos brancos eram os melhores. Outras bebidas que apreciávamos eram o *Kirsch* que destilavam no vale e o *Schnapps* preparado com a genciana da montanha. Quando nos serviam ao jantar lebre recheada em molho de vinho tinto ou carne de gamo com molho de castanhas, bebíamos sempre vinho tinto, embora fosse mais caro do que o branco. O melhor deles nos custava vinte centavos de dólar o litro. Mas o vinho da casa, muito mais barato, era também bebível e com ele enchíamos os barriletes que transportávamos para a Madlener-Haus.

Levávamos para ler nas férias uma batelada de livros que Sylvia Beach nos emprestava e também passávamos o tempo jogando boliche com a gente da terra, na cancha que dava para o jardim de verão de nosso hotel. Uma ou duas vezes por semana havia uma rodada de pôquer no salão de jantar, com as portas trancadas e janelas fechadas, pois o jogo era então proibido na Áustria. Meus parceiros eram *Herr* Nels, gerente do hotel, *Herr* Lent, o professor de esqui alpino, um banqueiro da cidade, o promotor público e um capitão de polícia. O jogo era para valer, e todos jogavam bem, embora *Herr* Lent fosse um tanto ou quanto arrojado, pois sua escola de esqui não estava dando lucro. O capitão de polícia tocava a orelha com os dedos quando ouvia os passos dos dois guardas aproximando-se da porta, em sua ronda noturna. Ficávamos todos num silêncio tumular até que eles se afastassem.

Mal nascia a manhã, a camareira entrava em nosso quarto, fechava as janelas e acendia o fogo na lareira de porcelana. O quarto se aquecia num instante e tomávamos nossa primeira refeição, que consistia em pão fresco ou torradas, uma deliciosa compota de frutas, tigelas de café, ovos quentes e presunto, caso o desejássemos. Um cachorro chamado Schnauz dormia ao pé de nossa cama e adorava acompanhar-nos em nossas excursões alpinas, viajando montado em minhas costas quando eu deslizava rampa abaixo. Era muito amigo de Mr. Bumby e ia passear com ele e a ama-seca, nunca se afastando do trenozinho.

Schruns era também um excelente lugar de trabalho. Afirmo isso porque foi precisamente lá que executei a mais difícil tarefa literária de minha vida, que foi reescrever — no inverno de 1925 para 1926 — os originais de *O sol também se levanta*. Preparara o rascunho em seis semanas e ali o transformara num romance. Não me lembro bem dos contos que lá escrevi. Sei que foram muitos e alguns me pareceram bons.

Lembro-me da neve rangendo no caminho que levava à aldeia, quando regressávamos a pé nas noites frias, carregando nos ombros nossos esquis e tacos de esquiar. Avistávamos as luzes ao longe, depois percebíamos os edifícios. Todas as pessoas com quem cruzávamos na estrada nos diziam: *Grüss Gott*. Na *Weinstube* havia sempre aldeões com seus sapatos ferrados e roupas de montanha. Lembro-me até hoje da atmosfera enfumaçada e do assoalho arranhado pelos grampos das botas. Muitos dos rapazes tinham servido nos regimentos alpinos do exército austríaco, e um deles, o Hans, que trabalhava na serraria, era um caçador emérito. Tornamo-nos bons amigos porque havíamos estado, durante a guerra, na mesma área dos Alpes Italianos. Bebíamos juntos e cantávamos em coro as canções típicas da região.

Lembro-me também das trilhas que atravessavam os pomares e campos das fazendolas localizadas nas encostas dos morros, acima da aldeia, das casas bem aquecidas pelas suas grandes lareiras, das enormes pilhas de lenha cobertas de neve. As mulheres trabalhavam na cozinha, desbastando e fiando lã em grandes rolos cinzentos e pretos. As rocas trabalhavam acionadas por pedais e a lã não era tingida. Os novelos pretos provinham de lã de ovelhas negras. Era lã natural, sem qualquer beneficiamento, mantendo ainda sua própria gordura. Por isso mesmo os gorros, suéteres e cachecóis que Hadley fazia com ela nunca se umedeciam sob a neve.

Num dos Natais que passamos lá houve a representação de uma peça de Hans Sachs, dirigida pelo mestre-escola. Era uma boa peça e escrevi para o jornal da região uma crítica que o gerente do hotel traduziu para o alemão. Noutro ano, um oficial da marinha de guerra alemã, com a cabeça completamente raspada e cheio de cicatrizes, nos fez uma palestra sobre a batalha naval da Jutlândia. Com o auxílio de um projetor de lâminas, demonstrou-nos os movimentos das duas esquadras, usando um taco de bilhar para a indicação das "manobras covardes" de Jellicoe. Irritava-se tanto, nessa passagem, que até perdia a voz. O mestre-escola receou que o oficial, em sua exaltação, perfurasse a tela com o taco. Terminada a palestra, o homem continuou nervoso, constrangendo todo mundo ali na *Weinstube*. Apenas o promotor público e o banqueiro se atreveram a tomar vinho com ele e, ainda assim, numa mesa à parte. *Herr* Lent, que era da Renânia, não quis assistir à palestra. Nessa mesma noite, estava lá um casal chegado de Viena que viera para esquiar, mas não queria escalar as altas montanhas. Os dois partiram logo para Zurs, onde — ouvi dizer depois — morreram numa avalancha. O marido comentou que tipos desagradáveis como o conferencista é que haviam sido responsáveis pela derrota da Alemanha e voltariam a sê-lo dentro de mais vinte anos. Sua mulher disse-lhe em francês que calasse a boca, pois numa região pequena como aquela nunca se sabia o que poderia acontecer.

Muita gente, por sinal, morreu em avalanchas naquele ano. A primeira grande tragédia se deu nas montanhas próximas de nós, além do vale, em Lech, no Arlberg. Um grupo de alemães desejava vir esquiar com *Herr* Lent nas férias de Natal. A neve tardara a cair naquela temporada e as encostas estavam ainda aquecidas pelo sol quando desabou a primeira nevasca, depositando-se em camadas permeáveis de grande espessura que não aderiam firmemente ao solo. Não há condições piores do que essa para os esportes de inverno, e *Herr* Lent achou melhor telegrafar aos berlinenses recomendando que cancelassem a viagem. Mas férias são férias e os alemães vieram de qualquer maneira, ignorantes e cheios de bravata. *Herr* Lent recusou-se a conduzi-los, quando chegaram a Lech.

Um dos excursionistas chamou-o de covarde e disse que iriam esquiar assim mesmo. Lent acabou cedendo, mas levou-os à rampa mais segura que pôde encontrar. Mal a atravessara quando se deu o colapso. Toneladas de neve deslizaram velozmente, cobrindo os excursionistas como se fossem uma enorme onda bravia. Conseguiram desenterrar treze deles, mas nove morreram. Se, antes da tragédia, a escola alpina jamais fora muito próspera, depois dela éramos praticamente seus únicos alunos. Mas fizemos um curso completo de avalanchas, aprendendo a conhecer seus diferentes tipos, a evitá-las, e a maneira de proceder quando apanhados numa delas. Foi em pleno período de avalanchas que escrevi a maior parte do que produzi nesse ano.

A pior lembrança que guardo daquele inverno catastrófico é a de um homem sendo desenterrado. Estava de cócoras e fizera com os braços uma proteção à frente da cabeça, como nos haviam ensinado, para que houvesse ar respirável quando a neve nos cobrisse. Fora uma avalancha tremenda e levou bastante tempo para que se conseguisse retirar todos os que haviam sido soterrados. O tal homem foi o último a ser encontrado. Havia morrido há pouco, e seu pescoço fora lanhado de tal maneira que os tendões e os ossos estavam à mostra. Devia ter feito movimentos frenéticos com ele, sob a pressão que o esmagava. Por certo havia blocos de neve mais sólidos, misturados com a neve recente e leve que deslizara, e eles o haviam cortado como navalha. Não pudemos descobrir se o homem apressara a morte deliberadamente ou se perdera o controle. Só sei que o padre da localidade não quis que fosse enterrado com o ritual da igreja, mesmo porque ninguém pôde provar que a vítima fosse católica.

Nessas temporadas em Schruns, costumávamos fazer grandes caminhadas pelo vale até chegar à estalagem, onde dormíamos antes de iniciar a escalada até a Madlener-Haus. Era uma bela e velha casa em estilo alpino, e suas paredes cobertas de lambris de madeira estavam sedosas depois de tantos e tantos anos de continuado polimento. O mesmo se dava com a mesa e as cadeiras. Dormíamos agarrados na grande cama, cobertos pelo edredom, abrindo antes a janela para ficarmos vendo as estrelas brilhantes, próximas de nós. Acordávamos bem cedo e, logo depois do desjejum, botávamos às costas nossas mochilas e começávamos a escalada ainda antes de o sol raiar, sob as mesmas estrelas, levando nos ombros os nossos esquis. Os carregadores usavam esquis menores do que os nossos e transportavam cargas pesadas. Na verdade, havia como que uma competição entre nós, os esportistas, para ver quem conseguia completar a escalada com maior peso às costas, mas os carregadores não entravam nisso. Homens atarracados, taciturnos, camponeses que falavam apenas o dialeto de Montafon, eram capazes de subir continuamente como bestas de carga até chegar ao topo, onde se encontrava a cabana do Clube Alpino, construída num platô da geleira coberta de neve. Ali descarregavam seus fardos ao longo da parede de pedra e pediam sempre mais dinheiro do que fora combinado. Quando se estabelecia um meio-termo, botavam nos pés os pequenos esquis e desapareciam encosta abaixo, como se fossem anõezinhos.

Fazia parte de nosso grupo uma jovem alemã que sempre esquiava conosco. Era uma grande esquiadora de montanha, de pequena estatura, mas muito bem-feita de corpo, capaz de carregar uma mochila tão pesada quanto a minha por mais tempo do que eu.

— Os carregadores sempre nos olham como quem está sopesando o cadáver que terá de carregar lá para baixo — dizia-me ela. —

Combinam um preço antes de subir e nunca deixam de pedir mais aqui em cima.

Durante as temporadas de inverno em Schruns, eu sempre deixava crescer a barba para me proteger da intensa reverberação do sol na neve das montanhas e não me dava ao trabalho de cortar os cabelos. Ao entardecer de um dia de férias, quando descíamos em esquis pelos caminhos calçados com toras de madeira, *Herr* Lent contou-me que os camponeses da região me haviam apelidado de *Cristo Negro*. Outros, frequentadores da *Weinstube*, me chamavam também de *Cristo Negro Bebedor de Kirsch*. Mas, para os camponeses dos pontos mais altos e isolados do Montafon, onde contratávamos carregadores para nos acompanharem até a Madlener-Haus, não passávamos todos de uns diabos estrangeiros que perturbavam as altas montanhas precisamente quando todos deveriam manter-se afastados delas. Que nos puséssemos em marcha de madrugada, a fim de evitar os locais de avalanchas antes que o sol os tornasse realmente perigosos, não era levado em conta. Apenas demonstrava uma vez mais que éramos sabidos como todos os diabos estrangeiros.

Lembro-me do cheiro bom dos pinheirais, das noites que passamos em cabanas de lenhadores, dormindo em colchões de folhas de faia, e também de como esquiávamos pelos bosques, seguindo as pegadas de lebres ou de raposas. Uma vez, depois de seguir uma dessas pistas no alto das montanhas, cheguei a encontrar uma raposa. Fiquei a observá-la de certa distância, vendo-a erguer uma das patas dianteiras, depois andar cautelosamente, parar e dar um bote. Por pouco não pega uma galinha silvestre, que mal conseguiu saltar por entre a neve, branca como ela, para alçar voo e escapar do perigo.

Lembro-me bem dos vários tipos de neve que o vento podia produzir e do comportamento traiçoeiro de cada um deles sob nossos esquis. E também das violentas nevadas que às vezes nos apanhavam nas cabanas do Clube Alpino, mudando de tal maneira o aspecto da região que devíamos procurar as trilhas com o maior cuidado, como se nunca tivéssemos estado por ali antes disso. E era, de fato, como se fosse a descoberta de um mundo novo. Finalmente, com a aproximação da primavera, chegava a época de esquiar nas geleiras, lisas e firmes, estendendo-se à nossa frente enquanto as pernas aguentassem. Deslizávamos com os pés bem juntos, agachados, inclinando o corpo para a frente a fim de oferecer menos resistência ao vento: com a velocidade aumentando a cada instante, nossos esquis produziam na neve bem seca um silvo abafado. Era uma sensação deliciosa, melhor do que a de voar, do que qualquer outra, conseguida com a prática e o bom exercício preparatório representado pelas escaladas ao cimo das montanhas, carregando pesadas mochilas. Naquele tempo não havia as facilidades de hoje, quando se pode pagar um bilhete para que nos conduzam ao topo. Mas o prazer, conseguido a duras penas, depois de todo um inverno de preparação física, era um prêmio admirável.

No último ano que passamos nas montanhas, novas pessoas se envolveram profundamente em nossas vidas, e as coisas jamais foram como antes. Comparado com o inverno seguinte — um período de pesadelo mascarado pelo divertimento — e com o verão odioso que vivemos depois, aquele inverno das avalanchas fora como que uma inocente e amena brincadeira de crianças. Nesse último ano, de que falo agora, os ricos acabaram com a nossa paz.

Os ricos são sempre precedidos por uma espécie de peixe-piloto, alguém que seja um pouco surdo e um pouco cego para as realidades alheias, conquanto se mostre afável e um tanto indeciso antes de eles chegarem. Esses peixes-piloto sempre se exprimem maneirosamente, em termos como estes: "Bem, não sei... Francamente, não sei nada disso. Mas gosto deles. De ambos. Palavra de honra, Hem! Gosto *mesmo* deles. Compreendo suas reservas, mas o fato é que os *adoro* e há qualquer coisa de sensacional no jeito *dela*." (Geralmente diz o nome dela, num tom cheio de encantos.) "Ora, Hem! Deixe de bobagens e não banque o difícil. Juro que gosto deles. De *ambos*! Você acabará gostando dele (geralmente, dá-nos seu apelido) quando o conhecer bem. *Os dois* são maravilhosos!"

Aí chegam os tais ricos, e as coisas nunca mais voltam a ser o que eram. O peixe-piloto desaparece, vai agir em outras paragens (está sempre indo para algum lugar ou vindo de algum lugar), pois nunca se fixa num determinado local. Entra e sai da política, ou do teatro, da mesma maneira como entra e sai de um país ou de nossas vidas, quando ainda é novo no ofício. Nunca se deixa apanhar, nem mesmo pelos ricos cujos nomes costuma citar a três por dois. Nada consegue envolvê-lo. Mas aqueles que lhe dão confiança acabam sempre apanhados e destruídos. O peixe-piloto tem o treinamento básico de um canalha e, embora negue isso, um amor latente pelo dinheiro. E acaba enriquecendo mais cedo ou mais tarde, pois avança sempre nessa direção, dólar após dólar.

Esses ricos de que falo apreciavam o tal peixe-piloto e lhe tinham confiança porque ele era tímido, engraçado, escorregadio, experimentado em seu ofício e perfeito em seus desígnios.

Quando duas pessoas se amam, são felizes e alegres, e estão empenhadas, juntas ou individualmente, numa tarefa construtiva, os outros se sentem tão atraídos por elas como as aves migradoras são atraídas à noite pela faixa de luz de um farol poderoso. Se as duas pessoas que se amam fossem tão sólidas como um farol, nada sofreriam, pois a perda seria das aves. Mas o fato é que aqueles que atraem os outros com sua felicidade são geralmente pessoas despreparadas. Não sabem como evitar que as arruínem, nem como se livrarem a tempo do perigo. Raramente conseguem reconhecer as artimanhas dos ricos, que são bons, atraentes, encantadores, comunicativos, generosos, compreensivos, perfeitos e dão a cada dia o movimento de um festival, até que conseguem sugar toda a seiva de que se alimentam e partem, deixando tudo mais morto do que as raízes da relva esmagada pelas patas dos cavalos de Átila.

Os ricos vieram na esteira de seu peixe-piloto. Se fosse um ano antes, talvez não tivessem vindo. Meu trabalho tinha então a mesma qualidade, e minha felicidade pessoal era maior, mas não havia escrito ainda o meu primeiro romance, de modo que os ricos não podiam ter certeza de quanto eu valia. Os ricos jamais perdem tempo ou gastam simpatia com coisas incertas. E por que o fariam? Picasso era uma coisa certa — e seguramente já o era antes de eles terem ouvido falar nele. Tinham muita certeza também quanto a outro pintor. A vários outros pintores. Mas, naquele ano, já tinham certeza de meu futuro, graças às informações recebidas de seu peixe-piloto, que os acompanhou até o momento do encontro, para que não se sentissem constrangidos e eu não bancasse o difícil. O peixe-piloto, naturalmente, era "grande amigo" nosso.

Mas a verdade é que eu confiava mesmo nele, naquela época, como quem confia num boletim do Departamento Hidrográfico sobre as condições de navegação no Mediterrâneo, ou, digamos, nas tabelas náuticas do *Almanaque Brown*. Dominado pelo encanto desses ricos como um cão de fila que segue automaticamente qualquer caçador com uma espingarda nas mãos ou como um urso amestrado que descobre alguém que o aprecie pelos seus próprios méritos, eu vivia deslumbrado por aquele clima de festa contínua. Cheguei mesmo a ler em voz alta o trecho já revisto de meu romance, o que é imperdoável a um escritor que se preze, e muito mais perigoso para ele do que esquiar numa geleira sem estar preso por cordas, antes de as fortes nevadas de inverno lhe cobrirem as fendas.

Quando exclamavam "Está ótimo, Hem! Excelente! Você nem calcula a força que ele tem!", eu me punha a abanar o rabo, de tanta felicidade, e me entregava à sua vida de prazeres, como se fosse apanhar uma vara que tivessem atirado para seu cachorro buscar, em vez de refletir: "Se estes cretinos gostaram do que escrevi, devo ter cometido um erro qualquer." Bem, isso é o que eu teria pensado se agisse como um profissional, mas a verdade é que um profissional jamais teria lido para eles um trecho de seu livro.

Antes da chegada desses ricos, Hadley e eu já havíamos sido contaminados por outra pessoa igualmente rica, que lançara mão de um dos truques mais batidos que se conhecem: uma garota solteira tornar-se amiga de outra garota casada, passar a viver na companhia do casal e a iniciar, talvez sem o saber, inocentemente, mas com perseverança, a conquista do marido.

Quando acontece que o marido é um escritor que leva a sério o difícil trabalho a que se dedica e não tem tempo para fazer companhia à sua mulher durante boa parte do dia, esse arranjo tem certas vantagens, até que ele descubra seu verdadeiro sentido. O marido tem duas garotas bonitas a seu lado quando acaba de trabalhar. Uma delas é nova e desconhecida e, se ele não tiver sorte, acabará amando as duas.

Então, em vez de um casal jovem com um filho, passam a ser três. A princípio, a novidade é interessante e até mesmo divertida, prolongando a satisfação durante algum tempo. A inocência é a mãe dos piores pecados. Vive-se o dia a dia, aproveitando o máximo, sem qualquer preocupação. Mas a mentira começa a afetar nossas vidas, você se irrita com isso e se sente destruído aos poucos, num perigo constante como o que se vive no cotidiano de uma guerra.

Tive que me afastar de Schruns por algum tempo e ir a Nova York a fim de providenciar outro editor para meu livro. Cuidei de meus negócios lá e, ao regressar a Paris, deveria ter tomado o primeiro trem que me levasse à Áustria, saindo da Gare de l'Est. Mas a pequena por quem me apaixonara estava também em Paris, de modo que não tomei o primeiro trem, nem o segundo, nem mesmo o terceiro.

Quando voltei a ver minha mulher, ela me esperava na estação de Schruns, depois da pilha de madeira. Preferia ter morrido antes de me interessar por alguém mais além dela. Hadley estava sorridente, o sol batia-lhe no rosto moreno e bem-proporcionado, e seus cabelos dourados, que haviam crescido de maneira estranha, mas bela, durante o inverno, brilhavam na luz viva. O Mr. Bumby estava a seu lado, de pé, louro e forte, as maçãs do rosto coradas como as de um garoto do Vorarlberg.

— Oh, Tatie — disse quando a apertei em meus braços —, que bom você estar de volta, e ainda por cima bem-sucedido em sua viagem! Gosto tanto de você! Sentimos bastante a sua falta!

Amei-a profundamente naquele instante, seguro de que não poderia gostar de ninguém mais. Depois, quando ficamos sozinhos, passamos momentos de mágico enlevo. Voltei a trabalhar com afinco, fazíamos belas excursões e acreditei que estávamos invulneráveis outra vez. Mas bastou largarmos as montanhas e regressarmos a Paris, no fim da primavera, para que a outra coisa recomeçasse.

Assim terminou a primeira parte de minha vida em Paris. Paris nunca mais seria a mesma para mim, embora continuasse sendo a Paris de sempre e mudássemos de acordo com as modificações que nela se estavam operando. Jamais voltamos às montanhas do Vorarlberg, nem os tais ricos o fizeram.

Paris não tem fim, e as recordações das pessoas que lá tenham vivido são próprias, distintas umas das outras. Mais cedo ou mais tarde, não importa quem sejamos, não importa como o façamos, não importa que mudanças se tenham operado em nós ou na cidade, a ela acabamos regressando. Paris vale sempre a pena e retribui tudo aquilo que você lhe dê. Mas, neste livro, quis retratar a Paris dos meus primeiros tempos, quando éramos muito pobres e muito felizes.

Este livro foi composto na tipografia
Latienn Pro 11.5/18.
Impresso em papel pólen natural 80g/m²
na gráfica Geográfica.